AF484955

CREPÚSCULO EN UN BALCÓN
FRENTE A LOS ANDES

983.063
F733c   Forstall Comber, Biddy.
         Crepúsculo en un balcón frente a los Andes. Ingleses
         y la pampa salitrera / por Biddy Forstall Comber.
         – 1ª ed., 1ª reimp.– Santiago, Chile: Universitaria, 2015.
         422 p., (37). p. de lams.: il. (algs. col.); 15,5 x 23 cm.
         (Testimonios)

         ISBN: 978-956-11-2468-4

1. Ingleses - Chile - Iquique. 2. Oficinas salitreras - Chile. 3. Iquique
(Chile) - Vida social y costumbre. I.t.

Texto compuesto en tipografía *Caslon 540 11/14*

Se terminó de imprimir esta 1ª reimpresión de la
PRIMERA EDICIÓN
en los talleres de Salesianos Impresores S.A.,
General Gana 1486, Santiago de Chile,
en abril de 2015.

DISEÑO DE PORTADA Y DIAGRAMACIÓN
Norma Díaz San Martín

www.universitaria.cl

IMPRESO EN CHILE / PRINTED IN CHILE

Biddy Forstall Comber

CREPÚSCULO EN UN BALCÓN FRENTE A LOS ANDES
INGLESES Y LA PAMPA SALITRERA

EDITORES

Lautaro Núñez
Drahomíra Srytrova

La publicación de esta obra fue evaluada
por el Comité Editorial de la Editorial Universitaria
y revisada por pares evaluadores especialistas en la materia,
propuestos por Consejeros Editoriales de las distintas disciplinas.

ÍNDICE

A mis hijos

PRESENTACIÓN DE LA AUTORA

Describo la vida de los ingleses en la Pampa Salitrera de la Provincia de Tarapacá en el norte de Chile a partir de finales del siglo XIX. Pampa significa gran extensión, normalmente sin árboles. En el caso de Tarapacá únicamente crece el Tamarugo, por lo que también se conoce como Pampa del Tamarugal. Domina el paisaje desértico y despoblado, pero la industria salitrera nos atrajo aquí y aquí nacimos…

Con este relato he querido contar algo de lo que tuve el tiempo de conocer de la Pampa Salitrera, de la que ya no queda casi nada y que considero fue lo que más ha marcado mi vida. Sabía que mi padre era de Irlanda, al sur de Dublín, y que mi madre también nació en la Pampa y, salvo los años de colegio en Escocia, había vivido ahí toda su vida hasta entonces. Mi abuelo materno, el Dr. Fowler, escocés, ejerció de médico no sé bien cuántos años en la Pampa, viviendo en la Oficina Constancia, donde nacieron sus cuatro hijos. No me siento inglesa, ni escocesa ni irlandesa, sino la que nació en la Pampa… soy de la Pampa, es decir, soy pampina… Les agradezco su paciencia por estos relatos, por entregarles mi familia y también por lo mucho que aprendí y disfruté escribiendo este libro.

Sevilla, 2013

PRÓLOGO

Desde la mitad del siglo xix en la pampa salitrera, localizada en la región más inhóspita del desierto tarapaqueño (norte de Chile), ocurrió una inesperada concentración de innovaciones tecnológicas y de gente, proveniente en su mayor parte de Europa y de los países vecinos que nos rodean. Todos venían atraídos por la notable riqueza que generaba la explotación del "nitrato chileno", considerado el mejor fertilizante natural en esos tiempos, situando a su vez un foco de inusitada pobreza en torno a una inesperada modernidad trasladada desde el primer mundo. En efecto, en este extenso despoblado, reconocido así desde su prehistoria, se transitó a un intenso poblamiento asociado a instalaciones industriales nunca vistas y que, por cierto, hoy constituyen una de las reservas arqueológico-históricas más importantes del país. Había comenzado uno de los primeros ensayos capitalistas orientados a la explotación minera a gran escala, que marcó definitivamente las relaciones sociales, económicas y políticas entre empresarios y capitales –mayormente ingleses– con el Estado nacional, que recién había incorporado este vasto territorio a consecuencia de la Guerra del Pacífico.

Debo reconocer que a raíz de mi formación universitaria tuve un importante acercamiento a la comprensión del imperialismo inglés en el marco de la expansión mundial de su revolución industrial hacia los recursos de ultramar. Las nociones de complejidad industrial y la emergencia de desigualdad, dando lugar a la nueva sociedad proletaria, es una deuda que mantengo con nuestros catedráticos de la Universidad de Chile, Hernán Ramírez (fallecido en el exilio) y Fernando Ortiz (detenido desaparecido). De ellos aprendimos a investigar la historia social del movimiento obrero desde los diarios de la época, además de las fuentes oficiales, de tal modo que podíamos establecer los análisis de clases que, en mi caso particular, se ajustaban bien a las sagas familiares en cuanto nuestra migración desde el Valle de Quisma al litoral, abriendo ventanas para observar con nitidez la cuestión social desde los "carpinteros de bahía", dedicados a la mantención de las lanchas maulinas utilizadas en el cabotaje salitrero entre Caleta Buena e Iquique. Por otra parte, tenía a mi disposición la percepción de los trabajadores de la Compañía Gildemeister de Iquique hasta los empleados subalternos de la COSATAN. La suma de estas fuentes daba cuenta de la inédita administración y organización de la fuerza de trabajo para mover esta sofisticada "maquinaria" técnica y social, cuya forma de conducción mantuvo un desequilibrio muy asimétrico entre un Estado poco subsidiario, sin iniciativas para controlar el modelo inglés, que transformaba a sus asentamientos, así llamados Oficinas Salitreras, en un aparato urbano autónomo y privado con escasa injerencia del poder republicano decimonónico.

Esta visión desde la sociedad local, en torno a la cuestión salitrera, la enriquecí posteriormente a través de mi amistad con dilectos investigadores, como Óscar Bermúdez, Mario Bahamondes, Andrés Sabella, Floreal Recabarren, Adolfo Contador y otros jóvenes y, aún más descollantes, como Julio Pinto, Sergio González y José Antonio González. Precisamente, los estudios dirigidos hacia la comprensión de los hechos tanto cotidianos como sociopolíticos de los diversos estamentos sociales se siguen profundizando, esta vez desde los arqueólogos, que por la propia naturaleza de nuestros oficios podemos contrastar los escritos con la materialidad observada y excavada, como abriendo nuevas ventanas para entender cómo ocurrió la vida misma junto a los procesos industriales. En este sentido guardo también una profunda admiración por colegas como Gerda Alcaide, Flora Vilches, Charles Rees, Claudia Silva y tantos otros.

Todas estas investigaciones con distintos caminos metodológicos siguen acercándonos a la reconstitución de la historia socioeconómica y los estilos de vida asociados, analizando las creaciones y adaptaciones culturales que surgían desde los trabajadores pampinos y portuarios, cuyos idearios, escritos o transferidos oralmente, constituyen las bases epistemológicas que aún pueden acogerse, por cuanto los sobrevivientes han levantado entre las ruinas de sus "oficinas" tantos relatos y mitos que serpentean entre la epopeya y la explotación en escenarios patrimoniales que han sido considerados por la UNESCO como bienes ejemplarizadores para toda la humanidad.

Es cierto que la sociedad local ha sido la principal protagonista de estos estudios por su propia situación de "dueños" o "allegados" de casa, con orígenes claramente multiétnicos, responsables en términos de la mano de obra asalariada que incrementó la producción de excedentes y su correspondiente riqueza. Sin embargo, resta esta pregunta: ¿qué información histórica y antropológica disponemos para conocer en todas sus dimensiones a estos "ingleses" que trasladaron capitales, tecnología, talento y poder al interior de la red de la Commonwealth? ¿Cómo eran y qué pensaban estos extranjeros y sus familias que aplicaron sus innovaciones a través de oficios revolucionarios trayendo consigo incluso la disolución de las prácticas tecnológicas del proyecto colonial hispánico?

Estamos hablando de la importancia de conocer al "otro", particularmente a esa entidad genérica que llamamos "ingleses" y que representaban la absoluta visibilidad del manejo del poder, necesidades de prestigio y conservación de una identidad que los hiciera diferentes lejos de sus países originales. Ellos escribieron informes técnicos muy ajustados al estilo decimonónico inglés, es decir, todo lo que se produce es medible, reconocible y comentable, al margen del tejido social que lo sustenta. La gente, sus vicisitudes e idiosincrasias no tienen cabida en los testimonios escritos y, tal vez, en los orales... Precisamente, mis contactos con los últimos descendientes ingleses coinciden en esa cierta sutileza por ocultar sus emociones, hasta el punto que suelen no recordar aquellas actividades que no fueran sus propias labores. Es posible que nuestro muestreo esté sesgado por casos que, reconociendo sus dos "orígenes", no daban cuenta de sus vidas consideradas más bien poco significativas e intrascendentes. Tal vez encubrían ciertas actividades que, por afectuosas, misteriosas, exóticas y hasta extravagantes, no serían entendidas desde nuestro tiempo.

Mr. Nicholls solía pasearse frente a su casa de la calle Baquedano en Iquique con las manos atrás, como si el mundo lo tuviera en su frente. Al iniciar la conversación sobre un cuadro suyo que contenía puntas de flechas prehistóricas, me respondió con una tierna sonrisa, como aquellos padres que no desean relatar afectos muy introvertidos y complejos... pero en su mirada había una carga de pasión tan intensa de un relato que tenía sentido solo en su interior... Siempre quise conversar con la última mujer del linaje de los Syers Jones, pero ella ya había optado por su hábito púrpura, como una religiosa, cuya vida "ida" estaba centrada en el encendido de sus velas que terminaron por quemar la mitad de su casa, donde, precisamente, se habían centrado las operaciones de la revolución del año 1891, reconocida como la "Moneda Chica". Otra de mis frustraciones ocurrió con Mr. Rolling, un personaje esta vez extrovertido, que solía usar un ambo de lino claro, su flor en el ojal, bastón de caminar, además de su clásico sombrero de paja, el mismo que fuera asimilado por los trabajadores salitreros bajo el nombre de "hallulla" (por el parecido al pan popular). Fue demasiado tarde.

Supe que junto con los jóvenes Luis y Patricio Advis solía organizar extrañas expediciones, como a aquel cerro más alto de Iquique, donde decidieron colocar un enorme mástil con la bandera de Chile. Hay constancia del padre de los Advis que él regresó solo con la misión cumplida, aunque totalmente desnudo, cubierto con un minúsculo taparrabo improvisado, bajando por la quebrada de Huantaca, junto al viejo edificio de los orates, donde lo recluyeron por algunas horas… Ya no podía ser nuestro informante.

Felizmente tuve más suerte con Fred Corthon. Era nieto de James Humberstone, quien lograra la mayor transformación tecnológica de la industria salitrera, tan querido, que en su lápida del cementerio inglés de Tiliviche, al interior de Pisagua, un oasis para los "weekend", se le distinguió como "Don Santiago". Fue así que escuché, en la casa piqueña de su suegra doña Luisa Núñez, varios relatos prometedores entre los famosos destilados familiares. Sin embargo, siempre aparecía el tema de sus famosas transmisiones radiales que lo unían más al presente y futuro que al pasado salitrero. Bajo su sonrisa muy especial Fred dejaba entrever un pasado más bien surrealista, porque yo me negaba a aceptar, en ese entonces, que los ingleses jugaban al polo y al golf en las más desoladas pampas de la Oficina Agua Santa. Hace siete años, realizando un estudio arqueológico junto a una estación ferroviaria construida por sus compatriotas, descubrí la parte metálica de un palo de golf, junto a fragmentos de vidrio de las botellas de soda inglesas con sus típicas bases redondeadas. Desde este punto no fue difícil calcular la distancia donde encontrar los restos de las blancas esferas de dos magníficos golpes ejecutados en el paisaje más opuesto a un prado de Liverpool… Me acordé mucho de Fred, y pienso que este mismo "descubrimiento arqueológico" no le habría causado asombro alguno, como tampoco aquel relato recogido de su abuelo, cuando este envía un cable a su agencia de Londres anunciando el peligro de la persistente presencia de la "camanchaca" costera (neblina) que imposibilitaba el traslado del salitre hacia el puerto de Pisagua. La respuesta recibida fue algo así: "Van treinta cajas de fusiles Winchester para proceder a una adecuada y ejemplarizadora resistencia"…

Con Bertie Humberstone, hijo de "Don Santiago", tuve mayores oportunidades para largas conversaciones en su casa particular, aún en pie en la esquina de Patricio Lynch con Orella (Iquique), donde recibió a varias generaciones de liceanos y universitarios entre las seis y las nueve p.m. Don Bertie nos enseñó su sabiduría de tanta amplitud que le permitía corregir ecuaciones a los profesores de matemática, escribir anotaciones en el diccionario quechua del Padre Holguín y, de paso, establecer peligrosas comparaciones entre la poesía de Neruda y aquella de Tagore, incluyendo, por cierto, el préstamo de algunos libros sobre las excavaciones inglesas en Egipto. Pero no entendía por qué, a pesar de tantos años, nunca nos contó que su padre durante la mayor crisis salitrera recibía a sus obreros cesantes y, ya jubilado, fue capaz de regalarles hasta las sillas de su comedor. Bertie jamás nos contó qué parte del sueldo que recibía de la Compañía Salitrera lo donaba al Hogar del Niño, un asilo de Iquique. Hoy he descubierto sus innumerables actos de filantropía y otros más inesperados, como hacer el servicio militar en el Regimiento Granaderos en señal de reconocimiento de su segunda patria… y en los años de la senectud rechazar el uso de un auto oficial, porque su mayor divertimento era caminar entre su lugar de trabajo y su casa con un número exacto de pasos, en esa proverbial cultura de los ingleses de medirlo todo. En verdad, nunca nos conversó de su intimidad y de sus sentimientos *in profundis*. Ni siquiera los detalles de cómo construyó la actual Oficina Humberstone, hoy declarada Monumento Patrimonio Cultural de la Humanidad por UNESCO.

Por cierto que hoy aún existen descendientes relativamente jóvenes en el norte de Chile, pero estos no siempre alcanzaron a comprender la importancia de los relatos de vida, de las percepciones sobre esta tierra y aun sobre las cosmovisiones que sus ancestros pudieron haberles transferido antes de su muerte. Hoy Vivien y Karen Standen saben que su abuelo fue el Reverendo y más erudito profesor del antiguo Iquique English College, cuyos testimonios familiares se han borrado en las brumas del Barrio El Morro, de Iquique.

Definitivamente, no disponemos de suficientes escritos y testimonios para conocer la versión más personal de los Ingleses de Iquique y su Pampa cercana. Por lo mismo, me llamó la atención una invitación que recibí el día 1 de enero del año 2000 en un balcón aterrazado frente al balneario de Iquique, en donde Biddy, como una "Reina Madre" con sus hijas, yernos y nietos, nos contaría sus impresiones de su reciente viaje a la Pampa salitrera. Me contaron previamente que ella vive en España y que, por cierto, es inglesa y gusta en las tardes iniciar interesantes conversaciones provista de un "gin con gin", un aperitivo popularizado por los ingleses del desierto que provocaba el delicioso cosquilleo del jengibre traído de la India. Estos atributos nos parecieron suficientes para acudir a esa cena, aunque desconocía si ella había nacido en la pampa salitrera. Tuvimos la suerte de no ser interrumpidos, y reconozco que de inmediato tocó el tema sobre lo que se siente en términos del afecto hacia la tierra donde se ha nacido. Ella reaccionó como cualquiera de los pampinos, tarapaqueños o iquiqueños que yo había escuchado frente al tema bien resuelto en aquel vals criollo: "Todos vuelven a la tierra en que nacieron"… y me pareció increíble escuchar con tanta precisión relatos que venían de su niñez y adolescencia, incluyendo otras sagas más antiguas recogidas de sus parientes, padres y abuelos… todos salitreros.

Hubo un instante en que Biddy cerró los ojos y describió su primera fiesta, enviada sola, con los regalos en su falda, en un coche tirado por caballo, hacia la Casa de la Administración de la Oficina Gloria. Ella se sentía parte de ese paisaje que se movía al trote, entre planicies intactas y otras removidas en las calicheras. Yo conocía bien ese territorio, porque había excavado allí en el cercano Salar del Soronal. En consecuencia, los relatos de Biddy se incorporaban en mí con una doble dimensión. Mientras ella nos decía: "el coche se detuvo junto a un bello algarrobo", yo lo recordaba como aquel tronco seco que pervive aún allí mismo. Cuando me describe: "ahora voy a la entrada del edificio y estoy bajando por la escalera, y alcé levemente mi vestido largo"… yo allí frente a ella podía mirar la ruina de esa escalera que la conducía al misterio de los tiempos. Fue entonces que sus ojos hablaron: "Sí, mi Pampa es la única tierra que más he amado en toda mi vida"… No había que esperar más, y de inmediato le sugerí que debía escribir sus memorias, sin ninguna limitación, en español o en inglés, es decir, privilegiando los testimonios de hechos reales, vistos, escuchados o relatados desde su universo inglés. Al despedirme me enfatizó: "Bien, manos a la obra". En el año 2007 la visité en Sevilla y la "obra gruesa" estaba casi construida.

Desde el año 2000 hasta ahora Biddy ha intentado documentar todo aquello que la ha involucrado directa o indirectamente con sus recuerdos procedentes de la pampa salitrera que, de paso, diferían grandemente del estilo de vida de los ingleses residentes en el puerto de Iquique. Ella se reconoce "pampina", vivió allí, y no en la más cómoda delicia del puerto. Fue así como se transformó en una "cazadora" de datos, fotos y testimonios de "coterráneos" que le han permitido cubrir ciertos vacíos existentes sobre las visiones de esos "otros", que también fueron sustanciales en la construcción de uno de los paisajes culturales más legendarios del desierto de Tarapacá. En buena hora, porque ella no tiene pretensiones literarias ni de investigaciones sistemáticas. Simplemente ordena bajo ciertos temas un conjunto de testimonios e informaciones que han llamado su atención desde el interior de su círculo de amistades y parientes, que reflejan esta mirada europea, media oculta, entre balaustradas y atardeceres escarlatas.

Del testimonio de Biddy se desprenden las consecuencias de la Commonwealth, cuyas relaciones imperiales a través de sus capitales y de las innovaciones industriales habían articulado sus lejanos dominios de ultramar: Australia, Nueva Zelanda, África, la India y estos enclaves de la América del Sur. Esto implicó una compleja cultura náutica y traslado de familias que, como ciudadanos del mundo moderno, ya en esa época dispersaron sus intereses y genealogías, aspecto este último que está bien representado por la familia de la autora.

Por otra parte, también se desplazaban por este mundo jóvenes con oficios de rango medio, tal como se advierte en un viejo archivo de La Tirana, donde se casan por el año 1877 un "calderero" de Irlanda y un "carpintero inglés". ¿Qué sucedió con estas familias tan modestas? Seguramente eran "maestros" que enseñaban a sus contrapartes "nativas" y que más probablemente constituyeron familias mixtas. Solamente en un pequeño sector del barrio El Morro de Iquique existían familias pobres que reflejaron esta otra interacción entre ingleses más modestos y la sociedad local: Morris, Ross, McDonald y otros.

Definitivamente esta obra nos acerca a una mejor comprensión de otra forma de entender los sucesos humanos que nos interesan muy particularmente. Esto es cómo el curso de la historia pasa a través de hechos asombrosos y cotidianos por la vida de gente anónima que, sin sentirse protagonista, constituyó la médula misma en que se sustentó en este caso un segmento poco conocido de la vida salitrera.

Biddy nos regala estos testimonios que saltan desde apreciaciones personales de su trama familiar hasta el drama de las matanzas obreras. Así, con su particular naturalidad y bonhomía, con la firme convicción del género, nos abre esta otra ventana, donde podemos escuchar las voces de aquellos ingleses que nacieron, se multiplicaron y criaron en el desierto tarapaqueño, aceptando que sus vidas deberían tener un sentido más allá de su patria de origen. Aquí, por primera vez, escucharemos el profundo discurso de amor y memoria declarados por una de las últimas ciudadanas anglo-chilenas, "enganchada" a su querida Pampa salitrera.

Dr. Lautaro Núñez A.

Instituto de Investigaciones Arqueológicas y Museo,
Universidad Católica del Norte San Pedro de Atacama, Chile.
Premio Nacional de Historia (2002).

Iquique, verano de 2013.

CAPÍTULO I
MANOS A LA OBRA

Introducción

Hoy me he comprado unos zapatos Camper. Bueno, admito que he comprado dos pares de golpe, iguales –la vejez me está volviendo algo frívola–. Aparentemente es el primer modelo que sacó Camper en 1928. Se presentan en una bolsa de algodón tosco e incluyen una copia impresa del periódico *Ecos*, un pueblo de Mallorca, del 7 de junio de 1928, Núm. 2. Viene la imagen de mis zapatos a dos columnas, con ligeras diferencias, y una descripción. En las columnas 3ª y 4ª hay un artículo encabezado *Charlas Literarias,* que empieza: "He sido amablemente invitado a escribir algo sobre... decía el escritor. Yo en mi vida he escrito nada, a no ser cartas familiares o amistosas. Yo no debí aceptar este encargo. La buena gente se aburrirá con mi literatura pedestre y no tengo el derecho de aburrirla. Pero ¡el tema es para mí tan sugestivo! ¡Es tan interesante…! Y después de todo, si el lector se aburre, que no me lea; yo bien le aviso honradamente, antes de empezar". El autor me ha quitado las palabras de la boca. Hasta coinciden mis zapatos con lo de pedestre, pero dijo alguien famoso que el camino se hace al andar y, con el tiempo, cuando mis zapatos estén bien andados por el desierto, ojalá resulte más ameno este relato.

Hace muchos años que vivo en España, concretamente en Sevilla; me casé en Panamá con un sevillano; ahí nacieron nuestros tres hijos mayores, la más chica nació en Sevilla. Con los años, ya encarrilados los hijos (supuestamente), iba aflorando con más insistencia la nostalgia de Chile, más bien de la Pampa salitrera, donde pasé los primeros nueve años de mi vida, de los 14 que viví allá. Mi familia inmediata había muerto toda, primero mi padre en Iquique en febrero de 1943; mi hermana Elisabeth (con s) en Alto Molle (unos 11 km de Iquique) en 1956, después mi tío Dod en Madrid en 1967, entonces mi madre en Sevilla en 1973 y por último mi tía Mary en Estoril unos años después. Curiosamente, mi madre, su hermana y su hermano –nacidos en la Oficina Constancia, Provincia de Tarapacá, en la Pampa salitrera–, se reunieron todos en la Península Ibérica para terminar sus días por pura casualidad.

Casa del Dr. Fowler en la Oficina Constancia, donde nació mi madre (Álbum de Ian Fowler).

La última vez que había estado en Chile fueron los seis meses que pasé con mi hermana Elisabeth en 1955 en Santiago. Al principio le decía a cada rato "¿por qué no organizamos un viaje a la Pampa?", "para tal fecha podríamos ir a Iquique ¿no?", "¿cuándo podríamos ir al norte?", "¿qué te parece?". La contestación era "ya veremos", "para entonces no se puede", "no sé, lo voy a ver"… Hasta que un día se cansó de la densidad mental de su hermana más chica y me dijo "nunca se debe volver adonde has sido muy feliz". Punto.

Después de un fin de semana en Iquique con un grupo de amigos, el 1 de julio del año siguiente, 1956, la avioneta en que salieron del aeródromo de Iquique Eulogio Sánchez y ella, rumbo a Vallenar y Santiago, se estrelló en la Pampa de Alto Molle a escasos kilómetros de Iquique, aún en la cordillera de la Costa y a pocos metros del ferrocarril; murieron los dos.

En noviembre de 1997, estando en Iquique, conocí a Fernando Mancilla, oficial de aviación en Los Cóndores en 1956, que me llevó al lugar en Alto Molle donde él los encontró. Me señaló una pequeña hondonada que resultó de la caída de la avioneta, que estalló y se incendió; creo que Eulogio murió en el acto. A pocos pasos estaba el cuerpo de mi hermana recostado de lado. Delante del pecho había un paquete de cigarrillos y un encendedor;

cerquita en semicírculo cinco colillas enterradas en la arena por la punta quemada. Cuánta desolación.

Por fin, 26 años después, en 1981 pude volver, con mi hija Elisabeth R. (también con *s*). Tardamos unos días en Santiago antes de seguir al norte; las personas que conocieron a mi hija y que sabían que el plan era ir a la Pampa decían: "¿A la Pampa? Pero ¿para qué? Ahí no hay nada, es puro desierto. Mucho mejor ir al sur". Desde entonces he vuelto ya varias veces, las que tarda mi cuenta en el banco en volver a llenarse un poco (Chile está endiabladamente lejos de donde vivo). Lo he hecho como una gata, llevando los gatitos para enseñarles el terreno, hasta que los cuatro han conocido "mi" Pampa, y entendieron el motivo de esa nostalgia recurrente a lo largo de sus vidas. Para Navidad de 1999 fuimos todos en el *Skorpios I*, por los mares del sur, y para la entrada del nuevo milenio ya estábamos en Iquique.

He puesto "enseñarles el terreno" sin pensarlo mucho, pero es justamente lo que he podido hacer, porque se trata de un mundo desmantelado. De las salitreras (Oficinas) ya no queda nada, salvo los esqueletos de Humberstone y Santa Laura, y naturalmente los pueblos administrativos Pozo Almonte y Huara y los oasis cercanos como Tarapacá (estrictamente) San Lorenzo de Tarapacá, La Tirana, San Antonio de Matilla y San Andrés de Pica. Un "terreno" de una extensión aproximada en línea recta de unos 161 km, donde hubo alrededor de 100 Oficinas. En una lista que he visto de 31 Oficinas en 1920, se contabilizaron 11.309 personas, de las que 9.208 eran chilenos, 388 peruanos, 1.588 bolivianos y 125 de "otras nacionalidades", entre las que estarían los ingleses, españoles, franceses, alemanes, yugoslavos, etc. Esta lista está incompleta, faltan por ejemplo la Oficina Agua Santa, donde vivía el Sr. Humberstone y que era una de las grandes, Iris y algunas más. Para 1925 tengo un mapa de Tarapacá en que se ven "todas" las Oficinas de la época, es decir, 90; desgraciadamente no indica la población, pero no creo que la proporción hubiese cambiado significativamente.

En Iquique conocí a Lautaro Núñez el 1 de enero de 2000. Su gran optimismo lo llevó a decirme que yo 'debía' escribir sobre la vida de los ingleses en la Pampa. Me dijo textualmente que "se ha escrito todo de la Pampa desde el punto de vista técnico de la producción de salitre y todo se ha dicho de los trabajadores en la Pampa y del movimiento obrero, pero se ha escrito poco o nada de la vida de los ingleses en la Pampa".

Mi reacción inicial fue de rechazo, natural en una persona de no corta vida que jamás ha escrito algo. Además, tenía una total falta de confianza en mí misma; mi queja crónica siempre fue la falta de imaginación, cero absoluto.

Sin embargo, la idea me atrajo mucho porque de toda aquella época no queda nada, nada de nada. Bueno, sí, está el esqueleto de la Oficina Humberstone (ex La Palma) que, junto con la ruina de la Oficina Santa Laura al otro lado de la carretera que enlaza a pocos metros más allá con la Carretera Panamericana, fueron declaradas por fin Monumentos Nacionales en enero de 1970 por el Ministerio de Educación y hoy Patrimonio Cultural de la Humanidad por un acuerdo de la UNESCO.

V.S. Naipaul dice en *Middle Passage:* "Las hazañas y creaciones construyen la historia…". Los trabajadores chilenos, peruanos y bolivianos junto con los yugoslavos, franceses, españoles e ingleses y algunos más, construyeron ese trozo de historia, la hazaña fue la producción del salitre y la creación, ¿de qué?, sino de sus propias vidas en ese entorno. Debo aclarar desde ya que para no estar buscándole los cinco pies al gato, en todo este relato el término *inglés* incluye escoceses, galeses e irlandeses, estando estos últimos comprendidos todavía en el Reino Unido de Gran Bretaña; mi padre era irlandés, del Condado de Wicklow, al sur de Dublín. De igual forma, los términos *chileno, boliviano y peruano* siempre incluyen a aymaras, quechuas y mapuches.

Sí, es cierto que hay una Oficina que escapó a la destrucción de los tiempos –la Oficina Iris, propiedad de la familia Urruticoechea, una de las últimas al sur de Tarapacá–. En uno de mis viajes posteriores a Chile me puse en contacto con Luis Urruticoechea en Santiago. El apellido lo he oído desde chica. Le expliqué lo que intentaba hacer y, como él y su mujer iban a estar unos días entre Iris e Iquique coincidiendo con la semana que yo también estaría en Iquique, muy amablemente me invitó a almorzar en Iris.

Fue toda una experiencia, sumamente emotiva. Iris perteneció siempre a su familia, ya no produce salitre, sino yodo, pero la casa de "Administración" está igual, hasta me parecía que el olor a madera era el mismo. Tiene un balcón en la fachada y está dividida en dos. Después de almorzar me llevó en auto a Centro y North Lagunas, apenas a 10 o 15 minutos al otro lado de la Carretera Panamericana y donde no quedan más que los ripios o relaves de la época salitrera, procesándose ahora por su contenido de yodo. Se detuvo, y señalando un terraplén, dijo: "Ahí estaba la casa de la Administración de Centro Lagunas y al lado, la del médico". Con la otra mano, señalando una explanada para el otro lado: "y ahí es donde jugaban al polo". Continuamos camino y mostrando un ripio dijo: "Debajo de ahí estaba la cancha de tenis de tu papá". Imagínense mi alegría, porque yo no recuerdo haber estado jamás en Lagunas cuando niña –y de todos modos a esa edad no me habría atraído demasiado.

North Lagunas: Planta de elaboración de yodo de la familia Urruticoechea.

North Lagunas: Torre de elaboración de yodo con el escudo de la familia Urruticoechea.

Entre Centro y North Lagunas: Cancha de polo detrás de Luis Urriticoechea y Juan José Besa.

Toda esa zona está produciendo yodo ahora y la visita a la planta fue sumamente interesante. Es alentador: el terreno está produciendo, no está abandonado, como la mayoría de las Oficinas.

Hay muchas personas en Chile que no conocen la historia del salitre, aunque me imagino que sí habrán oído hablar del salitre, el *oro blanco* que mucha influencia económica tuvo para el país –aunque de ninguna manera toda la deseable– a partir de 1883, año en que terminó la Guerra del Pacífico. Entendía que podría ser interesante que alguien se dedicara a llenar este vacío para obtener una visión completa (y quizás difícil de creer) de aquella época; hasta me había llegado a parecer que en Chile se obviaba toda mención de los ingleses durante el ciclo de expansión del salitre en cualquier publicación o celebración contemporánea. Desde luego, creo que esto es cierto en lo que atañe a los ingleses como personas, porque sí es verdad que se mencionan en un contexto administrativo y económico, pero no como seres de carne y hueso, con nombre y apellido, que vivieron ahí, que se casaron ahí y que tuvieron sus familias en la Pampa. ¿Era preferible olvidarse de la presencia de ingleses en la Pampa porque eran ingleses o porque generalmente ocuparon puestos de "Empleados" y "Administradores" y que por el hecho de serlo, eran todos malévolos? Si es esto último, digo dos cosas: es lo que hay, ignorarlo sería como adoptar la extraña costumbre del avestruz ¿no? Allí estuvieron y el hecho no se puede cambiar; y segundo, me cuesta creer que debido a su generalizada condición de 'jefes' eran todos el demonio encarnado (me niego a pensar que mi padre lo fuera).

Aparte de estas consideraciones, me atrajo la idea de aproximarme al desierto por motivos puramente personales. Hacía algún tiempo que intentaba reunir datos sobre mi familia, sin propósito alguno de publicación, puesto que mi objeto era solamente anotar lo poco que sabía de los antepasados algo desperdigados para mis nietos españoles. Quiero contar lo que sé y de cómo llegaron a este lugar perdido del norte de Chile aquel inglés que se casó en Nueva Zelanda y que se vino al norte de Chile con su familia de cinco hijas y un hijo, de un escocés que se casó con la hija mayor del inglés y de un irlandés que se casó con la nieta mayor del inglés. El relato a lo mejor servirá de entretenimiento para mis nietos, que lo verán lo suficientemente distante en el tiempo como para que les parezca más interesante y, quién sabe, hasta estrafalario.

Quizás algún día este relato hasta les podría entretener un rato. Me pareció que sería posible combinar ambas intenciones –eso de matar dos pájaros con una piedra, aunque en este caso no quiero matar los pájaros, sino atraerlos (dos de distintas especies) con agua y pan a mi balcón–, ya que en algunas partes del relato compartirán juntos amigablemente el cielo exageradamente estrellado de las noches pampinas.

Antes de seguir debo mencionar a dos personas, ya que sin ellas no podría haber llenado más de dos páginas: Ruby Dowd vda. de Lister y Nigel Acheson. Después de conocer a Lautaro Núñez en Iquique, ya empecé a buscar expampinos o exiquiqueños en Santiago, y todo empezó con Esmé Corthorn de Bontá, por indicación de Lautaro. Esmé, nieta de James Humberstone, conocido como "Don Santiago", me recomendó que llamara a Leeny Dowd, antigua pampina que a su vez me dijo que lo mejor que podía hacer era ir a conocer a su hermana mayor, Ruby, en Londres. A la sazón Ruby tenía 97 años, una memoria prodigiosa y una alegría envidiable. Ella me 'ubicó' en la Pampa a lo largo de nuestras conversaciones, les dio vida y cimientos a los imprecisos recuerdos de lo que yo había oído de mis padres; Ruby nació en la Pampa en 1902, creció y vivió allí hasta aproximadamente los 24 años.

A través de ella conocí a Jack Scarr en Oxford, un señor encantador y generoso, nacido en Iquique en 1915, que había recopilado información sobre algunas familias de la época. Me contó que en 1990 había vuelto a Chile por primera vez en 66 años, acompañado por su sobrino –un viaje memorable; me dio muchos papeles suyos. Pensando e investigando otros temas, se me olvidó lo del sobrino. En esa época yo andaba fascinada con los libros de Bruce Chatwin, y en su biografía por Nicholas Shakespeare, el autor cuenta que en el avión hacia Brasil conoció a Nigel Acheson, cuyos antepasados 'habían trabajado en Iquique durante el auge del salitre' y que Chatwin lo había alentado para que escribiera sobre el tema. Más tarde Nigel me contaría que Chatwin le dijo: "si no lo haces tú (Nigel), lo escribiré yo mismo". Tuve inmediatamente la sensación de haber oído el nombre Nigel Acheson antes, y por muchas vueltas que le daba, no recordaba dónde ni cómo, pero estaba empeñada en buscarlo y encontrarlo. La siguiente vez que estuve en Inglaterra había quedado en almorzar en Oxford con Jack Scarr y su mujer, y en la estación de autobuses, repentina y simultáneamente, se me abrieron la mollera y el cielo: Nigel era el sobrino que acompañó a Jack Scarr en su viaje a Chile (lenta, pero llego). Unos años antes, previo al viaje con su tío, viajando por América del Sur, Nigel había estado en Iquique y de ahí le surgió el deseo de hacer algo al respecto; posteriormente encontró a varios expampinos, les hizo entrevistas que grabó… y me las dio a mí —sin duda de un valor incalculable—. Y lo mejor de todo ha sido poder leer las memorias de Francis Watson, por su relato objetivo y por lo que tienen de personal para mí —las obtuve a través de Nigel. Tristemente, Ruby murió a principios de 2005, Jack Scarr en 2004 y, lamentablemente por lo inesperado, Nigel en 2008; he tenido la gran fortuna de haber conocido a tres personas como ellos.

El desierto tarapaqueño se encuentra en la Provincia de Tarapacá, que ahora se llama I Región, capital Iquique, Provincia de Iquique, y ahora Provincia del Tamarugal, Capital Pozo Almonte. Las principales ciudades son los puertos de Arica e Iquique en el Pacífico. Hacia el interior está "mi" pampa salitrera en la Pampa del Tamarugal. Después de Arica en el norte, Iquique es el segundo puerto de Chile a 1.800 km de Santiago. El caliche —la materia prima del salitre— se encontraba en tramos discontinuos en la ladera oriental de la cordillera de la Costa.

A mí me tocó conocer la última bocanada de una época de extraordinaria actividad, que duró algo más de un siglo. Durante ese tiempo la Pampa fue un hervidero de gente, dinamitando y acarreando el caliche a las máquinas en carretas, triturando el "caliche" en los "chanchos", metiéndole vapor de agua en los "cachuchos", amontonando y transportando el salitre a lomo de personas y después en vagones de ferrocarril a los puertos… En suma, esto no es un libro de historia. Solo algunos temas que para una "inglesa" promedio, que vivió allí, lo había guardado en su memoria y que por su curiosidad lo indagó algo más, sin ninguna pretensión, para su familia y ahora hacia mis amistades de Chile.

Descubridor y conquistador o lo que aprendí en el colegio de Santiago

Sí, quiero tocar parte de la historia de Chile que aprendí en el colegio y lo que he digerido, recopilado e interpretado a lo largo de la vida para situar mi Pampa como espacio real y tangible. Ni Tarapacá ni Antofagasta constituyeron un territorio goloso para los españoles descubridores o conquistadores. Decían que los senderos cruzaban montañas rocosas, desiertos arenosos, sin un alma y sin lluvia, cubiertos de sal y sin agua, calor excesivo durante el día y noches muy frías. Fue la desértica zona de paso para llegar a las tierras más fértiles donde Pedro de Valdivia pensó que sí valdría la pena quedarse.

Chile se extiende desde la latitud 17º38' hasta el paralelo 56º32' (y su parte más ancha es de 350 km). Antes de la Guerra del Pacífico, 1879-1883, la frontera norte con Bolivia se había fijado en el paralelo 24 de latitud Sur en el tratado firmado el 10 de agosto de 1866.

En realidad fue Hernando de Magallanes el primero que llegó o pasó por lo que se llamaría Chile cuando, el 1 de noviembre de 1520, entró en el estrecho después de rodear el cabo Vírgenes y Punta Dungeness. El océano al que por fin desembocó es conocido como uno de los más violentos, sin embargo se encontró con esa enorme extensión de agua en calma "chicha" y así lo llamó: Pacífico. Esta "chicha" nada tiene que ver con las bebidas fermentadas de un modo o de otro que se hacen en muchos países de América.

Pero aquello no cuenta como el "descubrimiento" de Chile. Siempre se habla de Diego de Almagro como descubridor, que lo hizo quince años más tarde en 1535, habiendo salido el 3 de julio de Perú (¿por qué en pleno invierno?) una expedición de 500 españoles y muchos más yanaconas (indígenas peruanos al servicio de los conquistadores). Bajaron al sur por lo que es hoy Bolivia y por el lado argentino de los Andes, cruzaron la cordillera con tremendas penalidades debidas a los efectos del intenso frío, la lluvia y el mal de altura un poco al norte de Copiapó, donde se quedaron un tiempo reponiéndose. Llegaron hasta Coquimbo, donde se estableció el cuartel general. Un barco —el *Santiaguillo* al mando de Juan de Saavedra— que vino del Callao con víveres llegó hasta una gran bahía que nombró Valparaíso (mi terraza en Sevilla da a la calle Valparaíso). Se formaron cuatro grupos de reconocimiento que volvieron con noticias pesimistas: ríos desbordados, indígenas sumamente pobres y oro por ninguna parte; en consecuencia, la opinión generalizada era que esta parte del mundo no ofrecía atractivo alguno. Se decidió el regreso, señalando Copiapó como punto de partida. Aquí Almagro fue informado de su nombramiento como gobernador de la Nueva Toledo. Quiso evitar a toda costa las desventuras del viaje inicial, por lo que eligió volver por el Desierto de Atacama.

Esto se dice con mucha ligereza: "eligió volver por el Desierto". Lo interesante es cómo lo organizó. Según José Armando de Ramón en la introducción de su libro *Descubrimiento de Chile y compañeros de Almagro* (ver Bibliografía), Almagro reunió a los caciques en Copiapó para pedirles datos sobre el camino a través del desierto. Así supo que existían pozos (*jagüeyes*) "a lo largo del camino a tres, cuatro, siete, ocho y a veces trece leguas unos de otros, pudiendo beber en cada uno, cinco españoles, con sus indios de servicio y cabalgaduras". Para estar bien seguro, mandó a cinco exploradores acompañados de hombres para abrir y comprobar los pozos, hecho lo cual, mandaron a confirmar a Almagro la veracidad de lo indicado por los caciques.

Todavía le faltaban unos detalles antes de partir, pues mandó a hacer vasijas de barro y calabaza, así como "zaques" –odres pequeños– hechos con el cuero de la pierna de llama, para transportar el agua. Dispuso además que partirían en pequeños grupos espaciados en el tiempo, para permitir que un mínimo de agua manase otra vez antes de la llegada del siguiente grupo sediento. Según testigos, el agua de algunos pozos era "hedionda e cenagosa". Sin embargo, además del agua repelente, del frío por la noche y altas temperaturas durante el día, gracias a la excelente organización de Almagro no murió ningún español durante la travesía. Sí murieron algunos yanaconas y unos 30 caballos. Habiendo salido de Copiapó a principios de octubre de 1536, llegaron a San Pedro de Atacama a mediados del mismo mes, aproximadamente, a través de unos 600 km. No fueron muy bien recibidos por la población local, que mató a un soldado. Se repusieron durante unos días y volvieron a emprender el viaje a principios de noviembre. Aún les quedaban más de 400 km hasta llegar al oasis de Pica, ya en la actual provincia de Tarapacá. Aquí, la población local había asesinado a algunos españoles con mucha crueldad. Después de descansar otro poco, continuaron viaje y alcanzaron Arequipa –a más de 300 km– en los primeros meses de 1537. En algo más de un año, el 8 de julio de 1538 Diego de Almagro fue ejecutado por orden de Hernando Pizarro, a los más o menos 58 años de edad. Está enterrado en la iglesia de La Merced en el Cuzco, donde también se enterró en septiembre de 1542 a su hijo Diego, de 20 años.

No sé si tuvo en su vida más penas o más satisfacciones. Nació en Almagro, hermoso pueblo de la provincia de Ciudad Real en España, hijo natural de Elvira Gutiérrez y de Juan de Montenegro, copero del Maestre de Calatrava. El diccionario de la RAE me dice que copero es la persona que trae la copa y da de beber a su señor, al parecer un oficio de cierta relevancia. Hay una preciosa plaza porticada en Almagro, donde está el teatro-corral con cabida para 350 personas y en él se celebra anualmente un festival de teatro. Me imagino que hay que encomendarse tres años antes al Espíritu Santo para conseguir una entrada. En un extremo sin pórticos de la plaza se inauguró una estatua ecuestre de Diego de Almagro apenas el 27 de noviembre de 1982. El escultor es el manchego Joaquín García Donaire y el cobre fue regalo de Chile. La estatua no es muy grande, quizás le faltó cobre. Esto fue lo único que vi como recuerdo del hombre que "descubrió" Chile.

Los primeros años los pasó escondido en Aldea del Rey, no lejos de Almagro, adonde a los 3 o 5 años su padre lo llevó a vivir. Al morir su padre se encargó de él su tío materno, un hombre severo dado a castigar a su sobrino, que acabó escapándose. Estuvo vagando por todas partes y por fin fue a parar a casa de su madre en Ciudad Real; esta cariñosa mujer le dio un pedazo de pan y dinero y le dijo: "Toma hijo, y no me dés más pasión e vete e ayúdete Dios a tu ventura" (ver Bibliografía: *Descubrimiento de Chile y compañeros de Almagro* de J.A. de Ramón). Después de venturas y desventuras, se embarcó en la armada colonizadora de Pedrarias Dávila en 1514, con aproximadamente 34 años. Fue simple soldado y vecino fundador de la ciudad de Panamá, y con el tiempo llegó a ser "el más rico que a la sazón había en el dicho reino de Tierra Firme" (D. VII 253). En siete años que viví en Panamá nunca oí mencionar a Almagro. En esta época conoció a Francisco Pizarro, se hicieron íntimos amigos, compartiendo todos sus bienes. Almagro perdió un ojo en una batalla con los indígenas en Pueblo Quemado en 1524. Un cura, Fernando de Luque, se unió a los dos amigos y en 1526 formaron una sociedad para el descubrimiento y conquista del "Pirú". Después de una segunda expedición que resultó igualmente desastrosa y que los convenció de la existencia y riqueza del Perú, quisieron obtener autorización directa del rey de España para la empresa. Pizarro fue el encargado de la misión, durante la cual olvidó mencionar a sus dos socios; solo su nombre aparecía en los documentos, él fue condecorado, él fue ennoblecido. Volvió con cuatro hermanos. No fue recibido con demasiada cordialidad por Almagro, la amistad ya no fue como antes.

Pizarro partió a conquistar Perú a principios de 1531, Almagro salió con refuerzos más de un año después; Atahualpa ya era prisionero y casi todo el imperio inca estaba sometido, por lo que solo desempeñó tareas de importancia secundaria. Mediante capitulación del 21 de mayo de 1534 "se le permite conquistar las tierras existentes hasta 200 leguas al sur de la gobernación de Pizarro, lo nombra gobernador de ellas y le concede el título de adelantado" (ver Bibliografía: J. T. Medina, *Colección de documentos inéditos para la historia de Chile…*). La expedición a Chile partió en julio de 1535, volvió a principios de 1537 encontrando a los indígenas sublevados. No sé si está claro lo que pasó a continuación: he leído que reprimió la sublevación, que encarceló a Hernando y a Alonso Pizarro por desobediencia durante la sublevación y que liberó a Hernando. Por otro lado, sus fuerzas fueron derrotadas en la batalla de Las Salinas (adonde fue conducido en litera debido a su enfermedad) y fue hecho prisionero, "juzgado" y condenado. Apeló, pero Hernando Pizarro –que ni siquiera tenía autoridad sobre él, siendo solo teniente del Gobernador su hermano Francisco, que era del mismo rango que Almagro– le negó el derecho y fue ejecutado. Su cuerpo fue decapitado en la plaza principal de Cuzco.

¿Más penas o más satisfacciones? Por una parte tuvo la satisfacción de hacer fortuna y a lo largo de su vida su rey Carlos V recompensó sus servicios mediante varias Reales Cédulas: de hidalguía en 1529; tenencia de la fortaleza de Tumbes también en 1529; nombramiento de contador de la provincia de Tierra Firme, título de Mariscal y derecho a usar escudo de armas en distintas ocasiones de 1532; por último el título de Adelantado en 1534. Todo esto, sin duda, es motivo de gran satisfacción para un chiquillo más o menos abandonado y vagabundo, que ni siquiera tuvo alguien que lo mandara a una escuela para aprender a escribir.

Después de la muerte de su padre no parece haber disfrutado del cariño o apoyo de ningún familiar. Durante el último año de su vida estuvo muy enfermo y sufrió la desdicha y pesadumbre de ser injustamente condenado y estar preso en "este cubo con grillos é cadenas" (ver Bibliografía *Testamento del Mariscal Don Diego de Almagro…*). Sintió, además, la tremenda amargura de la *desamistad* del que había sido su amigo del alma, Francisco Pizarro.

De la lectura de su testamento, dictado pocos días antes de su ejecución y del que uno de los testigos es Pedro Valdivia, a mí me parece que se desprende que fue un hombre honesto y justo. La minuciosidad del documento me llama la atención. Admito que no he examinado otros testamentos de la época para poder compararlos. Después de ocuparse de su ánima (encomendándola a Dios), de su cuerpo (para que sea enterrado en la iglesia de La Merced de Cuzco) y de su alma "para que se digan todas la misas que se puedan decir", el quinto *Ítem* dice: "mando que se paguen todas las deudas que pareciere yo deber de lo mejor parado de mis bienes". El sexto *Ítem* manda que se pague a todos sus criados que no se han mencionado en el testamento "como a mis albaceas les pareciere". El séptimo *Ítem* dice: "digo y declaro que porque yo he tenido é tengo en Juan Balsa, mi contador, toda la confianza que es razón se tenga de una tal persona é tan fiel, mando que en sus cuentas é en todo lo demás de mis deudas é haciendas que él dijere, sea creído por su juramento…". Continuamente a lo largo del *codicilo* dice que se ha de hacer lo que diga Juan Balsa. Lo menciona 14 veces más a lo largo del codicilo, a veces en compañía de Juan de Herrada "mi mayordomo", añadiendo que se pague "sin pleito alguno", "sin más dilación ni pleito", "se le pague luego… sin larga ni dilación alguna ni mas pleito". En muchos párrafos manda que se pague la cantidad que a Juan Balsa y a Juan de Herrada "les pareciere", "lo que á mis albaceas les pareciere".

En otro *Ítem* dice "mando á las mujeres, é hijos é hijas de los que murieron defendiéndome en esta Gobernación de que Su Mg. me hizo merced en la batalla que contra justicia Fernando Pizarro é su gente me dieron á seis días del mes de Abril deste presente año á cada una dellas lo que con mis albaceas tengo comunicado".

Más adelante dice "mando que den á Francisco Barba, mi criado, mil pesos de buen oro ante todas cosas, porque es pobre é se lo debo de buen servicio que me ha hecho". Y manda "que lo que pareciere yo deber al padre Rodrigo Perez y él dijere que yo le debo con su juramento é sin su juramento que se pague de mis bienes".

Estos no son más que algunos ejemplos de las personas que recordó en su testamento; son muchísimas más. Es evidente que tuvo total confianza en su contador Juan Balsa, en su mayordomo Juan de Herrada y en sus albaceas.

A sus hijos no les dejó grandes fortunas exactamente. Don Diego de Almagro el mozo nació en Panamá en 1522, hijo de una indígena panameña, Ana Martínez. Sus primeros años los pasó ahí; recibió la mejor educación disponible en esa época y recibió todo el cariño y comodidades de su padre quien no los tuvo en su juventud. Ya estaba en Perú en los primeros meses de 1535 y se reunió con su padre durante la expedición a Chile. A la vuelta a Perú y después de la muerte de este las circunstancias lo condujeron a encabezar la revuelta de los almagristas, durante la que Francisco Pizarro, el marqués, fue asesinado en 1541. El Emperador mandó a Cristóbal Vaca de Castro a poner un poco de orden, venció a las fuerzas de Diego hijo y, en consecuencia, este fue procesado y ejecutado.

La hija de Almagro padre se llamó Isabel de Almagro, hija de Mencía "mi india"; en el codicilo la deja a ella y a su madre en poder del doctor Hernando de Sepúlveda y de Ana de Benavides, su mujer, como "tutor é curador".

A su hijo le dejó distintas cantidades de pesos en oro y es de suponer que tendría derecho a la Gobernación de Nueva Toledo "que me está encomendada" a su mayoría de edad. Para Isabel fueron "mil pesos de oro para meterse monja é si se quisiere casar se lo den para casar". Pero esto no es lo que parece, pues el singular Adelantado tuvo un gesto que no sé cómo calificar –¿generoso?, ¿astuto?–. Sea como fuere, dictó en su codicilo: "…y en el remanente de todos los dichos mis bienes, dejo por heredero a S.M. el emperador don Carlos nuestro señor, que pues de tan poco como yo era con las grandes mercedes que Su Magestad me ha hecho, yo los he ganado, se los dejo como suyos descargando en esto mi conciencia é suplico a S.M. tenga por encomendados para les hacer mercedes á los dichos mis hijos…". Confiaba plenamente en el Emperador, y este es el hombre que fue ajusticiado por traición a su Rey.

Me he extendido tanto en la persona de Diego de Almagro porque sus hombres y él fueron los primeros europeos organizados (creo no estar equivocada) que cruzaron la Pampa del Tamarugal –entre Pica y San Lorenzo de Tarapacá–, de la que me propongo escribir ahora en un intento por describir lo que allí pasaba unos 350 y más años después de andar ellos por esos lados.

Dejando atrás San Pedro de Atacama llegaron a Pica, donde descansaron. Lo peor estaba superado, esto es el tremendo Desierto de Atacama, el lugar más seco del mundo. La extensión desde Pica y por aproximadamente 150 km es lo que conocí de chica, era todo lo que yo conocía, con solo algunas incursiones infrecuentes a la "gran ciudad" de Iquique y al gran océano Pacífico.

Siempre creo ver en el Pacífico algo que lo distingue de todos los demás mares que he conocido, no sabría definirlo, lo que me hace suponer que me influye el deseo de volver a sentir ese mágico placer cuando veía aparecer la primera mancha de azul intenso cuando de chica me llevaban a Iquique desde la Pampa. Me llegó al alma lo que leí en una visita a La Sebastiana, la casa de Pablo Neruda en Valparaíso: "¡El Océano Pacífico se salía del mapa! No había dónde ponerlo. Era tan grande, desordenado y azul que no cabía en ninguna parte. Por eso lo dejaron frente a mi ventana". Su gran cama, la de Neruda, estaba frente a la ventana desde donde la vista abarcaba todo el océano… hasta las Islas Kermadec, mucho después de haber tropezado con Juan Fernández y Más Afuera.

Para mí toda aquella Pampa salitrera constituía la absoluta normalidad. Supongo que si hubiera vivido siempre en Iquique, o quizás en Chile, se me habría diluido un poco esta profunda atracción que siento por la Pampa, nunca habría desaparecido del todo, pero diluido quizás. Sin embargo, como no fue así, sino que estuve 38 años sin volver por ahí, y solo de visita, la atracción está viva con tremenda intensidad.

Después de Almagro, se dice que Pedro de Valdivia fue un buen oficial de Pizarro y, además, culto, a diferencia de la mayoría. Salió del Cuzco en enero de 1540 con el propósito de conquistar Chile, con 15 hombres, no tenía dinero para más. Los demás, hasta completar los 150 que se habían comprometido, se reunieron con el jefe antes de llegar a Tarapacá. Esta parte de la historia está llena de intrigas y traiciones (Pedro Sancho de Hoz, un aventurero) y de la inteligencia de lo que me parece fue una gran mujer, Inés de Suárez, compañera de Valdivia. Creo que se ha hecho una película, pero que nunca ganó ningún premio; una lástima, estos relatos merecen una mejor difusión.

Continuaron por la ruta por la que había vuelto Almagro y a los cuatro meses de marcha se encontraban cerca del río Loa en una ranchería indígena. Siguieron al oasis de San Pedro de Atacama. Iban mujeres y niños en la expedición, así como animales domésticos (cerdos, gallinas), herramientas, semillas –principalmente trigo e introdujeron también la vid para la producción de vino–. Avanzando hacia el sur, se detuvieron en Copiapó en julio, el primer valle fértil en el camino. Allí Valdivia tomó posesión del país en nombre del rey de España. A principios de 1541 Valdivia fijó su campamento en el valle del río Mapocho, al pie de un cerro llamado Huelén, rebautizado Santa Lucía por don Pedro. Ahí fundó Santiago de Nueva Extremadura. Murió en diciembre de 1553 en el desastre de Tucapel, junto con todos sus hombres. Fue el brillante y joven indígena Lautaro el que estuvo al frente de la resistencia mapuche; había sido caballerizo de Valdivia cuando aprovechó para aprender todo sobre los caballos y del arte guerrero de los españoles. En sus campañas en el sur, fundando colonias y levantando fuertes, la crueldad y tiranía de Valdivia y sus tropas fue en aumento. Según Jesús Pavón y Luis Jiménez-Placer (ver Bibliografía) un poco después de terminar la fortaleza de La Concepción en 1550, los mapuches atacaron, pero fueron vencidos y dejaron a más de 400 prisioneros, a los que Valdivia mandó cortar a todos la nariz y mano derecha y después los dejó en libertad. No es de extrañar que se unieran los "salvajes" para decidir la mejor manera de vengarse y librarse del enemigo. Los españoles siguieron al sur, y al llegar a Tucapel vieron solamente las ruinas del fuerte. Valdivia pensó que los mapuches habían huido por temor al castigo; pero no, no era eso. Pronto atacó una oleada de mapuches y después de un rato se fueron los primeros hasta que llegó otra oleada fresca y después otra, y así sucesivamente (algo parecido a las oleadas chinas en Corea contra las fuerzas de las Naciones Unidas en 1950-51, solo que en Chile nunca hubo tantos mapuches como chinos en China). Los españoles estaban agotados y sedientos y los caballos sin apenas poder moverse, hasta que Valdivia cayó prisionero y fue llevado al campamento mapuche. Lo desnudaron, le cortaron los brazos y, ante sus ojos, fabricaron flautas con los huesos y asaron la carne para comerla, mientras millares de indígenas *bailaban alrededor del pobre guerrero danzas salvajes*. Murió a los tres días. Qué mentalidad tan tremenda, tanto de los que cortaron los dos brazos e hicieron flautas con los huesos, como del que ordenó que se cortaran la nariz y un brazo a 400 "prisioneros de guerra" que defendían su tierra. Y es de suponer que los españoles gozaban del privilegio de la civilización y del cristianismo. ¿Hemos mejorado? –pregunta hecha en 2001–. Ahora quizás nos repugne más la crueldad cuerpo a cuerpo, pero hoy usamos bombas que matan y hieren a más personas de un solo golpe casi sin pestañear. Otros historiadores escriben que no se sabe con seguridad cómo murió Valdivia.

Los mapuches jamás se sometieron; en efecto, la Guerra de Arauco duró desde 1550 hasta 1881; solo terminó cuando 17 caciques mapuches se presentaron ante el Presidente de la República –me parece que se trata de Domingo Santa María– para ofrecerle las fuerzas mapuches en la guerra contra Perú y Bolivia. Los caciques habían venido a caballo desde Arauco –590 km al sur de Santiago– hasta la Plaza de la Constitución. Esta fue la única guerra más larga que el imperio español sostuvo contra un pueblo aborigen en América. La crudeza fue tal que a Arauco se le llamó "el Flandes Indiano" (General Horacio Toro). Sin embargo en su *Historia de Chile* Luis Galdames dice: "Los últimos restos de la bravía raza quedaron así reducidos a una escasa porción de su suelo y sometidos a leyes protectoras, dictadas por el gobierno nacional (1883)". Admito que estoy bastante confundida con todas estas aparentes contradicciones.

No se ha establecido fehacientemente en qué pueblo de Extremadura nació Valdivia, ni cuándo. Entre todos los Valdivia hubo muchos Pedros en esos tiempos; fue probablemente en Castuera, entre 1497 y 1505. Hacia 1527 se casó con María Ortiz de Gaete, que obtuvo permiso para reunirse con su marido en Chile en 1553. Llegó por fin a Chile en 1555, ya viuda, acompañada por muchos parientes. Su viaje fue interrumpido en Perú por el Virrey Andrés Hurtado de Mendoza, Marqués de Cañete, que quería evitar a toda costa que doña María Ortiz llegase a heredar como viuda del Gobernador; hasta le ofreció mucho oro para que volviese a España. Es interesante ver la lista de algunas de las cosas que esta señora compró en una subasta en Sevilla antes de emprender este viaje: "un sillón de plata, una cama de terciopelo de damasco azur y la madera dorada, seis sillas ricas de terciopelo azur y negro, plata labrada y una alfombra grande turquesca", fueron los primeros lujos que llegaron a Chile (ver Bibliografía Luis de Roa y Ursúa *La Familia de Pedro de Valdivia*).

Siguieron casi tres siglos de colonia. La autoridad colonial más alta era el Gobernador, nombrado por el Rey a propuestas del Consejo de Indias. Su superior jerárquico más cercano era el Virrey del Perú, pero el Gobernador podía entenderse directamente con el Rey cuando lo consideraba aconsejable.

La Independencia de Estados Unidos en 1776 dio qué pensar a las colonias españolas; España hasta se atrevió a apoyar esa gesta. La Revolución Francesa en 1789 también proporcionó interminable materia de discusión (y de ilusión). Era como leña para el descontento de los criollos cultos. En la mañana del 18 de septiembre de 1810 se proclamó en Santiago el primer gobierno nacional, con el nombramiento de una Junta de Gobierno. Se inauguró el primer Congreso Nacional el 4 de julio de 1811.

Siguió la dictadura de José Miguel Carrera en noviembre de 1811, y en 1812 se aprobó lo que fue la primera constitución, "Constitución del Año XII", que organizaba el país de forma casi totalmente republicana, aunque con reconocimiento, como por cortesía solamente, de Fernando VII como soberano legítimo. El Rey era entonces prisionero de Napoleón en el Château de Valençay, perteneciente a Talleyrand, donde permaneció seis años, de 1808 a 1814. Fue en 1823, cuando tropas francesas entraron en España en apoyo de este antipático monarca, bajo el mando del Duque de Angoulême, que el Ministro Canning de Inglaterra advirtió al gobierno francés que no se toleraría una intervención en las colonias españolas por una fuerza extranjera.

La disposición de las potencias de la Gran Alianza de acudir en ayuda de España en materia de las colonias fue contrarrestada por la famosa declaración del presidente Monroe de Estados Unidos –2 de diciembre de 1823– vetando cualquier intromisión concertada por Europa en asuntos del continente americano. ¡Cuánta agua ha pasado por debajo del puente desde entonces! Me parece muy bien, muy justo y necesario, pero ¿DÓNDE por todos los dioses, está el guapo que vete una intromisión concertada por Estados Unidos de América –herederos del Sr. Monroe– en asuntos de los países latinoamericanos? Desde la independencia de estos países el gran hermano del norte ha buscado aumentar su influencia en el hemisferio, al principio en competencia con Inglaterra sobre todo. Desde comienzos del siglo xx a mí me parece que Washington ha intentado tratar al resto del continente como el patio de su casa. Ejemplos recientísimos: invasión de Panamá e isla de Granada, apoyo al sector del transporte en Chile 1973. Ya está, este es otro asunto.

En 1813 Fernando de Abascal, Virrey del Perú, mandó fuerzas simultáneamente a Argentina y a Chile a través del Alto Perú (hoy Bolivia) y a Chiloé respectivamente, para exigir obediencia a la metrópoli. O'Higgins (Don Bernardo –me acuerdo que una vez más me hice blanco de la fina ironía de nuestra profesora de historia, la Sra. Gutiérrez, al contestar una pregunta con un "O'Higgins" sin el "Don Bernardo", pues no permitía que a los forjadores de la patria ni presidentes y demás señores importantes se les apeara el tratamiento de Don; le tenía pánico, pero me encantaban sus clases y ella supo crear en mí un infinito interés por la historia) y los hermanos Carrera (Don José Miguel y Don Luis) estuvieron en la vanguardia de la defensa, pero el 2 de octubre de 1814 se acabó la "patria vieja" con el desastre de Rancagua y los realistas entraron en Santiago tres días después. Los chilenos emigraron a Mendoza donde estaba San Martín (Don José de) como Gobernador.

Fernando vii también había recuperado su trono en España, con grandes ganas –si no de venganza, por lo menos de volver atrás en la historia–. Se restablecieron en Chile las instituciones que la revolución (chilena) había abolido, hasta la Inquisición desaparecida de hecho desde 1811, al mismo tiempo que la esclavitud.

Por fin, el Ejército de los Andes con San Martín y O'Higgins al frente marchó desde Mendoza a principios de 1817 y el 12 de febrero de ese año derrotó a las fuerzas realistas en la Cuesta de Chacabuco. Así se acabó la reconquista y O'Higgins fue proclamado Director Supremo. Ya nadie pensaba en aceptar a Fernando VII como soberano legítimo; O'Higgins proclamó la independencia en Talca el 12 de febrero de 1818. Lo que quedaba de las tropas realistas al mando de Osorio, junto con otro contingente que mandó el Virrey desde Perú, fue definitivamente derrotado el 5 de abril de 1818 en Maipú. Entonces se inició el camino independiente hacia el futuro, con infinitos dolores de parto (y después de entuerto prolongado). La isla de Chiloé siguió bajo el dominio español hasta 1826, cuando por fin todo el territorio de lo que entonces era Chile pasó a depender del gobierno de la república.

Esto en un brevísimo capítulo con los puntos sobresalientes que recuerdo de la independencia de Chile, mientras Europa estaba envuelta en las Guerras Napoleónicas, España quería echar a los franceses, Napoleón se escapaba de Elba y, por fin, Waterloo en 1815. Por cierto, durante la colonia, los españoles no se interesaron por los "salitrales" del desierto...

Algunas descripciones

Chile es un país largo y flaco, donde la cordillera de los Andes sirve de frontera Oriental. Cerca del Pacífico se eleva la cordillera de la Costa, que en el norte tiene de 1.200 a 2.000 m de altura, aunque el cerro Vicuña Mackenna, entre Paposo y Antofagasta, llega a los 3.114 m. Entre las dos cordilleras hay una gran meseta (había puesto 'vasta', pero evidentemente todo es relativo, porque de este a oeste en Chile no hay nada muy vasto, salvo la apreciación de una niñita) algo más baja que la cordillera de la Costa, entre 900 y 1.000 m; esta es la región de los desiertos que desde el valle de Azapa en la frontera con Perú llega hasta el valle de Copiapó (27°20'). Acá está la Pampa del salitre y de varios minerales, a lo largo de algo más de 1.000 km. Hay que tener en cuenta que yo describo sobre todo la Pampa de Iquique o de Tarapacá, es decir, la Pampa del Tamarugal y que el paisaje cambia –aumentando la vegetación paulatinamente– a partir de la quebrada de Tiliviche hacia el norte y más o menos desde Taltal hacia el sur.

Bueno, mi madre me decía que los animales de mayor tamaño que viven en la precordillera son camélidos de cuatro especies zoológicas distintas que se pueden cruzar entre ellas, pero que retornan a la especie dominante a la segunda generación. Son de mayor a menor tamaño: la llama, animal de carga (¡muy sindicalista en cuanto a horario de trabajo, a la vez que cariñosa!); la alpaca, que da buena lana; el guanaco, y por último la vicuña, de lana aún más fina, es indomesticable y especie protegida. Entre las aves están el buitre –que yo recuerdo como gallinazo– y el cóndor en las alturas, y en la costa varias distintas especies que anidan en las rocas de donde se sacaba el guano de las covaderas, que proporciona un fertilizante con alto contenido de nitrógeno y ácido fosfórico, con algo de potasio, muy apreciado en la agricultura y donde empieza toda esta historia del salitre. Sin embargo, yo recuerdo vagamente que en aquellas Oficinas donde me llevaba mi padre de acompañante y donde en algunos árboles y plantas que existían –como en la plaza, o en el jardín de la casa de Administración– cantaban pajaritos chicos. ¿Cuáles?, no sé.

La Pampa del Tamarugal está en la Provincia de Tarapacá; según William Bollaert, un científico inglés que vivió en Tarapacá varios años, esta se puede considerar como continuación del Desierto de Atacama. Hacia el interior está "mi" Pampa. Cuando yo era chica en los años 30, lo que más tarde aprendí en el colegio en Santiago era que lo que se llamaba "Pampa del Tamarugal" apenas tenía tamarugos (*Prosopis tamarugo*). Había un árbol pobrecito, raquítico, de unos 60 cm por acá, otro algo más grande a quizás tres o cuatro kilómetros y, con suerte, uno de 1,20 m a otros tres kilómetros. Ya alrededor de 1820 William Bollaert dijo que quedaban pocos tamarugos. Y así lo recuerdo en toda la Pampa –es decir, en toda la Pampa conocida por una niña de cero a nueve años– desde la quebrada de Tiliviche a unos 132 km al noreste de Iquique, hasta más o menos la Oficina Victoria (casi donde estaba la Brac, que yo conocí) a aproximadamente 119 km al sureste de Iquique.

En la época de la llegada de Diego de Almagro en 1535 vivían los indígenas changos a lo largo de la costa entre Arica (latitud aprox. 18'5") y Huasco (28'5"), aprovechando los pocos *puquios* (manantiales) existentes. Eran nómadas y grandes navegantes; usaban balsas hechas de odres inflados de lobo marino. Cazaban estos animales y también ballenas con arpón y pescaban todo tipo de peces con anzuelo; se recuerda que estos productos, como el pescado seco, se llevaban en recuas de llamas al interior para cambiarlo por harina de quínoa y coca. Desaparecieron hacia finales del siglo

XIX, entre las tareas mineras y portuarias. El naturalista alemán, Rodulfo Philippi los describió en 1853 como apacibles, viviendo en pequeños grupos, hombres separados de las mujeres y niños, sin formar familias. Parece que vivían los grupos de Changos y Camanchacas en aquellos puntos de la costa donde ellos sabían que se encontraban puquios y vertientes, pero esta gente no construía.

Más al sur existieron también los pueblos de la cultura Atacameña que se enraizó hace 11.000 años desde la Puna a la depresión andina, ocupando la zona de Chiu Chiu hasta el Salar de Atacama hacia la serranía argentina. Llegaron a tener un desarrollo cultural maduro, con su apogeo hacia el siglo XII. En el siglo X recibieron gran influencia de la cultura de Tiwanaku desde lo que es hoy Bolivia. Hacia 1450 se extendió la dominación inca desde Perú, llegando hasta el Maule (36°S) hacia 1470. En menos de un siglo llegó la dominación hispana, otra cultura, y ahí empezó la agonía de las culturas indígenas del desierto.

Todo esto lo he aprendido posteriormente en el Museo Arqueológico del Padre Le Paige en San Pedro de Atacama, que es, aparte de ejemplar y muy interesante, el lugar idóneo para aprender algo más. En el mismo año de nuestro viaje a Mamiña un amigo nos llevó a Elisabeth R. y a mí a San Pedro por primera vez; fue solo años después que conocí al Director del Museo en ese entonces, mi amigo Lautaro Núñez, el *culpable* de todo esto. Creo que de todas las veces que he vuelto al norte solo una no he ido a San Pedro. Es un lugar mágico y sigue siendo mágico a pesar del exceso de turistas que lo han descubierto también.

Ahora por lo menos quedan los aymaras en las poblaciones tarapaqueñas del interior, dedicados a la artesanía, recolección de hierbas medicinales y a sus rebaños de llamas y alpacas. Esperemos que se establezca, de verdad, un sistema viable y eficaz de enseñanza bilingüe para que no pierdan su idioma (del todo distinto del quechua). Aunque nada tengan que ver con la Pampa salitrera, quiero mencionar a los mapuches, el grupo étnico más grande de Chile, que se encontraba en el sur entre Illapel y Chiloé. Los españoles los llamaron Araucanos. Nunca se sometieron. Los otros grupos étnicos de Chile son los Rapa Nui de la Isla de Pascua, y en el sur están los Tehuelches (Aonikenk), Alacalufes (Qawasqar), Yaganes (Yámanas) y unos pocos Onas (Selknam) que quizás queden aún en la Isla de Navarino. Estos últimos cuatro grupos han sido diezmados por enfermedades contagiadas por los loberos y balleneros, por el alcoholismo y por los efectos de la "civilización" y, trágicamente, por lo que hoy llamamos "exterminio étnico".

De todos estos grupos étnicos, solo los aymaras y quechuas emigraron como mano de obra o comerciantes a la gran modernidad de las oficinas salitreras.

Nací en la Provincia de Tarapacá, Chile

El territorio de lo que hoy es Bolivia dependió, por turnos, de los Virreinatos del Perú y del Plata, creado en 1776, por lo que, a partir de la independencia, Chile limitaba con Bolivia por el norte y con Argentina al este. Lo que no estaba bien definido era la demarcación exacta del área de Antofagasta (II Región). Es una tierra evidentemente bastante inhóspita, ya que, como dije antes, ahí está la región más seca del mundo. En su constitución de 1822 Chile indicó su frontera Norte como "el Desierto de Atacama". Cuando Bolivia nació como república independiente en 1825, buscó una salida al mar, primero por Arica, entonces en Perú, que se lo negó; desde ahí un cóndor volaría 130 km para llegar a tierra boliviana; después Bolivia eligió Cobija (II Región) para la salida al mar, que queda a unos 250 km de la frontera (a vuelo de cóndor) y a unos 50 km al sur de Tocopilla (a vuelo de gaviota). El Gobierno chileno estaba ocupado en otros menesteres y no reaccionó.

Poco a poco exploradores chilenos que recorrían el desierto fueron descubriendo minerales y covaderas de guano en la costa, y su explotación provocó continuas discusiones con las autoridades bolivianas. Por fin Chile y Bolivia firmaron un tratado el 10 de agosto de 1866 fijando la frontera en el paralelo 24° S, e incluyendo también los derechos de aduana sobre la exportación de los minerales y guano de las covaderas –existentes y por descubrir– entre los paralelos 23° y 25° S, que repartirían al 50%. Un segundo tratado se firmó el 6 de agosto de 1874 confirmando la frontera en el paralelo 24° S, pero en el que se fijó que los chilenos establecidos entre los paralelos 23° y 24° no estarían obligados a pagar impuestos durante los próximos 25 años.

Entre los dos tratados –1866 y 1874– hubo gran actividad en esta zona de Bolivia, donde el 85% de la población y casi todo el capital eran chilenos. El censo de 1875 para Bolivia dio 4.530 chilenos en Antofagasta de un total de 5.348 habitantes. Se solicitó, se pagó y se obtuvo nuevas concesiones de explotación. Se fundó el puerto de Antofagasta (entre los paralelos 24° y 23° S) y en 1872 se creó allí la Municipalidad con nueve regidores elegidos por la población; los resultados son curiosos: 6 chilenos, 2 alemanes y 1 inglés (acuérdense, era territorio boliviano). He leído en alguna parte que 'gasta' en quichua equivale a los sufijos toponímicos '*heim*' en alemán y '*ham*' en inglés (pueblo, villorrio); quizás sea cierto, pero ¿qué otro topónimo hay con 'gasta' en el mundo incaico? Además, se encontraron y explotaron yacimientos de salitre en distintos lugares y plata en Caracoles; crecieron los puertos de Mejillones y Tocopilla. El puerto de Antofagasta y las minas de los alrededores llegaron a tener entre 8.000 y 9.000 habitantes, de los cuales más del 80% eran chilenos.

Quizás se pregunten los lectores qué tiene que ver todo esto conmigo, ya que "mi" Pampa es la de la I Región, provincia de Tarapacá y no la de la II Región, provincia de Antofagasta. Tiene que ver, pues en 1873 Bolivia y Perú firmaron un tratado secreto para la defensa de la integridad de sus territorios. En 1878 Bolivia impuso a la Cía. de Salitres y Ferrocarril de Antofagasta (de la que daré algunos detalles más adelante), empresa chilena con sede en Valparaíso, un aumento del impuesto sobre la exportación del salitre en contravención del tratado de 1874, lo que la compañía se negó a pagar, con el apoyo del gobierno de Chile. Bolivia a continuación ordenó el embargo de los bienes de la compañía y su posterior venta en subasta pública. El 14 de febrero de 1879, el día antes del remate, tropas chilenas desembarcaron en Antofagasta, dando comienzo a la Guerra del Pacífico. Bolivia declaró la guerra el 1 de marzo siguiente y Chile se la declaró a Perú el 5 de abril del mismo año, por no aceptar la neutralidad. Perú la llama "Guerra con Chile" y Bolivia "Guerra del Litoral".

En Tarapacá (de Perú antes de la guerra del 79, como ya hemos visto), la situación era un poco distinta. Por lo menos había muchos peruanos tarapaqueños explotando las salitreras y otros minerales desde el principio del siglo XIX y antes de sus ancestros criollos. En el censo de Perú de 1876, de un total de 38.226 habitantes, 9.664 eran chilenos. Fue hacia 1850 que, según Oscar Bermúdez, se empezó a notar la presencia de chilenos y extranjeros en esta región. Después del desembarco del coronel Sotomayor con las tropas chilenas en Antofagasta el 14 de febrero de 1879, la ocupación del resto del territorio hasta el Loa al norte en el límite con Perú –que Bolivia había ocupado 50 años antes– se completó a finales de marzo.

La Campaña Marítima empezó con el bloqueo por la flota chilena del puerto de Iquique el 5 de abril de 1879, donde Perú había mandado una fuerza de 3.000 soldados. Las tropas peruanas en Iquique tuvieron dificultad para proveerse de agua debido al bloqueo, ya que este recurso venía en buques desde Arica, o la conseguían de condensadores instalados ahí. Los bloqueadores chilenos prohibieron el uso de estos, cosa controlable fácilmente, ya que si las chimeneas echaban humo, era porque se estaba desobedeciendo la orden.

No voy a describir la guerra, hay suficientes historiadores que saben lo que están diciendo y lo han hecho antes. Solamente diré que en aguas de Iquique se libró la batalla naval entre el buque *Esmeralda* de Chile y el *Huáscar* de Perú, al mando del capitán Miguel Grau. Ahí perdió la vida y la batalla el capitán Arturo Prat al mando del *Esmeralda*, el 21 de mayo de 1879. Aunque perdiera la batalla, Arturo Prat es considerado un héroe, ejemplo de gran valor, y el 21 de mayo es fiesta nacional. Dice Mason: "su conducta en (este) combate… dejó atónito el mundo naval" (Theodorus B. Mason, Teniente de la Marina de Estados Unidos, autor de *Guerra en el Pacífico Sur*).

En 2001 estuve en la hemeroteca de la British Library en Colindale, al norte de Londres, buscando información y me encontré con la siguiente referencia: "La Batalla de Iquique – El *HMS Turquoise* estaba de patrulla por América del Sur. Los oficiales hicieron una cruz con pedazos de madera del *Esmeralda* recuperadas del mar y se la mandaron al comandante Condell (de la Armada chilena) con una carta expresando su gran admiración por la conducta heroica de Prat".

El 2 de junio de 1879 Miguel Grau le escribió a Carmela Carvajal, viuda de Arturo Prat, devolviéndole las pocas pertenencias de su marido que se pudieron rescatar, entre las cuales estaba la espada del marino chileno; ella le contestó agradecida el 1 de agosto de 1879. En los meses siguientes Grau se convirtió en la pesadilla de Chile, ascendió a Vicealmirante y murió el 8 de octubre de 1879, frente a Punta Angamos cerca de Mejillones, al norte de Antofagasta, en batalla final ante el *Cochrane*. Mason dijo de él: "Grau hubiera sido un honor para cualquier marina" y Benjamín Vicuña McKenna (historiador chileno) dijo: "Era un brillante piloto, un hombre de valor reconocido, un hidalgo de corazón y un navegante eximio".

Después de esta batalla el comandante Arturo Prat, el teniente Ignacio Serrano y el sargento Juan de Dios Aldea fueron enterrados en el cementerio de Iquique. Los tres fueron trasladados a Valparaíso en 1888. El sargento Aldea estuvo en todo momento al lado del comandante Prat en el abordaje del buque peruano *Huáscar*. Lo llevaron a tierra roto, casi muerto; sobrevivió dos amputaciones, un brazo y una pierna, pero murió al tercer día, el 24 de mayo.

De mis remotos recuerdos de los acontecimientos "locales" de la Guerra del Pacífico, está una batalla decisiva en Dolores, estación del ferrocarril salitrero en la Pampa norte, que se ha convertido en un lugar de peregrinación para aficionados a la historia. La campaña terrestre había empezado a principios de noviembre de 1879 con el desembarco del ejército chileno en Pisagua, que incluyó regimientos de caballería con toda su caballada. Por fin el 19 de noviembre el coronel Sotomayor derrotó al ejército del general peruano Buendía y, en pocos días más, toda la provincia de Tarapacá fue ocupada por tropas chilenas. Hubo un ofrecimiento de mediación por Inglaterra –rechazado por Perú– y otro por Estados Unidos en octubre de 1880, aceptado por los tres beligerantes. Chile exigió la cesión de Antofagasta y Tarapacá, pero los aliados no aceptaron.

En 1880 llegó al sur de Lima el ejército de campaña chileno al mando del general Manuel Baquedano. Ese ejército debió luchar y vencer en las batallas de Chorrillos y Miraflores para entrar en la capital peruana el 15 de enero de 1881, lo que fue el término virtual de la guerra. La ocupación chilena de Lima estuvo al mando del capitán de navío Patricio Lynch (otro irlandés). Como detalle que me llama la atención, mencionaré que en el artículo dedicado a Perú en la Enciclopedia Británica, decimocuarta edición de 1929, se dice que a la ocupación de Lima por las tropas chilenas siguió el reino del terror, que se saqueó la universidad y que se destruyó la biblioteca nacional. En la sección de la EB dedicada a la Guerra chileno-peruana se dice que Chile solo dejó un pequeño retén de ocupación y que el último encuentro bélico tuvo lugar en Cajamarca en septiembre de 1882, en el que los peruanos obtuvieron una importante victoria. Evidentemente, prefiero creerme esto último.

No obstante, solo en 1883 se pudo hablar de paz y en octubre de ese año se firmó con Perú el tratado de Ancón, por el que este cedió a Chile el dominio de la provincia de Tarapacá, y la soberanía de las provincias de Tacna y Arica durante diez años. Esto último trajo cola, logrando solucionarse definitivamente el problema apenas el 3 de junio de 1929, con un tratado firmado en Lima.

En abril de 1884 se firmó en Valparaíso un tratado de tregua con Bolivia por el que Antofagasta se dejaba indefinidamente bajo la soberanía de Chile. Después de varios avatares y todavía otro tratado secreto, esta vez con Argentina, que acabó efectivamente con la buena voluntad chilena, se ratificó en 1904 el tratado de 1884 por el que Bolivia cedía Antofagasta definitivamente a Chile y por el que Chile se comprometió a construir un ferrocarril desde Arica a La Paz, concediendo libre tránsito a las exportaciones e importaciones bolivianas. Lo cual se hizo.

Y este es el motivo por el que nací chilena y no peruana. Naturalmente no puedo ser imparcial, pero he tratado de presentar los hechos principales en la forma más objetiva de la que soy capaz como consecuencia de haber consultado varias publicaciones inglesas y americanas –además de chilenas (debo confesar que no he salido de mi camino para ir a buscar fuentes peruanas o bolivianas). Se me puede criticar por no haber mencionado derrotas chilenas como la de San Lorenzo de Tarapacá en 1879, ni la de La Concepción en 1882, por ejemplo, pero es que en verdad no afectaron el resultado final. Tampoco he hecho referencia al saqueo de Chorrillos por las tropas chilenas, ni al frecuente muy valiente comportamiento de las tropas peruanas, ni a la indignación de los soldados bolivianos por el papel tan lamentable que se vieron obligados a desempeñar debido al mando (o falta de) del presidente general Daza.

Theodorus B. M. Mason era Teniente en la Marina de Estados Unidos. Escribió *The War on the Pacific Coast of South America*, publicado en 1883 por encargo de la Marina, incluyendo su propia experiencia, así como los informes de otros oficiales. Yo lo descubrí traducido como *Guerra en el Pacífico Sur*, en una feria en Trujillo de Extremadura, en España.

Encontré el libro de Mason de gran interés y valor, ya que se trata de un autor supuestamente neutral. Explica que las tropas regulares del ejército chileno "constituían un cuerpo tan disciplinado como el mejor ejército del mundo. Los oficiales chilenos solo tenían la ventaja de una educación técnica superior" y que "Se estableció desde el primer momento la más rígida disciplina y las tropas pasaron el tiempo adiestrándose, a nuestro modo de ver, demasiado tiempo en precisión mecánica y poco en ejercicios de combate". Más adelante dice: "Perú tenía una Escuela Naval pero, el factor más importante, los ejercicios prácticos habían sido omitidos en los cursos de instrucción". En otro capítulo añade: "…pero mientras en Chile los ejercicios eran la rutina del cuartel, en Perú nadie se preocupaba por prepararse para la acción". Respecto a Bolivia, el mismo autor escribe: "Los reclutas eran excelentes, pero no había oficiales ni jefes que pudieran entrenarlos, dirigirlos y convertirlos en un ejército eficiente… pero en la guerra moderna el adiestramiento solo puede ser dirigido por instructores bien preparados, y estos faltaban". El teniente Mason indica que "el ejército de Bolivia (en el momento de empezar la guerra) estaba formado por 2.300 hombres y 1.000 oficiales".

Explotación del guano

Es significativo que durante los miles de años de vida indígena y española (tres siglos) nadie explotó ni se asentó en lo que sería la Pampa Salitrera. Los primeros pobladores fueron los ingleses y los indígenas, los mestizos, y a continuación emigrantes chilenos y de otras naciones a finales del siglo XIX y comienzos del XX.

En Tarapacá hubo comunidades indígenas desde épocas muy tempranas. En el tiempo de los incas los pobladores de los valles y de las quebradas bajaban a la costa para buscar guano, extraído por los changos, abundante en las rocas a lo largo de la costa y especialmente en la isla de Ique Ique. Luego eran las llamas que transportaban este abono hasta los terrenos de cultivo; soy incapaz de calcular el tiempo que demorarían en el transporte de lo que evidentemente era considerado esencial para aumentar la producción donde había tan poca agua, y el riego era un arte o una ciencia. El terreno que se usaba para la agricultura se hallaba principalmente en el lado oriental de la Pampa del Tamarugal, donde las quebradas todavía tenían agua. La población precolombina usaba igualmente el pescado descompuesto para abonar. Los españoles emplearon ya el guano en 1538 para sus cultivos en los valles alrededor de Arica. ¿Serían estos rezagados también de la expedición de Almagro? Algo después, otros españoles asentados en el oasis de Pica, dedicados especialmente al cultivo de la vid, le dieron preferencia igualmente.

Desde la caleta de Iquique se embarcaba el guano para Arica y otros puertos cercanos. A principios del siglo XVIII salían al año entre 10 y 12 barcos con guano. Según William Bollaert, el primer embarque de guano a Europa tuvo lugar en 1838. El guano, en efecto, se convirtió en un producto esencial para la agricultura europea y hasta aproximadamente 1880 Perú continuó exportando todo el guano disponible hasta el progresivo agotamiento de las covaderas.

Minería en Tarapacá

Los indígenas, mestizos y criollos históricamente habían estado fabricando pequeñas cantidades de pólvora con el nitrato de soda de Tarapacá para los mineros de Huantajaya en La Tirana y para otras minas más pequeñas también, trayendo el azufre desde la cordillera. La fábrica de pólvora en Santiago igualmente importaba 'tierras nitrosas' desde Tarapacá. Empezó a haber gran falta de pólvora en la fábrica de Lima en previsión de los aires independentistas que ya se olían. William Bollaert en el departamento de Arequipa al que pertenecía Tarapacá y alrededor de 1826 estuvo trabajando en las minas de plata de Huantajaya junto a Iquique, describe el recorrido entre ambas localidades, calificándolo de arena suelta con grandes rocas y mucha sal que, desde lejos, se parece a una colección de huesos, en un escenario de absoluta esterilidad. En otra imagen de la Pampa dijo Bollaert que la mayor parte estaba cubierta de arena, sal, nitrato de soda y otras sustancias salinas; que se podía encontrar agua subterránea proveniente de los Andes a distintas profundidades, más cerca de la superficie, cuanto más al este. Añade que a pesar de la presencia de tantas sales en la Pampa, muy poca o ninguna está presente en las aguas subterráneas. Como he dicho anteriormente, y me llamó la atención, agregó que ya entonces se veían pocos tamarugos (años 1820).

Bollaert fue amigo de George Smith, seguramente el primer inglés que produjo salitre en la Pampa; los dos hicieron unos estudios topográficos en Tarapacá por encargo del intendente Ramón Castilla, de Perú, en 1828. Como nota vital dice que a nadie se le ocurría emprender viaje en esa provincia sin un par de cuernos de buey –que llama *chifles*– llenos de agua, provisiones en las alforjas, uno o dos ponchos gruesos que servirían de manta, porque podían pasar días sin encontrar agua ni choza donde resguardarse. Y ¿para el caballo o las mulas?, no creo que fueran a pie. El intendente Castilla, una vez Presidente, exoneró a los productores de salitre de la obligación de pagar derechos de exportación y, además, en 1854 dio la libertad por decreto a todos los esclavos en Perú. Me parece que vale la pena acordarse del Sr. Castilla con admiración; fue presidente de Perú en dos ocasiones y por cierto fue un gran patriota tarapaqueño.

Smith le contó a Bollaert que una vez casi 'desnudaron' las montañas alrededor de Santa Rosa, parte del complejo Huantajaya, cuando en 1827 le vendió una cantidad de sal a un capitán Bowers, pero que "ahora están otra vez muy bien cubiertas". Sigue contándole a su amigo que años atrás había vivido en una casa en Iquique, donde el suelo de la habitación principal estaba cubierto con una estera y encima una alfombra. Antes de colocar esa estera y su alfombra se había limpiado bien el suelo con agua de mar. Unos meses después se observó que el suelo empezaba a presentar desigualdades; cuando se levantaron alfombra y estera, se encontraron con una linda capa de sal muy blanca, en cristales finísimos, algunas secciones con una pulgada de espesor y completamente seca.

Hay muchas referencias al nitrato en el contexto de la pólvora para las minas de plata en Tarapacá y son del siglo XVIII. El nitrato que se venía usando en Europa desde el siglo XIV para fabricar pólvora era el potásico. Este se encontraba en muchos lugares del mundo y, en el contexto actual, en casi todos los países de América y sobre todo en Perú. Se empezó a usar para fabricar pólvora en el último tercio del siglo XVI. Las ordenanzas dictadas por Felipe II en 1571 dictaron: "que no se puede fabricar pólvora en ninguna parte de las Indias sin licencia del Gobernador...", junto con otra del mismo año diciendo: "que se tomen las minas de salitre para el Rey para hacer la pólvora". Sin duda se referían al nitrato de potasio. El paso siguiente fue la creación del estanco de la pólvora.

Aparte de la pólvora para explosivos de uso militar, hay que recordar que los explosivos eran necesarios en la minería. Los indios se dedicaron a surtir de pólvora a los mineros, sin entender demasiado de ordenanzas, prohibiciones ni estancos.

Entre las minas de Tarapacá, la más importante fue la de Huantajaya, a 5½ km de Iquique a vuelo de pájaro, pero a 1.000 o más metros de altitud en plena cordillera de la Costa, en un sitio totalmente árido. En 1718 Bartolomé Loayza había reanudado la explotación minera, abandonada años antes por los españoles. El gran problema siempre fue el agua. Se formaron unos poblados alrededor de las minas de Huantajaya y Santa Rosa que, según Darwin, estaban construidas en las mismas bocas de las minas, las que eran principalmente de plata, algo de cobre y un poquito de oro. A finales del siglo XVIII había alrededor de 400 trabajadores, cuando en algún momento hubo hasta 4.000 personas viviendo ahí. En la época de Bollaert eran solo 125. Al principio, el agua se traía desde la desembocadura del Loa al sur, ¡pobre gente si tenía que beber esa agua tan salobre! Después se trajo de Pisagua al norte, en las balsas de cuero de lobo marino de los changos. Las recuas bajaban a la caleta de Iquique para embarcar el mineral y buscar los odres de agua; a veces había algún lujo venido de Chile (acuérdense, aún estamos en Perú), en la forma de víveres. Y personas y animales volvían a subir penosamente esa tremenda cuesta con su carga. Según Bollaert, después se trajo el agua desde Almonte, a 21 millas, en pieles de llama que contenían 14 galones. Además dice que había unas 50 minas y que solo en una se encontró agua, pero tan impregnada de sales de cobre, que no era apta como agua potable.

Durante la colonia, una familia oriunda del oasis de Pica llamada Almonte tenía tierra regada por pozos artesianos en lo que se dice "la mitad de ninguna parte" y lo que hoy se llama Pozo Almonte y que era conocido en el siglo XIX como los *pozos del Sr. Almonte*. Con la llegada del ferrocarril a Pozo Almonte aproximadamente en 1875, empezó a crecer y a proporcionar agua y algunos servicios a las salitreras, es decir, nunca fue Oficina. En 1883 se convirtió en cabecera administrativa y comercial del Cantón de La Peña (mi nacimiento está inscrito en el Registro Civil de Pozo Almonte). El caso de Huara, más al norte, es similar; fundada en 1885 como centro comercial y también de 'diversión' como Pozo Almonte. Estuve ahí en 2002, me recibió muy amablemente el Alcalde, Sr. Smith. Es una floreciente ciudad de unos 150.000 habitantes, pero dudo que hoy día se encuentre ahí un Château Lafite –como dijo William H. Russell que lo vio en 1889–, tendré que comprobarlo la próxima vez que vaya. (Nota: En agosto de 2005, de paseo por Pozo Almonte, pregunté en tres lugares por Château Lafite sin éxito, solo había dos tipos de champagne chileno).

A lo largo de mi dedicación a lo que espero será (ya es) *este libro*, he descubierto que la familia Almonte era originariamente de Sevilla (otra casualidad), vía Panamá y Lima, emparentados desde muy atrás con unos 'de la Fuente' de Pica (cuántas casualidades).

Había necesidad de agua para personas y animales –además de la necesaria– junto con combustible para el beneficio de los minerales. La Tirana (lugar de peregrinación el 16 de julio de cada año), donde me llevaron de pic-nic varias veces cuando chica, en la Pampa del Tamarugal, se presentó como el lugar más apropiado, aproximadamente 45 km en línea recta desde Huantajaya hacia el sudeste, con suficiente agua y leña de tamarugo para hacer carbón, por lo que en la segunda mitad del siglo XVIII los españoles trasladaron las tareas de beneficio a La Tirana.

En lo referente a la fabricación de pólvora, la misma zona de La Tirana proporcionó los árboles para hacer carbón; los indios traían azufre desde la cordillera de los Andes y caliche desde la Pampa, llevándolos hacia los centros mineros, donde se aprovechaban los mismos fondos de cobre usados en el beneficio de los metales.

La actividad minera disminuyó hacia finales del siglo XVIII y así –por un lado– no hacía falta tanta pólvora y, por consiguiente, caliche. Sin embargo se empezó a sentir la escasez de nitrato potásico en la Fábrica de Pólvora de Lima, y algunas personas pensaron que se debía aprovechar más el nitrato de soda de Tarapacá, debiendo buscarse un método eficaz para convertir el sódico en potásico. Me parece que fue en esta época que se empezó a hacer una distinción formal entre los dos nitratos (o quizás sea yo solamente que lo vea así).

Con este propósito, los dos socios peruanos, Matías de la Fuente y Sebastián de Ugarrisa, que conocían perfectamente la zona norte de la Pampa del Tamarugal y, por ende, la riqueza de los yacimientos de caliche, decidieron consultar al científico Tadeo Haenke sobre la manera de convertir el nitrato de soda en nitrato de potasio. Haenke, nacido en Bohemia en 1761 (que creo entonces pertenecía al Imperio Austro-Húngaro), había llegado a Perú con la expedición de Malaspina y estaba ahora, en 1809, viviendo cerca de Cochabamba en lo que todavía era Alto Perú. De la Fuente hizo el viaje con extraordinario éxito debido a la también extraordinaria generosidad del científico que, aparentemente sin tardanza ni cobranza, le proporcionó la información necesaria.

Esta expedición debió ser fascinante. El italiano Alessandro Malaspina zarpó de Cádiz en 1788, habiendo contratado a Tadeo Haenke de 27 años, como naturalista. Dieron la vuelta al Cabo de Hornos y después de visitar México, Filipinas y Australia, volvieron a Callao en junio de 1793. Antes, rumbo al norte, habían anclado en Iquique en 1790, del que dijo era un lugar tan inhóspito que solo servía para embarcar y desembarcar productos. Haenke se quedó en Callao en 1793 por motivos de salud, con el propósito de ir a Montevideo por tierra para volver a embarcar más adelante. Sin embargo se fue a Concepción, en el sur de Chile, para mejorar su salud, volviendo a Perú en 1794. Después de explorar los ríos Beni y Mamoré, se estableció en Cochabamba en 1795.

En los últimos tiempos de la colonia, se cayó en la cuenta gradualmente que la extensión de Tarapacá −a primera vista tan inhóspita− podía tener mucha importancia como fuente de riqueza. Matías de la Fuente y Sebastián de Ugarrisa ya en 1809 habían exportado una consignación de salitre a Talcahuano en el sur de Chile y en 1811 despacharon salitre en bruto a Chile desde Pisagua, registrado en la Aduana de Iquique que existía desde 1788, donde habían instalado bodegas e improvisado un muelle.

La familia De la Fuente establecida en Arequipa y Pica fue muy importante y activa en la provincia de Tarapacá a lo largo de varias generaciones. Un antepasado de Matías de la Fuente, Basilio, vivió en el pueblo de San Lorenzo de Tarapacá en la quebrada del mismo nombre, en el siglo XVIII. Fue el terrateniente más rico de la zona, sembraba trigo y hasta tuvo molinos en el pueblo. Antes de morir en 1774 hizo mucho por el valle, especialmente en la iglesia; el terremoto de 13.06.2005 derrumbó la torre.

La casualidad –que así la considero yo– es que he encontrado un descendiente no sé si directo o indirecto de los De la Fuente aquí en Sevilla. Es un amigo muy querido al que le he puesto un apodo exótico: "mi amigo afro-peruano". Peruano porque su madre era doña Carmen López de la Fuente y él nació en Lima, y afro porque la juventud la pasó entre Uganda, donde vivían sus padres, y Kenya, donde fue al colegio. Tiene un apellido escocés casi impronunciable y su aspecto es perfectamente anglosajón. Intento desde hace tiempo conseguir que contribuya con un pequeño capítulo con datos de los De la Fuente en Tarapacá, pero me asegura que es una persona muy ocupada… demasiado… (ignoro de dónde le viene lo terco).

Nitrato de soda (1830-1879)

Voy a tratar de presentar el entorno que encontraron los británicos en la Pampa donde se produjo el nitrato de soda, conocido como 'salitre', a través de las descripciones de algunas personas.

Al llegar hacia la cordillera de la Costa desde el interior el terreno se convierte en un mar picado, con costra dura, crujiente, de color grisáceo con ribetes blanquecinos. Cruje de verdad, con los cambios de temperatura, como bien lo comprobó 'el intrépido vasco' (en un amanecer en la Oficina Iris). Después de pasar su primera noche en la Pampa (30.12.1999), se levantó cuando apenas clareaba, tomó el coche y se alejó –no mucho–, por temor a perderse para siempre. Quiso oler y sentir esa gran soledad, pero no, no estaba solo, oyó pasos cercanos y también lejanos, todo alrededor de donde se había sentado. Sin embargo no vio a nadie y seguía oyendo los pasos. Terminó dándose cuenta de que era el sol que empezaba a calentar la superficie. El fenómeno es bien impresionante. La soledad y el desierto empezaban a hablar.

El paso de Darwin

Darwin describe su llegada a Iquique el 12 de julio de 1835 por la tarde-noche, después de anclar en la bahía: "Aquí la costa estaba formada por una gran pared escarpada de roca de unos 2.000 pies de alto, el pueblo de unos 1.000 habitantes, se encuentra en una pequeña planicie de arena suelta al pie de esta barrera. La totalidad es un puro desierto; la fina arena blanca está apilada contra las montañas hasta más de 1.000 pies de altura y ni ahí ni en las rocas hay una sola planta. En este clima solo llueve ligeramente una vez en muchos años, por lo que los barrancos están llenos de detritos sueltos y las montañas enteras parecen estar desmoronándose. En esta época del año una espesa capa de nubes paralela al océano pocas veces sube por encima de la pared de rocas costeras. Todo el aspecto es muy tenebroso; el pequeño puerto con sus pocos barcos y el pequeño grupo de miserables casas parecen estar abrumados y en desproporción con el resto del paisaje. Los habitantes viven como si estuviesen a bordo de un barco, todo les llega desde fuera. El agua se trae desde Pisagua, a unas 40 millas, en barcos y se vende a 9 Riales (4s. 6d.) el tonel de 18 galones. De igual modo, se importa la leña y naturalmente cada artículo de comida, esta generalmente desde Arica donde existen una quebrada y un valle fértil. Claro, se pueden mantener muy pocas bestias en un lugar así; con dificultad, pude alquilar dos mulas y un guía por la mañana por 4 libras esterlinas para llevarme a las salitreras. Estas son la actual razón de ser de Iquique; en un año se exportó producto por valor de 100 mil libras esterlinas a Francia e Inglaterra. Sin embargo, es de mucho menos valor que el verdadero salitre (Saltpetre) que es Nitrato de Soda mezclado con sal común. Antiguamente había dos distritos con minas de plata muy ricas que hoy producen apenas".

"Julio 13. Por la mañana salí hacia las salitreras, una distancia de 14 leguas. Nuestra subida por un camino arenoso en zig-zag por la montaña empinada (1.900 pies) fue muy tediosa. Pronto divisamos las minas de Guantajaya y S. Rosa. Estos dos pueblos pequeños están ubicados en la boca misma de las minas; si el aspecto de Iquique era de desolación, estos —encaramados en un cerro— tenían un aire aún menos natural. Nuestro camino cruzaba por terreno ondulado y no llegamos a la salitrera hasta después de la caída del sol. El recorrido estaba lleno de huesos y pieles de animales, mulas y burros muertos …Exceptuando la *Vultur aura* (buitre) no vi pájaro, cuadrúpedo, reptil ni insecto alguno. En la cordillera de la costa a unos 2.000 pies de altitud, en algunas partes la arena suelta estaba cubierta de un liquen verdoso suelto …y en algunas hendiduras entre las rocas unos *pocos* cactus. Estos se alimentan por las espesas nubes que se posan sobre la tierra a esta altura en esta época del año. Salvo estas, no vi una sola planta. Este es el primer verdadero Desierto que he visto… El aspecto de las montañas y valles se parece a los restos de una nevada, antes de derretirse completamente la nieve. Por la noche (del 14) dormí en casa del propietario de una de las salitreras. El entorno aquí es igualmente improductivo. Tienen un pozo (a 36 pies de profundidad) del que sacan un agua amarga, medio salada, y obtienen leña desde una distancia de 12 millas. Más cerca de la Cordillera principal hay algunos pueblos, tal como Tarapacá… A la vuelta, me desvié por las famosas minas de Guantajaya; el pueblo compuesto enteramente de las familias de los mineros; el lugar es de una indigencia total; el agua es traída por bestias desde una distancia de unas 30 millas… Llegamos a Iquique después de la puesta del sol y subí a bordo y el *Beagle* zarpó hacia Lima. Estoy muy contento de haber visto este lugar, entiendo que es un tipo completo de la mayor parte de la costa del Perú".

No creo que Darwin haya tenido tiempo para conocer al científico inglés William Bollaert en Iquique, quizás lo conoció después en Lima, pero sí estuvieron en contacto, aunque solo fuera por correspondencia.

William Howard Russell

El viaje del corresponsal de guerra William Howard Russell en 1889 fue todo lo contrario de lo bélico, no había peligro ni guerra, hacía ya seis años que había terminado la del Pacífico, pero sí seguía como corresponsal de *The Times*. Estaba entre el grupo de importantes personas invitadas a Chile por el coronel North, al que alguien –no sé si en Chile o en Inglaterra– le puso *el Rey del Salitre*. El viaje pretendía demostrar a los a veces escépticos inversionistas ingleses la excelente salud de la producción de salitre en aquel lejanísimo país. La descripción de Russell en cuanto a la Pampa no es muy favorable. Subiendo desde la costa observó: "Ciertamente no hay nada que deleite la vista en el paisaje que nos rodea", "…estamos por fin en la llanura –'las Pampas'– pero la vista es limitada aún. El mar no está visible; a la derecha vemos el terraplén del ferrocarril y cerros arenosos…".

Dice: "Me estoy recordando continuamente del Desierto africano y de la orilla occidental del Mar Rojo desde que estoy en la Pampa". En otro apartado dice que la Tarapacá Waterworks (de North también) estaba tendiendo la tubería de agua desde Pica y que ya abastecía a la población de Pozo Almonte, así como al ferrocarril salitrero. En Pozo Almonte Russell encontró precisamente el Château Lafite, uno de los grandes vinos franceses. Hablando de Iquique, dijo que, con dinero en el bolsillo, había muy poco que no se pudiese encontrar ahí. Pero Château Lafite en la Pampa en 1889 da una idea del refinamiento que se alcanzó ya en esa época, tan poco tiempo después de terminada la Guerra del Pacífico. En otra parte dice que el telégrafo y el teléfono estaban bien establecidos en Iquique, donde las casas tenían timbres eléctricos y que *las Pampas* estaban iluminadas desde las torres de las oficinas donde se producía electricidad, lo que en argot pampino se llamaba *casa de fuerza*.

En otro lugar Russell describe: "Las factorías (Oficinas) están literalmente esparcidas por la Pampa. No he visto nada en ninguna parte del mundo con un color y efecto tan monótonos como esto, la zona del mayor desarrollo de una prosperidad industrial, de lo que tan poco se sabe en Inglaterra".

Más adelante cuenta que después de abandonar provisionalmente el ferrocarril salitrero "tuvieron un día largo a caballo y sobre ruedas antes de emprender el camino" –la palabra es totalmente convencional– de las 'Lagunas', zona donde viviría mi padre muchos años y donde nació mi hermana. Por delante se extendía la llanura "cuya superficie de marrón mate, salpicada con parches de blanco sucio, sugería un mar picado repentinamente solidificado... El viaje a través de este paisaje no era muy agradable. Uno del grupo comparó su sensación estando sentado en el carruaje, con la de ser conducido perpendicularmente a través de un campo recién arado, a lo que otro viajero añadió 'después de una tremenda helada'. Tampoco reconfortaba un cambio de carruaje a montura. El mantenerse en las huellas significaba sofocarse con el polvo de los carruajes, mientras que alejado de las huellas los cascos de los caballos rompían la superficie quebradiza produciendo un polvo igualmente denso y desagradable. Estas nubes altamente saladas producidas por ruedas y cascos irritaban la piel y labios a la vez que el buen genio de los viajeros, que sintieron bastante alivio al detenerse cerca de un cerro llamado "Pintado" que toma su nombre de unos "jeroglíficos cortados" en profundidad sobre la superficie en algún periodo muy anterior a la conquista española, pero que aún guardan la frescura como si se hubieran hecho solo hace pocos días. Estos símbolos se asumían de la monarquía peruana y se conocen localmente como *Marca Inca*. Cuesta entender qué interés tenían los incas en demostrar su dominio sobre esta costra de sal". Evidentemente en aquella época no se sabía gran cosa de estos fascinantes *geoglifos* dibujados por los indígenas caravaneros cuando atravesaban el desierto hasta el Pacífico, desde antes de los incas.

Pablo Neruda describe incomparablemente la Pampa en el *Canto General*. Su texto siempre me ha conmovido. *El Desierto:*

El duro mediodía de las grandes arenas
ha llegado:
el mundo está desnudo,
ancho, estéril y limpio hasta las últimas
fronteras arenales:
escuchad el sonido quebradizo
de la sal viva, sola en los salares:
el sol rompe sus vidrios en la extensión vacía
y agoniza la tierra con un seco
y ahogado ruido de la sal que gime.

Neruda tiene bastante escrito sobre sus viajes por el norte y llegó a ser Senador por el norte de Chile.

Explotación salitrera

El contexto histórico es significativo. Era el principio de las manifestaciones más o menos públicas de deseos de independencia. Hasta ahora las inquietudes de los criollos cultos de América del Sur siguieron siendo mentales, es decir, aún no se habían traducido en ningún tipo de acción significativa. No hay duda que los sucesos en España en 1808, junto tal vez con el ofrecimiento de la Reina Carlota de Portugal, hermana de Fernando VII —asilada en Brasil— de protección a la colonia de Chile si la dinastía legítima de España resultara vencida, cristalizó esas inquietudes en por lo menos la formulación de una previsión consciente.

Estados Unidos se independizó en 1776, la Toma de la Bastilla fue en 1789 y entre el 20 y 26 de agosto del mismo año la Asamblea Nacional de Francia adoptó los 17 artículos de la Declaración de los Derechos del Hombre (cuyo principio básico decía que todos los hombres nacían libres y con los mismos derechos). Pasarían bastantes lustros antes de que el gran público aceptara la idea que la palabra Hombre —cuya primera definición en el Diccionario de la Real Academia Española dice: "bajo esta acepción se comprende todo el género humano"—. En efecto, incluye 'tambien' la parte femenina del género humano. Hay parte del gran público que todavía lo ignora (año 2004).

Napoleón invadió España en 1808 y puso en el trono de Fernando VII a su hermano José ("Pepe Botella").

La Fábrica de Pólvora de Lima pudo exportar pólvora a Talcahuano en el sur de Chile ya en 1809 y a la isla de Chiloé y hasta Montevideo y Buenos Aires en previsión de la defensa de los intereses de la Corona si fuese necesario.

Como resultado directo de esta invasión de 1808, las colonias en América Latina se encontraron momentáneamente como alumnos de un internado sin profesores. Chile dio su primer paso hacia la independencia el 18 de septiembre de 1810, cuando en un cabildo abierto en Santiago se aceptó la dimisión del Gobernador, Mateo de Toro Zambrano, Conde de la Conquista, nacido en Santiago, y se eligió una junta de gobierno. Este estado de cosas llamado *Patria Vieja* duró desde 1810 hasta 1814. Chile afianzó definitivamente su independencia el 5 de abril de 1818 en la batalla de Maipú. San Martín proclamó la independencia de Perú en 1820 y Bolívar la consolidó definitivamente en 1824. Con esto se terminó el interés apremiante por el salitre para la fabricación de pólvora.

No hay mejor manera de introducir el tema del salitre chileno que con la frase del historiador Óscar Bermúdez en su obra *Historia del Salitre*: "...pero la del nitrato potásico sirve como prólogo de la historia del nitrato de soda, y la de la pólvora como una síntesis de las dos historias". Además, también está ligada a la historia del guano.

La palabra salitre se usaba indistintamente para el nitrato de soda y el nitrato de potasio.

El caliche es la materia prima del salitre. Varios autores sostienen que ya se usaba el caliche como fertilizante en época de los incas y hasta antes que ellos, por los atacameños. Cuenta Bermúdez que los habitantes de la quebrada de Tarapacá han seguido usando caliche pulverizado para el cultivo de maíz y de la papa hasta por lo menos 1943, y que también ha visto otro sistema muy ingenioso: poner un montón de caliche en una bolsa de tela y colocarla cerca de las compuertas de riego, así se va disolviendo y fertilizando.

Parece que Ugarrisa y De la Fuente construyeron las primeras Oficinas de *paradas* entre 1810 y 1812. Estas eran construcciones provisionales, con apenas lo necesario para subsistir y trabajar un tiempo limitado. Se instalaba una pequeña oficina de compra (de aquí viene muy probablemente el nombre de "Oficina" usada genéricamente después). Trabajadores independientes sacaban el caliche rompiendo la costra superficial con pólvora, molían los terrones con mazos y fuerza bruta y lo vendían en la oficinita. Cerca estaban las calderas –llamadas 'fondos'– calentadas a fuego directo donde se disolvía el caliche en agua que después se ponía en bateas de cristalización al sol. El caliche trabajado era de 50 a 60% de ley y cuando se agotaba en los alrededores, se levantaba el campo con todo para ir a 'pararse' a otra parte. Recuas de burros conducían el producto, a lo largo de la Pampa, cruzando la cordillera de la Costa, hasta Iquique.

Un portugués, Sr. Negreiros, estaba en esta parte de la Pampa sacando unos troncos enterrados, considerada la mejor leña de todas. Los indios eran considerados los mejores "cateadores" de estos troncos invisibles, ¿cómo habrá ido a parar en ese lugar y en esa tarea un portugués? Sea lo que fuere, el Sr. Negreiros también estableció sus Paradas, dedicándose a la producción de salitre de ahí en adelante. Su nombre fue conocido en toda la Pampa por la estación de ferrocarril de Negreiros.

Referente a estos "troncos enterrados", Darwin los mencionó como grandes troncos en un estado endurecido, que se extraían y se usaban como combustible; aparentemente eran tamarugos, que también llamaban "mimosas", enterrados entre tres a seis pies de profundidad, y añade que según un Sr. Blake (en un informe en *Silliman's American Journal*) todos los troncos se cayeron en sentido sur-oeste.

Mientras tanto, De la Fuente y Ugarrisa se organizaron bien: producían salitre y lo comercializaban junto con el de otros. Financiaban a otros productores y contaban con el transporte necesario. Ugarrisa construyó bodegas en la aún caleta de Iquique para almacenar mercancía destinada a la Pampa.

Durante la guerra de independencia la demanda de pólvora por la fábrica de Lima fue en aumento; de este modo también creció el número de Oficinas de Paradas, así como de las primeras Oficinas de Máquinas. Estas surgieron en 1853 cuando Pedro Gamboni, nacido en Valparaíso, desarrolló el sistema de disolución del salitre a fuego indirecto en bateas calentadas a vapor, lo que permitía aprovechar el caliche con leyes de hasta un 30% de salitre. Se aplicó este sistema por primera vez en la Oficina Sebastopol, que quedaría al lado del ferrocarril salitrero, concretamente de la Estación Central, en 1871. Pedro Gamboni, que murió en Iquique a los 70 años, también desarrolló un sistema para producir yodo de las "aguas madres" del caliche y lo patentó en 1866. Lógicamente, este sistema significó la instalación de maquinaria estable y la construcción de casas para trabajadores, de administración y despachos, llamados 'Escritorios' en la Pampa.

Este es el momento de mencionar al Gran Señor del Salitre: James Thomas Humberstone, conocido como Don Santiago. Él fue el responsable de la adaptación del sistema Shanks empleado en Inglaterra para la producción de soda a la elaboración del salitre, mediante disolución en bateas de doble fondo calentadas a vapor, aprovechando de esta manera caliche de hasta un 13% de ley. Hablaré de él dentro de unas páginas.

No he mencionado a George Smith, por el simple hecho de que apenas sé algo de él, aunque sí sé que es considerado el primer inglés productor de salitre. Llegó jovencito a Perú en 1821, viajó por Tarapacá en 1826 y al año siguiente, junto con el científico inglés William Bollaert, hicieron mediciones topográficas de la zona de Huantajaya y otras cerca de Iquique en la cordillera de la Costa. Descubrió un rico yacimiento de caliche en lo que llamó La Noria y estableció una Oficina de Paradas. En 1856 puso en práctica el sistema de Gamboni en La Nueva Noria. En Iquique fundó una compañía, George Smith & Co, para la desalinización de agua y estableció vínculos con bancos y casas comerciales en Valparaíso. Fue emprendedor, pero sin gran éxito; terminó vendiendo sus propiedades a Gibbs & Co en Valparaíso por unos créditos que no pudo devolver. Volvió a Inglaterra, donde murió en 1870. Ampliaré detalles de él más adelante.

John Thomas North

John Thomas North es un caso aparte. Aunque nunca fue "un inglés de la Pampa", tuvo indudablemente una enorme influencia en todo lo concerniente al desarrollo de la producción del salitre. Este adjetivo "todo" en efecto incluye no solo la producción de salitre en sí (en 1877 arrendaba la Oficina Santa Rita), sino también el suministro de agua potable a los habitantes de Pisagua y después a los de Iquique, la dirección y gestión de los ferrocarriles salitreros, la creación del Bank of Tarapacá & London, Ltd. (posteriormente metamorfoseado en el Bank of Tarapacá and Argentina, Ltd., después Anglo-South American Bank, Ltd. y finalmente, como consecuencia de la crisis final, intervenido por el Banco de Inglaterra y absorbido en 1937 por el Banco de Londres y Sudamérica (Bank of London and South America, Ltd.) y el todo consumido a la postre por Lloyds Bank. Hace algún tiempo ya, leía *Patagonia Express* de Luis Sepúlveda, saliente de una plena inmersión en Bruce Chatwin. Me divirtió leer que una cabaña primorosamente construida por "don Pedro" y "don José" cerca de Cholila en la Patagonia, en realidad lo había sido por Butch Cassidy y Sundance Kid. Cuenta que de ahí se fueron más al sur, donde organizaron y llevaron a cabo su último gran atraco: al Banco de Londres y Tarapacá en Punta Arenas, alrededor de 1909. ¡Qué historia!

Nacido en Leeds en 1842, North se educó en un colegio estatal y a los 15 años entró como aprendiz en una empresa fabricante de locomotoras a vapor. A los 23 años, en 1865, se casó con Jane Woodward, hija de un concejal conservador en el Ayuntamiento de Leeds.

Fue contratado por la compañía Fowler & Co en 1866 para ir a Chile, como mecánico encargado del montaje de las locomotoras para el ferrocarril Caldera-Carrizal Bajo, 1864, en la III Región. Al terminar ese contrato se marchó a Iquique donde fue contratado por una compañía peruana para trabajar en la producción de salitre. Durante esta época hizo varias cosas: fue arrendatario de la Oficina salitrera Santa Rita, tenía el negocio del suministro de agua a los puertos de Pisagua e Iquique, lo que hacía con plantas condensadoras de agua de mar; además traía agua potable en lanchones de hierro con motores a vapor desde Arica y en 1877 estaba instalado ahí con su familia. También formó sociedad con Maurice Jewell, Vicecónsul británico en Iquique, para la importación de mercancía en general. La sociedad se llamó North & Jewell. En 1888 volvió a Inglaterra con su familia para que sus hijos se educaran allí. Entre ese año y 1892 hizo varios viajes a la costa del Pacífico.

Previamente, estando la economía de Perú en situación desastrosa, el gobierno decidió expropiar las explotaciones salitreras a cambio de certificados. En 1875 los (antiguos) dueños se vieron despojados a la fuerza de sus propiedades y de todas las instalaciones. El gobierno peruano nunca pudo conseguir suficiente dinero para pagar la expropiación. Como consecuencia de la Guerra del Pacífico, a finales de 1879 todo Tarapacá pasó a manos de Chile, cuyo gobierno declaró que no se nacionalizaría la producción del salitre. Esto significó que las explotaciones volvían a ser propiedad de los dueños iniciales –casi exclusivamente peruanos– que pudiesen demostrarlo con la presentación de los certificados entregados por el gobierno peruano. Desgraciadamente para ellos, la expropiación los afectó adversamente y la guerra los empobreció aún más, por lo que algunos se vieron obligados a vender sus certificados por un precio mucho menor del valor nominal. North fue a Lima y con créditos del Banco de Valparaíso, cuyo representante en Iquique era John Dawson, empezó a comprar estos certificados devaluados; simultáneamente un ingeniero civil inglés, Robert Harvey (más tarde Sir Robert) ex Inspector de Salitreras para el gobierno de Perú, estaba haciendo lo mismo, igual que algunas empresas inglesas y alemanas establecidas en la costa. Cuando el gobierno peruano vio que el caliche adquiría un valor significativo, decidió nombrar un inspector oficial para levantar planos de los depósitos y hacer mediciones; este fue el puesto ocupado por Robert Harvey, hombre de gran conocimiento e integridad, empleado posteriormente por el gobierno chileno también. El hecho es que North y Harvey se conocieron y decidieron hacer causa común, de modo que esta estrecha relación duró hasta la muerte de North en 1896.

Archibald Hornsby, nacido en Valparaíso en 1900, directivo del Ferrocarril Salitrero durante la gerencia de John Jenkins, cuenta en sus memorias una anécdota interesante sobre North y el capitán de navío Patricio Lynch, recién tomado el puerto de Iquique en 1879. Hornsby, muy jovencito, con 16 años, tuvo que dejar su colegio –Sutton Valence, uno de los *public schools* pequeños– en Inglaterra en 1916, plena Guerra Mundial I, porque su padre en Pisagua ya no podía mandar fondos para pagar el colegio. Volvió a Chile contratado por Gamble North para trabajar en la Oficina Jazpampa.

Relata que cuando llegó el capitán Patricio Lynch al mando de una división naval y militar, a hacerse cargo de Iquique en 1879, se encontró con una situación caótica y, además, sin un centavo para nada. Solo contaba con una partida de salitre ensacado que North le propuso comprar. De este modo, Lynch pudo salir momentáneamente de un aprieto y North pudo hacer un buen negocio. Mucho más adelante, en sus memorias, dice que al llegar Patricio Lynch a tomar Iquique para Chile, fue el Cuerpo Consular quien hizo la entrega oficial de la ciudad, ya que no quedaba ninguna autoridad peruana competente.

Volviendo atrás, entra en el escenario otro nombre que estaría muy ligado con Iquique y el salitre, la firma Wm. & Jno. Lockett de Liverpool. Esta era una empresa familiar, de larga tradición y de excelente situación. Desde su sede en Liverpool, comerciaban con Terranova, Nueva Brunswick, Nueva Escocia, Barbados, Trinidad, Australia, Calcuta, Bombay, Macao, Perú, Panamá y California. En sus propios barcos mandaban carbón, vino y mercancías de toda índole, pero principalmente artículos de algodón de Manchester, e importaban madera, té, lana, azúcar, arroz, etc. La empresa estuvo estrechamente ligada largos años con la industria azucarera en el Perú, de la familia Swayne.

Para volver, cuando North decidió radicarse permanentemente en Inglaterra, él y Harvey ya eran dueños de buena cantidad de certificados. North se puso en contacto con los Lockett, de los que hacía tiempo tenía referencias, y les propuso que se iniciaran en el mundo del salitre. North estaba hablando de la Oficina Ramírez; les sugirió que formaran una sociedad inglesa de responsabilidad limitada a la que se enviarían suscripciones públicas en Inglaterra. Hasta ahora la producción de salitre había estado en manos de individuos o sociedades privadas. Esta sería la primera vez que se ofrecía al público de Inglaterra la posibilidad de comprar acciones en el negocio del salitre. Así nació la Liverpool Nitrate Co en febrero de 1883, con sede en Liverpool, donde tenían la suya Wm. & Jno. Lockett Ltd. Tan pronto como se hubo conseguido el dinero, Harvey se embarcó para Chile para supervisar las reformas en la Oficina Ramírez, que fue la primera donde se instaló luz eléctrica.

En poco tiempo resultó ser una medida excelente, por lo que North y su colega Harvey y los Lockett adquirieron otras propiedades y formaron la Colorado Nitrate Co, Ltd., la San Donato Nitrate Co y la Primitiva Nitrate Co, Ltd., entre 1884 y 1886, todas con sede en Liverpool. Estas empresas fueron recibidas con entusiasmo por parte de la Bolsa londinense, en el caso de Primitiva, con más entusiasmo del que se merecía, aunque los inversionistas iniciales salieron muy beneficiados. La Primitiva Nitrate Co fue posteriormente vendida a Agua Santa Nitrate Co. En 1908 la Liverpool Nitrate Co se fusionó con la San Donato Nitrate Co, en 1918 con la Colorado Nitrate Co y en 1920, con la San Lorenzo Nitrate Co, y continuó trabajando con éxito hasta que Lockett Bros. vendió en mayo de 1928 todos sus intereses en Chile a Santiago Sabioncello, un yugoslavo que ya tenía alguna Oficina en la Pampa y que se había forjado una considerable fortuna. Pero la fatalidad decretó que casi tres años después, en 1931, el gobierno chileno creara la COSACH, por lo que Sabioncello no pudo disfrutar de su enorme adquisición por mucho tiempo. La sociedad familiar, Wm. & Jno. Lockett se convirtió en sociedad limitada y privada a finales de 1927.

Los ferrocarriles

Una de las consecuencias iniciales de los primeros ferrocarriles en Inglaterra había sido la dura oposición de los agricultores y de los 'empresarios', que temieron la desaparición del negocio de forraje para mulas y caballos y del sistema económico de transporte por tracción animal. Me imagino que en mínima proporción, lo mismo ocurriría en la Pampa salitrera con las pobres mulas y proveedores de su pasto. He leído posteriormente un artículo de un amigo donde hay mucha referencia a la saca de mulas desde Salta a Potosí en Alto Perú y la enorme cantidad de dinero implicado. Hasta la inauguración de estas líneas de ferrocarril, la provisión de mulas a las Oficinas fue de importancia primordial, el arrieraje desde Argentina era principalmente de mulas y ganado bovino, mientras que el de Bolivia era de ganado ovino. No nos debe extrañar la magnitud de este negocio si nos fijamos en los números de estos animales en los corrales de las Oficinas salitreras. En 1890 había más de 4.800 mulas y 250 caballos. ¿Se habrán opuesto a la innovación de los ferrocarriles salitreros los indígenas y mestizos andinos que al principio, antes del ferrocarril, transportaban en carretas el salitre desde las Oficinas de *paradas* hasta la costa?

Se dice también que cargaban el salitre a la espalda por la cordillera de la Costa, subiendo y bajando los cerros, descendiendo un promedio de 1.100 metros a lo largo de no sé cuántos días con altas temperaturas y noches heladas, con los sacos que llevaban aproximadamente 46 kg –un quintal español–. Dormían bajo las estrellas, todo menos romántico si nos acordamos que la temperatura nocturna en invierno llega hasta los 0°C; su recurso era mascar la hoja de coca, que, aparentemente, también sirve para hacer soportable el frío intenso, además de hacer soportable el hambre más o menos crónica y dar la fuerza necesaria para seguir soportando la existencia –dioses ¡qué vida!–. Puede ser que el ferrocarril significó para ellos la pérdida de puestos de trabajo, pero muchos de ellos se quedaron en las Oficinas, donde el trabajo de los cochabambinos, sobre todo, era muy apreciado.

A propósito del transporte por ferrocarril, fue la minería la que motivó su introducción en Chile. Eran todos transversales, es decir, desde la costa hacia la cordillera. El 25 de diciembre de 1851 se inauguró el primer ferrocarril en Chile –tercero en Sudamérica– entre Copiapó, 1.056 km al sur de Iquique, y Caldera en la costa. En toda esta región, rica en plata, cobre y algo de oro, se construyeron varias líneas más hasta 1892, todas transversales.

Aparte del salitre, North y los Lockett volvieron a estar juntos en los Ferrocarriles Salitreros (Nitrate Railways Ltd.). Fueron los hermanos Montero, de Lima, quienes obtuvieron las concesiones y después construyeron las primeras líneas, llamadas Ferrocarriles Salitreros Nacionales del Perú. El primer tramo entre Iquique y La Noria se inauguró en 1871, después vino la sección Pisagua a Zapiga inaugurada en 1872. La unión ferroviaria entre Zapiga y La Noria se terminó en 1885 –este tramo sí iba de norte a sur–. Hasta entonces, todo el transporte –desde la calichera hasta la Máquina (el conjunto de toda la maquinaria necesaria para elaborar el salitre), como de la Máquina hasta Iquique– se hacía a lomo de mulas, acompañadas, claro, por personas. Aunque la compañía era peruana, los hermanos Montero tenían un Consejo de Administración en Londres. Debido a motivos distintos, a la compañía le fue mal. Hubo incumplimiento de obligaciones, los accionistas ejecutaron y se creó una nueva compañía llamada Nitrate Railways, Ltd. en 1882. Esta continuó cuesta abajo y hubo muchas quejas referentes al mal servicio. El resultado fue que los Montero ofrecieron su participación mayoritaria a John T. North, M.P. Grace y a Wm. & Jno. Lockett. La oferta fue aceptada en 1887 a condición de que el Consejo entero se retirara. Se nombró uno nuevo y cuando el primer Presidente murió al año siguiente, se nombró al Coronel North, cargo que ocupó hasta su muerte en 1896. Los Montero tenían todavía otra concesión desde aproximadamente 1872, para construir una línea desde la Oficina Esperanza –que después se llamó Lagunas– a Patillos en la costa al sur de Iquique. Poco tiempo después de 1887 los Montero vendieron su participación en la Patillos Railway Co, Ltd. a J.T. North, M.P. Grace y a R.R. Lockett, los representantes de la Nitrate Railways Ltd., optaron por esta medida en previsión de una eventual extensión de su red –Nitrate Railways Ltd.– con la conexión de las salitreras de Lagunas con Iquique, evitando la competencia con Patillos. El gobierno chileno dio permiso para la extensión de Lagunas, que se terminó en 1893.

Es curioso (aunque no único) que no había comunicación terrestre entre el Norte Grande y el resto de Chile, a no ser, claro está, que uno fuera descubridor o conquistador como Almagro o Valdivia, o simplemente caminante como alguno de los primeros exploradores aventureros en los años iniciales de la república, como Santos Ossa, Almeyda, Díaz Gana, Moreno, el naturalista Philippi y hasta cierto punto los miembros de la familia peruana-tarapaqueña de los De la Fuente, Guillermo Billinghurst y más tarde el inglés George Smith y Bollaert.

Para ir al sur o al norte había que ir primero a la costa, a Iquique (o Tocopilla o Antofagasta o Taltal) y esperar un barco. Puerto Montt en el sur quedó unido a Santiago en 1912. Sin embargo, el ramal norte del Longino, proyectado hasta Lagunas, llegó finalmente hasta Pintados en 1912 donde, parece ser, durante un tiempo los viajeros que deseaban llegar hasta Iquique tenían que andar un trecho para subir al tren del Ferrocarril Salitrero de Tarapacá, y ¿el equipaje? No fue hasta 1928 que funcionó el 'Ramal de Pintados a Iquique', como parte de los Ferrocarriles del Estado, que aprovechó un distinto recorrido para atender a diez Oficinas en directa competencia con el Ferrocarril Salitrero que cobraba unos 'altísimos fletes', según la sección 'Los ferrocarriles salitreros' y el 'Ramal de Pintados' (pág. 105 del capítulo "Construcción de la línea longitudinal norte" en parte de una publicación que tengo y cuyo título no conozco). El Ramal Pintados a Iquique ya no usó la Estación Central, cruzó la línea del Ferrocarril Salitrero un poco más abajo –hacia la costa– de la Estación Central.

En 1913 se inauguró el Ferrocarril Longitudinal Norte, uniendo a todo el país por ferrocarril; bueno, casi todo. Arica nunca tuvo tren que lo conectara con el resto de Chile y, hasta hoy, nunca ha llegado ningún tren a Punta Arenas, pero esto es debido a la "loca geografía" del país. En cambio Arica tiene un ferrocarril que lo conecta con La Paz como resultado del Tratado de paz y amistad entre Bolivia y Chile de 1904, y está el FCAB –Ferrocarril Antofagasta a Bolivia (The Antofagasta (Chili) and Bolivia Railway Co Ltd.)– inicialmente la Cía. de Salitres y Ferrocarril (Antofagasta Nitrate and Railway Co) que tuvo sus orígenes en 1873, cuando un ingeniero neozelandés Josiah Harding trazó y construyó los primeros 33 km (¿cómo se habrá enterado ese neozelandés que existía o iba a existir ese lugar perdido que necesitaba un tren?). En 1892 llegó la línea hasta la zona minera de Oruro en Bolivia y en 1916 llegó hasta La Paz. Desde su inicio hasta la década de 1970 fue responsable de la traída de agua hasta Calama y Antofagasta y todavía sigue como empresa de vanguardia y ferrocarril privado. El hijo mayor de mi tío abuelo Guy Lance –William (Billy) Lance–, trabajó en los ferrocarriles toda su vida, pero otra vez lamento no saber si fue solamente en el FCAB y/o también en los ferrocarriles de Argentina. Él vivió muchos años en Mendoza y se movía bastante por Argentina. Desgraciadamente murió en Mendoza en 1994 cuando estaba por fin a punto de conseguir la dirección de mi prima Lotty Lance, en Los Andes, la menor y única hija entre seis hermanos.

Me dijeron que el "Longino" (tren longitudinal norte) desgraciadamente murió a los 62 años, el 9 de junio de 1975, cuando se componía solamente de furgones –para minerales principalmente– y coches de segunda clase; un triste recuerdo de lo que fueron sus antepasados, que, según descripciones invitaban a viajar en elegantes coches de primera clase y dormitorios construidos en Inglaterra, cuyos departamentos lucían enchapados en las mejores maderas (bien distinto de lo que cuenta Hernán Rivera en *Los trenes se van al purgatorio*). El viaje desde Iquique a Santiago tardaba tres días. Yo misma me acuerdo que los graciosos decían que en las cuestas, arriba, se tenían que bajar los pasajeros para ayudar a empujar.

Ya he mencionado la traída de agua para Pisagua e Iquique desde Arica en lanchones. Esta ocupación la inició North en sus primeros años en Tarapacá en los años 70 del siglo XIX. Con fecha imprecisa, un señor Hart obtuvo una concesión para instalar una tubería para agua desde el oasis de Pica hasta Iquique, pero se murió antes de empezar la obra. Había aumentado mucho la población de Iquique con el crecimiento de la actividad salitrera, por lo que era evidente que sería necesario un abastecimiento de agua más caudaloso y permanente. En marzo de 1888 North compró los derechos de la concesión de Pica a la viuda de Hart y creó una compañía llamada Tarapacá Waterworks Ltd., en la que también estuvo Robert Harvey; los Lockett solo participaron como accionistas. La empresa continuó con éxito hasta que el gobierno chileno consideró oportuno, en el interés nacional, construir otra tubería para el abastecimiento de Iquique.

Solo me queda indicar la última empresa de North en Chile y la última en que participaron con él los Lockett antes de su repentina muerte. He mencionado que la extensión de la línea de la Nitrate Railways hasta Lagunas se inauguró en 1893. Previamente, North, Wm. & Jno. Lockett y Harvey y otros, habían comprado a la familia Almonte extensos terrenos salitrales y en febrero de 1889 crearon un consorcio privado para 'cuidar' la propiedad hasta que la línea del ferrocarril llegara hasta allí. Se decidió entonces levantar la Oficina Lagunas en lo que se suponía eran los terrenos más ricos. Se creó otra compañía en junio de 1894 con el nombre de Lagunas Nitrate Co, Ltd. para la adquisición de la Oficina Central Lagunas. A continuación se reorganizó el antiguo consorcio en 1895, se ofrecieron las acciones en Bolsa y se construyeron dos Oficinas nuevas, North Lagunas y South Lagunas. Se tomó esta medida debido a que los cateos indicaron la gran riqueza de los terrenos. Sin embargo, fallaba el agua; solo se encontró agua potable a bastante distancia. Entre el consorcio y Lagunas Nitrate Co, Ltd., hubo sus más y sus menos, en que el agua fue solamente uno de los temas. Los recursos de apelación llegaron hasta la Cámara de los Lores antes de concluir; fue un caso muy comentado en los círculos jurídicos y financieros de Londres.

No cabe duda que North fue un brillante hombre de negocios. Como anécdota, fundó y equipó un regimiento de voluntarios y fue un momento de sumo orgullo para él cuando en 1884 fue nombrado Coronel Honorario de Voluntarios de Tower Hamlet.

En 1889 organizó un extraordinario viaje a Chile, al que convidó a varias personas influyentes del mundo de los negocios, así como periodistas (William Howard Russell), llevando a sus invitados al sur, centro y norte, donde pudieron constatar personalmente las excelentes perspectivas que presentaba el país –y en especial las compañías en las que él mismo tenía intereses– para posibles inversionistas. Salieron de Inglaterra en febrero a bordo del vapor *Galicia*, cruzaron el estrecho de Magallanes y en marzo desembarcaron en Coronel para ver la zona carbonífera; fueron a Santiago en tren, donde pasaron algún tiempo haciendo varias expediciones desde ahí, y por fin en mayo tomaron nuevamente el vapor llegando a Iquique el 7 de mayo de 1889. Estuvieron allí un mes, durante el cual asistieron a varias recepciones en su honor y recorrieron la Pampa desde Pisagua hasta Lagunas. Entre los invitados estaba también Melton Prior, que hacía dibujos detallados, artista de *The Illustrated London News* que salió en 1842 como el primer semanal ilustrado. Ya he mencionado que también estaba entre los viajeros el corresponsal de *The Times*, William Howard Russell; en 1890 se publicó *A Visit to Chile and the Nitrate Fields of Tarapacá* con varios estupendos dibujos de Melton Prior con vistas de Iquique y de algunas salitreras. North murió repentinamente en 1896, habiéndose desprendido de la mayoría de sus intereses chilenos.

Me parece curioso que yo no haya jamás oído hablar de North antes de empezar esta tarea, nunca. Hace poco en Santiago (2005) oí a un anglochileno decir de él: "…ese hombre horrible, lo echó todo a perder". Desgraciadamente no era momento de ahondar más. Hizo una enorme fortuna, pero aparentemente no se hizo querer. En la British Library encontré un librito muy curioso en la sección Manuscritos Viejos, por Thomas Loomes: *Romance of the Nitrate King*. Desgraciadamente he perdido mi papel donde anoté los detalles de fecha y lugar de publicación. Me pareció una parodia de la vida del verdadero 'Rey del Salitre' del que vengo hablando. El héroe –Henry Cartwright– va a Chile y empieza en el negocio del salitre en Valparaíso con depósitos de la *Isla Falka*. Famoso financiero en Londres, crea grandes empresas para la explotación del salitre. "No hay baile en Londres al que no asista algún miembro de la familia, en el más lujoso de todos ofrecidos por el Rey y la Reina del Salitre… solo las flores costaron dos mil libras…".

Reciente y casualmente he aprendido algo más de Russell. Tenía en mis manos una traducción de uno de los libros de Naipaul (*India* y en inglés: *India: A Million Mutinies Now*), que le iba a regalar a un amigo enamorado de la India. Mucho antes de su Nobel de Literatura, ya era yo adicta a Naipaul. Empecé a hojear el libro y me detuve en un capítulo referente a la mujer, donde tarda varias páginas antes de referirse a lo enunciado en el título ("La época de la mujer"). Antes se detiene en una disquisición sobre lo que le había costado, en más de una ocasión, "meterle el diente" al libro de William Howard Russell *Mi diario de la India en los años 1858-1859*, en el que describe los acontecimientos del motín y la revuelta que lo siguió (1857-1858). Russell fue el primero de una nueva raza, la de "corresponsales de guerra"; la primera que presenció fue la de Dinamarca en 1848. Entró en *The Times* en 1843 con 21 años y se dio a conocer durante la Guerra de Crimea (1853-1856) donde pudo ver de primera mano la condición de los heridos y lo que estaba intentando hacer Florence Nightingale para cuidarlos. De sobra son conocidos los esfuerzos de esta extraordinaria mujer para organizar la atención racional de heridos en condiciones de asepsia.

El Coronel fue un entusiasta del cricket, caballos de carrera, carreras de galgos –fue dueño de uno llamado "Fullerton", el más famoso de todos los tiempos hasta esa fecha–. Compró una propiedad cerca de Londres en el condado de Kent, donde recibía con gran pompa a sus amistades y a personas importantes en el mundo de los negocios y de la política. El 5 de mayo de 1896 presidía una reunión del Consejo del Lagunas Syndicate (el Consorcio); había apenas terminado de escribir la palabra 'aprobado' junto al primer tema del Orden del Día, cuando se cayó hacia atrás en su sillón y se murió.

Algunos paralelismos

Amigos que se han enterado que estoy intentando describir la vida de los ingleses en la Pampa salitrera han comentado que seguramente se pareció mucho a la que llevaron los ingleses en la India. Bueno, hasta cierto punto. Aunque nunca he estado en la India, se sabe que en primer lugar los ingleses estaban allí como potencia colonial, como dueños, inicialmente con ese curioso invento: la East India Co, y ya después, con el Virrey en Nueva Delhi. Introdujeron su ejército y establecieron el sistema administrativo. Chile fue siempre –en la época de la que hablo– una república soberana, única responsable de sus leyes y de sus impuestos. Hay autores que mantienen que los ingleses fueron los responsables de la Guerra del Pacífico y, a continuación, que se hacía su voluntad. Ni aquello ni esto. Como todo político y hombre de negocios en el mundo entero, los ingleses intentaron hacer su voluntad, no lo dudo ni un momento, pero ahí estaban los Intendentes de Tarapacá y de Antofagasta. Mi opinión es que si en la ocasión los ingleses ganaban la partida, era porque al Gobierno del país le convenía. Trágico ejemplo: la matanza de la Escuela Santa María de Iquique.

Un aspecto en el que pudo haber cierta semejanza es en la clase de personas que ejercieron su rol en la India y en Chile. Fueron mayormente jóvenes de la nueva y próspera clase media victoriana, educados en internados de los que curiosamente se llaman en Inglaterra *public schools*, digo *curiosamente* porque de público no tienen nada. El más antiguo es Winchester, abierto en 1394, seguido por Eton en 1440 y media docena más. Estos colegios producían "caballeros cristianos, autodisciplinados, seguros de sí mismos, con don de mando y para dar ejemplo a comunidades menos favorecidas"; se consideraban, inicialmente al menos, una minoría selecta formada o nacida para mandar. Se esperaba que los alumnos de estos centros optaran posteriormente por ir a Oxford o a Cambridge o que entraran directamente al 'servicio público', en parte responsable del adjetivo *public* —esto como dato histórico—. A principios del siglo xix abrieron muchos colegios en respuesta a la creciente demanda de personas aptas para administrar el imperio. Estos jóvenes fueron a la India, vinieron a las Minas de Río Tinto en la provincia de Huelva en España y, por cierto, se establecieron en Chile.

¿El Imperio inglés llegó a la India y al Desierto tarapaqueño? A la India es evidente, pero no creo que sea cierto en el caso de 'mi' Desierto. Pienso que se trató de individuos emprendedores y algo aventureros, que querían abrirse un camino en la vida, pero no con la ilusión ni vocación de extender el Imperio Británico, ni tampoco con una política secreta o pública en ese sentido. Creo que puede haber influido mucho el tamaño de las familias victorianas. En mi caso, mi abuelo escocés era el menor de 14 hermanos, mi padre irlandés era uno de 10 hermanos; no es extraño que algunos hijos hayan buscado un futuro mejor en otros países —sobre todo en el caso de Irlanda—. Además, se debe tomar otro factor en cuenta: la población del Reino Unido se había doblado entre 1780 y 1870, no debe extrañar que muchos jóvenes 'ingleses' hayan buscado trabajo en el extranjero, sin que por eso se les achaque designios imperialistas. ¿Que algún súbdito de Su Majestad se haya portado como si él fuera superior a todos y a todo lo que le rodeaba? Más que probable, en el mundo (¿quizás sé de más europeos?) hay muchos lunáticos, pero afortunadamente están en la minoría, insisto: minoría, soy irremediablemente optimista.

Tampoco he mencionado en este contexto la palabra 'emigrar' que para mí implica más bien permanencia —dejar hogar y familia para siempre—, aunque no sea la definición estrictamente correcta. Honradamente no sé cuántos ingleses (y sus familias) se quedaron en Chile a echar raíces una vez terminado su trabajo relacionado con el salitre y cuántos volvieron al

Reino Unido ni si hay estadísticas al respecto (sospecho que no). Se fueron tantos al sur, es decir, a Valparaíso, alrededor de Viña inicialmente y después a Santiago; pero me inclino a pensar que quizás más hayan vuelto a Europa.

Las minas de Río Tinto

Río Tinto en Andalucía es el otro punto del que tengo algo de información y donde se podría encontrar cierta semejanza. De entrada hay dos diferencias fundamentales: se trata de una sola empresa y no de varias, como en la Pampa, y no hay que olvidar que España era un país muy poblado y urbanizado. Sevilla (más ciudad que Huelva) estaba a unos 100 km. En febrero de 1873 el recién estrenado gobierno republicano presidido por Estanislao Figueras firmó un decreto para vender las reales minas de Río Tinto a un consorcio internacional encabezado por el banquero inglés Hugh Matheson, que creó la Río Tinto Company.

Estas minas ya eran conocidas y explotadas por los fenicios; los romanos las trabajaron hasta el siglo v. Cubrían una gran extensión de valles y montes en la serranía de Huelva, alrededor de 13 km². Además del pueblo de Río Tinto, que quedaba dentro de la propiedad de la compañía, había más pueblos en los alrededores cuyas poblaciones se dedicaban a la agricultura y, en su mayoría, nada tenían que ver con las minas, principalmente de piritas de cobre, también piritas de hierro y ambas con alto contenido de azufre. Solo seis semanas después de la adquisición se empezó a construir el ferrocarril que uniría Río Tinto con el muelle del puerto de Huelva. Los 83.524 m de ferrocarril se terminaron en 1875. El pantalán de 579 m sobre terreno pantanoso que dio acceso directo a los barcos se terminó en 1876. Antes estas tareas se hacían como en Chile, a lomo de mula y en barcazas hasta el barco, anclado en medio de la ría. Los trenes llevaban coches de pasajeros de 1ª y 2ª clase y funcionaron hasta 1953.

Los trabajos para la explotación a cielo abierto empezaron al poco tiempo. Esta decisión se debió a que las galerías subterráneas situadas en las cercanías del Cerro Salomón estaban muy deterioradas por oxidación con la acción del aire y del agua, resultando en condiciones peligrosas por derrumbes y desprendimiento de rocas. En 1907 empezaron las obras en la Corta de Atalaya, que se convertiría en una de las mayores explotaciones a cielo abierto en el mundo –junto con Chuquicamata en la II Región de Chile (ex provincia de Antofagasta, cuyas instalaciones se iniciaron en 1911)–. Se hizo con palas a vapor compradas de segunda mano a los contratistas del Canal de Panamá, que se siguieron usando hasta 1945.

La Río Tinto Company (RTC) duró hasta 1954, año en que se convirtió en Cía. Española de Minas de Río Tinto, de la que el primer presidente fue el Conde de Benjumea y el segundo Javier Benjumea Puigcerver, al que tuve la suerte de tratar durante varios años (en circunstancias que nada tienen que ver con este 'relato').

La proporción de trabajadores españoles en las minas y la de técnicos y directivos ingleses siempre fue mayoritaria a favor de aquellos. En 1873 solo había alrededor de 1.000 trabajadores españoles; en 1882 llegaron a 10.000, en 1909 a 17.000 y en 1920 bajó el número a 10.000. Venían de todas partes de España, principalmente de pueblos agrícolas, trayendo consigo una especial aptitud para sentirse libres (como los chilenos de la Pampa); esclavos en cuanto a lo económico, no constreñidos en cuanto a tiempos. En la agricultura, únicamente pocas veces al año se tienen que realizar algunas tareas con urgencia. Al principio difícilmente entendían la necesidad de ser puntuales y disciplinados, esto último con motivos de seguridad. Los sueldos en Río Tinto, como los de la Pampa, fueron más altos que en el resto del país.

Parecido al resto de España, hubo mucha actividad sindical en Río Tinto, por parte de la CNT (Confederación Nacional del Trabajo), formada por los anarquistas en 1882 y la UGT (Unión General de Trabajadores) sindicato socialista creado en 1888. ¿Serían estos proletarios anarquistas y mineros los que aparecen con sus boinas españolas entre las fotografías de los álbumes salitreros? ¿Cómo llegaron al desierto chileno?

Uno de los mayores motivos de la huelga fue la calcinación al aire libre de las "teleras", causando un humo sulfuroso que destruía gran parte de la vegetación, generando oscuridad y suciedad constantes. Si no había viento se formaban densas nubes de dióxido de azufre. Esto dio lugar a una gran indignación en toda la región, dentro y fuera de la zona propiamente de las minas —el viento y las nubes no entendían de lindes–. En 1907 se quemó la última telera al aire libre, ya no fue necesario hacerlo porque en su lugar se venía usando el nuevo proceso de oxidación. En 1916 se replantaron 9.000 hectáreas con pinos, se contrató a mujeres y niños para que hicieran huequitos de unos 2,5 cm y metieran una semilla en cada uno.

Volviendo a 1888, la huelga terminó (¿accidentalmente?) con tiros de la Guardia Civil en el pueblo de Río Tinto. Oficialmente hubo 48 muertos o heridos; al hospital de la compañía llegaron 13 muertos y 35 heridos, entre los que había tres mujeres, un niño de cinco años y un bebé de un año. Como en Iquique, representaban solo una parte de la realidad. Se calcula que fueron entre 100 y 200 los muertos. Las cifras finales de ambos sitios no se parecen en nada.

¡Ah!, y otra cosa que siempre me llamó la atención, hasta de chica, cuando los ingleses decían *home*, es decir "hogar" o "casa", estaban hablando de Inglaterra y no de las cuatro paredes en las que estaban viviendo en esos momentos. Mis padres hablaban de *home* –en el sentido geográfico y eso que cuando tengo conciencia de habérselo oído a ellos mi padre llevaba ya en Chile más de 40 años–. Iba a añadir que suponía que fue distinto para los hijos nacidos ahí en la Pampa o en Iquique, pero mi madre nació en la Pampa, en 1901, en la Oficina Constancia. Salvo un intervalo de unos siete años en que estuvo en el colegio en Escocia (volvió a Chile en 1919), mi madre vivió en la Pampa hasta principios de 1940, cuando mi padre fue trasladado a Iquique y ¿todavía hablaba de *home*?

A medida que escribo pienso que quizás todo esto tenga que ver con épocas, porque en el caso de mi hermana, que también nació en la Pampa, en la Oficina North Lagunas y también estuvo en el colegio en Inglaterra entre los 10 y los 16 años, ni recién llegada a finales de 1940 hablaba de Inglaterra como *home*. Yo jamás he usado esa palabra en Chile más que para indicar la casa en la que dormía y comía todas los días.

Por otra parte, he leído lo siguiente en inglés, no recuerdo dónde: "En verdad los ingleses no quieren volver a Inglaterra (*home*) de forma permanente. Quizás no sea cierto en cuanto a los distritos salitreros y mineros, porque las Oficinas son solamente factorías donde se va a ganar plata. Nadie que haya vivido algún tiempo en el centro y sur de Chile querría volver en serio a vivir en Glasgow, Londres, Liverpool o Manchester".

Bueno, me pregunto (y preguntaré) ¿cómo dirían los emigrantes gallegos y asturianos, por ejemplo: 'sueño con volver a casa' o 'sueño con volver a España'? Supongo que dirían: …a Galicia. Desde el principio los trabajadores de Río Tinto fueron alojados en casas de la compañía; las existentes en los pueblos fueron renovadas y mejoradas y presentaban un mejor aspecto que la generalidad en los pueblos andaluces. En 1920 se empezó a instalar el alcantarillado y agua corriente, que no llegó a todas las casas. Aunque se construyeron 100 casas anualmente durante mucho tiempo, el programa de construcción siempre iba atrasado en cuanto a las necesidades.

RTC estableció un servicio médico y un hospital para los trabajadores al adquirir la mina y en 1883 lo extendió para atención y medicinas gratis a las familias, incluyendo viudas y huérfanos. A cambio, la empresa deducía una peseta de la paga semanal de los trabajadores (como en la Pampa); esta deducción se eliminó después de la huelga de 1888.

Inicialmente la compañía pagaba los salarios en el tajo, pero debido a las mismas razones que se produjeron en la Pampa, se introdujeron los cupones (equivalentes a las 'fichas' en la Pampa salitrera) en 1885, cobrables en la oficina de la empresa, evitando así la volatilización de los salarios entre el tajo y el hogar (uno de los problemas en Río Tinto fue el alcohol hecho de papas ¿habría algún maestro destilador irlandés por esos montes?). El trabajador podía cambiar hasta el 80% de su valor por dinero; los cupones se podían usar en tiendas de la compañía o en cualquiera otra de los pueblos de la región, sin descuento alguno (muy distinto de la Pampa). El sistema de cupones se eliminó por ley del gobierno central en 1915, pero se volvió a introducir en 1937 para paliar la escasez de dinero durante la guerra civil española, hasta 1940. Sin embargo, se diría que la volatilización tenía cierta tradición arraigada, porque como resultado de una protesta de numerosas mujeres, los alcaldes de los pueblos pidieron que se instalaran oficinas de cobro en cada lugar y esto se hizo en 1916. Las mujeres empezaron acompañando a sus maridos a cobrar el salario; al poco tiempo no se veía ni un solo hombre en la cola para cobrar, ni siquiera los solteros.

La compañía abrió tiendas en los pueblos, en las que la mercancía, transportada gratis desde Huelva, se vendía a precios razonables, con solo un pequeño aumento sobre el precio mayorista. Todo esto tiene cierto parecido con las condiciones impuestas por los salitreros en la Pampa, pero con menos abusos, es decir, no hubo un monopolio absoluto ni obligación total de comprar en 'la' pulpería, a precios que revertían en 'buen negocio' para la administración, así como la total inutilidad de la ficha fuera de la oficina en la que se daba.

Hasta su muerte en 1898, la Río Tinto Company fue presidida por Hugh Matheson, un autócrata recto y justo que impuso su voluntad desde Londres. Consiguió éxitos que no se habían conocido desde que se fueron los romanos en el siglo V. La primera escuela en Río Tinto la creó Matheson en los años 70, con su propio dinero, pagando a dos profesores españoles.

Tres años después abrió otra y por fin obtuvo que se hiciera cargo la compañía; en 1885 asistían 1.200 alumnos a sus escuelas, en las que se incluía la explicación de la *Biblia*, por lo que los maestros solían ser protestantes.

Otra de las cosas que se le ocurrió a Hugh Matheson fue hacer casinos en los pueblos donde vivían mineros −no en el sentido de Monte Carlo, ruleta y apuestas− sino en el sentido de lugar de reunión −donde tenían medios de diversión y donde podían beber vino a precios razonables que no fuese taberna, con su ambiente de borrachera y juego−. Cada casino tenía un presidente y un comité elegidos por los mineros del lugar y era regido por una persona capaz de evitar que se bebiera demasiado, algo parecido a las "filarmónicas" de las Oficinas Salitreras, donde hombres y mujeres, bajo estricta disciplina, celebraban sus bailes.

Los ingleses de RTC vivieron inicialmente en el pueblo de Río Tinto en casas adaptadas o construidas exprofeso. Empezó a llegar un número creciente de ingleses casados que traían sus familias. Fue en 1879 (año en que empezó la Guerra del Pacífico) que el nuevo director general tuvo que trasladarse desde Huelva a vivir en las minas. Decidió no vivir en el pueblo, sino hacer una casa en la parte más alta de una vieja escombrera cercana con una "bella vista" y así fue que se empezó a construir Bella Vista, el poblado *típicamente inglés* donde apareció una voluntad consciente de aislar la vida familiar y social de aquella de los españoles, creando un entorno de casas con jardines lo más parecido posible al "ambientito insular" que dejaron atrás. Dado el entorno, Bella Vista no se pareció a ningún poblado en Inglaterra y, claro, a ninguno en España. Paulatinamente también cambió el porcentaje de españoles empleados en los puestos principales.

Se compara la vida en Bella Vista con la de una guarnición británica en la India. Para el cumpleaños del Rey de España ondeaba la bandera británica en la oficina de RTC. Pero (este pero es importante), el cumpleaños de la distante Reina Victoria se celebraba a lo grande el 24 de mayo. En primer lugar no se trabajaba aquel día, el pueblo se adornaba con banderitas, las autoridades municipales iban a la oficina de la compañía para felicitar al director general y brindar (¿con el vino de Jerez predilecto de los ingleses o con un trago de buen aguardiente local?). En el pueblo había fiestas y deportes. La guía de horarios del tren de Huelva a Río Tinto indicaba: "No habrá servicio los domingos, ni en el cumpleaños de la Reina Victoria". ¿No es delicioso? Y esto lo consideraban normal. Precisamente "Nunca en el cumpleaños de la Reina Victoria" es el título de la excelente historia de las Minas de Río Tinto de David Avery, en el que he recogido parte de esta información (ver Bibliografía).

Creo que en el Club Inglés de Iquique se celebraría probablemente el cumpleaños de la majestad reinante y, con seguridad el 11 de noviembre, el armisticio de la Primera Guerra Mundial y posteriormente de la Segunda también. No he oído nada acerca de días feriados en la Pampa en esta época. En Bella Vista había igualmente un club, pero distinto al de Iquique, que era solo de hombres, como los de Londres hasta hace poco. El club de Bella Vista era el centro social de la comunidad, no un refugio privado del sexo musculoso. Para comprobar la temperatura había un termómetro en grados Fahrenheit y, para recrear los ojos, grabados ingleses de cacerías y recuerdos de partidos de *cricket*.

Cuando vino por primera vez a Sevilla mi *prima mexicana* Deirdre Muñoz, no se me ocurrió mejor idea que llevarla a Río Tinto, sobre todo para ver ese enorme hoyo de la tierra –la explotación a cielo abierto que a mí me fascinaba, creo que fue la *Corta Atalaya*–. Impresionante. Años después, con mi hija Elisabeth R., vimos la 'herida' de Chuquicamata, casi más impresionante aún. Varios años después, en agosto de 2005, mi hija Luz, mis nietos Adrián, Carlos y Alejandra y yo estuvimos otra vez en Chuquicamata para ver el gran hoyo. El pueblo que estaba al lado mismo de la mina estaba desmantelándose, creo que debido a la circunstancia que el ambiente respirable no era lo más conveniente para los pulmones. Se estaban trasladando los habitantes a Calama. Nuestro simpático y locuaz guía nos confirmó que por fin el hoyo de Chuqui había sobrepasado el de Río Tinto: tenía entonces 875 m de profundidad desde el punto más alto (2.600 m sobre el nivel del mar), 4,5 km de largo por 3 km de ancho. Desde entonces, un amigo inglés ha querido echar por el suelo mi orgullo nortino, diciéndome que hay huecos mucho más hondos en Australia –no lo sé, ni me consta, ni…– Dejo a los lectores las comparaciones del manejo inglés tanto en Río Tinto como en las oficinas salitreras.

Deirdre había pasado una temporada de varios meses con nosotros en la Oficina Peña Chica cuando las dos tendríamos siete u ocho años, y supongo que se me ocurrió que le interesaría ver un ambiente minero en otro país. Después del hoyo, el Sr. Jowers nos recibió amablemente en la fresca penumbra del Club (estábamos en pleno verano andaluz). La continuación de nuestro *tour* fue una visita a la 'bodega' de Sánchez, Romero, Carbajal, donde vimos un bosque colgante de magníficos jamones serranos. Ignoro si mi prima llegó a apreciar en toda su extensión mis dotes de guía de un turismo que se salía de lo común. ¡Bueeeeno!, también fuimos a la Alhambra otro día.

En cuanto a los deportes, para mí es un misterio que todo Huelva y, consecuentemente, toda España, no estén jugando al *cricket* hoy día. Lo que no es un misterio es que los ingleses aficionaron a sus empleados a jugar al fútbol y estos fueron los responsables de introducirlo en el resto de España. En 1931 había nada menos que 14 equipos de fútbol en la zona minera. Bien es sabido que el Recreativo de Huelva es el equipo decano de España.

Creo que en la Pampa rara vez llegaron los 'gringos' a excluir a los chilenos de su entorno familiar o social. De todas las veces que he preguntado a ex pampinos e iquiqueños ingleses si hubo alguna discriminación en este sentido, la respuesta ha sido no; bien es cierto que algunas familias inglesas, tanto en la Pampa como en Iquique, obligaban a sus hijos a hablar solamente inglés en casa, mientras que en otras no era una imposición consciente sino una costumbre. Lo cierto es que en las Oficinas los obreros vestían copiando los modelos ingleses y todos jugaban football y los menos al cricket.

Casas de importación-exportación

Aunque sea *en passant*, quiero mencionar aquí a los Guggenheim, fabulosamente ricos, que tuvieron gran influencia en la historia de la producción de salitre en las décadas de los años 20 y 30. Lo menciono solamente como dato curioso que a mí me llamó la atención cuando lo supe por un artículo con el llamativo título: Rich beyond the Dreams of Avarice: The Guggenheims in Chile (Fortuna que sobrepasa cualquier sueño avaricioso: los Guggenheim en Chile), de Thomas F. O'Brien, profesor adjunto de historia en la Universidad de Houston, Estados Unidos, en aquel momento. ¿Cómo se puede resistir la lectura de algo con ese título? El primer museo Guggenheim que visité fue el de Venecia, creación de Peggy, y el segundo recientemente en Bilbao. He pasado delante del de Nueva York en dos ocasiones. Nunca se me había ocurrido que estos notables edificios –y colecciones– estuvieran ni remotamente relacionados con el salitre. Aparte del título irresistible, el contenido –todo el contenido– es de especial interés, al menos lo fue para mí.

El interés inicial de los hermanos se centró en Chuquicamata, en la provincia de Antofagasta, que tuvo una evolución algo diferente al de Tarapacá.

Algún escarceo ya tuvieron a finales del siglo XIX en Chile donde se interesaron por la fundición de plata. En esta ocasión varios factores condujeron a los Guggenheim al desierto del norte de Chile, entre los cuales el deseo de poner en práctica la alta tecnología de una industria (ej. el procedimiento de flotación en la minería y las técnicas de minería no-selectivas que dieron lugar a la extracción masiva) y aprovechar la mano de obra semiespecializada barata en un entorno de estabilidad política. En 1908 los Guggenheim fundaron la Braden Copper Co en Rancagua y en 1910 compraron una extensión conocida como Chuquicamata (un empleado de ellos había recomendado la compra en 1900, pero la idea fue rechazada porque entonces aún no estaba probada la eficacia de las técnicas de no-selectividad). Crearon la Chile Copper Co, que incluyó el proyecto de un ferrocarril; parte de la financiación fue aportada por Bernard Baruch, otro nombre casi mítico de las finanzas neoyorquinas.

En julio de 2001 arrendamos una casa en Colunga, un pueblo muy cerca de la costa en Asturias y donde era difícil encontrar alguna familia que no tuviera algún familiar que había ido o que aún estuviera en Chile. Tuve la ocasión de conocer a D. José Luis Toyos Capellán, de entre 45 y 50 años, nieto de Manuel Toyos Ruidíaz, que con su hermano *fundó* Chuquicamata. Desgraciadamente no me pudo dar más información y nada me pudo decir de fechas en que estuvieron su abuelo y tío abuelo por esas partes. En mi búsqueda de otras personas que tuviesen familiares en el norte de Chile, fui a Libardón, un pueblito escondido entre las montañas, no lejos de Colunga y casi al final de nuestra estancia, el 26 de julio. Se estaba preparando allí una fiesta de conmemoración de los emigrantes a Chile y en la plaza del pueblo ya estaba colocada una placa que decía:

En el piélago profundo
me arrojé con gran valor
y navegué sin temor
a lo más lejos del mundo
Libardón 1859

"En recuerdo de los emigrantes a Chile - Libardón, Plaza de Chile, agosto de 2001".

En 1911, pues, empezaron las obras de la nueva mina de Chuquicamata, produciéndose la primera barra de cobre el 18 de mayo de 1915. En 1923, a punto de dominar y transformar totalmente la industria del cobre en Chile, los hermanos Guggenheim vendieron la mayor parte de sus intereses en Chuquicamata a la Anaconda Corp., muy en contra de la opinión de dos de los hijos, Harry hijo de Daniel, y Murry, hijo de Edmond, pero Daniel se llevó su particular gato al agua insistiendo que "los nitratos nos hará más ricos que cualquier anhelo avaricioso".

Siguiendo su política de trabajar con –y de emplear a– los mejores, ya fuesen banqueros o ingenieros, en 1916 los Guggenheim se aliaron con J.P. Morgan & Co, con el propósito de desarrollar un nuevo método de refinamiento del caliche (J.P. Morgan se retiró de esta empresa en 1924, siendo uno de los motivos la preocupación que les causaba el tener trato a largo plazo con un gobierno latinoamericano). A principios de 1919 los hermanos Guggenheim contactaron con Gibbs para que estos preparasen un informe detallado sobre la industria del salitre, y en junio del mismo año manifestaron su deseo de crear una unión temporal de empresas con Gibbs. Esta firma fue una de las primeras casas comerciales inglesas establecidas oficialmente en 1826 en Valparaíso después de la independencia. Cuando hubo examinado detenidamente el proyecto, Gibbs lo rechazó alegando diferentes motivos. No sé si Gibbs se arrepintió de esta decisión, el artículo en que me baso (…"anhelo avaricioso"… pág. 141) asegura que sí.

El ingeniero de los Guggenheim, Elías Anton Cappelen-Smith, que ya explotó cobre con los hermanos en Chuquicamata, donde desarrolló un nuevo sistema de concentración, ideó un nuevo proceso para la producción de salitre. Este sistema, que incluyó la extracción masiva, se basó en la lixiviación en frío o tibio, a 30° (con el sistema Shanks se debía llegar a los 105°). El nuevo proceso superó por mucho el sistema Shanks todavía en vigencia en el resto de las Oficinas salitreras, haciendo posible el aprovechamiento de leyes tan bajas como el 8%, en comparación con el 15%, mínimo con el método Shanks. También se redujeron los costos en 20-25%. De modo abreviado: el sistema se puso en práctica con la inauguración de la Oficina María Elena en 1926, bautizada así por la primera mujer de Cappelen-Smith, Mary Ellen Condon (la segunda mujer fue Carmen Muñoz Arlegui, hermana de Carlos, para el que tuve gran cariño, padre de mi prima Deirdre); después, la Oficina Pedro de Valdivia se inauguró en 1931. Estas Oficinas (ambas en Antofagasta) no se parecían en casi nada a las "normales" que usaban el sistema Shanks. María Elena llegó a tener 7.700 habitantes y Pedro de Valdivia 8.600, eran verdaderos pueblos. Como complemento de María Elena, en 1954 se puso en marcha la Planta Coya, a 6 km de distancia, con lo último en tecnología, es decir, una planta de concentración de salitre usando la energía solar.

Mi compulsiva curiosidad me lleva a preguntarme cómo llegó a Chile este hombre que nació el 06.11.1873 en Trondheim, Noruega, hijo de E.A. von Cappelen y de Anna T. Smith. Cappelen fue finalmente Presidente de la Cosach, renunciando en 1931. Mi compulsiva curiosidad sigue muy insatisfecha.

El hecho es que a medida que el menor costo de producción del nitrato sintético afectaba el del salitre natural –más alto en un 30%– la situación de la industria inquietaba a todos los implicados. Los productores, sobre todo, y también el Anglo-South American Bank que, desde principios del siglo, era el principal inversionista en la industria. El presidente de Chile, general Carlos Ibáñez, miraba a los Guggenheim de reojo, le molestaban las maneras prepotentes de los hermanos. Un cambio en la actitud de los Guggenheim, aliado a un reconocimiento de intereses por estos y por el gobierno chileno, pronto los llevó a un acuerdo. Por un lado, la participación chilena en el mercado mundial del salitre cayó de un 58% antes de la I Guerra Mundial a 24%, y se emplearon 36.000 trabajadores menos, lo que indujo al gobierno a pensar que los planes de los Guggenheim para consolidar la industria serían la única solución. Por su parte los hermanos reconocieron que la cooperación del gobierno contrarrestaría la resistencia de productores e intermediarios ingleses y chilenos a la creación de un monopolio largamente anhelado y, finalmente, a la abolición del impuesto a la exportación del salitre. Todo esto condujo a la creación de la Compañía de Salitre de Chile (Cosach) en marzo de 1931, una conglomeración entre el gobierno chileno y productores privados, donde cada lado tenía el 50% de las acciones. Las acciones de los productores privados solamente se daban a los dueños de Oficinas, no a los dueños de tierras salitrosas. A pesar de acudir a todos los santos de la corte celestial y terrenal, la poderosa casa Gibbs perdió millones, teniendo que conformarse con parte de los seguros de la Cosach, una mera migaja del rico pastel.

Aunque no se relaciona directamente con el tema principal de esta exposición que es la forma de vida de los "ingleses" en la Pampa, la participación de los hermanos Guggenheim en la industria del salitre en la provincia de Antofagasta tuvo grandes repercusiones en todo el sector, incluyendo la provincia de Tarapacá, en el campo técnico, en el económico y en el social. Terminaré el apartado a modo telegráfico:

La Cosach se comprometió a unos pagos sustanciales al Gobierno hasta 1933, después recibiría el 50% de los beneficios. Durante las negociaciones previas a la creación, todas las partes integrantes de la Cosach inflaron el valor de sus aportaciones a ella.

A pesar de la deuda inicial representada por las acciones supravaloradas, la nueva compañía tenía buenas perspectivas. El número de obreros cayó en 1932 a 8.000 desde 36.000 a finales de los años 20, y el rendimiento por trabajador aumentó en un 100%. Solamente cuatro de los doce directores de la compañía eran representantes del Gobierno, lo que daba efectivamente el control a los Guggenheim. La creación de la Cosach reforzó la posición del gobierno chileno en sus negociaciones para formar un cartel con los productores europeos y en agosto del mismo año 1930 se puso en pie el Cartel Internacional del Nitrógeno, renovando así la esperanza de poder establecer precios fijos. La Gran Depresión empezó a padecerse. La Cosach no tenía capital de explotación, aunque su creación se basó en que Guggenheim lo aportaría; la depresión impidió que se aportara la cantidad prevista. Debido a disputas suscitadas por esta, el cartel no volvió a renovar el acuerdo en julio de 1931 y en el primer mes de la consecuente guerra de precios, el del salitre cayó en un 50% en algunos mercados. (Nota anecdótica trivial: yo había nacido en abril de ese año.) También cayó el socio de los Guggenheim, el presidente Ibáñez. Finalmente, el nuevo Ministro de Hacienda Gustavo Ross, bajo la presidencia de Arturo Alessandri, disolvió "la odiada Cosach" (como dice mi *Historia de Chile* de Luis Galdames) en enero de 1933. Todavía daría mucho que hablar esa odiada Cosach. En mi juventud aún se hablaba de la famosa Cosach.

Dos frases del autor del artículo citado dan un resumen muy sucinto de todo el episodio: "Los Guggenheim aprovecharon la mano de obra barata y la estabilidad política de Chile. La realidad del subdesarrollo dictó que el gobierno chileno fuese el socio subordinado, que necesitaba más a los Guggenheim que estos necesitaban los recursos naturales de Chile... Pero el Estado chileno no era una república bananera. Podía cobrar impuestos sobre el cobre y así lo hizo, compartió la sociedad en la Cosach y la disolvió también".

La tentación es demasiado grande, caigo en ella: hubo en Antofagasta la primera planta de destilación solar en el mundo a nivel industrial en el siglo antepasado. Como en la mayor parte de las dos provincias del norte de Chile, el agua fue siempre un problema acuciante. Todos los puertos tenían plantas de destilación de agua de mar. Lo grande fue que en 1872 se puso en marcha esta planta de destilación solar en Salinas, a 102 km al noreste del puerto de Antofagasta (todavía en Bolivia), inventada por Charles

Wilson, un inglés nacido en Escandinavia. Estuvo funcionando hasta 1914 cuando el Ferrocarril Antofagasta-Bolivia entró en el negocio del agua e inauguró la cañería que la trae desde la cordillera.

Pero el fracaso de la Cosach no empobreció a los Guggenheim, aún mantuvieron muchas inversiones en Chile. En 1934 el Cartel Internacional suscribió un nuevo acuerdo. La Segunda Guerra Mundial ayudó a resucitar la industria salitrera y después de la guerra el yodo –subproducto del salitre– empezó a tener más importancia y parte de estos beneficios siguió beneficiando a los Guggenheim. No obstante, la Cosach ni los hizo más ricos que cualquier anhelo avaricioso, ni los pauperizó.

Ahora retrocedo otra vez para mencionar las casas de comercio inglesas –llamadas también casas de consignación o comisión– que se empezaron a establecer en Valparaíso a poco de la independencia definitiva de Chile en 1818. Bernardo O'Higgins fue proclamado Director Supremo de Chile el 14 de febrero de 1817 y ese mismo año, cuando se lo permitían sus actividades militares, abrió los puertos chilenos a la actividad comercial internacional. Callao había sido el puerto más importante en la costa del Pacífico durante la colonia, pero Valparaíso (al que se llegaba entonces desde el sur) fue el primer y principal puerto hasta 1914, año en que se inauguró el Canal de Panamá el 15 de agosto, cuando quedó como último (de importancia) al que se llegaba desde el norte. No obstante, Valparaíso se convirtió en el principal centro económico y comercial del país; es ahí donde se fundaron los primeros bancos. En 1818 la costa de Bolivia lindaba con el Desierto de Atacama, siendo Cobija el puerto oficial, pero era demasiado pobre para competir como puerto para los barcos europeos; la ruta más directa para Bolivia partía desde el puerto peruano de Arica. Directamente este grupo de ingleses no tuvo nada que ver (todavía) con "la vida de los ingleses en la Pampa salitrera", pero es imposible evocar el día a día en la vida de los ingleses en la Pampa después –de la Guerra del Pacífico– sin tener en cuenta a los ingleses radicados en Iquique (y supongo que también en Antofagasta en el caso de esa provincia). Confieso saber muy poco acerca de las condiciones de vida durante el ciclo del salitre en esa provincia.

En 1822 el gobierno inglés todavía no había reconocido diplomáticamente a los nuevos países de América del Sur, pero sí aprobó la entrada de barcos de "los gobiernos independientes establecidos en la parte Hispánica de América del Sur" a puertos británicos. En 1823 había representantes británicos permanentes en Chile. En abril de 1824 se aprobó en Chile una ley con garantías especiales de "tierra y protección oficial" para extranjeros que deseaban establecer en Chile una industria usando mano de obra y materia prima locales. Otra ley del mismo año se refiere a los almacenes fiscales en Valparaíso, lo que ayudó a que este puerto se convirtiera en 1830 en un puerto de gran importancia. A mediados del siglo XIX existía de hecho una relación diplomática mediante contratos comerciales que también reconocían los derechos de los ciudadanos británicos, como por ejemplo la exención del servicio militar, tolerancia religiosa, libertad de comercio, etc. El 24 de mayo de 1841 John Walpole fue ascendido de Cónsul General en Santiago a primer Encargado de Negocios. Todas estas relaciones se reforzaron con un Tratado de Amistad, Comercio y Navegación con varios países europeos y, además, el derecho a establecer un cementerio propio… A lo largo de 1860 se establecieron bancos extranjeros en Chile, entre ellos The London and South American Bank.

Un curioso episodio

Mientras Inglaterra intentaba abrir y consolidar infinitos horizontes comerciales en las antiguas colonias, España emprendió una aventura algo extraña en 1864. Aunque Perú declaró su independencia en 1821, asegurada después por Bolívar en 1824 en la batalla de Ayacucho, España no la había reconocido, y en 1864, dando por hecho que había una situación de tregua (algo prolongada diría yo), con la excusa de averiguar qué había ocurrido en la Hacienda de Talambo en 1862, donde aparentemente unos trabajadores peruanos atacaron a inmigrantes vascos, mandó un "comisario" para investigar los hechos, acompañado de una pequeña escuadra —como en tiempos de la colonia–, claramente un insulto a un país independiente. Ante la insistencia del Perú para tratar con un "plenipotenciario", la flota española ocupó las Islas Chincha para la reina Isabel II, a unos 19 km del puerto de Pisco y exigió una indemnización por devolverlas. Estas islas producían cantidades ingentes de guano, principal fuente de ingresos de Perú. Hubo indignación general en el país, que se transmitió a todas las ex colonias y el General-Presidente Prado de Perú formó una alianza con Ecuador, Bolivia y Chile en 1865. El almirante Pareja, al frente de los buques españoles, llegó a Valparaíso el 17 de septiembre con no sé qué exigencias traducidas en ultimátum recibido en la Moneda (sede de la Presidencia en Santiago) el mismo 18. La contestación fue la declaración de guerra. La marina chilena tenía solo un buque medianamente usable –la corbeta *Esmeralda*–, con la que capturó la goleta española Covadonga por sorpresa un poco al norte de

Valparaíso. Cuando lo supo, el almirante Pareja se suicidó, lo reemplazó el comandante Méndez Núñez, que mantuvo el bloqueo. Antes de retirarse del Pacífico en vista de la inutilidad de esta guerra y obedeciendo órdenes de su gobierno, Méndez Núñez bombardeó Valparaíso y Callao. Primero aquel, el 31 de marzo de 1866, y a pesar de todas las gestiones hechas por los representantes de países extranjeros para evitarlo, el puerto fue bombardeado durante cuatro horas. Al norte no les fue tan bien a los buques españoles, pues el Callao tenía buenas defensas desde tiempos de la colonia y se tuvieron que retirar con algunas averías. Este pequeño capítulo de la historia de España sería probablemente consecuencia del desconcierto reinante durante el intranquilo reinado de esta Reina. España dejó de tener espacio aquí, ahora el Desierto sería para los que traían la "revolución industrial" inglesa.

Comerciantes europeos

Llegaron los primeros ingleses a Valparaíso justo antes de la independencia y, sobre todo después, en los años 20 y 30. Aparentemente no tenían intención de echar raíces, no traían mujeres. Tuvieron excelentes relaciones con los chilenos, aunque formaron una sociedad compacta, algo distante. Después de 1883 empezaron a llegar familias de británicos (pienso en mis bisabuelos) a Iquique y comenzaron a formarse otras; supuestamente no había rechazo inicial, consciente o inconsciente a la idea de radicarse en este extraordinario entorno. Naturalmente se trata de la generalidad, porque claro que llegaron o se formaron familias entre los '30 y los '80.

Como he dicho, una de las primeras casas de comercio inglesas que se establecieron en Valparaíso fue William Gibbs & Co., agentes de Antony Gibbs & Sons de Londres. La casa Gibbs inició sus actividades comerciales en Exeter al sur de Inglaterra en 1778. La ruina los obligó a emigrar: se dirigieron a España donde fueron agentes de manufacturas inglesas y, desde ahí, realizaron sus primeros contactos con Perú en 1806. Comerciantes del norte europeo emprendieron sus primeros contactos con América del Sur todavía en la época colonial a través de los gremios en Sevilla y en Cádiz. La situación creada con la invasión napoleónica de España les aconsejó la conveniencia de volver a Inglaterra y, en 1808, se creó Antony Gibbs & Sons en Londres. Cuando el imperio español dio señales de resquebrajamiento hacia 1810, muchos de estos comerciantes se apresuraron a examinar la situación en las colonias personalmente. En 1822 se fundó Gibbs, Crawley,

Moens y Cía., en Lima, con sucursales en Guayaquil y Arequipa; en Valparaíso se establecieron en 1826 y hacia mediados de siglo operaban ya con el nombre de William Gibbs & Co. Desde ahí surtían a sus agentes, por ejemplo en Tacna, a poca distancia de Arica (entonces de Perú).

Inicialmente, las provincias del sur de Perú no interesaron a los importadores, pero sí ofrecían sus materias primas para la exportación: guano, cobre, plata, y a medida que avanzaba el siglo, salitre. Los capitanes de barco solían buscar carga para la vuelta a Europa en estas casas de comercio en Valparaíso, si los armadores no lo habían hecho ya. También podían acercarse directamente a los puertos al azar. Muchas veces se negociaba el contrato en Valparaíso, pero la carga se hacía en algún puerto más cercano. Además de Gibbs, algunas de estas casas comerciales que se mencionan con frecuencia siempre que se trata de temas de importación y exportación en Chile en el siglo XIX son: Huth Gruning & Co., Waddington Templemann & Co., Williamson, Duncan & Co., W.T. Dixon & Sons, Duncan Fox, Ravenscroft Bros., George Smith & Co., Inglis Lomax, Buchanan Jones, etc. Entre las personas que se mencionan están George Edwards, Joshua Waddington, John Sewell, Thomas Eastman, David Ross, George Lyon, Thomas Smith Pearson, William Blest. En los años 30 algunos comerciantes ya tenían representantes en Coquimbo, gran zona minera, propiamente chilena.

En general, los comerciantes ingleses no invertían directamente en el negocio del salitre, solo actuaban como agentes a comisión. George Smith fue pionero en la producción de salitre en Tarapacá a partir de 1822. Gibbs trabajó con él varios años, actuando como su banquero y en 1865 dio un paso más creando la empresa Tarapacá Nitrate Co., en la que era el accionista principal y en la que Smith y su socio Melbourne Clark tenían una pequeña participación. Al mismo tiempo, Gibbs se estaba comprometiendo más directamente en la gerencia de las minas de cobre de Sewell.

No fue hasta después de la Guerra del Pacífico, cuando Antofagasta y Tarapacá terminaron formando parte de Chile, que los ingleses adquirieron importantes intereses directos en la región. Hasta entonces habían actuado como agencias a comisión, como entidades de crédito para algún productor, vendían su producto a comisión, o quizás le compraban todo el producto y lo vendían después por propia cuenta o en asociación con otros. Y al adquirir intereses directos en la región, también abrieron filiales. Hasta entonces y hasta encontrar un agente en quien pudieran confiar plenamente, los tratos se hacían con suma cautela ante la casi continua duda de qué posibles trastadas se podían estar cometiendo a esa gran distancia. No sé cuál de las casas fue la primera en instalarse en Iquique, pero no cabe duda que Gibbs estaría entre ellas. William Howard Russell, corresponsal de *The Times*, que acompañó a North en su gran viaje por Chile en 1889, escribió: "Es en Valparaíso que se controla el comercio de acuerdo con los pedidos de Europa. Generalmente la flota del salitre desde Iquique y Pisagua se despacha en Valparaíso".

Ya dije antes –y como continuación de sus ya largas relaciones comerciales con George Smith–, William Gibbs & Co, Smith y Melbourne Clark establecieron la Tarapacá Nitrate Co en 1865. Poco tiempo después Smith se jubiló y volvió a Inglaterra. Gibbs entonces se convirtió en productor de salitre. En Antofagasta la actividad de Gibbs se desarrolló de forma algo distinta. Acordémonos que en Tarapacá, es decir, Perú antes de la Guerra del Pacífico, el gobierno estableció el monopolio estatal de los terrenos salitrales en 1873 y los expropió en 1875. Las casas de comisión todavía actuaban con cautela, y los productores como la Tarapacá Nitrate Co y dos firmas inglesas más, seguían produciendo salitre, pagando los impuestos correspondientes por cada quintal (101.44 lbs.) hasta que el gobierno peruano pudiera organizarse para tomar posesión de los bienes expropiados –lo que no ocurrió–. Evidentemente, las mejores perspectivas para hacer un buen negocio con el salitre aún eran como casa de comisión o invirtiendo en Bolivia (Antofagasta).

Aquí Gibbs se encontró bien situado a través de los accionistas chilenos en la empresa Melbourne Clark & Co que tenía los derechos a terrenos accesibles como resultado de una concesión del gobierno boliviano. La cronología es la siguiente: en 1868 José Santos Ossa creó la Cía. Exploradora del Desierto con Francisco Puelma. En 1869 vendieron el 50% de acciones en la empresa a Gibbs y le cambiaron el nombre a Melbourne Clark & Co. En 1872 los accionistas de Melbourne Clark & Co reformaron la firma creando la Cía. de Salitres y Ferrocarril de Antofagasta (Antofagasta Nitrate & Railway Co, o en aras de la brevedad, Antofagasta Nitrate Co). Al morir George Smith en 1870, Agustín Edwards compró su parte a los albaceas. Clark nunca tuvo mucho interés en la empresa, aparte de darle su nombre, y vendió su parte a dividir entre Edwards y Francisco Puelma; de este modo Edwards, Puelma y Gibbs tenían aproximadamente la misma cantidad de acciones cada uno.

Estos fueron los tres socios de la empresa que se puede decir estuvo directamente relacionada con los eventos que terminaron en la Guerra del

Pacífico siete años más tarde, tal como he descrito anteriormente. Desde el principio Gibbs actuó en Antofagasta como gerente de la compañía, que tenía su sede chilena en Valparaíso. En 1878, cuando Bolivia empezó a exigir nuevos impuestos sobre la producción de salitre, había ya otros accionistas en la Cía. de Salitre y Ferrocarril de Antofagasta. Además de Gibbs, estaba Charles Lambert como extranjero, con un total de 1.538 acciones entre los dos, de un total de 5.000. Entre los otros socios chilenos estaban José Francisco Vergara, Rafael Sotomayor y Julio Zegers, todas personas influyentes en el mundo político y financiero de Chile. Los chilenos fueron siempre mayoritarios en la compañía. William Gibbs mantuvo su actividad en la producción de salitre en Antofagasta y en Tarapacá muchos años. Tengo una relación de Oficinas salitreras, productores y sus representantes en Iquique enviada por Sir. T. Holler, Ministro británico en Santiago, al Foreign Office en octubre de 1925, en la que se ve que Gibbs representaba en Iquique a 13 Oficinas, de siete firmas productoras distintas. Es uno de los nombres del que he tenido conciencia inconsciente desde chica, junto con Lockett, Williamson Balfour, Balfour Williamson, Gibbs Williamson, Duncan Fox, Buchanan Jones.

En Europa, mientras tanto, en la segunda mitad del siglo XIX crecían las poblaciones urbanas, con el consecuente aumento de consumo de productos agrícolas. Perú exportaba guano, del que quedaba cada vez menos y, decían algunos, con menor contenido de nitrógeno. Gibbs fue una de las principales casas comerciales que mandaba guano a Europa. Hay una divertida rima sobre este tema en lenguaje más coloquial, que salió de la City de Londres, probablemente dirigida a Henry Gibbs, al frente de Antony Gibbs & Sons desde 1875, cuando era también Gobernador del Banco de Inglaterra: *Antony Gibbs made his dibs, selling the turds of foreign birds* (significado literal (AG hizo su fortuna vendiendo la caca de pájaros extranjeros, en inglés, *turds* y *birds* riman). En los años 40 del siglo XIX las exportaciones hacia Inglaterra aumentaron de dos mil a casi trescientas mil toneladas.

A propósito, estando en Londres en 2002, hojeando la revista *National Trust Magazine* (Nº 96 - 2002), me llamó la atención el artículo "Campaña para salvar Tyntesfield". Había una imagen de Tyntesfield, un caserón enorme gótico-victoriano de tres plantas, levantado en el siglo XIX "para el millonario del guano William Gibbs". Estaba citada tres días más tarde para cenar en casa de amigos y ahí conocí a Lord Wraxall, de apellido Gibbs, uno de los descendientes de aquel William Gibbs, que nos pudo contar con todo detalle las vicisitudes de Tyntesfield y las obras de arte que contenía. Se salvó, es decir, el National Trust se movilizó para conseguir donaciones de más de 20 millones de libras en 50 días y pudo suscribir un acuerdo sumamente complejo con los albaceas, en representación de los 19 herederos. Y así no se vendió a particulares para inversión en un futuro y horroroso proyecto inmobiliario.

Todos los archivos de Gibbs están guardados en la Guildhall Library de Londres. Entre los papeles que me dio Jack Scarr había una referencia a mi padre, diciendo que fue a Chile originalmente contratado por Gibbs, y yo quería comprobar si había algo al respecto. No encontré nada (y tampoco creo que fuera cierto). Sin embargo sí encontré unas referencias a Edward Uniacke Penrose Fitzgerald (conocido como Teddy) que fue padrino de boda de mi padre (en realidad no es padrino, en inglés se dice *best man*, que generalmente es un amigo íntimo o un hermano del novio). Firmó varias veces en el Libro de Visitas de mi padre, la primera vez en 1913 y la última en 1936. Los vi a él y a su mujer Isabel más de 30 años después, finales de los 60, en Alfaz del Pi, provincia de Alicante, donde estaban viviendo retirados en una encantadora casa en el pueblo.

Hay copia de una carta (Nº 299) de Antony Gibbs & Sons de Londres al Controlador General del Departamento de Comercio Exterior del 24.12.1918 "solicitando la desmovilización del Capitán E.U.P. Fitzgerald, cuyo retorno al empleo con Messrs Gibbs & Co de Chile era urgentemente necesario". La carta Nº 300 se refiere a la carta de Messrs. Gibbs & Co de Chile a sus Agentes Antony Gibbs & Sons de Londres, "solicitando encarecidamente si era posible, la desmovilización de los hombres necesarios como miembros de la plantilla fija para contribuir a desarrollar la misma eficacia de antes de la guerra y para poder continuar haciéndolo en la posguerra. Los asuntos de Messrs. Gibbs & Co son de suma importancia. Entre otros, son destacados importadores de todo tipo de mercancías desde el Reino Unido, así como grandes exportadores de nitrato de soda, grano y otros productos agrícolas, lana, etc., siendo agentes en Chile para compañías inglesas de Seguros, Salitre y Navieras".

La carta Nº 409 del 17.02.1919, de Antony Gibbs & Sons al Capitán E.U.P Fitzgerald en Cork, Irlanda, decía que Gibbs. & Co [Chile] había llamado el 4 del mismo mes pidiendo que fuera a Valparaíso, pero que posteriormente mandaron un cable diciendo que se proponían ponerlo al frente del Departamento de Oficinas en Iquique, de manera que fuera a Iquique. Aparte se indica que el salario antes de la guerra era de £ 210 y que a su vuelta no debía ser menos.

En abril de 1919 Gibbs repartió una gratificación a cada persona empleada por ellos en Chile, que había venido a alistarse como voluntario en las fuerzas armadas. A las familias de los que murieron se les entregaba un cheque por £ 100. Para los que sobrevivieron, la gratificación iba de £ 100, £ 150 a £ 200. El sueldo en sí, empezaba el día que zarpaba el barco hacia Chile.

De pasada, vi en las Cuentas Anuales 1882-1909 que la casa de Gibbs en Iquique ya tenía teléfono en 1899. En la hemeroteca de Colindale me fijé en una notita en el *South Pacific Mail* (periódico en inglés, fundado en 1909, publicado en Valparaíso, con 24 páginas) que decía: "Gibbs importa el primer automóvil Lincoln en Chile el 25.01.1923, precio £ 2.000, se puede ver en... de Valparaíso". Nada que ver con nada, sencillamente me aportan pequeños detalles de aquel tiempo.

Y en esta vena, añado el título de un libro que vi en la British Library: *La Tierra y el Inquilinaje*, por Guillermo Gibbs, publicado en Santiago en 1890. Me llamó la atención una frase en la página 12: "La Irlanda se muere de hambre i de miseria, I nuestro amado Chile, Irlanda americana, se muere de abyección". Habrá sido de una rama bien distinta de Gibbs.

Se ha visto que la empresa familiar Wm. & Jno. Lockett (solo en 1928 se convirtió en la sociedad de responsabilidad limitada Wm. & Jno. Lockett, Co Ltd.) había estado estrechamente ligada a todo lo relacionado con el salitre desde que North fue a Liverpool para conocer a los socios Lockett y la posterior creación de la Liverpool Nitrate Co, Ltd., en 1883. No obstante, todavía no había pisado el suelo de América del Sur ningún miembro de la familia Lockett.

A la muerte del Coronel North, él y su socio Jewell tenían un negocio en Iquique con excelente estado de salud. Había en frente al mar un despacho amplio, con vivienda en la 1ª planta (en Europa, 2ª en Chile). Además del negocio original que era el de importación de mercancía, habían suscrito acuerdos como representantes y agentes en la costa de las compañías salitreras que se habían creado en Inglaterra. Los servicios incluían el almacenaje del salitre traído por tren desde las Oficinas hasta el puerto de Iquique y su colocación a bordo de los buques. La flota de lanchones, naves y almacenes e instalaciones de embarque de estos dos socios eran muy superiores a los de negocios similares en Iquique y tenían lo que nadie más tenía, una grada o varadero privado para la reparación de los lanchones maulinos. Eran agentes igualmente de la Pacific Steam Navigation Co (PSNC) y de la Cía. SudAmeriana de Vapores (CSAV). Además, North y Jewell eran responsables de la comunicación con los administradores de las distintas Oficinas salitreras y, cuando los Consejeros así lo mandaban, encontraban compradores para el salitre producido. Maurice Jewell había muerto año y medio antes que su socio. Poco tiempo después de la muerte de North sus albaceas iniciaron gestiones para la venta del negocio de Iquique. En vista de la larga relación comercial con Wm. & Jno. Lockett, se les ofreció la oportunidad para adquirirlo, lo que hicieron. Para hacerse cargo, zarpó de Liverpool en noviembre de 1896 Richard Cyril Lockett, el primero de su familia que llegó a Iquique; fue unos días antes de Pascua de 1896. Al inscribir la firma, tuvieron que cambiar de nombre porque en ese momento no había ningún socio llamado John, de modo que se inscribió como Lockett Bros. & Co - Hermanos Lockett y Cía. En aquel momento estaban encargados de todos los negocios de la sociedad North-Jewell los señores H.W. Isaacson y Herbert Morrison. El primero también fue representante de Wm. & Jno. Lockett en Lima por un tiempo corto, y lo menciono aquí pues estoy casi segura de que es el bisabuelo o el tío abuelo de mi prima Deirdre Muñoz.

Hubo otra casa de comercio inglesa en Valparaíso: Hainsworth and Co. Uno de los socios, John Syers Jones, fue a Tarapacá a ejecutar una cuenta pendiente; una de las consecuencias fue que se hizo cargo de la Oficina San Antonio –donde un poco más adelante James Humberstone empezó sus trabajos salitreros en la Pampa– como parte de la deuda y esta resultó posteriormente ser la base de la San Antonio Nitrate & Iodine Co, fundada por Syers Jones, John Campbell y el Sr. Outram. Tanto el Sr. Syers Jones como el Sr. Outram han dejado descendientes en Chile.

A partir del final de la Guerra del Pacífico es cuando las casas extranjeras comenzaron a establecer sus filiales en Iquique y Antofagasta. Se acometió masivamente la producción de salitre y aumentó significativamente el número de ingleses, tanto en la costa como en la Pampa y la evolución de los tres grupos de población (no hay que olvidar a los trabajadores de las calicheras y las máquinas), se desarrolló en estrecho contacto durante muchos años.

Según Bollaert, una de las casas comerciales en Chile intentó ya en 1827 exportar salitre, sin éxito. En Estados Unidos fue rechazado en 1830; una parte se llevó a Liverpool, pero fue devuelto. Entonces se hizo un envío a Francia y en 1831 otro a Inglaterra, donde se dio a conocer mejor. De 1830 a 1850 se exportaron 5.293.478 quintales desde Iquique: parte se usó como fertilizante y el resto para fabricar ácido nítrico.

Las covaderas se estaban agotando y decían que este último guano ya no era tan eficaz.

En menos de un siglo, entre 1780 y 1850 se dobló la población del Reino Unido, y me imagino que el caso de Francia fue similar, ya que desde los inicios de la Revolución Industrial el desarrollo de ambos países fue semejante.

En la década de los años 1870 hubo una demanda apremiante de productos agrícolas para alimentar la población creciente en Europa, y así aumentó paulatinamente la demanda de nitrato de soda como fertilizante. Había empezado la agricultura industrial o agricultura química. Este tema merece ser tratado aparte por la tremenda importancia que tuvo y que muchos cuestionan hoy en día. Empezó para la agricultura la etapa del máximo rendimiento con máximos beneficios (metálico), ignorando el beneficio (bien) para las florcitas de un pastizal. Graham Harvey ha escrito un libro profundamente inquietante sobre todo este tema, bastante pesimista, pero donde todavía deja vislumbrar algo positivo para el futuro (ver Bibliografía *The Forgiveness of Nature*, Jonathan Cape).

Por otra parte, la implantación del sistema Shanks en las Oficinas de la Pampa por el Sr. Humberstone mejoró sensiblemente la producción, permitiendo el aprovechamiento de menores leyes, entre otras ventajas.

CAPÍTULO II
EL CICLO DE LA EXPANSIÓN DEL SALITRE (1880-1930)

El entramado entre Iquique y la Pampa

Quizás sería útil ahora dar alguna idea del entramado social prevaleciente entre la Pampa e Iquique. El entorno mismo tuvo enorme influencia en la manera de desenvolverse de estos pequeños grupos de británicos (se hicieron relativamente autosuficientes) que vivían en las Oficinas de la Pampa y en los puertos salitreros comparativamente aislados: Pisagua, Junín, Caleta Buena, Iquique (en Tarapacá) y Tocopilla, Antofagasta y Taltal (en la provincia de Antofagasta). Me refiero aquí a los cuatro primeros. Los británicos en Iquique sí tenían más oportunidades para hacer vida social con chilenos principalmente y con algunas personas de otras nacionalidades de parecido nivel cultural. La posibilidad de contactos sociales con chilenos en la Pampa al principio (1880-1914) fue mucho menor.

A partir de la posguerra del Pacífico y como consecuencia de la introducción del sistema Shanks por James Humberstone en la Oficina San Antonio en 1877, llegaron más británicos considerados capacitados para supervisar las diferentes fases técnicas y administrativas de la producción y también de la operación de los ferrocarriles. Cuesta creer que este —el sistema Shanks— fue la última introducción tecnológica en toda la era del salitre hasta la llegada de los hermanos Guggenheim a Antofagasta y la inauguración de la moderna macro Oficina María Elena en 1926. La falta de innovaciones no quiere decir que al Sr. Humberstone no se le ocurrieran a cada rato algunas, como por ejemplo la sustitución del carbón por Diesel como combustible, que llevó a cabo en Agua Santa en algún momento antes de 1909. A partir de ahí los productores no demostraron interés por mejorar el sistema productivo o por introducir innovaciones, sino por crear combinaciones (la primera fue en 1884) para controlar el mercado y los precios.

Desde que empecé todo esto he tenido la increíble suerte de poder leer las memorias de Francis Watson, *The White Gold of Chile or Memories of the Nitrate Industry in Chile 1904-1914* (escritas, calculo, en los años 80 y nunca publicadas), que para los interesados (y apasionados) como yo es una inmejorable descripción de la vida y condiciones en la Pampa y después, en Iquique. Fue Nigel Acheson que a su vez tuvo la fortuna hace bastantes años de contactar en Inglaterra con una nieta de Francis Watson (del que yo he oído hablar desde chica como Frank Watson). Esta señora consultó con su abuela (o tía abuela, no estoy segura) y me ha concedido permiso para referirme a estas Memorias y, si es conveniente, para citar trozos enteros. Desgraciadamente no las he conocido personalmente, no ha sido por voluntad mía.

Quiero mencionar estas 'combinaciones' brevemente. Frank Watson, dice: "De vez en cuando, generalmente si la producción excesiva tenía como resultado bajar los precios del salitre en el mercado mundial, los productores creaban una combinación con el fin de limitar la producción mediante cuotas a los productores y, a la vez, evitar la rivalidad entre productores, causando así la caída del mercado", que es la definición más clara y escueta del tema. Los ingleses de la Pampa, casi exclusivamente los Administradores, eran los que debían conseguir el menor coste de producción de una cantidad determinada de salitre, dependiendo claro de la ley del caliche, condiciones y distancias de transporte de ese caliche a la Máquina, etc., de 'esa' Oficina. Los ingleses de Iquique eran los más relacionados con el reparto de cuotas e implantación de la combinación que, creo, había sido gestada en Londres y Alemania por los ingleses presidentes y consejeros de las compañías propietarias de las distintas Oficinas.

El Dr. M. Fernández en *El enclave salitrero y la economía chilena 1880-1914* (ver Bibliografía) escribe en este sentido: "…combinaciones en que los productores acordaban reducir la producción para poder mejorar los precios del salitre… Estas reducciones de producción se lograban de diversas formas, pero la más frecuente consistía en que una oficina producía a capacidad plena por un periodo de ocho a diez meses y luego cerraba por el resto del año". Me llamó mucho la atención la forma 'más frecuente' de reducir la producción. Por lo demás, todo el artículo me ha parecido de enorme interés, aunque lo tratado pertenece más bien a una de mis irresistibles ramas y no al tronco principal. Igualmente de mucho interés es el artículo de Enrique Reyes Navarro sobre *El mercado mundial del salitre chileno y el problema de la especulación: 1889-1913.*

La palabra "combinación" evoca innumerables aspectos y complejidades que incluyen el control indirecto de precios, con énfasis sobre "indirecto"; la creciente demanda, consecuencia de la producción limitada, terminó influyendo involuntariamente en mayor producción de sulfato de amonio –abono en competencia directa con el salitre– sobre todo en Alemania, Francia y el Reino Unido; falta de interés por lo que hoy llamaríamos I+D dadas las producciones limitadas; existencia de personas que eran productores al mismo tiempo que accionistas de las compañías salitreras y, por lo tanto, consejeros; existencia de los armadores franceses y alemanes que compraban el salitre en puertos chilenos, para después venderlo en Europa y que hubiesen preferido un mercado libre no sujeto a los caprichos de los productores –y muchos aspectos y matices más– casi todos negativos. Ahí lo dejo, pensé que no se puede describir el entorno de la producción de salitre sin siquiera mencionar estas "combinaciones" de las que sé que hubo por lo menos cinco y que duraban años.

Los ferrocarriles en la Pampa

Tenían su hogar y lugar de trabajo en Iquique los gerentes de los ferrocarriles salitreros. El Ferrocarril Salitrero de Tarapacá era el único con un recorrido relativamente largo de aproximadamente 160 km, cuyo trazado bordeaba la ladera este de la cordillera de la Costa donde se encontraban las Oficinas; salía de Iquique, ascendía trabajosamente unos 15 km hasta El Molle, en dirección sur ligeramente este, casi paralelo a la costa, y solo entonces entraba hacia la Pampa al este hasta llegar a la Estación Central, a casi 20 km. El ramal norte llegaba hasta el puerto de Pisagua, el principal puerto salitrero situado al norte; el ramal sur terminaba en el sector Lagunas. Al puerto de Pisagua le seguía Junín por el sur, servido por el Ferrocarril de Junín. Más al sur quedaba el puertecito de Caleta Buena de la Cía. de Agua Santa. Estos dos ferrocarriles servían a unas Oficinas específicas y también tenían conexión con el Ferrocarril salitrero. En estos dos últimos casos los ferrocarriles llegaban solo al borde de la Pampa; el trayecto restante se hacía por planos inclinados, debido a que apenas había terreno llano entre el mar y el pie de los cerros; lo que había eran más o menos 800 m mientras que en Iquique había alrededor de 2,5 km.

Debo mencionar el ferrocarril que salía del puerto de Tocopilla hacia la Pampa de El Toco, inaugurado en 1890. Tocopilla está a muy pocos kilómetros al otro lado de la frontera entre las provincias de Antofagasta y Tarapacá. No he estado ahí (aunque ahora sé que mi padre estuvo en la Oficina Santa Isabel de Toco). Me gustaría conocer Tocopilla, pero me han contado que la línea de la Anglo-Chilean Nitrate and Railway Co es una de las maravillas de ingeniería del mundo –sus curvas y pendientes son increíbles–. Como en Junín y Caleta Buena donde hay muy poco terreno llano entre mar y cerro; pero no se trata de esto, porque hay una quebrada natural desde o hacia el interior. Durante las contorsiones del trayecto, a menudo era posible mirar al otro lado del barranco donde se veía la cola del propio tren viajando paralelamente, pero en dirección opuesta…

La estación de ferrocarril en Iquique se construyó en 1883, en la calle Sotomayor, donde hoy día (2002) están las dependencias del Registro Civil. Cerca, calle arriba, está lo que era la hermosa casa del gerente del Ferrocarril Salitrero (en mis tiempos, la familia Jenkins).

Había entonces una estrecha relación, tanto laboral como social y familiar, entre Iquique y la Pampa entre los pampinos e iquiqueños que se movilizaban en tren. En lo que llamo "la publicación sin nombre", The Nitrate Railways Company Limited publicó un Itinerario de Trenes de Pasajeros desde el 15 de mayo de 1907. En la Estación Central, la primera estación a la que se llega en el recorrido de Iquique hacia la Pampa, los pasajeros que seguían al norte hacia Pisagua se quedaban en el mismo tren. Saliendo del puerto a las 10.45, se llegaba a Central 2 horas y 10 minutos después. Según el Itinerario, las paradas eran de 5 minutos en cada estación. Se llegaba a la Estación Lagunas –que servía a las últimas tres Oficinas en el sur: Norte, Centro y Sur–, a las 5.30 P.M., es decir, seis horas y tres cuartos de trayecto.

Los pasajeros hacia el norte tardaban una hora más para llegar a Pisagua. Este era el ferrocarril salitrero principal, del que se desprendían ramales que llegaban hasta las Oficinas. La línea ofrecía un trayecto de ida y otro de vuelta todos los días menos en domingo. Otra de las líneas –Cía. de Salitres y Ferrocarril de Agua Santa–, que llegaba a Huara también, hacía el trayecto entre Caleta Buena y Huara los lunes, jueves y sábado, en conexión con el tren del Ferrocarril Salitrero. No tengo datos para el Ferrocarril de Junín que en 1927 era propiedad de y operado por Gibbs & Co. Yo ya no conocí el Ferrocarril Salitrero, ni los pequeños ramales que se le desprendían.

No puedo hablar de primera mano, porque nunca viajé en tren por Tarapacá; cuando era chica el automóvil ya no era novedad y, de todos modos, me imagino que el Ferrocarril Salitrero ya estaba de capa caída, como toda la industria del salitre. Mi madre me llevó una vez a Valparaíso en barco, para después ir a Viña (se me olvida ponerle el apellido "del Mar"). Tenía unos cinco o seis años, no recuerdo gran cosa de mi primer, creo, largo viaje, aunque sí hay unas fotografías de "estudio" hechas en Valparaíso, muy posadas, de mi madre conmigo. Me acuerdo del vestido que llevaba: era de un morado muy clarito y, en la cabeza, una cinta bastante delgada del mismo color, con un lazo que yo insistía debía quedar bien adelante, apenas a un centímetro y medio de donde me empezaba a crecer el pelo.

Mi madre y yo, posiblemente en Valparaíso (ca. 1937).

También hubo un viaje cortito a Arica con mi madre, no se me ocurre por qué ni a quién vimos ahí. Sí, vimos el Morro, una gran roca de 190 m.

de altura, pegada al mar desde donde se ven toda la ciudad y zonas colindantes. Estoy viendo con toda claridad un conjunto de noche que llevó mi madre una noche a bordo a la vuelta (hasta en esas inhóspitas latitudes, los pasajeros se "cambiaban" para cenar): una falda larga negra con vuelo y una chaqueta ajustada de "rosa palo" muy pálido con lunares negros que durante muchísimos años soñé con tener algo semejante. El viaje siguiente fue cuando me mandaron al colegio en Santiago por primera vez con nueve años y fue en avión. Para las vacaciones de verano, a veces volvía en barco (no me acuerdo cuántas noches se dormía a bordo) y otras en avión, nunca en tren, que tardaba tres días.

Recuerdo que el diario *El Tarapacá* publicaba reseñas de los pasajeros más conocidos entre los habitantes de Iquique, que llegaban de o partían hacia Santiago o lugares intermedios. En 1993 o 1994 en Sevilla, estuve releyendo unos recortes de *El Tarapacá*, diario de Iquique, del 28 de febrero de 1943, donde hablaba del entierro de mi padre, muerto el día anterior. La columna "Vida Social, Viajeros" dice: "En el Longitudinal se fueron anoche los siguientes pasajeros: A Santiago, señores Horacio Toro, Eugenio Bertens...", iban a la Escuela Militar. A Eugenio creo que nunca lo volví a ver, a su hermana Tere sí la vi alguna vez en Santiago. Lo notable para mí fue que en esos momentos Horacio Toro era Cónsul General de Chile acá en Sevilla. Habíamos vuelto a vernos después de tantísimos años, solo con vagos recuerdos de aquella época; él y María Cristina son muy, muy buenos amigos en la actualidad.

Durante su estancia en el Consulado en Sevilla, el Buque Escuela *Esmeralda* de Chile hizo una visita a Cádiz, y Horacio y María Cristina me invitaron a acompañarles en su visita. El *Esmeralda* es un precioso Bergantín Goleta nacido en los Astilleros de Cádiz, después de accidentado y prolongado embarazo. El caso es que durante años después de la Guerra Civil (1936-1939), España había estado importando salitre para ayudar a resucitar su agricultura, pero no pudo hacer frente a los pagos. Por fin en 1950, se iniciaron conversaciones entre miembros de la Embajada de España en Santiago y de la Marina chilena, en las que España ofreció pagar sus deudas con productos manufacturados. El resultado de estas prolongadas negociaciones fue que el 15 de junio de 1954 Astilleros de Cádiz entregó el Buque Escuela *Esmeralda* al Embajador de Chile en España. Su nombre conmemora la fragata española capturada por Lord Cochrane en la noche oscura del 5 al 6 de noviembre de 1820 en El Callao, puerto con imponentes defensas, donde entró con 14 botes a remo.

Este personaje había sido contratado por Chile en 1817, después de haber sido despojado de todo por Inglaterra. Yo no sé si Cochrane tenía sentido del humor o no, pero algunas de sus hazañas –y hay tantas– son muy divertidas, dignas del mejor cine de aventuras. Participó primero en las batallas contra Napoleón, muy valiente e innovador; era peleón, bochinchoso e impertinente y nada diplomático. Fue retirado de la marina. Entonces se dedicó a la política, uniéndose a los más radicales de la época, combatiendo la corrupción. Otra vez provocó bochinches y tumultos, de tal forma que fue desposeído de todo, títulos y rango. Fue entonces contratado por Chile para darle forma a la naciente marina. Antes de llevar las fuerzas libertadoras chileno-argentinas a El Callao había contribuido a liberar Valdivia. No he podido resistir dar este resumidísimo resumen de una maravillosa vida de un personaje muy conflictivo. Murió a los 85 años en 1860. Recibió un perdón real y se le restituyeron todos sus títulos, condecoraciones y rangos. ¡Qué lejos me he ido del Longino!

Volviendo al Ferrocarril Salitrero, me han contado que hay varios puentes y túneles y sé que ya a principios de los años 20 el trasiego de pasajeros entre las Oficinas, así como entre Iquique y la Pampa, era constante. En Central –a 46,6 km de Iquique–, se repartía el tráfico para la Pampa norte o Pampa sur; al sur hasta Lagunas a 94,9 km desde Central vía Pintados y al norte hasta Pisagua, una distancia de 157,7 km; el resto consistía en todos los ramales de las distintas Oficinas.

Francis Watson habla de la Estación Central en 1904 como un lugar de saludos apresurados de amigos apenas divisados, y del éxito del bar del Hotel de la Estación entre los viajeros sedientos.

En la Estación Central vivía la familia Hunter, los padres, dos hijas y un hijo. Aquí los pasajeros que venían del sur cambiaban de tren y, a veces, debían esperar bastante tiempo la llegada del tren del norte. La Sra. Ruby Dowd de Lister –de la que hablaré muchísimo en todo este relato– me contó que siempre aprovechaban sus hermanas y ella misma para tomar una taza de té con la Sra. Hunter mientras esperaban la llegada del tren del norte. La Sra. Hunter estaba encantada de ver a otros ingleses, era su única vida social. El té lo servía con todo lo que se habría ofrecido en Gran Bretaña. Se acuerda Ruby que un día coincidió en la Estación Central con la Sra. Manby, que, al salir para subir al tren otra vez, le dijo: "Soy una mariposa de sociedad y llevo siete años sentada en el balcón!". Esos magníficos y anchos balcones de muchas casas de Administración de las Oficinas.

Parece que la casa en que vivían los Hunter llamaba la atención, pues era un modelo sueco prefabricado de dos plantas. El buque que trajo la planta de abajo se hundió, de manera que vivían solo en el trozo con el techo en uve invertida (^), y le decían "la media casa". Otro viajero contó que un hombre emprendedor, al saber que el ferrocarril subía a "bastante altura", había decidido que lo que convenía en ese lugar eran casas de tipo noruego, en fin de cuentas, escandinavo, muy apropiado para la Pampa del Tamarugal…

El Sr. Hunter era un escocés irreductible conocido como "el Gringo Loco", porque el domingo –que no había tren– se vestía con su *kilt* (la "falda" a cuadros escocesa) y se paseaba arriba y abajo por el andén o iba a jugar un poco al golf en su pequeñísima cancha de un hoyo. Lo que quisiera saber es cuál era el íntimo sentimiento de personas como él ¿lágrimas en el alma o de simple añoranza que afloraba solo de vez en cuando por un verdor lejano? Yo nací ahí, yo estaba en mi hogar en mi entorno natural, tuve una niñez feliz, no lo puedo saber si no me lo cuentan. Me lamento de que no haya podido conocer al Sr. Hunter para preguntarle qué sentía en sus paseos dominicales por el andén vestido con *kilt*, en un paisaje tan improbable. Me hubiera gustado saber lo que sintieron mi abuelo escocés del condado de Aberdeen y mi padre irlandés del condado de Wicklow cuando por primera vez sus ojos abarcaron la "Pampa".

Cuentan que un día una locomotora embistió la casa y todo el mundo se reía, porque lo que le preocupaba a la Sra. Hunter y a sus hijas que corrían por doquier era rescatar el *kilt*. La Sra. Hunter perdió sus joyas pero el *kilt* se salvó.

Antes de yo nacer ya era corriente viajar en automóvil para moverse por la Pampa, donde antes lo hacía todo el mundo en los Ferrocarriles Salitreros hasta la estación de la línea principal y de ahí en "el tren chico" hasta la misma Oficina. Creo que nadie de mi familia, abuelos, tíos ni padres viajaron en el Longino hasta Santiago, no estoy segura. Que recuerde yo, siempre lo hacían en barco. Me encantaba ir a bordo a recibir, despedir o simplemente a visitar a alguien de paso desde Valparaíso a Lima o Inglaterra y, si era temprano, a la hora del desayuno mejor todavía, porque servían arenque ahumado y también *kedgeree*, un plato de arroz con pescado, huevos y no sé qué más. Me viene a la memoria igualmente el olor del jabón a bordo de los barcos de la PSNC, creo que la marca era *Lifebuoy*, de un rosa profundo y fuerte olor a desinfectante: ¡delicioso!

Bancos, navieras y tranvías

Además, tenían sus viviendas en Iquique los directores y empleados de bancos; del único del que sé algo es del Banco de Tarapacá y Londres, fundado en Londres por North y otras personas en 1888. Estos empleados, me parece a mí, formaban un grupo de personas etéreas, pues el único que me consta es mi bisabuelo (que murió en 1905) y es seguro que eran varios más. Llegada a este punto, ni siquiera estoy segura de que mi bisabuelo trabajase en un banco, es lo que siempre he oído decir en la familia, pero no hay ni una sola prueba. Ya en los años 30 la casa colindante a la de mi tío Barney (Bernard) en la calle Bulnes, por debajo de Baquedano, era "del banco", cuál, no lo sé. Trabajaba y vivía también el personal de la Cía. de Agua de Tarapacá Ltd., de agencias de vapores: la PSNC (Pacific Steam Navigation Co.), CSAV (Cía. SudAmericana de Vapores), Grace y Cía., de la Cía. de Ferrocarril Urbano, y otras compañías de seguros, de algunos empresarios individuales dedicados a librerías e imprentas, o la importación de artículos de manufactura inglesa.

La creación de la PSNC tiene cierto interés, por lo menos a mí me lo parece. Se debe a un pionero, norteamericano esta vez. Se trata de William Wheelwright, nacido en Newburyport, Massachusetts en 1798. Marino de temprana vocación, recibió su primer mando a los 19 años, comerció durante cinco años, hasta que un mal día de 1823 naufragó en el Río de la Plata. Declaró que nunca volvería a Newburyport hasta que no hubiese resarcido la pérdida de barco y carga. Se enroló en varios barcos y recorrió toda la costa oeste de América del Sur buscando nuevas oportunidades. Después de devolver lo perdido se instaló en Guayaquil y en 1829 se trasladó a Valparaíso, donde, sin perder demasiado tiempo, inició su propia línea de "paquebotes" a vela para la costa oeste. Vio que para la evolución del comercio serían necesarias las comunicaciones más fluidas entre Chile y Panamá y empezó a soñar con la navegación a vapor. Obtuvo el apoyo de distintas entidades en Chile, Perú y Ecuador, y entonces viajó a Londres para promover su gran proyecto. Por fin se creó la Pacific Steam Navigation Company en 1838. Durante su vida, la PSNC se convertiría en una de las mayores líneas de barcos a vapor del mundo. Emprendedor imparable al parecer, porque en 1851 fue instrumental en la instalación de la primera línea de ferrocarril en Chile y en toda América del Sur, entre el puerto de Caldera –construido por él previamente– y Copiapó, centro minero en lo que entonces era el norte de Chile y ahora está en la Región de Atacama, que no es lo mismo que el Desierto de Atacama, que está en la Región de Antofagasta más al norte. Además, en 1858 intervino para la instalación de la primera línea de telégrafo entre Valparaíso y Santiago.

El Ferrocarril Urbano era como se llamaban los tranvías, tirados por mulas o caballos. Los había de tres clases según las memorias de Archie Hornsby: el "ordinario" que empleaba dos mulas, cuatro mulas llamado el "expreso" y había una categoría llamada "especial", de las 23.00 horas, conocida popularmente como "el borracho", que no se sabe bien cuántas mulas empleaba en este servicio humanitario, devolviendo a sus casas a los más necesitados. En noviembre del año 2002 al imaginativo alcalde de Iquique, don Jorge Soria Quiroga, se le ocurrió volver a instalar rieles desde la Plaza Prat hasta la calle Zegers a lo largo de la calle Baquedano, aprovechando que también está volviendo a poner veredas de madera en ese tramo.

Otro aspecto de sumo interés es el del extraordinario crecimiento de la población en los años iniciales, por ejemplo en los cuatro años entre 1885 y 1889, la población de las Oficinas creció aproximadamente de 4.000 a 12.000 personas, entre las que los extranjeros aumentaron alrededor de 300 a 500. Otra fuente indica que en 1920 había 46.200 operarios en la Pampa. El crecimiento de la población de Iquique fue espectacular, pasó de 2.000 habitantes a ser la cuarta población en tamaño de todo el país entre 1875 y 1907.

Plaza Prat y la vida social de Iquique

En la Plaza Prat de Iquique está el Teatro Municipal, un edificio bonito neoclásico inaugurado en 21 de diciembre de 1889 con la ópera *Il Trovatore* de Verdi. Se edificó por los hermanos Soler en el lugar donde originalmente hubo un monasterio que se incendió en 1873. El techo estuvo pintado por Noel Syers (no sé en qué año), sobrino de Alfred Syers Jones, nacido en Iquique, representante de la Cía. de Salitres y Ferrocarril de Agua Santa, a la vez fundador de la casa A.F. Syers Jones y Comandante General de Bomberos, Bomba 'Victoria' Nº 11 (1918). Florence, hermana de Alfred Syers Jones, madre de Noel, se casó con un alemán del que se separó cuando él fue a alistarse en el ejército alemán en la Primera Guerra Mundial (y le cambió el apellido a sus hijos).

El padre de estas personas Alfred Jones (o Syers Jones) fue el primero que vino por estas tierras. Había nacido en Liverpool y llegó joven a Valparaíso donde empezó a trabajar en Hainsworth y Cía., una compañía similar a otras tantas casas comerciales inglesas, como Gibbs por ejemplo. Entre otras actividades, también ofrecían créditos a pequeños productores salitreros en Tarapacá, que en ocasiones se veían incapacitados de devolver esas cantidades, momento en que los acreedores tomaban posesión de las Oficinas. El Sr. Jones fue enviado a Pisagua como representante de Hainsworth, antes de 1879. Entre sus clientes estaban los dueños (no sé quiénes eran) de la Oficina San Antonio, a la vez propietarios de la Hacienda Tiliviche, de la que escribiré más adelante. Estos señores se encontraron en la desgraciada situación de perder sus propiedades, de las que se hizo cargo John Syers Jones, para Hainsworth.

Ahora, había un Sr. John Campbell que vivía en Tacna, socio del Sr. Outram; ellos se asociaron con Alfred Jones para fundar The San Antonio Nitrate & Iodine Co. Una de las primeras cosas que hicieron fue instalar una máquina a vapor en la Oficina San Antonio. Este Sr. Campbell fue el que tuvo la brillante idea de escribirle a un pariente suyo en Londres preguntándole si conocía algún ingeniero químico para San Antonio. Resultado: llegada de James Humberstone.

El Sr. Alfred Jones se casó con Dª María Luisa Zuloaga, tuvieron cinco hijas y dos hijos; una de las hijas, Petronila María Luisa Bárbara, se casó con Tom Whitelegg y fueron abuelos de mi amiga Ruby Dowd. Creo que esos Jones, Alfred y Dª María Luisa, se quedaron viviendo en Tacna, pues James Humberstone menciona a "la familia Jones" que dio la bienvenida a los "refugiados" de Agua Santa el 19 de noviembre de 1879, cuando esta familia se "fugó" más al norte a raíz de la guerra del Pacífico. Por alguna parte hay un Sr. Jones que se asoció con el Sr. Syers, pero nunca he podido comprender bien cómo ocurrió esto.

Uno de los hermanos, Alfred, se casó con Alice Outram y fueron abuelos de Joyce Duncan, la que conocí hace un par de años acá en España, donde vive en la provincia de Málaga. Fue en la casa de Iquique de Alice y Alfred Syers Jones que la madre de Alice, la Sra. Outram, dio un gran baile en 1898, que describiré más adelante. Joyce me contó que su madre (Winnie Syers Jones, casada con David Duncan) le había descrito una función del gran mago Houdini (1874-1926) en el Teatro Municipal cuando era niña, en la que el mago ordenó al público que sintiera frío y cómo todo el mundo se puso a tiritar. Harry Houdini —nacido Erik Weisz— tomó el nombre de un mago francés Robert-Houdin del que, sin embargo, escribió *Unmasking of Robert-Houdin* en 1908 desenmascarándolo –supuestamente–. Buscando la fecha de su aparición, desgraciadamente no he podido encontrar mención alguna de su viaje a Iquique.

También conocí en Iquique a Harry Spencer Dawson, bisnieto de Alice y Alfred Syers Jones; es Cónsul Honorario de Suecia, y a otro bisnieto, Campbell Porter (primo segundo de Harry) que conocí en Málaga.

Encontré también en *El Nacional* del 14 de octubre de 1898, en "Ecos Sociales", el anuncio de un "gran baile en la casa N° 63 de la calle Baquedano", ofrecido por la Sra. Outram, madre política del Sr. Alfredo Syers Jones. En el diario del 28 de octubre viene una emocionada descripción de la elegancia de la casa, y cuenta que la Sra. de Outram iba vestida de terciopelo azul eléctrico; su hija Alicia, la Sra. de Syers Jones, llevaba un traje de seda, color bouton d'or y diadema de brillantes, de forma pompeyana; su hermana Miss Julia, que celebraba su cumpleaños, iba con un vestido rojo y la hermana menor, Miss Mary, tenía una toilette blanca en piel de seda. Daba una larga lista de invitados, donde primero se consignaban las familias con hijas y a continuación los solteros. Entre otras familias estaban los señores Lance y señoritas Lance (mis bisabuelos y sus cuatro hijas con edades entre 23 y 19); después los hombres, donde aparecen los Sres. Pettie, Isaacson (que se convertiría en el abuelo o tío abuelo de mi prima Deirdre Muñoz), H. Lowe ("futuro" abuelo, de mis primas las Ross Lowe, Dr. Fowler (mi "futuro" abuelo) y Guy Lance, "futuro" abuelo de mis primos Carmen y Patricio Alvarado. El Programa pone que se bailaron Valses, Quadrilles, Lancers, Barn Dance y Washington Post… ignoro lo que serían estos bailes, sobre todo el último.

Esta breve reseña indica que ya se estructuraba una vida social "normal" entre ingleses en Iquique, a diferencia de los numerosos ingleses de los años 20 y 30 en Valparaíso, que establecieron los primeros lazos comerciales.

En 1900 estaban los Lance instalados en la calle Orella 14 de Iquique, de donde salió mi abuela Charlotte (Lottie), la mayor de las hermanas, para casarse el 10 de enero con Gordon Fowler, como dije anteriormente. Para evitar confusiones, creo conveniente decir aquí que mi padre nació 24 años antes que mi madre, en Co. Wicklow, al sur de Dublín, en 1877; es decir, era de la generación de mis abuelos, sus suegros. Entonces, mi abuelo era ocho años mayor que mi padre, mi abuela apenas dos, pero mi padre era mayor que mis otras dos tías abuelas, Gertie y Dolly.

Por casualidad descubrí en la Biblioteca Nacional en Santiago (en 2002) que mi padre estaba en la Oficina Santa Isabel de Tocopilla en 1904, en la impagable *Guía administrativa, industrial y comercial de Tarapacá y*

Antofagasta de Narro Silva. Ignoro por qué mi composición de lugar –sin fundamento alguno, como se ve– era que mi padre empezó su vida pampina en North Lagunas. El Catálogo de la Biblioteca Nacional indica que la Guía se publicó en Santiago entre 1898 y 1912, en otra fuente, que se publicó entre 1896 y 1919. Sea lo que fuere, en la Biblioteca Nacional hay algunas Guías que están arriba, otras están en el Salón de Investigadores y faltan algunos años.

Tengo el Libro de Visitas de mi padre, donde la primera firma es la de A.S. Isaacson en 1905, abuelo de mi prima la 'mexicana'. Lo que sí se desprende del Libro de Visitas es que mis abuelos conocían a mi padre en enero de 1907, porque ahí están sus firmas y alguien "firmó" por mi madre que todavía no había cumplido los seis años. Aún estaban en la Oficina Constancia. Por una firma de mi bisabuela Margaret Lance, que después de casar a todas sus hijas y ya viuda vivió con su hija mayor (mi abuela), deduzco que mis abuelos ya se habían trasladado a la Oficina San Donato en 1910.

Teatro Municipal

Cualquier iquiqueño le contará que al Teatro Municipal vinieron los mejores artistas del momento, entre finales del siglo xix hasta los años 20 del siglo xx. Me ha sido imposible encontrar un solo programa de mano donde venga el nombre del artista, de la obra y la fecha, aunque, como soy optimista, pienso que debe haber alguna familia en Iquique que tenga guardado un programa en el más recóndito y olvidado rincón, ¿sin saberlo quizás? Cuentan que estuvieron Pavlova, Sarah Bernhardt, Enrico Caruso, Melba, y no recuerdo quién más. El hecho es que con la facilidad creciente para viajar por el mundo en buques a vapor, en tren o en barco, las compañías teatrales pudieron visitar más países, de manera que los grandes artistas llegaron a ser tan bien conocidos en América del Norte y América del Sur como en Europa. La I Guerra Mundial sin duda habrá influido en el itinerario de muchos artistas.

En el caso de Anna Pavlova (1881-1931) la gran bailarina, la más famosa de su tiempo, sí tuve la suerte de encontrar en el libro de Keith Money *Anna Pavlova: Her Life and Art*, publicado en 1982, una mención del viaje que Pavlova hizo con su compañía a Chile en 1918. Ya habían estado en Chile el año anterior a finales de julio, después de visitar La Habana, Quito, Lima, Valparaíso, Santiago, Buenos Aires, etc. En 1918 venían de

Brasil: Pará, Pernambuco y Bahía, después Buenos Aires en junio y julio. Cruzaron la cordillera y desde Valparaíso fueron a Concepción y de ahí emprendieron rumbo al norte. Dio una función en Antofagasta donde, al bajar del barco anclado en el puerto –todavía no había muelle de pasajeros– casi tuvo un accidente, a pesar de haber estado observando en qué momento debía soltar la escalerilla para saltar a la lancha. Ese día había gran oleaje, pero afortunadamente no pasó nada. De ahí siguió a "Iquiqui" y solo cuenta el autor que estaban anclados dos cruceros ingleses, el *Avoca* y el *Lancaster* cuyo capitán ofreció a bordo una fiesta para toda la compañía de la Pavlova. Según Nigel Acheson, que ya he mencionado, hijo de una señora que nació en Iquique, Grace Nicholls le contó que la Pavlova estuvo en 1923, con el *Lago de los Cisnes*, pero cuando vio el estado del escenario dijo: "mis niñas no pueden bailar en eso"; se tuvo que construir otro. Según Nora George, ella se alojó en el Chalet Suisse y el matrimonio Manby, que también estaba ahí al mismo tiempo, contó que la bailarina no andaba de un lado para otro, sino que iba como bailando.

De Sarah Bernhardt, nacida Henriette Rosine Bernard (1844-1923) no he encontrado nada seguro, lo que no quiere decir que nunca estuvo en Iquique, aunque sí está documentado su viaje a Chile en 1905. Me interesó tanto esta mujer, que quiero añadir un brevísimo resumen de su vida. Se embarcó el 15 de octubre de 1880 sobre el *Amérique* en Le Havre para Nueva York con toda su compañía. Tenía 36 años. "Adrienne Lecouvreur" de Eugène Scribe, fue la obra elegida para el estreno en Estados Unidos. En esta obra Adrienne es la amante de Maurice de Saxe, que a su vez es el amante de la Princesa de Bouillon. Los puritanos del Nuevo Mundo se indignaron con tanto amor repartido, denunciándola desde el púlpito como "parisina pervertida". Cuando conocieron el contenido del repertorio restante hubo protesta pública contra "la cortesana europea que ha venido a pervertir la moralidad del pueblo americano". La situación no ha cambiado mucho en febrero de 2004, pues en la entrega de los Óscar en Hollywood la ceremonia llegó al público televisivo con cinco segundos o minutos de retraso sobre el "tiempo real", para tener tiempo de aniquilar cualquier transparencia demasiado "transparente" o algún escote demasiado "escotado"… Adrienne Lecouvreur resultó ser una de las dos obras favoritas de su público; la otra fue como Marguerite Gautier en La Dama de las Camelias. Volvió varias veces entre 1886 y 1918.

En 1905 empezó su gira por Argentina, Uruguay, Chile y Brasil durante tres meses y medio. El 9 de octubre de 1905 en Río sufrió un accidente que resultaría diez años más tarde en la amputación de su pierna derecha. En la última representación de *La Tosca*, en la última escena, evita ser detenida suicidándose, que es donde salta por encima de un parapeto al vacío. Los colchones previstos para recibirla ya se habían embalado y la rodilla chocó contra el suelo violentamente. Se desmayó de dolor y no pudo salir a saludar. Se negó a ver un médico en Río alegando que el viaje de tres semanas en barco le vendría bien. El médico de a bordo "tenía las uñas negras", de manera que no dejó que la tocara. Hacia 1913 tuvo creciente dificultad para andar. En el escenario se disponía el mobiliario de tal manera que ella pudiera apoyarse en cualquier momento después de andar dos pasos. Nadie se daba cuenta del tremendo esfuerzo que era para ella.

Fue ese año de 1913 que Frank Watson, su mujer y la Sra. Michael, su suegra, de paso en Nueva York entre Iquique e Inglaterra, fueron al teatro para ver a Sarah Bernhardt. En una escena, ella —en el papel de una mujer joven— debía saltar de una carreta, que evidentemente no hizo, sino que bajó trabajosa y lentamente por una escalera, y aunque Watson no hablaba francés, cuenta que la fuerza de su personalidad y su actuación eran totalmente impresionantes y que, al final, recibió una ovación inmensa.

Abandonó París el 31 de octubre de 1914 ante la inminente ocupación. Su estado general fue empeorando hasta que la gangrena era patente. Hubo consulta de médicos y se amputó la pierna derecha el 22 de febrero de 1915. Entró en el quirófano en camilla riendo y cantando para apaciguar la consternación y desesperación de su hijo y amigos. Tenía 71 años. Sus últimos años fueron difíciles, pero apoteósicos. Siguió representando papeles o declamando sentada. Durante la Primera Guerra Mundial insistió en ofrecer funciones ante los soldados. Fue condecorada con la "Légion d'Honneur". Mujer valiente. Según relatos, no actuó en el Teatro Municipal, sino en otro escenario en Iquique, del que yo por lo menos no tengo datos exactos.

Se dice también que Caruso (1873-1921) —decimoctavo de veinte hermanos de una familia pobre napolitana— cantó en Iquique. Fue el cantante más famoso de principios del siglo xx. Parece que la verdad es que estuvo contratado, pero que enfermó en Buenos Aires y tuvo que suspender su aparición en Iquique.

Me han mencionado que la compañía D'Oyly Carte 1875-1982, fue a Iquique con representaciones de las operetas de Gilbert & Sullivan, sumamente populares en Inglaterra durante muchas décadas. Yo reconozco la música de algunas de las canciones y quizás me sé dos primeras estrofas de dos obras, aunque viviendo en Londres jamás me llevaron a ninguna representación de Gilbert & Sullivan (pero sí me llevaron a un *Christmas pantomime* que se hacían solamente a partir del 26 de diciembre). Se suman normalmente la versión teatral de algunos de los cuentos conocidísimos para niños, como *Peter Pan, Cenicienta, Aladino, La Bella Durmiente, Blanca Nieves,* etc., en que participaba el público gritando cuando aparecía el malo, silbando si no le gustaba algo, etc. Creo que las obras de Gilbert & Sullivan son similares a las zarzuelas. Nora George se acuerda que su madre le dijo haber visto la compañía D'Oyly Carte, pero que ella, Nora, era demasiado chica cuando vino. Sus padres, que eran muy aficionados a la música y con frecuencia organizaban veladas musicales, se sabían las letras de muchas de las canciones de Gilbert & Sullivan.

El gran dramaturgo español del siglo xx, Premio Nobel de Literatura en 1922, Jacinto Benavente (1866-1954) visitó Iquique en la ocasión en que la famosa actriz María Guerrero actuó en su obra *La Malquerida* en el Teatro Municipal; después de la función, cruzaron juntos la Plaza Prat para ir al Casino Español donde él, por lo menos, firmó el Libro de Visitas. Esta visita tiene que haber sido después de 1913, año en que se estrenó *La Malquerida.* Fueron a Iquique muchas compañías españolas de teatro, de danza, y sobre todo de zarzuela, entre cuyos artistas se menciona a la cantante María Barrientos, y a la actriz Lola Membrives, entre otros.

No he mencionado hasta ahora el Casino Español que se puede considerar como el "club" español. Es una construcción bien curiosa, de estilo "morisco" como le dicen, del año 1903, amoblada con todo lujo y comodidad. Los cuadros, que se añadieron en los años 30, son de Sixto Rojas, con temas como La Rendición de Granada o Entrada de Roger de Flor a Constantinopla (curiosa elección de tema "español" la de este aventurero que vivió y se enredó entre 1280 y 1305, nacido en Brindisi y que estuvo al servicio del emperador bizantino Andrónico ii). También hay cuadros que representan a Don Quijote y Sancho Panza. Encuentro igualmente curiosa la elección del estilo "morisco" para recordar a España en tierras americanas, lo que hace suponer que hubo influencia andaluza, pero admito que a mí me sería difícil elegir un ejemplo representativo de una arquitectura civil española para este fin. Quizás alguna maravilla del románico, que igualmente tiene la ventaja de ser precolombino o pre*conquista* (es tan difícil tomar una decisión que no hiera la sensibilidad de *alguien)*. Sea lo que fuere, tengo curiosidad por saber si la colonia inglesa visitaba el Casino Español. Creo que no. Hoy en día es uno de los restaurantes considerado más o menos buenos de Iquique. Admito que no soy clienta asidua, me agobia ese ambiente "kitsch".

A pesar de haber sido declarado Monumento Nacional en 1987, el teatro Municipal estaba en un estado bastante deplorable en enero de 2000. Sin embargo en noviembre de 2002 ya había mejorado sustancialmente su aspecto. Me alegro de verdad poder corregirme y declarar que cuando lo he vuelto a ver daba gusto entrar.

Igualmente en la Plaza Prat 16-18 estaba el estudio del fotógrafo G. Termini, pues tengo una fotografía de mi bisabuela con su primer nieto, en este caso nieta, mi madre, que lo pone bien claro. Calculo que es de 1902, durante alguna visita desde la Oficina Constancia de mi abuela a su madre.

Mi madre, de meses, con su abuela (1902).

Antes de continuar quiero dejar constancia de mi muy sentido pésame por el tránsito a peor vida de la Plaza Prat. En 2002 se había convertido en la "Plaza del Cemento", ya no había ni una sola palmera, ni una. Ya no hay sombra. Pero —un enorme pero, hay un inmenso estacionamiento por debajo. ¿Es moralmente lícito este trueque? Aparentemente hay quienes piensan que algunas cosas bonitas; el "Camino", aquel paseo tradicional entre Iquique y Cavancha, por ejemplo, son eliminables sin más, cuando justamente la balanza de lo bonito y de lo no bonito en el mundo está tristemente muy escorada hacia el lado de lo feo.

Los clubes

Los ingleses fundaron el Club Inglés en febrero de 1886, en el que, naturalmente, no entraban las señoras. No sé si estuvo desde el principio en la Plaza Prat. Estaba en una gran casa de las que he visto fotografías de la sala de fumar y la sala de lectura. En 1907 había 98 socios en Iquique, 88 en la Pampa y 109 ausentes; en 1922 eran 109 los socios de Iquique y 80 los de la Pampa, en ambos casos aparecían mi padre y mi abuelo como socios de esta última. El marido de mi tía abuela Daisy, Archibald Moir, está incluido como socio pampino en la lista de 1907, donde igualmente aparecen los maridos (presentes o futuros) de mis otras dos tías abuelas: Herbert Ross-Lowe y Arthur S. Isaacson de aunty Gerty y aunty Dolly respectivamente, como socios de Iquique los dos últimos.

Mi tío Barney, hermano de mi padre, figura entre los ausentes en 1907 (¿dónde estaría?), ignoro el motivo, y en 1922, pero está entre los socios de Iquique. Desde que inicialmente escribí lo anterior, descubrí la maravillosa *Guía Administrativa, Industrial y Comercial* de Tarapacá primero y después también de Antofagasta. En ella se puede ver que en el año 1906-1907 B. Forstall Comber estuvo en la Oficina Ramírez, de la Liverpool Nitrate Co. de Lockett, como Cajero. Seguía como cajero en la Oficina San Donato en la Guía de 1909 con uno de los hermanos Cooper de Administrador. En las Guías de 1911, 1912 y de 1913 estaba en North Lagunas de contable, donde su hermano (mi padre) era Administrador.

Aparte de lugar para tomar el aperitivo ya fuera a mediodía o por la tarde, la concurrencia al club era especialmente numerosa los días en los que había un plato típicamente inglés en el menú. Nora George menciona que a su padre le encantaba *tripe and onions* (guatitas con cebolla en chileno, menudo en español) y nunca faltaba ese día; además los menús especiales a veces ofrecían *sausages and mash* (salchichas con puré), *steak and kidney pudding* (un estofado de ternera y riñones envuelto en hojaldre) y varios platos más. No eran exactamente platos de *haute cuisine*, sino más bien completamente caseros, hasta diría 'sentimentales'.

Frank Watson describe el siguiente incidente que me parece tuvo lugar antes de la I Guerra Mundial: "El lugar de reunión de un soltero era el Club Inglés, en una de las esquinas de la Plaza Prat. Eran muchos los socios pero en esos días era un poco exclusivista, ser elegido como socio no era un proceso automático. La colonia inglesa era la más numerosa en el puerto, incluía muchas personas del Ferrocarril, por ejemplo mecánicos, maquinistas, etc., y estos no eran elegibles. Para demostrar que no todos los socios eran *snobs*, recuerdo una discusión muy acalorada en torno a la candidatura de cierta persona que no voy a nombrar. En los años venideros obtuvo un importante puesto en la "City" de Londres. Él había nacido y fue educado en Iquique, hijo de un maquinista ferroviario. Obtuvo una buena situación como comerciante de salitre, carbón y otras mercancías, era querido y respetado por la mayoría de la gente y, además, era socio muy útil del Club de Cricket. Su presentador fue Noel Clarke, que era Cónsul británico en esos momentos, y lo apoyaba Bennett, socio de Clarke en Clarke, Bennett & Co. A pesar de este apoyo tan fuerte, o quizás debido a ese apoyo fuerte (hombres destacados frecuentemente tenían enemigos celosos y secretos), nuestro amigo recibió una bola negra. Aparte de ser un insulto para él, también lo era para el Cónsul de S.M. y para su socio en una de las primeras firmas inglesas. Clarke y Bennett dimitieron y se armó la gorda. Los socios del Club se dividieron en dos campos rivales vociferantes. Por fin prevaleció la sensatez [?], porque obviamente era una situación imposible o, por lo menos, poco digna para una colonia inglesa en la que el Cónsul no fuera socio del Club. Se llevó a cabo otra votación y nuestro amigo fue elegido y el aspirante muy correctamente [?] rechazó la elección; sin embargo fue eso lo que permitió a Clarke y Bennett retirar sus dimisiones y así las cosas volvieron a su cauce, pero no sin dejar bastante resquemor".

Sigue: "El Club solo tenía un bar pequeño, pero sí había un salón grande donde era posible beber y conversar; además, había dos buenas mesas de billar, arriba una amplia sala de lectura con una biblioteca razonablemente buena. Un ancho balcón daba la vuelta por dos lados del Club, uno de los que gozaban de la vista sobre la Plaza y era el lugar indicado para presenciar cualquier evento oficial, así como el paseo de la gente elegante que acudía para escuchar la banda militar que tocaba por la noche.

"Las horas de oficina eran de 8 a 11 y de 13 a 18 por la tarde. Pocos minutos después de las 11 de la mañana el salón se llenaba durante más o menos media hora cuando todos consumían sus cuotas de *cocktails* (yo era muy serio en ese tiempo y mi cuota era de dos) y se oía sonar los dados. A propósito, siempre ha sido uno de los grandes misterios para mí saber por que los dados son ilegales en Inglaterra. No hay modo más justo de decidir quién va a pagar la ronda (sigue una larga disquisición muy enredada sobre las ventajas de este sistema que voy a omitir).

"Por las tardes antes de la cena, el Club estaba siempre lleno también, pero no había mucho público después de cenar, ya que la mayoría de los socios tenía un hogar donde ir".

Los alemanes fundaron su club antes que los ingleses, fue en 1873, y siguió funcionando hasta 1940.

Los hombres también podían alegar reunión de masones para escabullirse del ambiente familiar. La Logia "Pioneer" Nº 643 se constituyó según escritura de la Gran Logia de Escocia el 27 de agosto de 1879 en plena Guerra del Pacífico, y en copia de una lista que me ha llegado, figuran socios ya en 1880. Estaba entonces y sigue estando ahora en la calle Aníbal Pinto. Mi padre fue masón, a pesar de ser de una familia irlandesa muy católica; no sé en qué año fue admitido, sé solamente que está enterrado en el Cementerio Nº 1 de Iquique en el panteón de los masones. Esa es otra de las preguntas sobre las que me gustaría tener contestación, saber por qué, siendo inicialmente católico, se hizo masón.

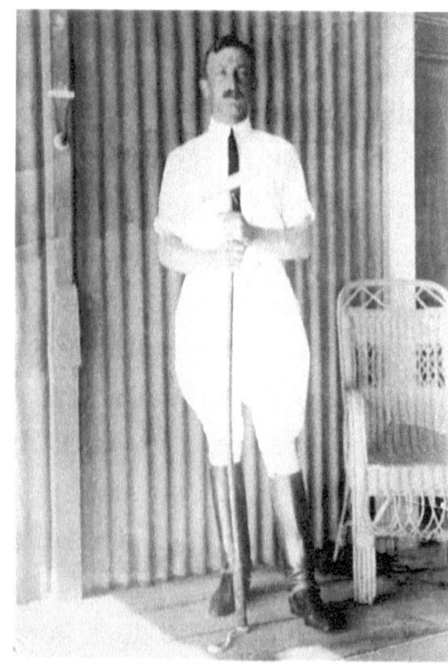

Joseph Forstall Comber y el juego de polo en la pampa.

Existía, cómo no, el Tarapacá Polo Club en Iquique, ignoro el año de su fundación, pero en 1902 estaba en pleno funcionamiento. Desde que empecé a escribir este relato he descubierto más al respecto. Como se ha dicho anteriormente, Richard Cyril Lockett llegó a Iquique en diciembre de 1896. En Inglaterra jugaba al polo, sin ser fanático ni muy experto, sin embargo cuando llegó a Iquique lo introdujo allí. Tengo la copia (muy oscura) de una página con dos fotografías, encabezada SPORT, año desconocido, una "Polo Lockett Brothers Iquique" y la otra "Polo Agua Santa Pampa". Richard Cyril se inclinaba más por la pesca y su verdadera afición fue la numismática.

Un amigo generoso también me ha dado una copia de un programa impreso del Tarapacá Polo Club para una "Gymkhana" (palabra medio inglesa, medio hindú en la que *khana* significa "casa de pelotas"), el 10 de agosto de 1902. El Comité se componía de W.G. Buchanan, A.H. Isaacson y J. Lockett. Se celebraron siete carreras, que vale la pena reseñar textualmente, por lo fantasiosas:

1. Carrera de papas: Formarán dos o tres líneas paralelas de 6 cubos a lo largo de la pista. La carrera se hará al galope, en grupos de dos o tres y cada concursante estará provisto de 6 papas. El ganador será el que haya colocado una papa en cada cubo y el que llega primero al poste de llegada.

2. Carrera de la Cruz Victoria: Se colocarán varios maniquíes en el recorrido. Los concursantes han de saltar dos vallas hasta un maniquí, desmontarán, volverán salvando nuevamente las vallas hasta el poste de llegada, montados y llevando un maniquí.

3. Carrera de ensillar: La montura de cada concursante se colocará en la pista, a la que tendrá que llegar a pelo, desmontar, ensillar su caballo, ir a un punto dado donde tendrá que desmontar, abrir un paraguas, encender un puro y volver a caballo al poste de llegada. El ganador será el que antes llegue con el paraguas abierto y el puro encendido.

4. Carrera a la naranja: Se colocarán cinco cubos equidistantes con agua en la pista, en los que habrá una naranja. El ganador será el que consiga sacar la naranja del cubo con la boca sin usar las manos y antes llegue al poste de llegada con la naranja aún en la boca.

5. Carrera aritmética: Cada concursante irá montado hacia su mozo de cuadra que le entregará una carta con una suma. El concursante llevará la suma a una dama que tendrá que hacer la suma sin ayuda.

Cuando la señora o señorita en cuestión haya escrito el resultado, el concursante volverá corriendo a su mozo de cuadra que está sujetándole el caballo y volverá al poste de llegada a caballo. El primero que llega con la suma correcta será el ganador.

6. Carrera de disfraces: Habrá dos premios para el mejor y más cómico disfraz según el Comité de señoritas (siguen cuatro nombres, entre los que está el de mi tía abuela más joven, la Srta. D. Lance). Cada concursante ha de ponerse el disfraz delante de la tribuna y tendrán que desfilar y después habrá una carrera de unas 250 yardas. Los mozos de cuadra podrán sujetar los caballos mientras los concursantes se están preparando.

7. Carrera de las gorras: Se colocarán las gorras de todos los concursantes en un saco grande que se pondrá en el centro de la pista. Los concursantes han de galopar hacia el saco y el ganador será el que antes llegue al poste de llegada llevando su propia gorra. Se habrá tenido que entregar las gorras al Comité antes de la segunda carrera y cada gorra llevará el nombre de su dueño.

Mi abuelo se apuntó para TODAS las carreras. Eso ocurrió en Iquique.

El juego de cricket en la Oficina Bellavista.

En la Pampa también se jugaba al cricket, por lo menos se practicaba. Como no había césped ni nada que se le pareciera remotamente, se colocaba una larga tira de esterilla sobre la tierra en el espacio entre los palitos que formaban las "porterías". Frank Watson describe cómo en Centro Lagunas se usó el ripio para nivelar un terreno apto para cricket y posteriormente, después de ampliar el espacio un poco, para jugar al polo.

Cada año se celebraban tres importantes eventos deportivos: dos partidos de cricket, Pampa contra Puerto, en un intervalo de más o menos dos meses y un partido de football Puerto contra Pampa. Generalmente se programaban estos partidos para coincidir con alguno de los bailes organizados periódicamente (creo que una vez al mes) por la Sociedad Filarmónica. El mismo autor añade que a la hora de tomar el tren de vuelta a la Pampa, el lunes por la mañana, todos habían dormido apenas y bebido demasiado, que era comprensible cuando llegaba a la ciudad un grupo de jóvenes que habían estado "aislados" en la Pampa durante meses. Añade que normalmente la conducta en público era correcta.

Es evidente que los jóvenes solteros que trabajaban en la Pampa quisieran bajar a Iquique cada dos o tres meses para ver caras diferentes y disfrutar de la compañía femenina. Era costumbre en las Oficinas pagar a los trabajadores al contado –a diferencia de las fichas de asignación diaria– una vez al mes, para lo que hacía falta cierta cantidad de dinero traído desde Iquique. Así, por turnos se encargaba esta tarea generalmente a uno de los Empleados, que recibía una pequeña cantidad para sus gastos; si el trabajo lo permitía, el Administrador le daba al elegido todo el fin de semana libre.

Casas comerciales y los salitreros

Refiriéndose a las condiciones industriales en 1873 y especialmente a Gibbs, el Profesor Thomas F. O'Brien dice algo muy interesante en su libro *The Nitrate Industry and Chile's Crucial Transition 1880-1891*: las Oficinas de esta empresa representaban el mejor ejemplo de un funcionamiento eficaz, característica entonces de las organizaciones europeas, basada en el sentido común. Se desprende de una tabla que nueve empresas europeas (entre ellas dos alemanas), con control de nueve Oficinas, tenían capacidad productiva de 3.327.156 quintales, donde catorce empresas chilenas con dieciséis Oficinas tenían una capacidad productiva de 2.497.000 quintales. Bien es verdad que lo anterior era un reflejo de ciertas ventajas para los europeos: posibilidad de créditos internos con intereses mucho más bajos que aquellos a los que tenían acceso los chilenos; control directo sobre la comercialización de su producto en Europa, junto con información fiable sobre las condiciones del mercado (disponibilidad de fertilizantes, otoño ¿temprano?, ¿tardío?, ¿mucha o poca lluvia?, condiciones en Alemania, en el norte de Inglaterra, etc.), a lo que se debe añadir la ventaja de poder influir en Europa en detalles de fabricación de la maquinaria necesaria en las Oficinas a través de la casa matriz.

El Profesor O'Brien explica que la creciente intensa diversificación de oficios en el funcionamiento de las Oficinas era resultado de un intento por incrementar la producción. Esto se ve si nos fijamos en el 'Capítulo V –Faenas y oficios en la Pampa Salitrera'– en *Hombres y mujeres de la Pampa*, de Sergio González M. (Estos dos libros han sido absolutamente indispensables para mí, me han enseñado mucho y, además, los he disfrutado mucho también, lo que no siempre va unido.) Desgraciadamente, nunca pude conseguir una copia del libro del profesor O'Brien que hace años que está agotado. A lo que quiero llegar (a ver si me bajo de una vez de mis fascinantes ramas), es a la consecuente necesidad –según el profesor O'Brien– de emplear para estas faenas tan diversas a personas que ya llevaban un fondo de más de un siglo de Revolución Industrial "inconsciente", con un nivel de conocimientos que no era entonces muy común en Chile; además, los jóvenes chilenos con educación –o sus padres– no concebían más trabajo que los del terrateniente o dueño de alguna mina. Al mismo tiempo, el caliche era cada vez de menor ley, la maquinaria se debía ajustar cada vez más en consecuencia, e igualmente se debía combatir el mayor costo del combustible y todo esto se incluía en procesos usados en Europa en la industria química, significando que era conveniente importar el equipo y los técnicos apropiados. Creo que lo anterior explica la llegada de numerosos británicos, así como su manera de vivir algo autocéntrica, mucho más que los británicos instalados en Santiago o Valparaíso.

Un joven inglés recién llegado a una Oficina alrededor de 1904 relata un caso extraño y saca conclusiones que no parecen favorecer demasiado a las mujeres inglesas. El Administrador le explicó cuáles serían sus deberes como fichero y a renglón seguido, sin siquiera tomar aliento, le dice: "Me dicen que Vd. conoce a la esposa del doctor"… (lo que era verdad, porque era muy amiga de mis hermanas mayores y de soltera había sido nuestra invitada mientras estaba en Inglaterra de vacaciones), "pero ha de saber que ni Vd. ni ninguno de los Empleados ha de dirigirle la palabra jamás". Punto. Sin más explicación. El joven se enteró después que la mujer del Administrador tampoco le dirigía la palabra a esa persona que vivía a escasos 50 m de distancia, ni a las esposas de los Administradores de las únicas dos Oficinas a distancia visitable a aproximadamente 15 minutos a caballo. Este Administrador aceptaba los caprichos de su mujer en aras de la paz y tranquilidad. El joven inglés sigue contando que él personalmente se llevaba bien con la esposa de su Administrador y que no creía que la culpa fuera de ella, más que de las otras señoras; en su opinión, en aquellos tiempos cuando no existían los medios para desplazarse de un lado para otro, las mujeres estaban "fuera de lugar" en la Pampa, salvo como visitas; si no eran motivo de celos y escándalos, eran unas amargadas; como fuera, eran causa de complicaciones. En los años siguientes, cuando había buenos caminos y automóviles, muchos Administradores y hasta algunos Empleados estaban casados, lo que daba un ambiente más abiertamente sociable y familiar (¡opinión de un joven de 20 años! que al parecer tenía varias hermanas).

En el puerto vivían los Agentes de las distintas Oficinas salitreras que podían ser miembros igualmente de algunas de las casas comerciales, y estaban, naturalmente, en constante contacto con los Administradores de las Oficinas. Estas personas se encargaban de todo lo que no era la producción del salitre en sí, sino del lado comercial y administrativo de la exportación y de todo lo que esto implicaba: mantenimiento de bodegas para almacenamiento; contratación de lanchones para llevar el salitre al barco anclado en la bahía, así como importación y descarga de productos necesarios —o deseados— para la vida en la Pampa; contratación de los buques, embarques, contacto con las autoridades, etc. Vivían también algunos dueños de Oficinas, los menos; también los representantes de las casas comerciales mencionadas. En la medida que creció la producción de salitre estas empresas aumentaron igualmente su personal. Hablo de los extranjeros, aunque naturalmente eran muchos los chilenos relacionados con el salitre.

Ya en los primeros años del siglo xx eran varias las casas comerciales, por ejemplo Gibbs & Co; Lockett Bros. & Co; Clarke, Bennett & Co, que después con W.R. Grace & Co de Nueva York, fundó Nitrate Agencies Ltd.; Harrington, Morrison & Co, que se unió más adelante con Williamson, Balfour & Co (rama chilena de Balfour, Williamson & Co); Inglis, Lomax & Co que pasaron a llamarse Buchanan, Jones & Co; David Richardson, que era agente de Junín Nitrate and Railway Co, propietaria de por lo menos una Oficina; Cía. Salitrera de Agua Santa; Mitrovich Hnos., con oficinas en Londres. Además estaba el grupo alemán Gildemeister y una antigua compañía española, Granja, Domínguez y Astoreca, que terminó llamándose Astoreca y Cía. La compañía americana E.I. Dupont de Nemours era propietaria de una Oficina en Tarapacá y de otra en Taltal, en la provincia de Antofagasta, a unos 2.400 m de altitud, la más alta en toda la Pampa. La situación cambiaría más adelante cuando se crearon varias compañías chilenas y yugoslavas.

Los Lockett

El abreviado J. Lockett, perteneciente al Comité del Club de Polo, era John Lockett, hermano de Cyril Lockett, el primero de su familia llegado a Chile en 1896. Cyril volvió a Inglaterra y en 1901 vino John, nombrado apoderado de la empresa familiar al poco tiempo. John nació en Liverpool en 1877 y se educó en Harrow, uno de los cinco mejores *public schools* de Inglaterra (donde estudiaría también, entre tantísimos otros, Winston Churchill). Continuó como apoderado por más de diez años cuando se independizó, pero siguió trabajando con Lockett Bros. & Co. (Hermanos Lockett). John Lockett se casó con una señora peruana, Grimanesa Romero Vivanco, viuda de Reid, en la iglesia Anglicana de la calle Orella 476 en Iquique el 14 de diciembre de 1907, una semana exacta antes de la matanza en la Escuela Santa María. Mi padre estuvo en esa boda.

La "primera piedra" de esta iglesia llevó la siguiente inscripción (en inglés): "En Honor y a la Gloria de Dios Todopoderoso y con el nombre de San Miguel y Todos los Ángeles se puso esta piedra el 15 de Agosto del año de Nuestro Señor 1902". Adrian Brown me dio estos datos. Sus propios padres se casaron en ella en 1912. Muchos años después, me figuro que varios después de la II Guerra Mundial, se vendió esta iglesia a los Adventistas del Séptimo Día.

El matrimonio Lockett-Grimanesa Romero tuvo tres hijas y un hijo: Norah, Teresa, Grimanesa y John. Del primer matrimonio con el Sr. Reid tuvo un hijo, Willy, y una hija, Ethel –que después se casó con René Vigneaux–. Teresa y Grimanesa nacieron en Iquique, Norah la mayor en Liverpool, y John el menor en Londres. Hice referencia bastante más atrás a la crítica quejosa de una amiga en el sentido de que le parecía que los gringos de las salitreras no habían dejado mucha descendencia en el país, que no echaron raíces; pues bien, John Lockett y su Grimanesa (fueron más: suegra, hija y una de las nietas), sí dejaron descendencia –y bien arraigada– en Chile. En este momento (03.2003) me constan los siguientes descendientes chilenos: cinco nietos, hijos de Norah y Grimanesa, diez bisnietos y alrededor de siete tataranietos (susceptibles de aumento).

John estuvo en Iquique, con algunos intervalos en Inglaterra con la familia hasta el año 1922 o 1924 en que vendió sus negocios en Chile para instalarse en Londres definitivamente. Murió en 1933. La sociedad familiar, Wm. & Jno. Lockett se convirtió en sociedad limitada privada a finales de 1927. Así fue como llegó a su fin la historia de la casa Lockett en Chile. Continuó con sus intereses en Perú y en Inglaterra.

John y mi padre fueron amigos; además la Oficina North Lagunas era propiedad de The Lagunas Syndicate, representada por Locketts, por lo que se veían también por motivos de trabajo.

Oficina North Lagunas: John Lockett de pie y Joseph Forstall Comber en el autocarril.

Frank Watson fue Administrador de Central Lagunas, perteneciente a la Lagunas Nitrate Co Ltd. y el hecho es que a través de sus memorias he sabido que mi padre llegó a North Lagunas en 1906. Traduzco aquí lo que dice Frank Watson: "El seis de Agosto de 1906 llegué a Lagunas [Centro] para hacerme cargo... Poco tiempo después de volver a Lagunas, hubo una vacante en la dirección de las Oficinas de The Lagunas Syndicate, North y South, nuestros vecinos cercanos. Niness se fue de North y poco tiempo después Howieson salió de South y llegó Joe Forstall Comber, que se había forjado un gran nombre como Administrador de la Oficina Santa Isabel en la Pampa de Toco, traído por Locketts como Administrador General. Comber trajo consigo a su amigo W.A. McKnight como contador, que en poco tiempo reemplazó a Howieson como Administrador de South. Menciono estos detalles ya que Comber, McKnight y yo fuimos vecinos durante dos años y nos veíamos constantemente. Ambos eran entusiastas jugadores de polo". Vengo a enterarme 98 años después de haber ocurrido; no sé si se pueden imaginar mi emoción al leer estas palabras.

Pero eso no es todo: más adelante en el mismo capítulo, describiendo lo ocurrido durante la huelga que condujo a la matanza de Santa María (que incluiré en su totalidad en un capítulo aparte), Frank Watson escribe: "Aislados como estábamos nosotros en las tres Lagunas, en la última estación del ferrocarril y con trabajadores contentos, no nos habíamos preocupado demasiado de los rumores y amenazas de huelga que nos llegaban de varios puntos de la Pampa. Tan era así, que los Administradores de North y South se habían ido a Iquique a pasar unos días con motivo de la boda de su jefe, John Lockett [el 14 de diciembre]. No volvieron hasta después de pasado el tumulto [en Lagunas] que se suscitó cuando estaban ausentes". Bueno, bueno, bueno, estaba tan emocionada con estas noticias que a los dos días cuando me llamó por teléfono desde Santiago Grimanesa Jiménez (nieta de John Lockett), se lo conté todo corriendo y decidimos que éramos hermanastras.

Grimanesa Jiménez Lockett (nieta), Grimanesa Lockett Romero (hija de John) y la autora (1995).

Creo que vale la pena explicar aquí que las Oficinas North, Central y South Lagunas estaban las tres muy cerca una de la otra y que no era del todo corriente; la Estación Lagunas servía a las tres. El distrito de Lagunas tenía en 1885 una población de 720 habitantes, y en 1907 había aumentado a 9.478.

Ahora sigo con lo que ya tenía escrito. Parece que tanto John Lockett como la Sra. Grimanesa confiaban suficientemente en mi padre como para permitir que las dos hijas mayores se alojaran en North Lagunas unos días cuando eran chiquitas. Norah me contó que mi padre las dejaba hacer lo que querían: si no se querían lavar, no se lavaban, si no querían comer algo, no lo comían, si no tenían ganas de ponerse los zapatos, no se los ponían, es decir, un verdadero Edén infantil (vi hace días en un libro de sinónimos y antónimos para "cielo", que dan como antónimos: "infierno, desierto"…; digo como "mi amigo Einstein" que todo es relativo ¿no?). En 1995 Norah me dio también una fotografía tomada en el balcón de North Lagunas antes de 1914, en la que se ve uno de esos columpios dobles en los que se pueden sentar dos personas en frente de otras dos. Por detrás de la fotografía alguien ha escrito "¿Cree que el caballero parece feliz?". La fotografía no está muy nítida, pero creo que se llega a vislumbrar la cara de inseguridad de mi padre.

Oficina North Lagunas: sentados están mi padre Joseph Forstall Comber, mi tía Mary va en sus rodillas, al lado Norah Lockett. En frente están Ethel Reid, medio hermana de las Lockett con Terry en brazos y al lado Willie Reid (antes de 1914).

Las dos familias siguen —en el siglo XXI— en estrecho y cariñoso contacto, pues cuando estoy en Santiago veo a la nieta actriz de John Lockett continuamente y, cuando voy a Iquique, su bisnieta Claudia, hija de Grimanesa, tiene la gran gentileza de alojarme, frente a la playa de Cavancha cerca del regimiento Granaderos, donde me organiza magníficas puestas de sol. Fue aquí donde conocí a Lautaro Núñez. De mis cuatro hijos, tres han pasado más de una vez por casa de Grimanesa actriz en Santiago. Grimanesa ha estado en Sevilla en por lo menos dos ocasiones.

Norah (tía de Grimanesa-actriz) me contó una historia protagonizada por su abuela Grimanesa Vivanco, casada con Felipe B. Romero, de Lima. Al parecer la familia –compuesta al menos por una hija y una tía mayor, además del matrimonio– estaba viviendo en el pueblo de Tarapacá antes de la Guerra del Pacífico. Cuando se supo que las fuerzas chilenas habían desembarcado en Pisagua, los Romero-Vivanco decidieron irse lo más pronto posible hacia Arica, 190 km distante a vuelo de pájaro, como otras muchas familias de Tarapacá. Norah no pudo darme detalles. Tarapacá está en la quebrada del mismo nombre. Optaron creo por el camino del medio, es decir, de quebrada en quebrada, aunque suene tremendo por tener que bajar y subir continuamente las laderas. En el altiplano podría hacer mucho frío, pues era noviembre, finales de invierno; el camino más llano del desierto sería muy difícil sin agua ni abrigo para las noches frías y alguna organización compleja; además no había seguridad en cuanto a quiénes merodeaban por allí.

El hecho es que la tía mayor murió durante el trayecto y no tenían cómo enterrarla, es decir, palas, mucho menos ataúd; además deseaban darle un entierro digno; tomaron la decisión de llevarla hasta Arica, montada en su caballo (o mula, no sé), amarrada como mejor se pudo a una rama como palo de escoba para que estuviera bien derechita… Ciertamente, la gente que vivía en la Pampa no era pusilánime. No podían serlo y me gusta pensar que no querían serlo, de lo contrario no estarían en la Pampa.

Claro, cuando se habla de los "ingleses" en la Pampa, incluye todo, es decir ingleses, escoceses, irlandeses y supongo que galeses, aunque –aparte de mi tío Berty Ross-Lowe, nacido en Gales en 1874– que yo recuerde, no se mencionan específicamente. Ah, sí, Archie Hornsby nombra a David Richardson como galés, de Iquique, que vivió en una casa preciosa en Cavancha orientada al sur, y estuvo relacionado con los tranvías de Iquique.

Tío Barney y la familia Pettie

De mi tío Barney, mencionado anteriormente, sé escasamente unos pocos detalles. Tenía un año menos que mi padre, fue a un colegio de curas en Irlanda, me imagino que en el Condado de Wicklow donde vivían y estuvo en la guerra de los Boers (1899-1902) en el regimiento de los Royal Welsh Fusiliers; tristemente, poco más sé de él. Fue a Chile supongo "porque tenía un hermano allá"; en la Pampa estuvo en South Lagunas alrededor de 1910 (según el maravilloso "documento sin nombre") y en 1922 aparece como socio "iquiqueño" del Club Inglés. Se casó con Mary Pettie, de una familia establecida hacía largo tiempo en Chile. He estado en contacto con Adrian Brown (Pettie por parte de madre), en Australia, a través de su tía (apenas seis meses mayor que él), Jane Pettie, también en Australia, que yo sí conocí cuando chica. Adrian es hijo de Lillian (Lilly) Pettie, hija del primer matrimonio de James Pettie, como Wilfred y mi tía Mary, y de ahí viene el salto generacional. Al morir ambos padres en Inglaterra en el espacio de seis meses, Jane vino a Chile con 14 años a vivir con su media-hermana y tutora, la tía Mary, mujer de mi tío Barney. Jane venía a pasar unos días con nosotros en la Oficina Peña Chica de vez en cuando. Recuerdo sobre todo su dulzura y su magnífico y abundante pelo rojo.

Adrian, hijo de Lilly y Ronald Brown, me contó algunos detalles. Recordamos él y yo que Barney siempre olía a un medicamento, para nada desagradable, sino muy característico. Supe mucho tiempo después que se ponía todos los días una pomada para eccema en las manos. Adrian se acuerda de él dándole de comer a sus peces de colores y explicando que tenían una misión muy importante en la vida: comerse la larva de los mosquitos; yo me acuerdo de algunas veces que me llevaron a verlos en su casa en la calle Bulnes en Iquique, por debajo de Baquedano; me llevaba al fondo del espeso jardín a buscar una tortuga que tenía, creo que solo la vi una vez, era muy tímida. Esmé me dijo que su suegra, Joyce George de Bontá, compró esa casa en Bulnes cuando mis tíos se fueron a Santiago. Él hacía sus propios cigarrillos, con esos papelillos muy finos. Mientras la tía hacía solitarios, fumaba cigarrillos Capstan que venían en latas redondas de 50.

En la calle Bulnes en Iquique: mi tío Barney, yo y mi padre, más conocido por Bigs (¿1937?).

Yo quería mucho a mi tío, me sentía cómoda con él, no me hacía preguntas difíciles ni antipáticas, de esas que a veces hacen los adultos a los niños. Era una persona muy dulce, siempre con una leve sonrisa que me parecía medio melancólica. Sin embargo, Adrian y Jane dicen recordarlo "contando cuentos irlandeses cuando el humor le centelleaba en los ojos". En Iquique trabajó con Williamson Balfour, que creo se llamó después Gibbs Williamson.

Mis tíos se fueron a Santiago a finales de 1938. A la tía Mary, como a todas sus hermanas, las había mandado su padre James Pettie a educarse en Alemania. Parece que se consideraba excelente la educación allá y no tan cara como en Inglaterra. Eso sí, a los hijos los seguían mandando a Inglaterra. Me han contado que durante el poco tiempo que estuvo Mary en Santiago antes de morir en 1940, la Embajada del Reino Unido requirió sus servicios como traductora de alemán. En Iquique trabajó como profesora en el St. George's School, donde estudiaban los hijos de familias inglesas de Iquique y de la Pampa que no mandaban a los hijos al colegio en Inglaterra ni al sur. Debo aclarar que "sur" indica lugares diferentes, según quién y dónde lo diga. Cuando lo dice un pampino o tarapaqueño, quiere decir la región central de Chile, en torno a Valparaíso, Viña o Santiago. Estando en Santiago, Viña o Valparaíso y alguien menciona "sur", significa Valdivia, Puerto Montt, etc.

En un principio, cuando el nortino hablaba del "sur" quería decir Valparaíso. Siempre hubo un puerto, con actividad estacionaria. En los siglos XVII y XVIII se construyeron allí una iglesia y fortificaciones, y es a partir de la independencia que se abrió al comercio con el mundo y Valparaíso se convirtió en el centro comercial y financiero del país. Fue el primer puerto de paso a las costas e islas del Pacífico. El Canal de Panamá lo transformó en el último puerto de las navieras; los cambios se iniciaron en 1914, concluyéndose hacia 1930 con el desmoronamiento de la industria salitrera y cuando la tendencia a la industrialización interna impulsó al comercio y a las finanzas a trasladarse a Santiago para estar más cerca de los pasillos del poder.

En cuanto a Viña del Mar (a 8 km de Valparaíso), tiene relativamente poca historia. Empezó a construirse a ambos lados del estero Marga Marga, donde durante la colonia habían existido dos haciendas –la de Viña del Mar y la de las Siete Hermanas–. En 1855 llegó el ferrocarril desde Valparaíso, se creó la estación y los porteños empezaron a ir de excursión a Viña; hacia 1872 algunos porteños comenzaron a construir grandes casas cerca de la línea del tren, rodeadas de grandes jardines, lo que no se podía hacer en Valparaíso. Se fundó Viña del Mar oficialmente en 1874 y siguió creciendo como ciudad balneario desde que se urbanizó el terreno en 1892. Se levantaron más grandes casas de veraneo o permanentes, sobre todo después del terremoto de 1906 que destruyó gran parte de Valparaíso.

He creído interesante incluir esta información para explicar por qué los salitreros, británicos o no, cuando viajaban al "sur", ya fuera para radicarse o de visita, iban a Valparaíso, Viña y sus alrededores o finalmente a Santiago, en ese orden. No hace falta decir que siempre hubo excepciones.

Evidentemente los intereses y las curiosidades de la juventud son muy diferentes de los que van apareciendo con la madurez. Me lamento ahora en la vejez (mi querida 'bruja' Carmen me dice que no debo decir esto, sino 'madurez'), cuando ya hace tanto tiempo que pasó la oportunidad: estuve en Santiago con mi hermana Elisabeth durante seis meses en 1955 y el tío Barney vivía ahí con su cuñado Wilfred Pettie. Lo vi muy pocas veces en todo ese tiempo y no aproveché esa oportunidad para demostrarle mi interés y mi cariño que sentí repentina y tardíamente cuando, viviendo en Panamá, supe que había muerto. Para expiar un poco mi egoísmo y con la ayuda de Carmen Alvarado mi prima, encontramos su tumba en el cementerio de Santiago.

Adrian Brown era nieto de James Pettie y de Rebecca Livingstone, casados en 1880 en Valparaíso, de donde, al poco tiempo, se fueron a vivir a Iquique. Ya en 1898 aparece un señor Pettie entre los solteros de la lista de invitados al baile de la Sra. de Outram en Iquique por el mes de octubre. En la lista de socios del Club Inglés para 1906, vienen J.A. y W.D. Pettie (James viudo y Wilfred, su hijo del primer matrimonio), como socios iquiqueños; en 1923 repiten J.A. y W.D. y se les une N. Pettie. Este era Norman, hijo de John, hermano mayor de James, todos nacidos en Escocia. Norman no estuvo mucho tiempo en Iquique, parece que no era un miembro muy ejemplar de la familia. John Pettie R.A. 1839-1893 fue pintor, con derecho a poner esas iniciales R.A. después de su nombre que significa que una de sus obras fue aceptada un año para exponer en el certamen anual del Royal Academy de Londres. Fue pintor de episodios históricos con bastante popularidad en el siglo XIX. Entre sus obras más conocidas está La Vigilia, en la Galería Tate de Londres; además pintó el retrato de Bonny Prince Charlie, un año antes de su muerte, que está colgado en el Palacio de Holyroodhouse en Edinburgo, residencia oficial de los reyes del Reino Unido en Escocia, que creo es el mismo que aparecía en la etiqueta del whisky Dewar y en las latas de un dulce escocés (*shortbread*).

James Pettie enviudó y años después, en 1919, se volvió a casar con una viuda, la señora Mira Eddoes, que tenía dos hijos adultos trabajando en la Pampa.

Ruby me contó cómo conoció al que sería su marido. En algunas ocasiones la Sra. Durlac convidaba a las hermanas Dowd a alojarse en su casa en Iquique. Parece que tenía costumbre de dar un almuerzo para gente joven los domingos, a condición de que hubiesen ido antes a la iglesia; y así fue que un domingo estaba Les Lister entre los comensales, a la vez que sus compañeros de casa: uno de los Eddoes y Wilfred Pettie (que eran hermanastros). Jane me dijo que cuando volvieron al Reino Unido los Durlac vivieron en Edimburgo y con frecuencia convidaban a niños del norte de

Chile y de Perú que estaban allá en el colegio y que no tenían familia cercana con quien quedarse durante las vacaciones.

Adrian había nacido en la Oficina Ángela en 1921; su padre era Ronald A. Brown y el nacimiento de Adrian se inscribió en la Municipalidad de Negreiros, que ya no existe. Como resultado de una carta de un primo hermano de Ronald –Kenneth Murdoch–, que ya estaba en Chile casado con Alice Pettie, contándole que había buenas oportunidades de trabajo en las salitreras, Ronald llegó a Chile en 1906 y conoció a su futura mujer Lily, otra de las hermanas Pettie, en Iquique, y se casaron en 1910. En mi "documento sin nombre" viene él, R.A. Brown como cajero y contador de la Oficina Ángela, y Kenneth Murdoch como Administrador de Santa Catalina.

Adrian se acuerda más de su vida en Iquique pero describe muy bien la "casa de la Administración" de la Oficina Santa Lucía donde su padre fue Administrador hasta 1931 cuando, tristemente, le tocó cerrarla. En el lado de los solteros había un salón grande, generalmente con un piano, donde se solía organizar las fiestas. Había además una magnífica sala de billar, con asientos dispuestos para los espectadores. Me parece que la sala de billar y la cancha de tenis fueron elementos corrientes en las casas de Administración "modernas".

Había una pianola muchas veces en lugar de un piano. Todas las habitaciones eran grandes, con techos altos y grandes ventanas que daban al balcón y todos los muebles eran importados de la conocida tienda Maples en Inglaterra. El Químico y el Ingeniero Jefe tenían derecho a tener casas y a estar acompañados de sus mujeres. Había jardines casi siempre. Adrian Brown recuerda los preciosos geranios y enormes falsos pimientos (molles) y también la cancha de tenis que no faltaba; dice que tenían una gaviota mansa que su padre trajo de Iquique y también un loro verde que solía sentarse en el manillar de su patinete –quizás sentarse no sea la palabra: es agarrarse.

Los mayores se cambiaban antes de cenar, esmoquin (ortografía del Diccionario de la Real Academia Española) para los hombres y traje largo para las mujeres; sus padres entraban a dar las buenas noches a los niños y de ahí iban al salón para tomar un cóctel antes de pasar al comedor.

Aparte de los torneos de tenis con invitados de otras Oficinas, se organizaban también torneos de golf y de billar, y una vez al año una competición de tiro al blanco con rifles Lee-Enfield .303. Adrian se entusiasmaba con estas competiciones para las que le permitían ponerse detrás de los participantes, con las manos cubriéndose los oídos. Todas estas manifestaciones se celebraban después con un magnífico té que él y su hermana disfrutaban especialmente con sandwiches de pepino, *scones* y queques, que en España se llaman tartas.

Me contó que con seis años lo mandaron al colegio St. George's en Iquique, donde su tía carnal (y mi tía política) era profesora de los mayores. Su abuelo James vivía entonces con esa hija Mary y Adrian iba todos los días a almorzar (vivía con otra familia). Había una pianola en la casa, que aprendió a tocar para su abuelo. Los padres de Adrian fueron a Inglaterra en 1928 a ver a otro hijo e hija estudiando allá y Adrian se quedó con la familia Burns que tenía un hijo de su edad con quien hizo mucha amistad. El Sr. Burns era gerente de la Compañía de Gas. Después de 1931 cuando toda la familia se fue al sur, a Adrian lo mandaron a St. Peter's School en Villa Alemana cerca de Viña, hasta que en 1932 lo enviaron a estudiar en Inglaterra. Finalmente la familia se quedó a vivir en Santiago.

Estaba organizando mi viaje a Chile en 2005 cuando David Brown, hijo de Adrian en Australia me comunicó que su padre había muerto. Tuvo la gran amabilidad de sugerir que a lo mejor me interesaría conocer a una prima hermana de él en Santiago, que había escrito un pequeño libro sobre la Pampa. Naturalmente dije que sí, y así fue que en ese viaje conocí a Denise Astoreca, hija de Rae Brown y Matías Astoreca, nieta de Lillian Pettie y Ronald Brown. Su libro *Remolinos en la Pampa,* publicado por Cuarto Propio en 1996, es una colección de cuentos, escritos con gran sensibilidad basados en las conversaciones con su madre y en lo que oía en su entorno cuando chica. La portada es una fotografía deliciosa de la familia: su abuela y abuelo, su madre, Rae de la mano del padre muy chica, pero con sombrero, igual que otra hermana un poco más grande. Todo el grupo andando por la vía en busca del tren que los llevaría a Iquique, supongo, estaban demasiado elegantes para estar solo paseando en "la mitad de ninguna parte". Denise me dejó durante unos días el Libro de Visitas de sus padres, principalmente de la Oficina Ángela donde reconocí muchos nombres. Lillian y Ronald deben haber sido una joven pareja muy acogedora y popular, por las menciones continuas de las fiestas tan estupendas que daban. Denise es una persona encantadora, de mirada profunda y directa, pero no logro entender cómo no ha ido todavía a la Pampa ¡de veras que no lo entiendo! Máxime si en algún momento de su vida ha "escrito sobre viajes" como dice en la solapa. Sé que le impresionará cuando vaya, pero me gustaría saberlo de sus propias palabras.

Todo es una cadena. Me sugirió que contactara a su tía Joyce (Brown) Bennett, hermana de su madre Rae, cuando fuera a Inglaterra. Evidentemente lo hice y conocí a su primo Peter, que sirvió de introductor. Joyce es una señora muy acogedora y agradable, fui a Horsham en dos ocasiones a verla. Nació en la Oficina Ángela en 1908 y después vivieron en Santa Lucía y, aunque no estuvo en la pampa muchos años, guarda la mejor impresión de todo aquello, de un tiempo totalmente feliz; sonrió todo el rato que estuvo contándome sus recuerdos. Se acuerda de haber aprendido a nadar en el estanque, de dos choferes que tuvieron que fueron tan buenos con ella: Paulino y Jiménez, y de los automóviles, uno Chevrolet y el otro un Buick, con techo de lona y el ancho *estribo* que tenían todos los autos entonces. Me acabo de dar cuenta: el movimiento inicial era parecido, había que poner un pie en el estribo para subir al carruaje o al coche y había que poner un pie en el estribo para montar a caballo, me parece curiosa la similitud. Busco la etimología en el diccionario de la RAE; empieza diciendo "De or. inc.". ¿Qué significa "inc."? Busco en la lista interminable de abreviaturas, naturalmente no viene… ¡qué diccionario tan insuficiente!

Después de que sus padres e invitados pasaran al comedor, aprovechaban los hermanos para tomarse los "*conchos*" (restos) del cóctel con limón de Pica que dejaron los mayores. A Joyce la mandaron al Griffin School en Viña, no recuerda bien a qué edad, entre los nueve y los once, pero yo creo que eso debe haber sido cuando ya toda la familia se fue al sur. En los primeros años míos en Inglaterra venía a casa alguna vez una amiga de mi madre que vivía en Jersey, Kitty Murdoch, una sobrina de Joyce que dijo de ella "volvió a la Isla de Jersey y llegaron los alemanes y la ocuparon". Habrá sido hija de Alice, una de las hermanas mayores, la que se casó con Kenneth Murdoch. En 1938 estuvieron en Peña Chica Kitty Murdoch y su hermano Kenny; tengo vagos recuerdos, pero sí firmaron en el Libro de Visitas.

Otra evocación que tengo de aquella época es de la familia que vivía en la casa contigua a la de mi tío Barney en Iquique. Me parece que el motivo por el que la conocí fue para buscar la fugitiva tortuga de mi tío. No me acuerdo de los nombres, ni si había una madre. Sé que el padre amaba la música clásica por encima de todas las cosas y que antes de dormirse él leía partituras como el resto de los mortales leemos libros. Esto lo encontré yo (con seis o siete años) totalmente inaudito. Es un detalle que jamás he olvidado y me parece tan curioso que alguien se lo haya contado a una niña de mi edad. ¡Agradezco tanto a mi olvidado informante! Había dos o tres hijos y el más chico, más o menos de mi edad, tenía otra característica que me llamó la atención poderosamente –tenía seis dedos y no sé si era en las dos manos o solo en una–. El hecho es que tenía dos pulgares. Creo que me aconsejaron portarme como si nada, lo que bastó para que, lo primero que hiciera al entrar en esa casa, fuera a buscar las manos del pobre niño con la mirada. Creo que el padre trabajaba en un banco y que tocaba el órgano en la iglesia. En aquella ocasión la fugitiva siguió siendo fugitiva.

El oasis de Pica

Pica, un pueblo de origen prehispánico, está a unos 119 km al sudeste de Iquique. Es un verdadero oasis con vertientes, es decir, no forma parte de un valle. En el siglo xviii los españoles habían construido unos 12 km de canalizaciones subterráneas llamadas "socavones", que recogían las filtraciones de agua. Fue la Tarapacá Waterworks, compañía creada por el coronel North en 1887 que llevó el agua de Pica para el aprovisionamiento inicial de Iquique. La agricultura de toda la zona sufrió como consecuencia y por fin en 1912 el Gobierno tendió nuevos conductos desde el cercano valle del Quisma.

Pica tuvo la mayor concentración de españoles de Tarapacá. Introdujeron la vid en la región y el vino producido *in situ*. ¿Fue el único o también había viñedos en otras partes? Ahora bien, no sé cuándo se dejó de sembrar las vides, si fue cuando faltó el agua debido al acueducto de la Tarapacá Waterworks, o si fue antes cuando hubo mayor demanda de fruta para la población creciente en las Oficinas salitreras, pero el hecho es que en esta zona sí se producía vino y que ahora ya no se hace.

Tengo vagos recuerdos de estos socavones; quizás fuera en 1940 o 1941 (no pudo ser antes de 1940 porque tengo fotografías de la excursión y mi hermana Elisabeth está en ellas, y ella volvió de Inglaterra en 1940). La impresión que guardo es la de ir andando apenas agachada (yo entonces tenía 10 u 11 años y era larga y flaca) durante un buen rato por un socavón subterráneo con una luz tenue, muy limpio, de un delicioso frescor, al abrigo del sol abrasador de la superficie arenosa. Habíamos ido de excursión con parte de la familia Jenkins (Gerente del Ferrocarril Salitrero de Tarapacá): Barbara, Lorna y John. A Bárbara la veo cada vez que estoy en Iquique.

En el oasis de Pica: Peggy Benson, Lorna Jenkins, Elisabeth Forstall Comber, Barbara y John Jenkins (ca. 1941).

En el oasis de Pica: Las hermanas Dowd, Ruby, Pat y Dione bañándose en la cocha.

Pica tiene además unos manantiales de agua caliente (cochas) y una de ellas ha sido acondicionada como piscina para el público. El agua ya enfriada se usa para el riego de la fruta tropical que ahí se produce: las naranjas como las valencianas, el típico limón de Pica (es decir, el limoncito tropical de cáscara fina, muy indicado para el Pisco Sour), la guayaba, el mango y parece que la palta grande (palabra quechua que significa aguacate, que es palabra nahua o azteca). La palta chilena que se da en el centro de Chile, con clima mediterráneo, es mucho más chica, de sabor concentrado y suele tener cáscara muy fina. Ahora existen incontables variedades de palta con tamaños y pellejos intermedios. Cuando llegué a Santiago por primera vez en 1940 para ir al colegio, me llamó mucho la atención el limón "normal" y "al tiro" me puse a comer la cáscara y aún sigo haciéndolo. Otros paseos predilectos consistían en ir a las hermosas playas de Iquique.

En el camino a Primeras Piedras: señora Richardson, Betty Isaacson de Muñoz, prima hermana de mi madre, Dairdre su hija (mi prima "mexicana") y la autora (1938).

Ruby Dowd de Lister habla de 'Pampa sur' y 'Pampa norte'; no sé dónde caía la línea divisoria entonces, ahora —como cuando era chica —sin duda estaría en el eje donde el camino desde Iquique oeste-este se encuentra con el camino, hoy Carretera Panamericana, norte-sur. Probablemente en esa época la línea divisoria estaría en la Estación Central, el nudo ferroviario donde se repartían pasajeros y carga para un punto u otro. Constancia y San Donato estaban en la 'Pampa norte'.

No sé cómo se asignaban los médicos a las Oficinas salitreras, supongo que la principal dedicación sería para los trabajadores y que los ingleses serían atendidos como "en consulta privada". Tengo copia de una valiosa publicación que me mostró Esmé Corthorn –sin título ni fecha, desgraciadamente sus tapas se perdieron hace mucho tiempo, por eso la llamó 'publicación sin nombre'– donde la última fecha mencionada es el 7 de marzo de 1910 referente a la Ley de Timbres. Creo que se trata de una de estas estupendas "Guías administrativas…, etc." de Narro Silva, que descubrí más tarde en la Biblioteca Nacional en Santiago, con tanta información. En la 'incompleta' (que fue mi 'biblia' durante mucho tiempo) veo que se menciona un total de 61 Oficinas y 14 médicos; pero hay 13 Oficinas para las que no se menciona médico. El Dr. Fowler está asignado a 11 Oficinas y hay seis médicos con una Oficina. De las Oficinas, cuatro están representadas por Lockett Bros., dos pertenecientes a The Liverpool Nitrate Co y otras dos a The Colorado Nitrate Co; hay dos Oficinas pertenecientes a D. Pedro Perfetti representadas por él mismo; otras dos de Saltpetewerke Gildemeister A.G. representadas por ellos mismos; otras dos pertenecientes a The Santiago Nitrate Co y representadas por los dueños y una de The Santa Rosa Nitrate Co representada por Inglis, Lomax & Co.

Para "North Lagunas", donde J. Forstall Comber viene como Administrador, se indica como propietario The Lagunas Syndicate Ltd., representado por Lockett Bros. y Cía. y a don G. Ghigliotto Salas como el médico. En "South Lagunas" donde B. Forstall Comber (mi tío Barney) aparece como contador, no se da el nombre de un doctor. Lo único que puedo deducir de las 11 Oficinas en las que mi abuelo ejercía como médico es que dentro de lo que se denominaba 'Pampa norte' y 'Pampa sur' todas estaban en 'Pampa norte', sin ser contiguas, ni del mismo dueño, ni tener otro rasgo en común (que yo haya descubierto al menos). De todas maneras, no creo que esta lista esté completa, porque no aparece la Oficina Alianza, aunque yo no sepa la fecha de su fundación. En el contexto de Pampa sur y norte, Ruby Dowd –sin duda mi fuente más valiosa, inagotable y encantadora– menciona que estando en Bellavista de Pampa sur, tenían un doctor italiano, porque "ya no iba el Dr. Fowler que seguía en la Pampa norte" (había varios médicos con nombres italianos, me gustaría saber cómo llegaron. En realidad me interesaría más el por qué).

En sus memorias Frank Watson escribe al respecto: "Quizás sea de interés explicar cómo estaban organizados nuestros servicios médicos. Se asignaba [¿quién?] un distrito a un médico con entre ocho a quince Oficinas sin tener en cuenta quién era el propietario. Había lo que se llamaba una "botica" en cada Oficina, es decir, un puesto de primeros auxilios, bastante bien provisto de los medicamentos más usuales, además de vendas, desinfectantes, etc. El médico tenía su propia casa en alguna Oficina céntrica, generalmente se la proporcionaba esa Oficina. Desde ahí salía a caballo diariamente para visitar sus Oficinas, visitando cada una dos veces a la semana. Para alcanzar algunas podía tardar unas cuatro horas, que era bastante duro. Pero los médicos consideraban que valía la pena, ya que la mayoría se podía retirar a los 45 o 50 años con algunos ahorros. Las Oficinas no pagaban nada a los médicos, solo proporcionaban la casa, pero se hacían responsables del cobro de la contribución de los trabajadores que ascendía a un peso por hombre (¿al mes?). Una "consulta" buena solía tener entre 3.000 y 4.000 trabajadores. Había muy pocos gastos y no se pagaban impuestos. Como en aquella época los Administradores más antiguos recibían £ 1.200 al año, los médicos se podían considerar relativamente ricos".

Sigue contando: "Cuando el doctor estaba ausente, un practicante se hacía cargo de la botica si era una Oficina grande, o el bodeguero lo hacía en las más chicas. Se daban los primeros auxilios ahí mismo, pero si el accidente era serio, o si la enfermedad era repentina y grave, se llamaba al doctor por teléfono y este venía. Los peores casos se mandaban al hospital en Iquique".

A propósito del teléfono, el comentario de Frank Watson refiriéndose a 1906 es que para él fue una ventaja inesperada, ya que hasta en Londres en aquella época no todas las oficinas en empresas londinenses tenían teléfono y apenas sí las casas particulares. "Siempre me dieron a entender" dice, "que Iquique fue la segunda o tercera ciudad en el mundo donde se instaló un sistema telefónico y, en general, era excelente. Todos los despachos en Iquique tenían teléfono, así como las casas de la mayoría de los ejecutivos; se tendieron líneas hasta Lagunas, 90 millas al sur y hasta Pisagua, un poco más lejos hacia el norte. Había casi media docena de centralitas locales para estas líneas principales, de manera que todas las Oficinas se podían conectar entre sí y con Iquique. Esto representaba una enorme ventaja, ya que solo había un tren diario en cada sentido y que el sistema telegráfico del estado no era de fiar. La compañía propietaria y la que administraba el sistema –que me parece se estableció en los años 80– era la Cía. de Teléfonos de Chile, a la que se debe agradecer la iniciativa y organización.

La Pampa

Como parece que ya he llegado definitivamente a la Pampa, creo que sería útil describir brevemente la organización de las Oficinas.

Los empleados, palabra usada para designar a los que atendían las tareas administrativas en el Escritorio ("despacho") de las Oficinas, a las órdenes del Administrador, en su mayoría eran ingleses contratados por la compañía matriz en Inglaterra dueña de la salitrera, o por los Agentes en Iquique. Los Agentes Portuarios, como he dicho anteriormente, podían tener sus propios negocios de importación, representar navieras y, a la vez, a los agentes para una compañía o grupo de compañías dueñas de salitreras, con sede generalmente en Londres; probablemente tenían el mismo Secretario del consejo de Administración, así como algunos de los mismos consejeros en varias compañías. Frank Watson dice que hasta la I Guerra Mundial el método de contratación y formación de empleados era de lo más aleatorio. El último llegado, que también solía ser el más joven, era asignado a las tareas más bajas en el escalafón administrativo de una Oficina, es decir *fichero*; era probable que no supiera una palabra de castellano y que no tuviera idea del trabajo que iba a desempeñar. El *fichero* empezaba a trabajar alrededor de las seis de la mañana, al lado de una ventana abierta, con rejas, anotando los detalles en las libretas que llevaban las *libreteras* que, si no era la compañera del trabajador, era su "cantinera" (que preparaba las cuatro comidas al día para un grupo numeroso de operarios), y les entregaba las fichas que se daban a diario a los hombres a cuenta del salario o como adelanto del trabajo efectuado, pero aún no calculado. Según parece, las libretas tenían un olor espantoso muy particular.

Por encima del fichero estaba el *bodeguero*, encargado del almacén de materiales y repuestos, así como de hacer los pedidos necesarios a tiempo. Más o menos al mismo nivel estaba el *pasatiempos,* que debía anotar el trabajo realizado por cada hombre, los adelantos en fichas o dinero, cargos por uso de herramientas (?), contribución médica, etc. Esta persona generalmente se quedaba en vela el último día de mes para poder anotar el saldo correcto en la primera hoja del mes entrante. En una Oficina con 500 o 600 operarios la tarea era laboriosa. En las Oficinas más pequeñas a veces todos estos cargos eran desempeñados por una o dos personas.

Estaba también el *contador*, siguiente en el mando después del Administrador. Era el jefe del Escritorio y organizaba el trabajo de los jóvenes. Con el tiempo podía aspirar a ser Administrador. Frank Watson cuenta que un empleado se podía considerar afortunado si mientras fuese contador encontraba la oportunidad de aprender algo sobre la administración de una Oficina salitrera, porque en aquellos tiempos los Administradores eran en general muy celosos de su autoridad, a la vez que muy conscientes de sus propios puntos flacos, por lo que no les entusiasmaba una sed de conocimientos de parte de los que estaban a su mando, como tampoco les encantaban los buenos consejos de sus semejantes o superiores.

Se podría suponer que en una planta mecánica que empleaba un procedimiento químico, el ingeniero y/o el químico serían miembros importantes entre los Empleados de una Oficina. Sin embargo esto era así solo en las Oficinas más grandes. En las otras la persona designada como Ingeniero era generalmente el capataz mecánico y el aspecto químico de las tareas lo desempeñaba el mismísimo Administrador con una mezcla de optimismo, imaginación (¿fe en el Espíritu Santo?) y la ayuda de un manual elemental.

Llegada a la Oficina Sacramento

La descripción de Frank Watson de la casa de Administración en su primer destino como fichero en la Oficina Sacramento en 1904 es bien distinta, por no decir que pone los pelos de punta. Era una de las Oficinas más antiguas y entre las primeras desde el norte; aquí no se trataba de amplios balcones con vista a los Andes. Esto era un cuadrilátero, en el frente las habitaciones de la casa de Administración, a la derecha la Pulpería, a la izquierda el alojamiento de los carreteros y los corraleros; en el centro a veces había más de 100 mulas, algunos caballos y corderos. Su habitación era la última, a la que se llegaba atravesando la pieza del contador, pared con pared con la Pulpería y otra puerta que daba al corral. A la derecha de esta puerta estaba el escusado = retrete = lavabo = letrina = servicio = WC (baño es demasiado moderno, como que implica limpieza y agua corriente).

Cuando el "propio", un típico guía, arriero o mensajero le dijo que habían llegado, Frank pensó que era una broma: desgraciadamente no lo era. El mayordomo le dio la bienvenida y lo condujo hasta su habitación que era la más lejana. La entrada era a través de la habitación del contador como ya he dicho. Frank describe: "Justo al lado de esta puerta estaba la entrada al escusado, que siendo para dos personas se conocía como "el escusado matrimonial" y "el de la caída de tres metros", porque, precisamente, el agua corriente era lo que no había. Gracias al clima excepcionalmente seco, estos retretes no eran tan insalubres como pareciera, pero especialmente a mediodía los efluvios se hacían muy evidentes". Sigue contando Frank Watson: "Antiguamente, la habitación había estado empapelada y ahora el papel se desprendía en grandes tiras de las paredes de 'costra' o ya se había caído. Estaba en mejores condiciones del lado donde se había puesto la cama. La pared opuesta era la de la Pulpería, donde estaba mi lavatorio; la pared colindante al escusado estaba llena de hoyos y había un ropero contra la pared delantera; el suelo era desigual, cubierto por los restos de una vieja y roída alfombra cochambrosa". Dioses ¡qué descripción, como de revista de decoración! Pero no ha terminado. Frank Watson siguió escribiendo que en sus tres meses de residencia aumentó considerablemente su conocimiento del mundo de los insectos, roedores y "saurios" o lagartijas. Jamás había oído hablar y, más que probable, nunca había visto los "chinches" que habitan en los catres, de manera que la primera noche fue una experiencia extraordinariamente desagradable. No había luz eléctrica ni agua corriente, claro, había dejado una vela sobre una silla al lado de la cama. Apenas se había dormido, cuando lo despertó una tremenda picazón, "malditas pulgas" pensó encendiendo la vela para investigar. Dice: "Imagínense lo que sentí cuando vi cientos de bichitos rojizos marchando hacia atrás y delante sobre mi cuerpo. No quería tocarlos, pero haciendo un esfuerzo pesqué uno entre los dedos y lo dejé caer sobre la llama donde explotó. Estuve ocupado toda la noche haciendo explotar bichos sin dormir hasta que fue la hora de levantarme, explotaron algo más de 100" (esto me recuerda una noche de lo más desagradable que pasé en el Hospital Virgen del Rocío en Sevilla hace muchísimos años, donde estaba ingresada mi hija menor, Alejandra, con meningitis. Esta vez se trataba de cucarachas, las chiquitas, por fin me dormí hacia la madrugada, habiendo matado a 117…). Otro de los muchos encantos de la Pampa es que las pulgas no pueden vivir ahí, no sé si es por la sequedad, altura o qué, pero no hay. Se contaba que en la estación Las Carpas, una de las primeras paradas para echar agua saliendo de Iquique, se bajaban del tren todas las pulgas que iban de pasajeras con pasajeros, para esperar el tren descendente…

Durante las primeras horas de la noche también le molestaron unos ruidos que venían de la dirección del lavatorio que, al investigar, vio que eran unos ratones jugando al escondite a través de la pared de la Pulpería y jugueteando entre sus cosas de afeitar y mordisqueando su jabón. Se levantó y llenó la palangana con agua, e inventó un aparato que él describe como algo parecido a lo usado en otros tiempos por los piratas, que no entiendo. Sí tuvo mucho éxito, pero cada vez que caía una víctima al agua se tenía que levantar para volver a colocar el tabloncito. Se cazaron más de 40 "lauchas", como se dice en Chile, en esa primera noche. Durante el día tuvo oportunidad de ver los juegos de las lagartijas que se movían cerca de la pared del escusado. No hacían nada, pero dice que no era muy agradable pensar que la pared entre su habitación y el hediondo escusado estaba tan perforada como para que entrasen y saliesen lagartijas de unos 20 cm.

Después de tres meses se enfermó de fiebre tifoidea y tuvo la satisfacción de comprobar que sus sufrimientos no habían sido en vano. Se comprobó que la teoría del doctor, quien decía que nunca se contraía la tifoidea en la Pampa, no era correcta, pero bastante común entre extranjeros; decía que solamente era posible a nivel del mar. Consecuentemente, este señor condenó la casa de Administración de Sacramento como vivienda inapropiada. "Los que me siguieron me podían agradecer una bonita casa nueva y limpia y moderna" dijo el Sr. Watson.

En esta Oficina solo el Administrador era inglés, pues el contador, pasatiempo y pulpero eran peruanos. Fue informado la noche de su llegada sobre la "obligación" más importante para el más joven de los empleados: aprender cómo hacer un buen cóctel todas las noches y mezclar lo suficiente para que se pudieran tomar cinco o seis. Todo esto, es decir, exprimir los limones, medir los ingredientes y el zamarreo de la coctelera era toda una ciencia.

No sé si será verdad, pero ¿quién soy yo para dudar la palabra de Frank Watson? Acuérdense que estamos hablando del año 1904. Cuenta que se hizo famoso el cóctel iquiqueño de ginebra entre los que tuvieron la suerte de probarlo. Se dijo que en realidad fue en Iquique donde nació el invento del cóctel, antes de su aparición en América del Norte. Naturalmente el punto especial lo daba el limón de Pica (el limón tropical, redondito de pellejo fino). Después de jubilarse en Chile, el Sr. Watson introdujo el cóctel iquiqueño en su Club de Londres y en el bar del conocido Trocadero. Siempre los servía en su propia casa, siendo muy apreciados. Explica que no podía obtener los limones de Pica pero que con el tiempo llegó a una fórmula bastante pasable, que da a continuación:

1 cucharada de té con azúcar flor (glas)
1 cucharada de jugo de limón
½ copa de cóctel de ginebra Gordon
½ copa de cóctel de hielo picado
Suficientes gotas de Angostura para darle un color rosa pálido.

Mezclar el azúcar con un poco de agua para disolverla antes de mezclar con los demás ingredientes. El estudioso notará que estas cantidades dan para algo más de una copa de cóctel. El excedente es la ventaja que tiene el barman *que sin duda lo necesitará con fines probatorios.*

A los tres meses de estar en Sacramento lo trasladaron a la Oficina Ángela, con el cargo de "pasatiempo". Había sido un ascenso rápido y, además, la Oficina –un poco más al sur– y la casa eran nuevas, de manera que estaba muy contento. Pero al llegar después de dos horas a caballo, se fue derecho a la cama. Se sintió muy mal, se levantó como pudo al día siguiente, pero la suerte fue que coincidió con la visita bisemanal del médico, que al verlo se dio cuenta inmediatamente que era tifoidea; lo mandó inmediatamente a la cama otra vez, donde se quedó durante seis semanas. El doctor le encontró la única enfermera diplomada angloparlante (era de Nueva Zelanda) que había en la Pampa y también llegó una de las hermanas de Frank Watson desde Valparaíso para ayudar. Tan pronto como pasaron las primeras tres semanas críticas de la enfermedad su hermana tuvo más tiempo para aceptar las invitaciones que le llovían de todas partes, ya que entonces no era corriente ver a una joven inglesa por ahí. Después lo mandaron a convalecer un mes en Iquique. Fue después de esto que con otra firma de Agentes Portuarios fue enviado a la Oficina Lagunas, de pasatiempo y fichero.

En sus memorias, Frank Watson describió la Casa en Central Lagunas en 1904 mencionando "el diseño moderno de las nuevas casas de Administración" que tenían muchas Oficinas; presentaban una sola estructura en forma de 'U' alrededor de un patio interior, pero en efecto estaban divididas en dos: una mitad para el Administrador y su familia y la otra para los empleados solteros, rodeada en tres lados por un balcón muy ancho. Ya en 1889 William H. Russell, corresponsal de *The Times,* que vino a Chile en el viaje del coronel North, menciona el amplio balcón de "diseño moderno" alrededor de la casa de Administración de la Oficina Primitiva. El patio interior, dividido también, podía estar cubierto o no. En el caso de Peña Chica no lo estaba, el nuestro tenía árboles, algunas flores y una glorieta en el centro con una gran jaula de pájaros. La glorieta se usaba para tomar el aperitivo algunas veces a mediodía y la única Navidad de la que me acuerdo de chica, ahí se colocó el árbol. Al otro lado solo recuerdo árboles, lo que proporcionaba una luz tenue y agradable durante el calor de mediodía. Sin embargo, creo que la característica principal de estas casas fue el maravilloso balcón cubierto y muy, muy ancho, con orientación este, claro, hacia la cordillera de los Andes. No puedo mejorar la descripción de Frank Watson: "Era nuestra costumbre a la caída de la tarde, terminado el trabajo y después de algún deporte, sentarnos en el amplio balcón, beber nuestros cócteles y observar la puesta de sol reflejada en los Andes, a unas 80 o 100 millas distante. Al hundirse el sol hacia el océano del oeste sus rayos brillan aún en las alturas de la Cordillera y a medida que se va hundiendo más, los colores se reflejaban también y todas las hendiduras y promontorios de las montañas sobresalían en relieve con vivos colores. Es un espectáculo precioso. Cuando las montañas están cubiertas de nieve, el efecto puede ser simplemente impresionante".

Lo que no sé es si todos los balcones estuvieron orientados hacia el este, el de Central Lagunas evidentemente lo fue y también el de Peña Chica, supongo que sería lo lógico, porque la vista de los Andes en la lejanía siempre sería más inspirativa o inspiradora que un cerro cercano. Además, la gran mayoría de las Oficinas estaba al lado occidental de la línea del ferrocarril salitrero, por si este fuese motivo de atracción.

Una noche, durante la elaboración de este libro, estuve cenando en casa de mi amigo *afro-peruano* que siempre está tan ocupado que no puede contribuir ni con una pobre frase sobre sus antepasados de apellido *De la Fuente* de Tarapacá. Lo que sea, había también una australiana y una inglesa y estuvimos preguntándonos de dónde venía la costumbre y la palabra *verandah* que es la que se usa en inglés para balcón en este caso. Enseguida pensamos en la India, costumbre británica durante el imperio; la australiana dijo que en el norte, donde llovía tanto, se veían mucho, yo también pensé que podía ser costumbre española vía sur de Estados Unidos, casa tipo "Lo que el viento se llevó". Quedamos en consultar nuestros diccionarios. De entrada mi Oxford Dictionary abreviado dice "origen portugués", lo que no hizo más que aumentar mi curiosidad. La explicación es lógica, pues fueron los portugueses los primeros que llegaron a la India y establecieron un centro de comercio a partir de 1498, por lo que fue el primer idioma europeo que adoptó y adaptó palabras *indias*, tarea posteriormente seguida por los ingleses. Los portugueses la adoptaron de la palabra bengalí *barandah* usada para el espacio abierto alrededor de la casa, solo delante, o también en los lados, una solución lógica para una región con lluvia y sol abundantes. *Verandah* es también común en el idioma malayalam que se habla en Kerala, donde la arquitectura tradicional incluye un balcón, siempre cubierto y apoyado sobre columnas. Bueno, el diccionario de la RAE explica escuetamente que la palabra balcón viene del italiano *balcone*, lo que confirmó mi suposición que los romanos no podían haber vivido sin estos atractivos espacios.

Distintas tareas para la elaboración del salitre

A principios del siglo XX la contabilidad referente a la producción de salitre puesto en *cancha* (palabra quechua = recinto, cercado), es decir, listo para secar, ensacar y mandar al puerto se dividía en cuatro secciones que eran la responsabilidad directa del Administrador.

La *Extracción* era todo lo referente al dinamitado de ese sector específico de la Pampa, previamente señalado mediante *cateo* para comprobar la calidad del terreno y considerado como correspondiente a esa Oficina. Había que comprobar si los "tiros" de dinamita habían explotado correctamente o solo debajo de la superficie. El capítulo del *cateo* –previo a la instalación de una Oficina– en sí es fascinante, pero no entra estrictamente en el campo de este trabajo; en alguna ocasión se podía emplear un inglés con muchos años, experiencia y buen ojo en la Pampa para esto, pero normalmente se encargaba una persona del lugar. El Administrador, con la ayuda del Jefe de Pampa y del Corrector, debían cuidar que las carretas se llenasen solo con el mejor caliche, es decir, con ley de un mínimo de 20%, que es lo que se trabajaba en Tarapacá desde el principio de la industria. El estrato entre la superficie y el caliche se llama *costra* y era rechazada de plano en esos días, de no contar con una ley máxima del 18%. Progresivamente, a medida que se iban agotando los terrenos con caliche de alta ley y que mejoraron mucho los métodos de elaboración, la *costra* llegó a ser la razón de ser de la industria, usándose leyes de hasta 14 o 13%. Después del tiro se seguía un sistema por el que se creaban accesos y salidas en ese paisaje torturado, donde se colocaba el material inservible de tal manera que no estorbara el ir y venir de las carretas con el material acopiado listo para llevarlo al punto de transporte hasta la "Máquina" (tarea como varias más, que requería de bastante experiencia). No creo que estas imágenes sean todas de la misma Oficina, pero dan una idea del trabajo tan duro que implicaba la elaboración del salitre; me las mandó muy amablemente Adrian Brown desde Australia.

El caliche es trasladado a la molienda.

El caliche volteándose en la molienda antes de ser procesado.

En la Pampa Norte de Tarapacá, en algunas de las Oficinas más viejas y ricas, se encontraron vetas de caliche de muy alta ley a mayor profundidad, hasta algo más de 9 m, por lo que se explotó como mina convencional y se formaron cuevas. Estos caliches podían tener leyes de entre 40% y 70%, hasta de 80%. Frank Watson llegó a ver una muestra cuya ley era de algo más del 95%. Puesto que el "salitre comercial" tenía una pureza el 95%, ¡lo de aquella muestra se podría haber embarcado directamente, sin pasar por la Máquina! En San Patricio hubo una cueva de unos 9 m de lado, con 4,5 m de altura. El caliche de alta ley presentaba una gran variedad de colores que iba desde el blanco puro, limón o naranja, violeta o azul-morado (yodo), verde (cobre), rojo (óxido de hierro), marrón (color tierra) y variaciones de todos estos con blanco y marrón.

El salitre ya separado del material estéril se acopia en las canchas junto a las oficinas.

Después del tiro se hacían varios *cateos* diariamente, mientras que el Administrador se encargaba personalmente de las muestras que llegaban a la Máquina y del 'salitre comercial'.

El caliche llegaba en carretas tiradas normalmente por tres mulas desde el lugar en plena Pampa donde habían aterrizado los pedazos después de los *tiros* hasta el lugar de acopio.

El *Transporte* desde el lugar de acopio incluía llevar las carretas correctamente llenadas hasta la fila de vagones sobre rieles que esperaban en distintos sectores de la Pampa (de esa Oficina).

En dos palabras, en el proceso de *Elaboración* se trata básicamente de conseguir una solución de nitrato mediante agua caliente que se deja enfriar y cristalizar. Depende de muchos factores, como el contenido de sal, de sulfato, fosfato, potasio, rocas, piedras, tierra, polvo, etc. Depende también del estado de la maquinaria, de las piezas que se rompen y del tiempo que tardan en la reparación. Y como esto no es un relato técnico, lo dejo aquí.

No obstante creo que sería provechoso traducir exactamente lo que dice Frank Watson en sus memorias al final de la sección Elaboración.

"Puesto que constituía parte de los deberes del Administrador adelantar a principios del mes un cálculo aproximado de la producción y del coste que a continuación cablegrafiaban los Agentes Portuarios a la compañía en Londres, era una cuestión de amor propio llegar a una estimación lo más ajustada posible, de manera que cuando se pasaba la contabilidad en limpio, hubiese una diferencia lo más pequeña posible. Hay que decir que jamás se cambiaba el cálculo de la producción, cualquier superávit o merma se *archivaba* en la mente del Administrador para tomar en cuenta al mes siguiente, sin ser anotado oficialmente. El resumen de la producción anual, como si fuera inventario, lo efectuaban dos Administradores vecinos en nombre de la Asociación del Salitre, y pobre del Administrador que demostraba algún déficit considerable. No era aceptable una "merma en Cancha" y con frecuencia significó el despido del culpable. Es verdad que hubo Administradores ignorantes, descuidados o simplemente tramposos que exageraban demasiado su producción para poder apuntar un coste más bajo (aunque la mayoría llegaba a una estimación bien ajustada). No obstante, no era siempre culpa de ellos, porque no había aparatos científicos que midiesen con exactitud lo que entraba en la Máquina y lo que salía, y aún hoy día no existe un método científico que demuestre con precisión el contenido de nitrato de la materia prima ni del "ripio" estéril, porque no existe un sistema infalible para tomar ni para pesar las muestras.

"Los *Gastos Generales* incluían todo lo referente a la Administración, desde los sueldos de los empleados, gastos de Escritorio y todos los gastos de la Casa. El contrato de trabajo del Administrador y de los empleados incluía todos los gastos, menos los cigarrillos y los gastos de lavandería personal (curiosas exclusiones ¿no?). El sueldo del Administrador iba desde £ 400 hasta £ 1.200 (años 1904-1906) y hubo uno o dos favorecidos que ganaban aún más, a veces un porcentaje de los beneficios. La generalidad de los Administradores ganaba entre £ 600 y £ 800; el contable entre £ 200 y £ 300; el pasatiempo y el bodeguero entre £ 100 y £ 200 y el fichero entre £ 100 y £ 120. Eran sueldos muy buenos para esos días.

"El gobierno y los gastos de la Casa estaban bajo el control directo del Administrador, aunque a menudo delegaba en alguno de los empleados. Viviendo en el desierto, la fruta y verdura frescas escaseaban y a veces eran hasta peligrosas si no se hervían. Casi nunca faltaba la carne, ya que teníamos contrato con Argentina. Llegaba el ganado cruzando los Andes a pie hasta el matadero central. Se repartía a diario a las Oficinas según los pedidos. Los trabajadores comían mucha carne. El pescado era un lujo y ante la ausencia de métodos de refrigeración era difícil traerlo fresco en tren desde Iquique, a siete u ocho horas de calor pampino. Nosotros en la casa de Administración a veces, pero solo a veces, disfrutábamos de un cordero o de un chanchito (cochinillo), para los que teníamos unos pocos corderos y chanchos en el corral; comían lo que dejaban caer las mulas de los comederos. No sé por qué, pero el corderito de la Pampa (y el cochinillo también) eran especialmente suculentos, quizás por la cebada que comían; no había obsequio más apreciado para alguien de Iquique.

"Ante la falta de fruta y verduras frescas y de pescado suplíamos la ausencia con artículos enlatados. En esos días no había derechos de importación en Chile, de modo que todo resultaba muy económico. Teníamos salmón en lata, del mejor (admito que yo y algunos más lo preferíamos al salmón fresco, a no ser que fuera *grilse,* que es el salmón muy joven que solo ha salido a alta mar una vez) y deliciosos fondos de alcachofa, porotos". Vamos, vamos, ¿*baked beans*? (porotos en lata) ¿No conocían acaso los porotos de cualquiera de las deliciosas maneras que se preparan en Chile? ¡Qué horror! Sigue la cita traducida con el consumo: "lengua a la paisana, jamón de York, salchichas de Oxford, arenques en escabeche, las mejores sardinas, fruta en lata, pollo en aspic, pâté de foie, caviar y otros lujos que se puedan imaginar. El whisky y la ginebra costaban más o menos dos chelines y uno con seis peniques la botella respectivamente; el mejor champagne 10 chelines y aunque jamás bebíamos vino de Oporto o de Jerez, teníamos un buen surtido de licores. Nuestra bebida favorita era la ginebra, ya fuera con Gingerale o con Tónica (la gran novedad en esa época) o en cóctel. A pesar de todo este lujo, los gastos de la Casa cuando Hunt era Administrador de Lagunas, llegaban a un promedio de £ 150 al mes para un Administrador casado, con dos hijos grandes, tres empleados y cinco sirvientes".

Dice Frank Watson: "Cuando llegué por primera vez a la Pampa, el salitre se exportaba en sacos de doscientas libras (90,72 kg); algunas Oficinas todavía usaban sacos de 300 libras (136 kg). El procedimiento era que dos hombres colocaban el saco en los hombros del cargador, entonces este salía corriendo de la Cancha, subía la rampa de los vagones de ferrocarril y con un ligero movimiento del cuello y hombro, colocaba el saco en su sitio exacto en la hilera".

Además de lo descrito, el Administrador era responsable del funcionamiento de la Maestranza, del Escritorio, de la Bodega, la Pulpería, del

Colegio para los hijos de los trabajadores, de las mulas en el corral, de la limpieza del entorno, del orden público. No había policía ni autoridad gubernamental en las Oficinas, si no entraban por invitación. El Administrador era el árbitro de todo, hasta de las peleas domésticas.

Todo esto era responsabilidad del Administrador, no se vayan a creer que solo jugaban al polo, cricket y tenis el día entero.

Frank Watson describe cómo era su día laborable, que creo se puede tomar como ejemplo base en la Pampa de aquellos días. "Me despertaba el mozo a las 7 de la mañana con un *gin and ginger* ya servido. Debo decir que esto era una reliquia de tiempos pasados y que pronto, después de mi llegada, se dejó de hacer. Me lavaba la cara (nos afeitábamos y bañábamos por la tarde) y me ponía la ropa de montar –yo tenía botas de un cuero muy suave, que prefería antes que las polainas, porque así no me entraba polvo a los pies–. Me comía rápidamente un poco de pan con mantequilla con café y estaba listo para montar a caballo que me esperaba a la sombra, para ir al Escritorio. El tren de Iquique salía a las 9, de manera que debíamos despachar la correspondencia 20 minutos antes. Hasta ese momento estaba ocupado anotando los datos del día anterior, firmando la correspondencia, las hojas de despacho del salitre que salía, pedidos para la Bodega y Pulpería, etc. Cuando ya había salido el correo, iba con el Contador a la Pulpería para saludar al Pulpero, averiguar cómo iba todo y, a propósito, me tomaba otro *gin and ginger*. De ahí, ya me iba a caballo a la Pampa, a las calicheras, puntos de embarque, analizando el caliche, escuchando alguna reclamación y animando las actividades en general.

"Era costumbre detonar los tiros grandes minutos después de las 11 y por todos lados se oían los gritos 'tiro grande corriendo'. Todos los hombres que no tenían nada que ver directamente con el tiro salían corriendo y yo también. En terreno profundo, estos tiros eran impresionantes y no era de chiste estar por ahí cerca durante una detonación. Podían salir volando trozos grandes de costra, a veces del tamaño de un automóvil pequeño, a una altura de más de 45 m para caer a más de 90 m de distancia. De vuelta a la casa, se tomarían uno o dos cocteles antes de almorzar. A las 12,30 estaba en el Escritorio nuevamente, para ver a los capataces de los distintos departamentos. Yo tenía una regla fija, que era que me tenían que ver todos los días el Corrector, Jefe de Máquina y el Sereno Jefe, tuvieran algo que contar o no. Con los informes que recibía todas las mañanas y que apuntaba a primera hora, junto con las propias observaciones a continuación, generalmente tenía algún comentario y siempre había algo que decir sobre la distribución de trabajo del día siguiente. Acostumbraba diariamente ver al sereno, contaba con él bastante como 'servicio secreto'. Para esto elegí un hombre de confianza y discreto, que terminó viniendo conmigo a otras Oficinas. Nos separamos solo cuando dejé la Pampa. Era un hombre superior, reservado y callado, de más o menos 45 años. A él le correspondía repartir el alojamiento a los recién llegados, organizar cualquier cambio necesario si alguien se iba, vigilar que el Campamento estuviera ordenado y limpio y, en general, mantener el orden. Tenía a su mando un sereno de día y otro de noche. Debido a su conocimiento de los trabajadores de la Oficina y de las costumbres de lo capataces y demás autoridades menores, me era de gran utilidad. Bastaba con que me informara –y siempre respeté estrictamente su confianza, mientras intentaba confirmar la veracidad de su información– que se había contratado en buena fe a un bochinchoso o un pica-pleitos llegado de fuera, o que fulano se estaba acostando con la mujer de zutano, o que hubo una pelea con puñales entre A y B y cuál fue el agresor, para que yo estuviera sobre aviso para poder tomar las medidas correspondientes. Si se tenía que despedir a un hombre, nunca sería por los motivos indicados en privado, sino por alguna falta que yo encontraría personalmente con el trabajo de ese hombre, de este modo, podía seguir disfrutando de esta fuente de información y conseguir que el Campamento fuera pacífico. Generalmente estuve informado con suficiente antelación de alguna huelga en el aire como para poder despedir al cabecilla a tiempo.

"Después de lo anterior, recibía a las personas con reclamaciones. Todos en la Oficina tenían el derecho a plantear sus problemas directamente al Administrador, si antes no pudieron solucionarlo con los capataces. Había normalmente media docena de personas que querían hablar con el patrón.

"Uno se quejaba que se le había rechazado como deficiente una carretada que era buena, con lo que había perdido diez pesos. ¿Iría el patrón a ver él mismo y decidirlo? El patrón fue, esas reclamaciones generalmente tenían fundamento, de otro modo no habrían insistido en decírselo a la máxima autoridad.

"O el marido de la Sra. Ruiz estaba enamorando a esa hija de mala madre, la cantinera de la calle X. Ruiz y su mujer tenían tres hijos chicos, la familia se separaría si esto continuaba y entonces ¿qué podía hacer la Sra. Ruiz? ¿No podría el patrón poner fin al asunto? Difícil saber qué se debía hacer. Las cantineras desempeñaban una labor muy importante, preparaban las comidas de 5, 10 o 20 solteros. Si se echaba, sufrirían varios hombres útiles y de todos modos, por qué castigarla a ella cuando es Ruiz el que la persigue. Pero es verdad que se debe considerar a la Sra. Ruiz y sus hijos. No hay tribunales a los que acudir. El Administrador es la ley. Problema Salomónico. Estudiaré el problema y decidiré a continuación. Anotar: ver Sereno, a ver lo que dice y hacer algo.

"Esto seguiría así hasta aproximadamente las 2,30, cuando probablemente me iría a dar una vuelta por la Máquina, la Maestranza, zona de carga en la Cancha, la casa del yodo, etc. Llegaría a la casa alrededor de las 3,30 para tomar una taza de té y después otra vez a las calicheras hasta más o menos las cinco cuando daba de mano. No obstante, con alguna frecuencia solía dar otra vuelta por la Máquina que operaba las 24 horas, pero de todos modos intentaba no hacer nunca la misma cosa a la misma hora, salvo el Escritorio por la mañana y las reuniones y reclamaciones por la tarde, así no se sabía con seguridad dónde estaría en un momento dado. Esto tendía —espero y mantengo— a tener la rueda rodando en todo momento. Si se sabía que un Administrador tenía una rutina fija, los hombres lo podían engañar siempre, haciendo alarde de gran actividad cuando sabían que su llegada era inminente.

"Puesto que la Oficina Lagunas (Centro) era ejemplar, recibíamos muchas visitas ya que Clarke, Bennet & Co (los Agentes en Iquique) nos mandaban o traían las personas distinguidas que los visitaban. También éramos un buen punto de partida para los que tenían la intención de emprender un viaje de trabajo o placer hacia el interior. Con frecuencia había viajantes de los comercios ingleses, miembros del clero que venían a cuidar nuestras almas, oficiales de Carabineros en viaje de inspección, etc., y a todos debíamos alojarlos en la Casa de Administración, porque la fonda, con nombre de hotel, era de construcción e instalaciones algo primitivas. En una Oficina agradable como Lagunas era un placer invitar ocasionalmente a amigos o familiares y dos o tres veces mientras yo estuve ahí tuvimos como huéspedes a equipos de polo desde Iquique o de la Pampa Norte.

"Aparte de lo anterior, los Agentes Portuarios o el Administrador Inspector solían visitar la Oficina periódicamente para comprobar que el funcionamiento iba viento en popa, a la vez que para no perder el contacto personal con el Administrador. Algunos administradores temían estas visitas y no sin motivos, pero por suerte para mí, yo estaba produciendo más salitre a un coste más bajo en un momento de costes en aumento, de manera que estaba tranquilo. De hecho, en los dos años que estuve en Lagunas no tuve más de cuatro de estas visitas de inspección" (recordemos que estuvo durante el triste diciembre de 1907. Ver el capítulo sobre la Escuela Domingo Santa María de Iquique).

Sigue el relato de Watson: "No me acuerdo de todas las visitas pero, como estoy intentando dar una impresión de lo que fue la vida diaria en aquellos días, mencionaré algunas que fueron interesantes. Creo que fue en 1908 que Noel Clarke (uno de los socios de Clarke, Bennett & Co.) y su mujer, que eran muy aficionados al caballo, decidieron emprender un viaje cruzando los Andes hasta Buenos Aires, una distancia de algo más de 4.800 km. Esto era una empresa muy grande para personas como ellos, especialmente para la mujer. Tenían sus propios caballos y un mozo de cuadra que era también el ayudante para todo, y yo tuve que encargarme de buscar los propios con sus buenas mulas de montar, además de las mulas de carga. Bien me acuerdo del día que nos despedimos al amanecer, preguntándome cómo les iría con el tremendo calor de los primeros días, el frío intenso de las noches cruzando la Cordillera, la altitud, la desolación de esas regiones apenas habitadas y después del lado argentino, la pampa sin límites bajo el sol. Lo hicieron y, si no recuerdo mal, tardaron alrededor de dos meses en alcanzar Buenos Aires.

"En otra ocasión en 1907, recibí la visita del Profesor Isaiah Bowman de la Universidad de Yale (otra publicación lo describe como director de *The American Geographical Society*) y de uno de sus estudiantes llamado Rogers. Habían emprendido una expedición geográfica para la Universidad durante la que explorarían el interior del desierto de Atacama; yo tuve que proporcionarles todo el equipo necesario, incluyendo mulas y hombres. Estuvieron como mis invitados en Lagunas durante el tiempo considerable que tardaron los preparativos. Por fin salieron y los resultados de la expedición se publicaron en el libro de Bowman *Desert Trails of Atacama* (Senderos desérticos de Atacama). El pobre Rogers murió durante o justo después de la expedición". (En el Libro de visitas de mi padre, el 26.05.07 firmó un Robert L. Rogers de Providence, Rhode Island, no sé si sería él.) Continúa Watson: "Durante su estancia conmigo nos hicimos muy amigos, pero no volví a ver a Bowman otra vez hasta 1944 cuando fue enviado a Londres con la Misión Stettinius, en su capacidad de autoridad mundial en geografía. Más tarde fue Presidente de la conocida Universidad Johns Hopkins en Baltimore. Después de este episodio en Lagunas, aparte de una carta de agradecimiento, no volví a saber nada de Bowman en 12 años, cuando tuve la agradable sorpresa de recibir una carta de él, recordando aquellos días, con la que mandaba una copia de su libro con una dedicatoria. Desde entonces nos hemos escrito con largos intervalos, a veces de años, y siempre tuvo la amabilidad de mandarme copias de los otros tres o cuatro libros que publicó.

"En junio de 1908 Joe Comber y yo organizamos un *Polo Gymkhana* a celebrar en Lagunas (el *Gymkhana* de Iquique en 1902, en el que participó mi abuelo en todas las pruebas se llamó solo *gymkhana*, no sé por qué este tiene nombre compuesto). Esta competición no se organizó con los fondos de la Oficina. Mi cuñado Arthur Prain y yo habíamos recién ganado un premio de unas £ 600 en el Derby del Club de Iquique con *Signorinetta*, así es que se me ocurrió celebrarlo con una fiesta. Invitamos a varias personas desde Iquique y de otras Oficinas y nos repartimos unos 20 invitados en las tres Lagunas (para junio de 1908 no hay ni una sola firma en el Libro de Visitas de mi padre). Tuvimos alguna dificultad para reunir a suficientes señoritas, porque hubo un ataque de celos entre las madres debido a nuestra elección de "señora de compañía". A pesar de todo, conseguimos disfrutar mucho ese fin de semana. Los eventos principales fueron:

- Carrera de obstáculos que fue un fracaso, porque uno de los obstáculos era un aro de papel a través del cual debían pasar los caballos: todos se negaron.
- Prueba de desensillado, en la que se debía aflojar la montura, quitarla estando montado y llegar a la meta con la silla en la mano.
- Carrera normal de 300 yardas.
- Prueba de enhebrado de aguja en la que una señorita debía galopar hacia su compañero y entregarle aguja e hilo, esperar mientras enhebraba la aguja y llevarla de vuelta a la meta.
- Carrera en la que debíamos galopar entre una serie de postes en lados alternativos.
- Carrera Victoria Cross, en la que debíamos galopar a pelo al lugar donde había una serie de maniquíes rellenos de paja, pesando aproximadamente 45 kg, subir uno al lomo del caballo y volver a la meta.
- Carrera de obstáculos a pelo.
- Carrera de obstáculos normal y, para terminar, un
- Torneo de polo en que compitieron tres equipos.

"Hubo también aspectos serios de la vida en la Pampa, la huelga ocasional de algún grupo de trabajadores de las distintas secciones, pero tuve la suerte de no padecer demasiados paros y siempre conseguí poder arreglarlos amistosamente. En realidad, tuve un grupo de hombres excelentes y porque me cuidé de despedir a los problemáticos, gracias al sistema 'sereno' ya descrito, mi Oficina gozó de muy buena reputación entre los hombres en toda la Pampa. Los casados con niños chicos se sentían seguros en Lagunas y no tuve dificultad para cubrir todos los cupos aun cuando había escasez de mano de obra. Durante el tiempo que estuve en Lagunas el salitre estaba en su punto más alto, se abrieron muchas Oficinas nuevas, especialmente en Antofagasta y creció enormemente la demanda de mano de obra.

"En Tarapacá todavía se contaba principalmente con peruanos y bolivianos que se reclutaban mediante 'enganches' (reclutamiento) por agentes enviados por la Asociación del Salitre a Perú y Bolivia. Sin embargo, en Antofagasta casi todos eran chilenos reclutados en el sur, la mayoría de los cuales no estaban acostumbrados a la vida y clima, les costaba aclimatarse y nunca fueron demasiado mansos como los tarapaqueños". Sobre este texto no sé exactamente qué se quiere decir; los peruanos son los únicos que se podían llamar tarapaqueños, supongo que los bolivianos también estaban acostumbrados a esas fluctuaciones extremas de temperatura y a la total sequía. Siempre hubo muchos cochabambinos trabajando en Tarapacá, antes y después de la Guerra del Pacífico, y muy apreciados como trabajadores por cierto; creo que el chileno era más 'protestón'.

Frank Watson dijo que después de la tragedia de la Escuela Santa María de Iquique, el centro de los disturbios laborales se trasladó a Antofagasta donde hubo un elemento chileno más fuerte y menos aclimatado, donde fueron a dar los trabajadores más contestatarios después del "holocausto" de Tarapacá [palabra de F. Watson]. Los trabajadores más viejos sentían el mismo rechazo por estos grupos que los Administradores y se dice que todos sintieron alivio cuando se fueron de la provincia.

Sigue relatando que hasta estos momentos, aunque le habían contado hechos de tiempos pasados cuando se había atacado a Administradores, cuando se evacuó a toda prisa a las mujeres y niños, trabajadores enfurecidos habían registrado las Casas de Administración buscando al Administrador y otras exageraciones para asustar al recién llegado, él no vio nada que le hiciera pensar que el prestigio del Administrador —si se comportaba como tal— no fuese protección suficiente. Con todo, como a comienzos de 1908, le dispararon al Administrador de una Oficina en Taltal, hiriéndolo en la pierna; otro también de Taltal resultó muerto de un disparo y, finalmente, el Administrador Jefe de Clarke, Bennett & Co. fue herido de un disparo en la nueva Oficina Leonor en Antofagasta. Esta serie de acontecimientos resultó en que recibiera un telegrama solo pocos días después de nuestra *Gymkhana*, del Sr. Bennett en Antofagasta diciendo: "Steel herido, queremos que venga inmediatamente a encargarse de Florencia". El hecho de que el telegrama estuviese dirigido directamente al Sr. Watson en la Oficina y no a través de la Agencia en Iquique demostraba que alguien estaba un poco nervioso. "Y yo también", dice: "no me gustó ni pizca la idea de ir a una Oficina donde les disparaban a los Administradores. Llamé a Iquique para confirmar y me dijeron que salía un barco para Antofagasta al día siguiente. Esto me concedía el resto del día y la noche para preparar todas mis cosas –y había acumulado bastante– y de entregarle las riendas a mi Contador, Cecil Eckel, hasta que llegara el nuevo Administrador. Así terminaron unos años muy felices en Lagunas, no tuve tiempo ni de despedirme de mis amigos y vecinos".

Y así empezó su vida en Antofagasta, donde todo era distinto de lo que había conocido en Tarapacá. En la Oficina Florencia se encontró, entre otros, con su sobrino Charlie, solo dos años menor que él, como contador, y a Guy Lance (mi tío abuelo) "como Jefe de Pampa muy bueno". Prácticamente tuvo que reconstruir la Oficina. Pidió a los Agentes en Iquique que le mandaran al ingeniero Smith que conocía de Lagunas, así como a su fiel sereno D. Nicanor Villavicencio. Con el primero se pudo arreglar parte del lado Máquina de la Oficina y con el segundo se organizó el aspecto social. Era un distrito conflictivo: por un lado estaba Carmen Alto donde se decía que había una pelea con navaja todos los días, y por el otro estaba la Oficina Celia, donde solo había una muerte una vez a la semana: ¡los sábados! Así la llegada de su fiel amigo el "Sereno" fue de enorme utilidad. Desgraciadamente, alrededor de febrero de 1909, recibió la orden de parar la Oficina. Esta Oficina había nacido con mal pie y a pesar del éxito que Frank Watson tuvo aumentando la producción y bajando los costes, la deuda arrastrada fue demasiado grande. Antes de dejar Florencia recibió instrucciones para ir a la Oficina Santa Fe del Toco, a hacerse cargo durante el tiempo que el Administrador alemán estaría de permiso en Alemania.

Describe Watson que: "En todo el tiempo que estuve en Florencia –unos nueve meses– creo que bajé a Antofagasta solo dos veces. Nunca me gustó tanto como Iquique. Era una ciudad nueva y creciendo rápidamente y, en cierto modo, más moderna, pero le faltaba ese ambiente social y sociable. Pero sí tenía una atracción, es decir la Quinta Cassali, un restaurante al aire libre, con un jardín que cuidaban con mucho trabajo, formando cenadores privados, desde una larga pérgola con cabida como para 50 comensales, hasta rinconcitos más pequeños a la sombra para menos personas. Se comía muy bien, había variedad de mariscos, la especialidad eran los mejillones; servían una variedad de fruta y verdura fresca. En años venideros, cuando iba constantemente a Antofagasta por trabajo, siempre volvía a la Quinta Cassali y solía pedir cantidades de ostiones [un bivalvo] con una salsa picante, jaiva [cangrejo grande] y erizos.

"Yo ya había estado en la Pampa cinco años, de Administrador los últimos tres, en zonas muy distintas de la pampa. Decidí entonces que si tenía éxito en Santa Fe, iría a Iquique o Antofagasta y empezar alguna empresa por mi cuenta. Tenía una cantidad respetable ahorrada y heredada, suficiente capital como para empezar modestamente. Un amigo en Antofagasta iba a emprender un negocio que parecía prometedor y me invitó a asociarme. Accedí para empezar a finales de año.

"Santa Fe era la última Oficina al norte en la línea de la Cía. Anglo-Chilena de Salitres y Ferrocarril, quedaba a unos 160 km al sur de Lagunas y en esa época no había comunicación directa, salvo a caballo. A unos 10 km al sur estaba la Oficina Iberia, de españoles, con los que teníamos muy poco en común. Nos hacíamos visitas de cortesía de vez en cuando y eso es todo. Nos sentíamos un poco aislados.

"Éramos más o menos una docena alrededor de la mesa para comer, pues era costumbre en esa Oficina que también comían por cuenta de la empresa los encargados chilenos solteros, aunque no se alojaban en la Casa; en este caso eran seis. La gran ventaja era la central hidroeléctrica en el río Loa [el más largo de Chile, debido a una forma en U ¡enoooorme!]. Además, fue la segunda que instaló una planta para fuel-oil en lugar de carbón. La primera en usar este combustible fue Agua Santa en Tarapacá, donde D. Santiago era el Administrador General. Después de Florencia, era una delicia trabajar en Santa Fe.

"Antes de irse, el Administrador alemán Sr. Framm me llevó al *tranque* –lago artificial, donde había una chacra con fruta y verdura, un lujo–. En la represa detrás del tranque había un trecho de alrededor 1,2 km navegable para embarcaciones fluviales, con juncos en un extremo, donde seguía el río su curso normal entre barrancos de unos 24 m de altura. Había bastante tagua (especie de pato) y a veces pato salvaje también, pero estos siempre volaban muy alto. Había también bastantes zorros alrededor del lago. Organizamos una cacería con "lanzas", pero fue la única vez, el terreno de los alrededores era demasiado pedregoso y algo peligroso. Como no había mucho que hacer ahí, pasamos largos ratos en el tranque, en un bote, entre la sombra de los juncos, leyendo.

"Recibí una llamada urgente pidiéndome que fuera a Iquique cuanto antes. Como no había un vapor previsto desde Tocopilla en esos días, decidí ir a caballo hasta Lagunas y desde ahí tomar el tren a Iquique. Cuando yo estaba en Lagunas, el Sr. Bennett –uno de los Agentes– había hecho este recorrido, con otros de repuesto, a lo largo del camino, en nueve horas tres cuartos. Ahora había luna llena, así que decidí salir de noche; los propios con caballos de repuesto me esperaban en Quillagua y en Monte Soledad y tardé ocho horas y tres cuartos en el trayecto. No hay gran cosa que contar; pasando Quillagua que es frontera entre ambas provincias, hay un gran salar en las proximidades de Monte Soledad, la superficie es de ondulaciones infinitas, dura y resbalosa, con sombras en todas partes, lo que hace casi imposible seguir las huellas de viajeros anteriores. De día, la superficie de un blanco-grisáceo refleja el sol de manera que era molesto para la piel y lastimaba los ojos. Fue un viaje desagradable, pero me alegro de haberlo hecho. Llegué a Lagunas con el aspecto de una langosta hervida. Pude tomar el tren a tiempo para llegar al despacho de Bennett en Iquique a las tres de la tarde".

A todo esto, pensando que ya había aprendido todo lo posible de la producción de salitre en Pampas distintas durante seis años, Frank Watson le había escrito al Sr. Bennett para anunciarle su intención de dimitir para buscar una oportunidad en Iquique.

Para entonces la firma de Agentes Clarke, Bennett & Co. se había convertido en The Nitrate Agencies Ltd. donde el Sr. Bennett se quedaba como Director Gerente, y el Sr. Shearman, uno de los Vicepresidentes de Grace N.Y., que se iba a encargar personalmente de The Nitrate Agencies en Nueva York. La plana mayor quería que Frank Watson se quedara con The Nitrate Agencies. Se negociaron las condiciones y por fin el Sr. Watson aceptó pensando que aunque no le entusiasmaba el presente, el futuro –incluyendo por fin seis meses de permiso pagado (las primeras vacaciones en seis años)– podía ser halagüeño.

Se quedó solo responsable de las Oficinas, que en aquellos momentos estaban así: a lo largo de aproximadamente 800 km, nueve estaban trabajando y cinco estaban "paradas", servidas por despachos en cinco puertos distintos: Pisagua, Iquique, Tocopilla, Antofagasta y Taltal. La única comunicación todavía entonces –1910– era por mar, por lo que tuvo que viajar constantemente.

Ruby Dowd de Lister

Como ya he dicho, tuve la enorme suerte de conocer a Ruby Dowd de Lister el 29 de marzo de 2000 cuando tenía 97 años, y desde esa fecha, estando en Londres siempre iba a verla un par de veces por lo menos. Fui una de las muchísimas personas convidadas a celebrar su cumpleaños Nº 100 el 8 de setiembre de 2002 en Kenwood House, en el norte de Londres: una gran ocasión. Le gustaban las aceitunas, de modo que intentaba llevarle varias latitas chicas. Llegué a tenerle mucho cariño y a considerarla como familia, pero sobre todo amiga. En enero de 2005 recibí un e-mail de su sobrina Agnes Walker diciéndome que Ruby había muerto el 10 de enero.

La conocí por primera vez por recomendación de su hermana Leeny que vivía en Santiago cuando recién Lautaro me había mencionado esta "tarea". Ruby vivía entonces en Londres en una residencia bien agradable. Se solía quejar amargamente de la falta de estímulo intelectual: "porque toda esta gente generalmente pasa la mayor parte del día durmiendo" (conozco amigos de mis hijos que no gozan de esa dichosa inquietud). Era alegre y divertida, estando en su amplia habitación en la residencia, su teléfono directo sonaba constantemente, tenía muchas amistades y familia, además de una memoria prodigiosa. ¿Cuántas veces le habré preguntado: Le suena el nombre tal? contesta: Sí, sí, se casó con mengana y tuvieron dos hijas y un niño que se llamaban tal, tal y tal, vivieron en… y después en… Increíble.

Ruby (espero que disculpará esta familiaridad mía de llamarla por su nombre), se ha convertido en una verdadera amiga. Durante nuestras conversaciones me solía decir frecuentemente que en su época a todo el mundo se le decía señora o señor. Nació en la Oficina San Donato donde su padre, Thomas Francis Dowd, era Administrador. Mi abuelo, el médico Dr. Fowler, que todavía no vivía en San Donato, atendió a la Sra. Dowd (Sofia Elisabeth Whitelegg) en los partos de sus tres hijas: Ruby, Patricia y Dione.

También conocí a dos de las hijas de Dione Dowd de Heselton en Londres, Beryl Druce y Agnes y su marido Joe Walker. Vivieron muchos años en Ecuador. Me ayudaron mucho con información y fotografías, sobre todo al pasar los años cuando Ruby ya no veía muy bien. Ruby me escribió varias cartas fascinantes, en papel aéreo, menos mal que por un solo lado. Como dije, veía muy mal, de manera que las líneas verticales acababan a veces a la derecha cuatro o cinco centímetros más abajo de donde habían empezado a la izquierda, su letra se salía del papel, le faltaba espacio, como a ella misma, había conocido a tantas personas, tenía tantos intereses y tantos recuerdos, muchos más de los que podían contener cuatro paredes.

Thomas Francis Dowd era sobrino de James Humberstone, hijo de su hermana Elizabeth y de Thomas Dowd. Llegó a Chile con aproximadamente 18 años más o menos en 1895; se casó en 1900.

Quiero aquí mencionar a James Thomas Humberstone, porque nada que se cuente de la Pampa estaría completo sin una mínima mención de Don Santiago, pero lo haré muy brevemente, porque creo que es una de sus nietas, Esmé Corthorn de Bontá, la que mejor puede escribir la biografía de su abuelo y de su descendencia tanto en Chile como en todo el mundo. Es una mujer generosa y encantadora que contacté en Santiago pocos días después de haber conocido a Lautaro Núñez en Iquique y de haber "contemplado favorablemente" el reto de este proyecto. Fue Lautaro (con el que está vinculada en cuanto ella es familia de su padrino Fred Corthorn), el que me dio su teléfono para que la llamara cuanto antes; Esmé me dio copia de lo que yo llamo "documento sin nombre", así como una maravillosa fotografía de la celebración de las bodas de oro de sus abuelos doña Irene y don Santiago Humberstone en Iquique en 1927, en la que claramente reconozco a mi madre entre muchas caras conocidas y quizás mi padre en la última fila, algo borroso. También me mostró la lista de regalos que distintas personas hicieron a la Sra. y Sr. Humberstone con motivo de sus bodas de plata, celebradas el 21 de enero de 1902 en Agua Santa, donde pone que el Dr. Fowler y Señora regalaron "un espejo montado en plata"; la misma lista dice que el Sr. T.F. Dowd y (1ª) Señora dieron una "ponchera de plata". Es un placer conversar con Esmé cada vez que estoy en Santiago.

En este contexto me refiero una vez más a la queja crítica o crítica quejosa de mi querida amiga en Santiago (quizás fuera solo una constatación pura y simple): que muy pocas familias inglesas de la Pampa se quedaron en Chile una vez cerradas las Oficinas. Creo que hay muchos más descendientes de lo que parece.

James Humberstone: Don Santiago

James Humberstone nació en Dover en 1850, hizo prácticas de mecánica, estudió ingeniería química y desembarcó en Pisagua en 1875, contratado por Campbell Outram Co. como ingeniero químico para la Oficina San Antonio. Fue ahí donde modificó el sistema Shanks usado en Inglaterra en la elaboración de soda, para su aplicación en 1877 a la producción del salitre en la Oficina San Antonio donde pasó muchos años. Fue hombre muy emprendedor y mientras continuó vinculado con Campbell Outram, trabajó con el grupo North y se ocupó igualmente del proyecto de ferrocarril Huara-Caleta Buena. A lo largo de toda su vida en la Pampa salitrera no dejó de hacer mejoras en su sistema, ocupándose también de la administración de la Oficina Primitiva del grupo North e instaló la Oficina Tres Marías y sospecho que algo tuvo que ver con la Oficina Irene, ya que era el nombre de su mujer, de una de sus hijas (y de por lo menos una bisnieta −que vive en Pica− Irene Corthorn hija de Fred y Julia Besse Núñez). También proyectó y construyó en 1892 el ferrocarril desde Huara −pueblo administrativo aproximadamente 17 km al sur de Agua Santa y de Caleta Buena en la costa, bastante más cerca que Pisagua o Iquique. El Sr. Humberstone escribió en su folleto *La elaboración del Salitre* de 1916 que la lixiviación del caliche de buena ley mediante el sistema Shanks ya no respondía a las condiciones de aquel momento. Esto lo leí en una pequeña publicación algo extraña, que encontré inicialmente en la British Library de Londres. Se trata de *The Chilean Nitrate Industry, A Report on the Nitrate Industry in Chile,* por Alejandro Bertrand (chileno), impreso en París en 1920. Antes de entrar en materia, Alejandro Bertrand escribe en inglés aunque el informe se escribió originalmente en Chile a petición de Guggenheim Bros. de Nueva York (qué parto en forma tan complicada…). La "presente" publicación, para circulación privada entre los productores y científicos del salitre, la preparó el autor para el Chilean Nitrate Committee de Londres con el beneplácito de la empresa mencionada.

Creo que habría mucho que decir sobre la falta de evolución innovadora sustancial por parte de los salitreros, como la que aplicaron posteriormente en 1926 en la Oficina María Elena en Antofagasta los Guggenheim. Evidentemente implica también el aspecto económico −¿la mano de obra barata no conducía a la búsqueda de nuevos métodos de producción? ¿Pensaban explotar las calicheras solo por un tiempo limitado? Pero de esto no sé gran cosa, solamente quiero decir que esta "sentada sobre los laureles" por parte de los ingleses me parece curiosa, inesperada y poco inteligente. Después de escribir esto he leído un poquito al respecto y, resumidísimo, lo he interpretado más adelante.

El Sr. Humberstone fue un hombre muy querido por chilenos e ingleses; el Gobierno de Chile le otorgó la Medalla al Mérito y fue condecorado en 1936 por el Rey Eduardo VIII (nunca coronado) con el O.B.E.

No cabe duda que James Humberstone fue el principal "inglés de la Pampa" y espero que sea su nieta Esmé la que lo contará algún día. Mientras, la vida de su hijo Bertie, salitrero instalado al final en Iquique, es recordada por su fina filantropía y la notable formación orientada hacia los estudiantes secundarios que visitaron su casa llena de cultura, educación y entretenciones.

Contaré únicamente una anécdota, en realidad una tremenda aventura, parecida a la que me contó hace algunos años Norah Lockett, mencionada anteriormente y que ocurrió al mismo tiempo. Debemos recordar que tanto el puerto de Pisagua como la Oficina Agua Santa estaban en lo que todavía era Perú. Al estallar la Guerra del Pacífico con la ocupación de Antofagasta (entonces en Bolivia) por tropas chilenas el 14 de febrero de 1879, no pensaron en Agua Santa que las consecuencias se sentirían ahí tan rápidamente. El 2 de noviembre desembarcaron las tropas chilenas en Pisagua, lo cual los ponía en una situación algo delicada. El Sr. Humberstone decidió llevarse a su familia, que se componía de su mujer, dos hijitas de dos años y seis semanas y su suegra al pueblo de Tarapacá, a unos 40 km, en la quebrada del mismo nombre, hacia la cordillera; además se le unieron los extranjeros, alguno de ellos casados con chilenas. A la llegada les aconsejaron que continuaran inmediatamente hacia Arica en la costa 200 km al norte. Tardaron 10 días más. Imaginármelo me resulta difícil porque conozco algo del terreno, pero sabiendo que hubo un final feliz, el relato no es tan angustioso. En estos días de "vacaciones aventura" tal vez parezca muy mansa esta historia, sin embargo hay que acordarse que solo llevaban lo puesto y algunas mantas, que había una niñita de dos años y un bebé de seis semanas, que no llevaban comida ni agua sin límite, que no tenían suficientes caballos para todos, que había otros fugitivos y desertores también, que por la noche en la Pampa hace mucho frío... en fin, que no estaba garantizada la cena al terminar el día, ni un lugar donde lavarse y dormir, como en unas vacaciones familiares. Al respecto, se publicó un resumen de este fantástico relato con muchos más detalles y algunas fotografías de la época en la *Revista del domingo* del 6 de enero de 1980. La publicación original se le debe a don James (Santiago) Humberstone, en la "Huida de Agua Santa en 1879" (ver Bibliografía).

Este gran hombre murió en Iquique el 1 de junio de 1939 y está enterrado en el Cementerio Británico de Tiliviche, lo que al principio me extrañó, pero es que ahí también se enterraron cuatro de sus hijos que murieron de quién sabe qué triste enfermedad siendo muy chiquitos. La hijita de seis semanas que hizo el viaje de Agua Santa-Tarapacá-Arica está ahí, murió en 1881. La lápida del Sr. Humberstone dice "Don Santiago", así admirado por británicos y chilenos.

Los Keith

Tal vez este sea un buen momento para hablar de la familia Keith en la Quebrada de Tiliviche, de la Hacienda y del Cementerio. La quebrada se ubica al norte del río Loa, aproximadamente a unos 210 km a vuelo de cóndor. El arroyo de Tiliviche cruza la carretera Panamericana y llega hasta la costa cerca de Pisagua. Se va avanzando a través del desierto con toda la gama de delicados tonos marrón-rojo-violeta y se llega a una curva donde el camino empieza a descender. Lo totalmente inesperado: un valle verde a ambos lados del pequeño puente en la parte más baja. No es recto el valle, no se puede ver de dónde viene ni a dónde va, se ensancha bastante al lado occidental de la carretera. Desde la ladera sur no se ven la casa ni dependencias, solamente lo que hace pocos años han sido parcelas cultivadas, un estanque y, en la ladera sureste, se ve el Cementerio inglés. Para bajar a la casa hay que dar la vuelta y fijarse con cuidado en las huellas más usadas (¿se nota que hablo desde un medio de locomoción a motor con cuatro ruedas y no de cuatro patas?).

El cementerio inglés de la quebrada de Tiliviche. Se advierte la carretera Panamericana.

Tuve la suerte de conocer a D. Santiago Adán Keith en Iquique en noviembre de 2002. Inicialmente impone su aspecto serio, de pocas palabras; pasado un rato parece suavizarse su expresión con una sonrisa encantadora. Me contó algo de su familia y de la historia reciente de la quebrada. A este valle de lo que entonces era Perú llegó su abuelo Adam Keith en 1875. Vino con su mujer y tres hijas, contratado también por Campbell Outram & Co. para trabajar en la Hacienda Tiliviche, desde Paisley en Escocia. Tuvieron cuatro hijos más. La hacienda, de aproximadamente 100 hectáreras, se usó para sembrar alfalfa para las mulas y caballos de las Oficinas. La Oficina más chica podía tener entre 20 o 30 animales, mientras que las grandes tenían más de 1.000. También se producían algunas verduras. Después de cinco o seis años, Adam compró la hacienda. Según Santiago Adán, sus abuelos tuvieron gran poder de adaptación, sin embargo el abuelo murió de una fiebre terciana relativamente joven, hacia 1900. La viuda quedó como Administradora y mandó a sus cuatro hijos, Santiago, Juan, Guillermo y Adán, al colegio McKay en Valparaíso; todos hablaban solo inglés en casa. Dos hijas, Annie y Sarah, se casaron. Maggie, la del medio, nació sorda; a la muerte de su madre se encargó de la administración de la finca. Había ya una casa en la quebrada cuando llegaron Adam y su familia, y creo haber entendido que los hijos mandaron a construir una gran casa, de unos 200 m^2, por los carpinteros de las Oficinas. Vi en la Guía de Turistel que desde 1855 la hacienda era propiedad de los ingleses "entonces vinculados con las salitreras". Es interesante que ya en 1855 hubiera tantos ingleses en aquella parte de Perú como para adquirir una hacienda.

En la *Guía Administrativa, Industrial y Comercial,* de Narro Silva, para 1907, hay una nota que dice: "Recibidor y Despachador de retorno en Caleta Buena: D. Santiago Keith". Santiago Adán me dijo que fue en el Puerto de Caleta Buena que su padre conoció a su futura mujer, Dulcinea Fajardo, de La Serena, y que en un tiempo fue Ayudante en la Oficina Santa Isabel de Toco, cuando mi padre era Administrador, según se desprende de dicha guía para 1906-1907 (es la única vez que me topé con el cargo de "Ayudante"). También me dijo que D. Santiago Humberstone pasaba temporadas largas en Tiliviche trabajando con uno de los tíos, probablemente Adán o Guillermo.

La crisis más o menos definitiva ocurrió alrededor de 1925-1926 y la familia Keith no pudo vender más alfalfa. Se sembraron verduras en su lugar, pero hubo otra crisis y no aparecieron compradores. Santiago Adán

Keith trabajó en Iquique mientras sus dos hijos y una hija eran chicos todavía.

He visto varias referencias a excursiones de placer que se hacían a la Hacienda Tiliviche, me imagino que desde las Oficinas de la Pampa norte, y no es de extrañar, pues debe haber sido un gran placer fijar la vista en algo verde después de los tenues tonos café y lavanda de todas la variedades.

Durante todo este tiempo, hasta el presente, la familia Keith ha estado cuidando el Cementerio inglés. Se estableció aproximadamente entre 1876 y 1877, se supone que debido a la cantidad de Oficinas que había en ese sector, con muchos ingleses y, como la mayoría eran protestantes, surgían algunos problemas de religión en el momento del entierro. Es en este sector donde están las últimas Oficinas del norte de la provincia de Tarapacá. Las Oficinas Lagunas –South, Central y North– son las primeras de Tarapacá por el sur, una distancia aproximada de 155 km desde Tiliviche.

Lo señalo porque la primera vez que fui de adulta me llamó la atención que ahí estuviera enterrado Leonard Askwith. Su lápida dice (traducción): "Erigido por sus amigos a la memoria del Capitán Leonard Henry Askwith M.C., South Notts Hussars, murió el 7 de noviembre de 1920. Dio la vida por su país".

La lápida de Leonard Askwith, muerto en Lagunas (foto del año 2000).

Se murió unas dos semanas antes de casarse con mi madre, estaban formalmente comprometidos. Trabajaba en North o South Lagunas de contador y era muy amigo de mi padre. Su muerte se produjo como consecuencia de las heridas recibidas en las trincheras durante la Primera Guerra Mundial. Mi madre me contó que, entre otras heridas, le habían volado el codo derecho; aprendió a escribir con la mano izquierda y en poco tiempo volvió a tener la letra idéntica a la de antes y también aprendió a jugar al tenis con el brazo ¿la mano? izquierda muy bien. Bueno, lo que me llama la atención es la distancia entre el lugar de la muerte y de su entierro. Hasta el día de hoy, que yo sepa, no ha habido "cementerio inglés" en la Pampa sur. Pero hay pueblos (no Oficinas) mucho más cercanos de Lagunas, por ejemplo Pica, Matilla, La Tirana, Pozo Almonte, y me cuesta, sí, me cuesta creer que de veras existían o se ponían dificultades para enterrar a un cristiano no católico apostólico romano. Todo este tema es algo extraño; con tanto inglés como hubo entre 1880 y 1925, son relativamente pocos los que están enterrados en Tiliviche, y en el resto de la Pampa creo que aún menos. ¿Fueron todos a Iquique a morirse?

Oficina Lagunas: Leonard Askwith y su inseparable perro.

Leonard Askwith y mi madre.

Otra anécdota referente a Leonard Askwith. Su perro siempre iba a todos lados con él, aun cuando estaba de inspección por la Máquina. Era un perro pequeño, blanco con manchas negras, tipo *fox-terrier* de pelo corto, joven y ágil. A los pocos días de muerto su amo, el perro se fue solo a la Máquina y se tiró de una de las pasarelas, se suicidó.

También conozco una historia parecida de un gato. Salomón era el gato de mi tío Bertie Ross Lowe, marido de mi tía abuela Gertie. Yo llegué a conocerlos a Salomón y a su dueño, vivían en Viña. Se murió el tío Bertie y Salomón, que era un gran gato hermoso, de cierta edad, ya respetable creo, se quedó echado en la puerta del cuarto donde había muerto mi tío, sin moverse hasta que al tercer día también se murió. Se dejó morir. ¿Es esto lo que se dice "morir de amor"?…

Lápida de Beatrice Lance, hermana menor de mi abuela (foto 1981).

Me han contado que se fundó el Cementerio alrededor de 1875-76, quizás se fundara como cementerio general y que la idea de tener un cementerio propiamente "Británico" surgió solamente después, como lo indica Santiago Adán Keith. Creo que están enterradas algunas de las víctimas de la Batalla de Dolores que tuvo lugar en noviembre de 1879. Varias sepulturas tienen lápidas y cruces de piedra y otras solo una crucecita de madera. La hermanita menor de mi abuela, Beatrice Lance, está enterrada ahí. Cuando vi su lápida por primera vez en 1981, se hallaba en pie. Una de las veces siguientes que visitamos el cementerio en 1995 mi hijo Rafael, su mujer, June —una amiga nuestra de Italia— y yo, la encontramos caída sobre la sepultura y rota, como consecuencia de algún temblor fuerte. La dejamos en el suelo, puestos los trozos cuidadosamente en orden. En los últimos años la Dirección de Arquitectura y la Embajada Británica acordaron levantar un muro de contención alrededor del cementerio, para evitar la caída de rocas grandes durante los temblores que pudieran romper la verja, que también se arregló.

Alejandra delante de la tumba después del fuerte temblor (1995).

Mis nietos Adrián, Carlos y Alejandra en la verja del Cementerio inglés de Tiliviche (1995).

La última vez que hemos ido al cementerio en julio de 2005 (yo no pude llegar hasta el lugar, va faltando agilidad). Luz, mi hija, notó muchos daños, lo que es comprensible ya que el terremoto (de 7,9 grados Richter con epicentro hacia la Cordillera) del 13 de junio de ese año, causó mucho destrozo en toda aquella zona. El caminito hacia el Cementerio desde el pie de la casa de la familia Keith ya no es transitable en un automóvil corriente donde cruza un riachuelito que ahora parece tener más caudal. Ahora el camino del Cementerio se tomaba desde la parte más baja de la Carretera Panamericana justo en la curva para emprender nuevamente la subida, donde hay un pequeño puente.

Adan Keith y la autora en la quebrada de Tiliviche (2005).

Almuerzo en la casa del Sr. Keith.

Picnic en el Tamarugal camino a Tiliviche: Adrián, Alejandra, la autora, Carlos D.,
Carlos Galleguillos y nuestra "intrépida" vasca Pilar Serrano.

En una gran parte de Huara se cayeron todas las casas, hubo mucho daño en el cementerio también, sin embargo la iglesia sufrió apenas.

Antiguamente la carretera entre Iquique y Arica pasaba como a un kilómetro más hacia el mar, la Oficina más cercana era San Antonio por el lado de la costa. Hacia la cordillera la quebrada tiene el nombre de Berenguela, más abajo cambia y le dicen Retamilla; antes de llegar al mar se le une la quebrada de Tana y ese trozo se llama Saya, un poquito al norte de Pisagua.

Un descubrimiento totalmente nuevo para mí fue el extraordinario geoglifo prehistórico en la ladera sur de la quebrada, más debajo de la casa de la Hacienda, la chacra y el Cementerio. Representa un rebaño de llamas. No sé si este fue estudiado por el investigador inglés W. Bollaert, quien los estudió a comienzos del siglo XIX con la ayuda de los primeros salitreros.

Continuación con Ruby

Para volver a los Dowd, estos siguieron en San Donato hasta aproximadamente 1907, cuenta Ruby: "porque mi hermana Dione era todavía una guagua y ella nació en 1906, puede haber sido a finales de 1906 cuando nos fuimos a Antofagasta. Después mi padre contrajo el tifus; mientras convalecía, llegó de visita su hermano, marino mercante, que se enamoró de nuestra madre. Cuando estuvo algo mejor mi padre, su empresa le recomendó que pasara una temporada en Inglaterra para reponerse del todo, de manera que todos fuimos para conocer a nuestra abuela paterna en Bembridge. Estando ahí, desapareció nuestra madre y no la volvimos a ver. Se fue con su cuñado. Yo tenía más de 60 años cuando la vi otra vez y no me di cuenta que era mi madre. Volvimos a Chile con nuestro padre en 1909". El buque francés en el que viajaron de vuelta a Chile, el *Colbert* (por el estrecho de Magallanes) llevaba hasta 12 pasajeros, lo demás era carga. Había muchos buques que llevaban solo 12 pasajeros, pues con más la ley internacional exigía que se llevase médico a bordo, con 12 o menos la obligación era llevar solo un paramédico. También iba la familia Budd, padre y madre, llamados cariñosamente Panino y Manina, que habían ido a Inglaterra a recoger a sus tres hijas, Bici, Mabel y Bunny (Gwendoline) del colegio. Explica Ruby que Panino y Manina eran padrinos de su tía Sophie Whitelegg, hermana menor de su madre (que los llamaba de esa manera cuando era muy chiquita). Además viajaban una Srta. Attwood y el Sr. Butt que llevaba unos caballos a Perú, entre los cuales había una yegua llamada "Mabel", a la que las niñas llevaban terrones de azúcar todos los días en la bodega. Esos viajes desde Europa duraban de cinco a seis semanas hasta Iquique, a veces había que hacer transbordo en Valparaíso: había tiempo para muchas cosas.

Ruby no sabe exactamente cuándo el Sr. Budd, Panino, fue a Chile; dice que estuvo en las minas de plata y que Manina llegó de Inglaterra para casarse con él, lo que hicieron en Huasco. Como todo ajuar, ella traía una biblia y una máquina de coser. Y con los años tuvieron tiempo y ocasión geográfica de apadrinar a una tía de Ruby, Patricia y Dione.

Años después, durante su luna de miel, Ruby y su marido volvieron a Inglaterra y en el recorrido se alojaron en un hotelito en Chelmsford. "Cuando supo la propietaria que veníamos de Chile, sacó el oporto para celebrar. Nos contó que su marido había ido a Chile en 1909, llegando a Chile cuando se podía ver el Cometa Halley. La dueña del hotel nos dijo que su marido llevaba caballos a Perú y que a bordo habían viajado tres niñas chicas y tres jóvenes ya señoritas; le dije que yo era una de las niñas chicas"; habían ido a parar al hotel de la Sra. Butt.

Foto encantadora de Ruby, Pat y Dione Dowd.

Llegaron en 1909, el año del Cometa Halley, y Ruby se acuerda que salieron especialmente para verlo. "De ahí" cuenta Ruby: "fuimos a vivir en el 'pique' de la Oficina Agua Santa con la familia Budd, hasta que mi padre empezó a trabajar con Gibbs y nos fuimos otra vez a la Pampa sur a la Oficina Pan de Azúcar".

Ruby me habló del año que vivieron en el "pique" donde se extraía el agua de Agua Santa, antes de que su padre se casara por segunda vez. Agua Santa fue la Oficina donde trabajó James Humberstone ("Don Santiago") casi toda su vida. Fue una Oficina grande, más bien un pueblo, pues aparte de la Administración de la Oficina, con personal chileno e inglés (el químico D. Rodolfo Lortsch era francés, su apellido es alsaciano), estaba la sede de la Compañía de Salitres y Ferrocarril de Agua Santa también con personal inglés y chileno. Parece que uno de los Outram era sumamente aficionado a los jardines y en el 'pique' de Agua Santa creó un verdadero vergel. La copia de la fotografía que me dio Esmé Corthorn, tomada en el pique con ocasión de las bodas de plata de D. Santiago y su mujer el 21 de enero de 1902 da fe de la afición de ese Sr. Outram, pues la vegetación en torno a las personas que acompañan a la Sra. y Sr. Humberstone es espesísima. Ruby se acuerda que jugaban en el "jardín" y que la casa donde vivieron no tenía electricidad ni agua corriente, usaban velas y lámparas de parafina y les llevaban un baño de asiento por las mañanas al dormitorio. Recuerda los geranios, la malvarrosa y especialmente la chilca, nombre quechua para un arbusto con hojas pegajosas que se usa como cerco. Parece que el "pique" de Agua Santa era considerado como un lugar especial en toda la Pampa por su vegetación; le decían "chacra" en este caso, palabra quechua también que significa granja.

Dione, Manina, Ruby, Beatrice (Bici) Budd de Dowd con su primer hijo, Mary Fowler y Pat Dowd.

"Y entonces él se casó con 'mamá'. Thomas F. Dowd y Bici Budd fueron a Perú a casarse porque en Chile no se aceptaba el divorcio" (año 2002: todavía no hay divorcio en Chile). Añade: "Mientras mi padre estuvo fuera, estuvimos al cuidado de la Sra. y Sr. Nicholls que fueron tan buenos con nosotras, nos quedamos en su casa. Siempre me acordaré que cuando volvió nuestro padre nos presentó su nueva esposa, diciendo: "Ahora le pueden decir mamá". "Y así lo hicimos". Tanto es así que la hija mayor de los tres hijos del segundo matrimonio (Leeny, Peggy y Tommy) me contó que no supo, hasta que se casó ella, que su madre no lo era también de sus tres hermanas mayores. El anuncio en el diario de su compromiso indicaba los apellidos correctamente; cuando lo vio Leeny dijo "Miren, el diario se ha equivocado". Me parece un ejemplo maravilloso de avenencia familiar que, estoy segura, persiste hasta la fecha en que escribo esto, poco menos de dos meses antes de que Ruby cumpla 100 años. A la madre (Beatrice), Bici, la llamaron mamá y a la madre de Bici la llamaron Manina, igual que los nietos de verdad. La querían mucho; cuando se murió Panino, Manina se turnaba tres meses con cada una de sus hijas: Bici, Mabel, y Bunny. Manina les enseñó de todo. Cuando eran pequeñas les leía y durante la lectura las niñas debían hacer trabajos manuales, no se les permitía estar sentadas sin hacer nada. Dice Ruby: "Bordábamos manteles, manteles grandes, y Manina unía las secciones y después los terminaba haciendo vainica en toda la circunferencia". Les enseñó igualmente a tejer y a hacer crochet y también les daba clases de religión. Los sábados debían leer la Biblia y aprender el catecismo.

Carruaje usado por personas que no montaban a caballo. Manina sacaba a las niñas de paseo durante una hora por la tarde.

Yo no tuve tanta suerte con mi abuela, la verdad es que nunca la conocí mucho de manera que no hubo tiempo para crear un fondo sobre el que cultivar el cariño. Creo que en su mayoría las personas estarán de acuerdo en que la aparición de ese "fondo" tarda más o menos según las personas, porque habré visto a mi abuelo en las mismas ocasiones que a su señora esposa y a él sí le tuve mucho cariño. Sin embargo, no hubo motivo para la desesperación; una de las hermanas de mi abuela, la tía Gertie (Gertrude) supo ocupar su lugar. Hablaré de ella más adelante.

¡Las niñas Dowd fueron a un internado inglés, el English College, en Temuco! Los signos de exclamación se deben a que Temuco queda a unos 2.500 km al sur de Iquique, imagínense. Bueno, no sé por qué me llama tanto la atención, los hijos de mi abuelo Gordon fueron a internados algo más lejos, mi madre y tío Dod a Escocia, y mis tías Mary y Jean a Inglaterra y mi hermana también a Inglaterra. Ruby tenía 17 años cuando salió del colegio después de tres años. Para llegar a Temuco, en el mismo país, iban en tren a Iquique donde tomaban un barco. En cuatro o cinco días llegaban a Coronel o Talcahuano, donde volvían a tomar otro tren para Temuco. No tenían uniforme, llevaban falda con una blusa tipo marinero. El primer año pasaron un frío espantoso, porque Bici no se podía imaginar que habría tantísima diferencia de temperatura. A la pregunta sobre qué materias les enseñaban, Ruby dijo que no aprendieron ni geometría ni álgebra, pero sí historia de Chile y francés con una profesora chilena que también les daba las clases de castellano. Las niñas Dowd por lo menos podían volver para las vacaciones de verano, que eran igualmente las de Navidad. El Sr. Dowd encontró un excelente sistema para no tener que ir él o mandar alguien a traer sus hijas desde Temuco. La familia Dowd convidaba a pasar las vacaciones con ellos a una de las jóvenes profesoras del colegio, la señorita Lydia Cafferky y a su hermana; eran irlandesas y les encantaba pasar temporadas en ese desierto.

Referente a las costumbres sobre educación de los hijos, el caso es que como el de Mary Pettie –la mujer de mi tío Barney– y sus hermanas, las dos hermanas más chicas de Bici, Mabel y Bunny también fueron al colegio en Alemania por los mismos motivos. Supongo que fue antes de la Primera Guerra Mundial. Bici parece que se educó en el Bedford College en Inglaterra.

Las hermanas Dowd se educaron en Temuco, pero el único hermano, Tommy, fue al colegio en Inglaterra, lo mandaron acompañado por la Sra. Murdoch (nacida Pettie).

Más tarde, una señora que Ruby conocía de Iquique, Jeany Jones (Wilson de soltera, su padre fue el gerente de la Cía. de Ferrocarriles) estuvo unos años en ese colegio de Temuco como ama de llaves. Esta señora tuvo una historia algo triste: vivía con su marido e hijita Sonia en la Pampa de Antofagasta y fue a pasar unos días con su madre en Iquique. Parece que los chiquillos vendedores de periódicos anunciaban a gritos alguna última noticia –mientras más notable, más gritaban–. Y la pobre Sra. Jones se enteró de esta manera que a su marido lo habían matado de un tiro.

No sé cuándo mis abuelos fueron a vivir en la Oficina San Donato, donde era o había sido Administrador el Sr. Dowd, tengo algo de confusión en cuanto a las fechas. Mi tía Mary Fowler era constante visita en casa de los Dowd; cuando por fin la venían a buscar para que volviera a su casa, las niñas Dowd la escondían debajo de alguna cama. Ruby me contó una divertida oración que decía mi tía todas las noches en algunas ocasiones cuando se quedaba a dormir: "Querido Dios, por favor guarde a mamá y papá y a mi hermana Jean y haga lo que quiera con Phyllis y Dod". Jean era la hermana más chica y los otros dos, mi madre y tío –Phyllis y Dod– probablemente ya estaban en Escocia en el colegio (¿despecho?).

Cuando eran chicas, las hermanas Dowd tenían trajes de marinero ¿o marinera?, es decir, con blusas blancas y faldas azul marino, me imagino que esto era para los domingos, porque para diario tenían vestidos de una clase de hilo crudo, beige medio oscuro sin blanquear, llamado *holland*. El pelo lo llevaban siempre en trenzas, nunca suelto, y para salir se ponían sombreros "Panamá" –de "Jipijapa"–. En esa época nadie usaba pantalones, solo tenían traje de amazona para montar a caballo. Se acuerda que un día su hermano Tommy, que tenía entonces más o menos seis años, vio llegar a la Sra. Dawson a caballo de visita, llevaba pantalones, y dijo: "Aquí viene la señora hombre". También usaban *smocks*, especie de guardapolvos como de artista.

Tengo unas maravillosas fotografías de las tres hermanas –Ruby, Pat y Dione– que tendrían entonces muy aproximadamente 14, 12 y 10 años, en el campo de golf de la Oficina Bellavista, año aproximado 1916, todo, todo arena, a cierta distancia de la Oficina, apoyadas contra un *bunker* de piedras. Las tres con vestidos de *holland*, creo, y llevan sombrero; la más chica lleva calcetines oscuros y botines, se diría que las dos mayores tienen medias oscuras. En otra fotografía está Dione, de unos 10 años, haciendo de *caddie* (muchacho que lleva los palos para los jugadores de golf, en castellano: cadi) para Archie Moir, marido de mi tía abuela Daisy. Sería probablemente cuando él estuvo como Administrador en Alianza, un poco más al norte de Bellavista. Mi tío Archie lleva traje y zapatos blancos, ¡naturalmente!, sombrero corriente y parece que una corbata a rayas horizontales. En otra fotografía están las *caddies* con dos perros enormes, en un momento de descanso en el *green* que, evidentemente, de green no tenía absolutamente nada, ni la más remota brizna de hierba por parte alguna. Ruby dice que se señalaba el *green* con latas de parafina donde se metía una banderita roja.

Pat Dowd de "caddie" (asistente) para Norman Pettie.

Estando en Santiago un día recientemente con Clive, hijo de Archie Moir, primo hermano de mi madre, le pregunté si su padre jugaba al golf. Me contestó: "Sí y no; verás: lo que se llama jugar al golf, no, porque no había canchas de 18 hoyos, pero sí le gustaba tomar puntería y pegarle a una pelota de vez en cuando, pero la pelota iba a dar a cualquier hoyo (de dinamitado) y se perdía para siempre". Clive aparentemente no conocía la "mini-cancha" de la Oficina Bellavista donde están tomadas las fotografías que menciono, porque en ellas se aprecia claramente un área bien plana y lisa, también un sombrajo donde se refrescaban con alguna bebida y donde, además, ¡había caddies!

Ruby me contó que un Sr. Ingolls era aficionado al golf, y un día al pegarle a la bola, esta dio contra un árbol —el único árbol de todo el entorno— rebotó, volvió y le dio en un ojo que, desgraciadamente, perdió.

Dione Dowd de "caddie" para Archie Moir.

Ruby, Pat y Dione Dowd: las tres "caddies" practicando el golf (ca. 1916).

De más o menos la misma época, en una fotografía de los Fowler, a punto de salir de casa, se ve a mi abuela con falda oscura larga y chaqueta del mismo color; se diría que lleva sombrero, pero está cubierto, así como la mitad de la cara con un gran chal-pañuelo blanco de tela fina amarrado de una vuelta debajo de la barbilla (como llevaban las señoras cuando se montaban en esas peligrosas máquinas, los primeros automóviles). Mi abuelo llevaba chaqueta, corbata y sombrero. Todos los niños se diría que estaban vestidos de blanco: mi tío Dod con pantalones hasta las rodillas y camisa de manga larga, sombrerito redondo y botines. Las dos chicas Mary y Jean con trajecitos blancos, calcetines y botines y sombreros decorados con frutitas quizás. Mi madre, la pobre, tenía un traje bonito que parecía tener tiras bordadas, con cuello alto, medias oscuras, llevaba el pelo suelto y todo cubierto con una enorme "pamela", blanca también, decorada con –diría– flores tupidas de tela, que no me hubiera importado nada ponerme para una boda elegante. Se notaba que estaba mirando hacia abajo. Le pregunté una vez qué le pasaba y me dijo que estaba furiosa de tener que vestirse de esa manera. Calculo que yo tendría diez u once años.

Era costumbre frecuente en la Pampa ir de pic-nic el domingo al pique o "donkey" –y no escribo esta palabra en cursiva conscientemente, aunque es claramente extranjera, porque pasó a ser aceptada como vocablo pampino–; temo con tristeza que quedan –quedamos– muy pocas personas que conocemos su significado, sin recurso del *Glosario de Voces de la Pampa*. Existe "donquero" también, que es una palabra deliciosa, persona que está al cuidado de los piques; viene de "donkey" que en la pampa significa 'pique' o pozo del que se sacaba agua de las corrientes subterráneas y que en inglés significa burro. Estos fueron los que se usaban al principio para accionar la bomba de agua; después se usaron motores, creo que de Diesel, y me parece recordar que alguna vez, antes o después, había molinos de viento.

El Glosario fue compilado por Sergio González Miranda con la ayuda de varios colaboradores (ver Bibliografía). Fue con verdadera emoción que compré un ejemplar y me impactó la inteligencia y sensibilidad del proyecto. Eso fue muchos años antes de que me surgiera este mi proyecto actual, que tiene tantas ramificaciones por las que siempre me ando extraviando. Fue solamente en 2002 que adquirí la segunda edición (mayo 2002) de *Hombres y mujeres de la Pampa* de Sergio González, siguiendo la muy oportuna recomendación (telefónica) del autor. No tengo vocabulario suficiente para expresar adecuadamente mi admiración por este libro (ver Bibliografía).

Aunque esta rama sigue fuerte y frondosa hacia todos lados, creo que debo volver a acercarme al tronco. En concreto al tema de los pic-nic. Dije antes que era costumbre los domingos salir de la Oficina hacia el pique con un pic-nic. Yo nací en 1931 en pleno ocaso del salitre en la Oficina Keryma, de la que tengo muy pocos recuerdos, ya que con poco más de cuatro años (creo) nos fuimos a la Oficina Peña Chica, entre Keryma y Humberstone y retirada del camino. Aunque se seguía produciendo un poco, no creo que fuera en régimen de pleno rendimiento. Íbamos al pique cuando había invitados en casa, y se podía ir a caballo y en auto. Para el pic-nic en sí se llevaba todo preparado en esos magníficos canastos de mimbre generalmente, donde todo tenía su sitio y estaba sujetado con tiras de cuero; se componía –con poca variación– de pollo frío, empanadas al horno o papas rellenas, con mucha suerte, papas o huevos duros a la "huancaína" y alguna ensalada. No me acuerdo de las bebidas.

Viviendo en Peña Chica, íbamos siempre al Pique de Keryma, a unos 6 km de distancia hacia la Cordillera (en Chile cuando se dice 'la Cordillera', siempre se entiende 'de los Andes', al hablar de la otra se especifica 'de la Costa', lo que encuentro lógico, como cuando se dice París o Londres, se sabe –o se debe saber– que se habla de las capitales de Francia y de Inglaterra, el pueblo de Kentucky y de Ontario son los que deben especificar su pedigrí (DRAE, Diccionario de la Real Academia Española), etc. Nunca me lo cuestioné en aquella época, pero supongo que no íbamos al pique de Peña Chica que quedaba un poco más cerca, porque no había 'tanque', es decir, piscina. Era una gran construcción elevada de hierro en la que creo que solo daban pie los adultos. Había un sombrajo de paja y una caseta en ambos extremos para cambiarnos. Fue ahí donde aprendí a nadar a los cinco o seis años.

Aparte del tanque que era nuestra delicia, estaba la vivienda del "donquero", del que extrañamente no recuerdo nada, nada. Había un molino de viento que no sé si estaba vigente o si había sido sustituido por un motor y unos sembrados de alfalfa, maíz, y creo que lechuga. Me gustaba especialmente meterme entre la alfalfa un buen rato, tirada en el suelo boca abajo, disfrutando de esa luz verdosa que me parecía misteriosa. A la vez que me sentía Gulliver, empezaba a soñar que era pajarito o que quería serlo, porque estaba segura que eran los seres más felices del mundo. En otro extremo de mi espacio mágico estaba lo que se podría llamar el comedor o comedero, es decir, tres paredes y un techo, donde había una larga mesa a la sombra. Una excursión al pique siempre era agradable, ya fuera solo con dos o tres amigos o familiares, o con invitados "más serios".

Mi padre hizo un experimento en el pique de Peña Chica: una pequeña plantación de eucaliptos. Llegué a verlos como arbolitos, pero supongo que nos fuimos a Iquique, y después murió mi padre y nadie se ocupó más.

El pique se convirtió en El Bosque, un recinto militar totalmente vallado, como urbanización privada para familias de los oficiales destinados en el Fuerte Baquedano (originalmente Oficina Peña Grande). El hecho es que estando en Iquique un año, pedí permiso en el Regimiento Granaderos para almorzar en el casino de oficiales de Baquedano, y ahí, al Teniente que nos atendió muy simpáticamente, le pregunté si podíamos visitar El Bosque, explicándole el motivo. No había ni rastro de los eucaliptos. En Baquedano, al lado del Casino de oficiales, se puede visitar –previo permiso– la antigua casa de Administración. Es interesante y emotiva pero, como Keryma, ¡no tiene balcón!

Creo que todas las Oficinas tenían su pique, a veces muy cerca y otras a 20 o 30 km, ya que hacía falta el agua en la elaboración del salitre– y para los humanos también diría yo–. Algunas, como la de Agua Santa, eran grandes y tenían donde alojarse, otras como las de Peña Chica eran más humildes y solo tenían la vivienda del "donquero". La calidad del agua variaba también, igual que la profundidad a la que se encontraba, y una parte se usaba para regar las plantas que se cultivaban.

Ruby describe la casa de Administración de la Oficina Pan de Azúcar, básicamente similar a las ya descritas: una sola estructura, por dentro dividida en dos, un lado para los empleados del Escritorio y el otro para el Administrador y su familia, además del ancho balcón rodeando tres lados de la casa, donde se desarrollaba gran parte de la vida diaria. Dice que el salón y el comedor no tenían ventanas sino claraboyas y, ahora que me acuerdo, en Iris también era así; las habitaciones que daban al balcón tenían ventana. En Pan de Azúcar la casa estaba a cierta altura, levantada sobre una roca. Por delante, a un paso del balcón, había una glorieta donde había plantas y jaulas con pájaros; se usaba para leer un libro o los diarios o para soñar o conversar un rato. Su encantadora madrastra Bici se preocupó de empezar un jardín. Sembró una palmera que duró muchísimos años; me parece recordar que me contó que cuando Tommy –su hermano que vive en Santiago– y su familia fueron a la Pampa muchísimos años después, se emocionaron al encontrar la palmera aún de pie, pero que en otra ocasión más reciente ya no estaba. También Bici sembró varios falsos pimientos; Ruby añade que antes se tuvo que "lavar" la tierra para quitarle el exceso de sal, pero que agua no faltaba. Cuando los árboles tuvieron cierto tamaño, el Sr. Dowd hizo traer unos mirlos en una jaula y los soltaron: se aclimataron bien.

Por la noche a veces Bici tocaba el piano y Thomas Dowd cantaba, les gustaban las canciones de Gilbert & Sullivan. En la otra parte de la casa, la de los empleados, había una pianola y también había un gramófono en cada casa. Ruby dice que era entonces la primera época del jazz y que a ella y a sus hermanas les encantaba, pero que su padre no lo soportaba. Cuenta que el gramófono era uno de esos antiguos 'Voz de su amo', con una magnífica bocina de bronce, me parece, en forma de gran embudo torcido. El hermano de una de las profesoras en el colegio de Temuco (sur de Chile) donde las mandaron, era el dueño de ese simpático perro mitad *bull-terrier*, mitad *fox-terrier* al lado del altavoz. Si el apellido de la profesora era Barraud, puede que fuera verdad.

Ruby describe cómo el ramal particular del tren salitrero de esa Oficina pasaba cerca de la casa de Administración y que al terminar la jornada de trabajo se paraba a la entrada de la Oficina y el maquinista botaba (tiraba) por un lado los restos de carbón a medio quemar. Más tarde llegaban las mujeres, sobre todo las bolivianas, para recoger este carbón en sacos que después usaban en sus braseros para cocinar. Comenta Ruby que las condiciones de vida deben haber sido bastante lamentables en esas "casas" de calamina, tanto calor de día y todo el frío de noche, sin agua corriente.

Después de Pan de Azúcar al Sr. Dowd lo trasladaron a Bellavista, a poca distancia más al sur, aproximadamente en 1912 y dos días antes de la mudanza definitiva, fueron llevando las últimas cosas, acompañadas por los perros, dos *bull-terriers*. Los perros no aguardaron que hubieran terminado y volvieron por su cuenta atravesando el desierto (por carretera la distancia entre las dos Oficinas es de más o menos 20 km); en fin, ahí estaban esperando cuando volvió la familia.

Cuando Ruby tenía 13 años fueron a un pequeño internado en Iquique, regido por la Sra. Hogg, pero cuando estalló la Primera Guerra Mundial su padre las sacó de ahí inmediatamente: "no sé lo que pensaría nos podría pasar" dice. Al poco tiempo las mandaron al English College de Temuco ya mencionado, donde no estaba permitido hablar en castellano. Había alumnas chilenas e inglesas. Era un colegio bastante primitivo. El mismo Director lo construyó de madera. "Ni a nuestros padres ni a la Directora se les ocurrió que íbamos a necesitar ropa gruesa de invierno, por lo que ese primer año estuvimos tiritando sin parar". Ya he mencionado que en las vacaciones largas de verano, de diciembre a marzo, volvían con las hermanas Cafferky que pasaban igualmente sus vacaciones en la Pampa. Lydia Cafferky también firmó en el Libro de Visitas de mi padre en febrero de 1918.

En otras vacaciones más cortas, como por ejemplo Semana Santa o "Dieciocho" (18 de septiembre, cuando se celebra el día de la independencia de Chile), iban al fundo (finca) de la familia Rawson cerca de Temuco.

Ruby se acuerda del Sr. Watt, el ingeniero en la Pampa, casado con una mujer "muy escocesa" y tenían un niño "muy escocés"; los otros dos hijos mayores se habían quedado en Escocia. La señora Watt no era feliz; fue a Escocia a ver a los mayores y ahí murió. El Sr. Watt, viudo ya, se volvió a casar con la viuda de un tío de Bici. Estaba también entre los solteros del Escritorio un Sr. Robledo, muy chileno, que apenas hablaba inglés. Se casó con la institutriz de los niños Blair, de la Oficina Alianza, muy cerca de Bellavista, y tuvieron dos hijos. La Sra. Robledo dejó a su marido y volvió a casa de su padre en Yorkshire, Inglaterra. Los dos niños se convirtieron en excelentes futbolistas, pero nunca pudieron jugar por Inglaterra, porque no habían nacido ahí. Parece que uno de ellos jugó por el Manchester United; los hermanos terminaron volviendo a Chile.

Estaba en Bellavista también el Sr. Vives, hijo de inglesa, nunca se casó; y los hermanos Hawes, Joseph y Gustavo. Joseph se suicidó en Bellavista estando los Dowd ahí; salió un día, encontró un hueco, se dio un tiro y cayó en el hueco, nadie supo por qué. Había llegado hacía poco, era buen mozo, sus padres y tres hermanas Gisella, Yvy y Rose vivían en Iquique y su hermano era Jefe de Pampa en Bellavista. Ruby jugaba al tenis con él y su hermano. Cuando Nigel entrevistó a Ruby mucho antes de yo conocerla, le preguntó si creía que la tristeza de la Sra. Watt y el suicidio del joven Hawes se debían a algo sucedido en el entorno. Ella contestó con toda convicción que de ninguna manera, porque "era una vida sumamente cómoda y agradable".

En cuanto a diversiones, iban al circo de vez en cuando, el que, como todos, llegaba con sus grandes carpas; además tenían una función de cine el sábado en lo que se llamaba "La Filarmónica", una casucha de calamina (zinc), donde hacía un calor tremendo, llena de humo de todos los fumadores; era un espacio grande, con luz eléctrica. La Oficina producía su propia electricidad. Iban cada sábado al "biógrafo", las películas eran todavía mudas y hasta había alguien que tocaba el piano, algunas de Charlie Chaplin, otras de vaqueros; había algo parecido a un palco para el Administrador y su familia. Cuando yo vivía en la Pampa muchos años después, Peña Chica no tenía cine, casi todas las Oficinas ya estaban "paralizadas". Mi madre me llevaba al biógrafo en el teatro (cine) en Humberstone, pero eso lo contaré más adelante.

A la Sra. Dowd le traían un gran canasto con verduras frescas de Pica también cada sábado y una vez a la semana recibía de Iquique una caja con pescado, con serrín y hielo para mantenerlo fresco. En esos tiempos no había refrigeradores, había lo que se llamaba "hielera", donde se insertaba un gran rectángulo de hielo protegido con serrín. Goteaba en un recipiente de metal en el suelo y servía para las bebidas frescas. La Sra. Dowd también se ocupaba de la comida de los solteros y, si ellos querían algo especial, se lo decían a ella.

Ruby describe las excursiones a Pica. El viaje empezaba en la Estación de Pintados al anochecer. Cuando eran chiquitas iban acostadas en una carreta y, cuando cumplieron más años, las dejaban ir a caballo. Viajaban toda la noche y en el camino había (sigue habiendo) trozos que eran de pura arena. Una vez uno de los hombres que iba en la comitiva se cayó de su mula y el Sr. Dowd preguntó si se había lastimado, a lo que le contestó riendo: "Ay, no patrón, si fue como caerme de la cama" por lo suave de la arena... En Pica se alojaban en la chacra de una familia de apellido Lema. La casa era pequeñita, no tenía cuarto de baño ni wc, "teníamos que usar una basenica en una choza afuera. Íbamos a nadar en la *cocha*, uno de los manantiales de agua tibia". Pica en 2005 ya tenía un hotel de cinco estrellas, con gimnasio, piscinas calientes, etc.

Ruby dice que el primer automóvil en la Pampa lo tuvo su padre; antes tuvo un Ford y después un Chevrolet y luego un Chandler. Estaba empecinado en llegar hasta Pica en auto; salía con el chofer Enrique todos los días, llevando palas y sacos. Los sacos eran indispensables por si se quedaba el auto atascado en los espacios de arena fina en el camino. Yo me acuerdo igualmente, bien entrados los años 30, que cuando íbamos a Pica o a La Tirana siempre había palas y sacos en el maletero. Por fin llegaron hasta Pica un buen día; ahora se llega en nada de tiempo, dos de los lados de ese triángulo de carretera están asfaltados y el tercer lado es parte de la Carretera Panamericana (que es la que antes estaba escandalosamente mal). Ya estaba asfaltado cuando volví en 1981 por primera vez —los dioses saben después de cuántos años—, lo he mencionado en alguna parte, pero no me acuerdo de los años que eran y, realmente, importa poco.

Según Ruby, ya en esa época había una escuela en Bellavista, con tres maestras. Aparentemente las chilenas son maestras también del *crochet* (ganchillo), por lo que a las tres hermanas las mandaron a la escuela para aprender *crochet*, mientras los demás alumnos aprendían ce-a = ca, ese-a = sa, ca-sa.

Bici Dowd, Betty Dore (tía de Jack Scarr) y Ruby Dowd camino al oasis de Pica (ca. 1920).

Paseo de la familia Dowd entre las Oficinas Bellavista y Alianza. Se ve la huella despejada (ca. 1920).

Los deportes que se organizaban eran polo, golf, *cricket* y tenis. Para el *cricket* se colocaban esteras de coco sobre la tierra. Ruby no lo cuenta, pero yo lo he oído o leído no me acuerdo dónde: su 'tía' Gwendoline Budd (Bunny) jugaba al polo en las partidas de entrenamiento montando de amazona. Tuvo un accidente muy feo y la llevaron inmediatamente a Iquique. Se produjo una gangrena que se pudo superar y volvió a jugar. Estaba casada con Hugh Steel. Es probable que esto haya ocurrido entre el 2 de junio y 11 de julio de 1925; lo deduzco por un diario que escribió en esos días mi tío Dod, que estaba haciendo su servicio militar en el regimiento Granaderos de Iquique. En Iquique todavía, escribió que fue a visitar a la señora de Hugh Steel en el hospital, que se había levantado de la cama por primera vez aquel día y que estaba la Sra. Dowd con ella —su hermana Bici (claro, puede haber sido otro el motivo de su hospitalización). Tal vez no lo menciona Ruby porque en 1925 ella y su marido recién casados se fueron a vivir a Inglaterra y no lo tenía tan grabado en la memoria.

Antes de haber carretera se llegaba a Iquique en tren. Los pasajeros iban hasta la Estación Central que ya he descrito. Antes de emprender la bajada definitiva esperaban ansiosamente la llegada al Molle, "donde había un gran árbol". En efecto, *molle* es una palabra quechua que significa árbol, es de la familia de las anacardiáceas, aunque Ruby lo describa como un pimentero enorme. Su interés era que a partir de ese punto ya se podía ver el mar y la bajada se hacía mucho más pronunciada. Le preguntó Nigel si la bajada era en zig-zag, a lo que Ruby responde que hasta donde se podía acordar, no había zig-zag. Acabo de mirar en un plano de esa parte de la Pampa donde vienen todos los ferrocarriles, y efectivamente, el Ferrocarril Salitrero bajaba en línea recta desde el Molle y sobrepasaba Iquique en un tramo corto, antes de dar la vuelta. Solo un zig, zag no había.

En Iquique se alojaban con la "tía" Mabel, o con la Sra. Durlac o con la Sra. Scarr (abuela de Nigel, el entrevistador). Ruby describe lo que se acuerda de la casa de la Sra. Scarr; dice que las casas siempre tenían despensa, le cuenta que su abuela-astra (Manina) le dijo que todo el mundo tenía alguna peculiaridad, añadiendo que la suya era siempre comprar arroz por saco y este estaba guardado en la despensa. El mobiliario del salón se parecía al de la mayoría, es decir, muebles ingleses, sillones, sofá, tal vez un piano y varias fotografías. Algunos salones estaban en el centro de la casa y ahora mismo no sé de dónde venía la claridad de día —si había segundo piso, no podía haber claraboya–. Esta casa, que estaba en una esquina, quedaba contigua a la casa donde vivían los George y la madre de la Sra. George, la Sra. Bush.

En cuanto a la vida social, Ruby dice que se daban espléndidos bailes en la "Municipalidad, que en realidad era el Teatro", y en la Filarmónica y también "bailes-cocktail" por la tarde –supongo que también se podrían llamar *thés-dansants*–. A todos asistían las hermanas Dowd que tuvieran edad, Ruby tenía 19 años en el momento de su compromiso con Les Lister en 1921. Tengo una pequeña cartulina, tamaño tarjeta de visita, de lo que supongo constituye el "carné de baile" de una joven (estaba entre los papeles de mi abuela). Se bailaba el vals principalmente (en una lista de doce, el vals aparece ocho veces), la cuadrilla (dos veces), lanceros (una vez) y barn dance (una vez). Aparte de los doce bailes iniciales, al final había tres bailes "extras" sin especificar. El charleston llegó algún tiempo después. Los vestidos con faldas muy amplias los hacían costureras, que abundaban en aquellos tiempos, y además había una tienda muy buena que se llamaba El Sol.

Se acuerda que su padre recibía grandes cantidades de libros todos los meses de Goodwins, Librería Inglesa, que también vendía grabados y litografías.

Me explicó Ruby que Les Lister, su prometido, conoció en Francia a un mayor Harrison, Gerente de la Cía. de Aguas en Iquique, durante la Primera Guerra Mundial. El mayor Harrison le sugirió que fuera a Chile al terminar la Guerra. Les le contestó que su padre había hecho gestiones para que entrara a trabajar en el Westminster Bank, pero que ella, Ruby, supone que algo le atrajo en la idea de ir a Chile y así se embarcó en el *México* en 1918. Tenía un contrato de seis años con la Cía. de Aguas. Mientras estuvo en Chile murió su madre, y su padre quiso que volviera a Inglaterra, "de manera que nos casamos, nos fuimos a Inglaterra y pusimos una granja de cerdos ¡qué contraste! añade riéndose".

Ruby siguió diciendo que la vida social en Iquique era muy "inglesa", con lo cual creo que quiere decir que los grupos en los que se movía consistían principalmente –pero no exclusivamente– de ingleses. En los bailes de la Filarmónica había una orquesta "muy buena" según Ruby, en la que uno de los instrumentos era un serrucho común y corriente "muy armonioso". Se acuerda especialmente de una canción "*Three o'clock in the morning*", que era la favorita de ella y de Les.

No he podido averiguar cuándo empezaron los bailes mensuales en la Filarmónica, me parece que marcaron la vida social de toda una época. Por referencia de Frank Watson, ya se daban en 1910. Roy Scarr dice que en 1920 ya estaban muy bien organizados y que se acudía después de cenar.

"Las señoras jugaban al bridge por las tardes, se convidaba a las amistades a tomar el té, se usaban manteles recién planchados y la cocinera hacía pastas especiales y, naturalmente, no faltaban los sandwichitos de pepino cortado muy fino. Se daban cenas y, claro, los bailes. Entretanto, la juventud iba todos los días al Club de Botes a nadar. Y a Cavancha bordeando la playa se iba el domingo para almorzar en ese restaurante sobre el agua, el 'Restaurant Cavancha' de Francisco Cattey; a ser posible, se alquilaba una victoria con dos caballos" (supongo que ya había empezado la transición entre tracción con caballos cuadrúpedos y "caballos" de vapor).

Uno de los platos favoritos en cualquier lugar de la costa eran siempre los erizos, servidos con cebolla y perejil muy picados; también había jaibas y siempre una riquísima sopa. Ruby le dijo a Nigel que a veces iban a cenar a casa de la abuela de él, la Sra. Scarr, no a una cena de protocolo, sino a una cena familiar. Le dice que su abuelo iba todas las tardes un rato al Club Inglés con el padre de Maureen, Walter Jones (casado con Mabel Budd, hermana de Bici) antes de volver a su casa a cenar.

El Carnaval y notas sociales

Maureen, que estuvo en esa entrevista, se acuerda de los carnavales de chica y del miedo que pasó un año. Cuenta que un día llegó un grupo de amistades que, riéndose mucho, se llevaron a su madre al agua entre risas y protestas; la playa estaba al otro lado de la calle El Camino, y eran todos conocidos; pero como niña chica no sabía lo que pasaba y tuvo miedo. El elemento importante durante carnaval era el agua que se manejaba en globos: se trataba de mojar la mayor superficie de la mayor cantidad de personas posible. Yo viví un carnaval nada más, siendo chica, y ya no eran lo que habían sido. Debe haber sido en 1940, porque estábamos viviendo en la calle Tacna 1580; recuerdo que aparte del agua también fabricábamos "salchichas" y "proyectiles" con harina, de unos 8 a 10 cm, creo que de papel higiénico, para tirar antes que el agua y, por ser bastante desagradable el engrudo resultante, lo encontrábamos muy divertido. Las azoteas eran lugares de preferencia durante el carnaval y era recomendable evitar andar por debajo durante esos días. Me estoy viendo una mañana (las celebraciones normalmente empezaban por la tarde) en la azotea, con otra diabólica amiga (tendríamos 9 o 10 años), con dos o tres cubos llenos de agua y unas vasijas más pequeñas y manejables para la aplicación individual. Desgraciadamente no duró mucho ese regocijo, se recibieron protestas y mi madre subió a interrumpir nuestro carnaval; claro, no se trataba de mojar a las señoras (en su mayoría) que iban a comprar algo olvidado.

Maureen cuenta que ella se fue de Iquique muy joven y que solo tiene recuerdos de algunos detalles, como por ejemplo su primer recuerdo de todos: salir de su casa y empezar a caminar por veredas de madera, dar vuelta a la esquina para ir a la "tienda del chino" al otro lado, para comprar caramelos. También se acuerda de ir el sábado al 'biógrafo' a ver a Rodolfo Valentino, o Charlie Chaplin y Buster Keaton; evoca pic-nics en la playa, fiestas de cumpleaños de 50 o 60 niños a las que parece que siempre se iba en disfraz. Estaba Clementina, la cocinera, muy querida por la familia y con mucho carácter, y además alguna nanny importada con devoción por la botella. Maureen dice que tiene tenue recuerdo de haber estado confinada con sus hermanos en el baño cuando volvieron sus padres de una cena, encontrando a la nanny algo alegre. Fue devuelta inmediatamente al Reino Unido. Su padre, Walter Jones, había nacido en Coronel, aproximadamente 1.250 km al sur de Iquique y fue al colegio McKay en Valparaíso. Huasco, unos 1.100 km al sur de Iquique, tuvo mucha actividad como puerto minero en el siglo XIX, el mismo lugar donde se habían casado Panino y Manina, abuelos de Maureen y futuros suegros de Walter Jones. El hermano de Walter, Bertie Jones lo llamó para que fuera a trabajar en Iquique a la firma Buchanan Jones, que se convirtió en una de las empresas prestigiosas, relacionadas con el salitre. A Maureen le encantaba ir a la Pampa a pasar unos días con sus tíos, los Dowd en Bellavista y los Steel en San Patricio, que quedaba lejos al norte. Conocí a Maureen y la vi varias veces cuando iba a visitar a Ruby en Londres, y la última vez en la fiesta de los 100 años de Ruby. Era encantadora y muy buena moza.

Ruby cuenta la experiencia de una de las hermanas Bolton, Lily, la más chica de cinco. Tenía un novio con el que sus padres no querían para nada que se casara. Ella insistió y se casó en Iquique. El marido se la llevó a Antofagasta donde decía que tenía casa, trabajo, etc. No tenía nada. Lily volvió a Iquique, llamó a su amiga Mabel Jones en Santiago, la que había vivido en Iquique, donde tuvo una tienda de caramelos ingleses que después trasladó a Santiago. Lily le preguntó si podía ir a quedarse con ella; al enviudar del Sr. Cevallos, Mabel fue a vivir a Santiago con sus cinco hijos en una enorme casa en la calle Catedral. En casa de Lily nunca le enseñaron a hacer nada como para ganarse la vida. En Santiago aprendió mecanografía y aceptó un trabajo de poca monta, pero en fin, un trabajo. Siempre estuvo mejorando sus conocimientos y obtuvo mejores puestos. Ahorró para comprar un departamento chico. Al tiempo compró otro y, dice Ruby: "ahora viene de visita a Inglaterra todos los años, aprovechando para viajar por todo el mundo". Es un cuento con final relativamente feliz y de tanto esfuerzo personal sin la ayuda de nadie.

Ruby Bolton, otra de las hermanas Bolton, se enamoró de un hombre que su familia no consideraba nada satisfactorio. Con cierta frecuencia los padres de Ruby la mandaban a la Pampa a quedarse unos días con los Dowd. Ruby Dowd me contó que casi siempre al volver a Iquique, el señor insatisfactorio se enteraba del día, no se sabe cómo, y esperaba a Ruby Bolton en la Estación Central y la acompañaba en el tren hasta el Puerto. No sé cómo terminó esta historia, me temo que no tuvo un final feliz, pero me alegro añadir que estoy totalmente equivocada, como me contó mi amiga Gay, sobrina de Ruby. Se casaron, y "tuvieron tres hijos, 14 nietos y un montón de bisnietos. El año que cumplieron 65 años de matrimonio fallecieron con unos pocos meses de diferencia. Si mis abuelos se oponían, no lo sé. Pero si fuera así, debe haber sido por lo jóvenes que eran, la palabra 'insatisfactorio' no corre en esta novela de amor".

Yo conocí muy bien a otra de las hermanas de Lily y Ruby Bolton, a Grace, que se casó con Alfred Mayne Nicholls. El penúltimo verano que estuve en Chile, el de 1944, viviendo ya en Santiago, lo pasé en casa de ellos, en la calle Baquedano 1198.

Carreras de caballos

Fueron durante muchos años una cita general para el domingo. No sé en qué año empezaron, pero duraron hasta bastantes años después de la Primera Guerra Mundial, porque Ruby se acuerda de haber ido a las carreras cuando la familia estaba en Iquique por otros motivos, es decir, no bajaban desde la Pampa especialmente para asistir a las carreras. El padre de Ruby, Thomas Dowd, era muy aficionado a los caballos en general y también a las carreras. En una ocasión, al volver de Inglaterra, en el barco se trajo un caballo de carrera; al llegar a Iquique lo echaron al agua como era costumbre, parece, igual que al ganado, para que se fueran nadando a tierra. La mala suerte fue que una vaca o toro le dio una cornada y se desangró antes de llegar… El hipódromo estaba en lo que entonces eran las afueras de la ciudad, hacia Cavancha, donde sospecho también estuvo el Club de Polo y, ¿donde jugaban al cricket?, y donde más tarde estaría el aeródromo. ¿Y donde fueron concentrados los trabajadores que se habían librado de la matanza años antes en la Escuela de Santa María?

Lottie Fowler (mi abuela) en las carreras de caballos de Iquique.

Maureen se acuerda de otro detalle de la vida en Iquique: los "médicos chinos". Al parecer eran a los que se recurría como último recurso en ocasión de enfermedad de un bebé, al que la medicina habitual no había podido curar. Maureen menciona disentería y Ruby habla de catarro intestinal que solía durar tres días. Los médicos chinos usaban hierbas y otros ingredientes extraños; muchas veces salvaban la situación, todas no. Maureen contó que a ella la salvó uno de estos hombres, pero que en el caso de un hermanito de Ruby no pudo hacer nada; el chino dijo: "traído demasiado tarde". Tristemente esto fue en una ocasión cuando los padres estaban fuera de vacaciones unos días, habiendo dejado a los hijos chicos en la Oficina a cargo de sus abuelos, que lo eran también de Maureen. Ruby se estaba recuperando de fiebre tifoidea cuando enfermó el hermanito, que llevaron corriendo a Iquique.

Ruby habla del Sr. Lawrence, Administrador de la Oficina Cala Cala, un verdadero *cockney* (nativo de Londres, se refiere sobre todo al acento característico) que se casó con una joven boliviana de familia culta. La Sra. Lawrence hablaba poco inglés y lo enredaba todo con resultados muy divertidos, era buena, alegre y todo el mundo la quería. Ella misma contaba que cuando su marido la llevó a Inglaterra para conocer a la Sra. Lawrence madre, que vivía en un barrio de Londres, esa señora no la dejaba salir sola a la calle debido a su aspecto distinto y llamativo; me imagino a esta señora (la señora madre) pronunciando la palabra *foreign* (extranjero) con cara de mal olor. Al preguntarle Nigel a Ruby qué hacía un *cockney* en la Pampa, le contestó que llegó a ser Administrador después de algunos años, por mérito propio. Al parecer en una ocasión uno de los "ingleses" en Cala Cala se quejó de la comida, y el Sr. Lawrence le dijo: "Sí, yo sé cómo era tu hogar, tu padre se comía el arenque y tú te alimentabas con el olor". Ruby añadió que no todos los ingleses de la Pampa habían pasado por los mal llamados *public schools*, pues había una buena mezcla de clases sociales y que generalmente las relaciones eran armoniosas y cordiales con todo el mundo.

Yo personalmente no pienso que la Pampa haya sido el máximo ejemplo de una utópica benevolencia fraterno-social, sino más bien resultado de una muestra de ecuanimidad del padre y madrastra de Ruby, y del ambiente respirado en su casa por ella y todas sus hermanas y hermano. Creo que la Pampa fue parecida a otras sociedades en las que suele haber distintas dosis de sentimiento de superioridad y de envidia. Sin embargo es lógico pensar que en ese entorno desértico lejos, muy lejos del lugar donde crecieron, los ingleses hayan tenido un impulso de acercamiento amistoso que probablemente no hubiesen tenido si se hubiesen conocido en Inglaterra. Por otro lado, quizás contribuyera a este acercamiento fraternal el hecho de que no hubo Virrey como en la India, representando a la Reina en Londres, ni Gobernador en representación del monarca, ambos con sus cortes y protocolo.

Por lo que he leído, tengo la impresión de que en la India y colonias africanas sí surgieron palpablemente varios estratos sociales entre los ingleses. Además en cuanto a las relaciones con las personas de todos estos países (los "nativos"), los ingleses estaban en la India, África, etc., como dueños y señores. En Chile estaban como iguales, dedicándose a tareas sancionadas por el gobierno de Chile, donde ambos obtenían provecho, por lo que el trato social con los chilenos era igual que con cualquier mortal. Espero que no me lo tomen a mal si digo que siempre hubo gente insoportable en cualquier parte del mundo, lo que afirma, claro, la existencia de los demás, es decir la gente encantadora.

El impulso de acercamiento fraternal se puede extender también para englobar al trabajador chileno de la Pampa; para mí no se puede decir mejor que Sergio González en *Hombres y mujeres de la Pampa*, en una definición de "pampa" y "pampino" que dice: "El desierto es anecúmene, la pampa es ecúmene". Esto lo dice casi todo y lo siguiente lo redondea: "No solamente el obrero salitrero es pampino; también lo fueron sus patrones y los empleados. Por tanto, la identidad pampina está por sobre fundamentales contradicciones sociales como la de clase, de nacionalidades, étnica...". Los chilenos venidos del sur estaban lejos, muy lejos de donde crecieron, igual que los europeos, ambos grupos vivieron sus vidas en esa Pampa ecúmene. Los bolivianos igualmente fueron pampinos "a tiempo parcial", pues no estaban tan, tan lejos de la tierra donde nacieron y volvían a ella con alguna frecuencia: andando.

Anécdotas de Walter Jones

En una grabación de Nigel están conversando Ruby, su "primastra" Maureen Jones y el marido de esta, Ian Monteith. Cuenta el Sr. Monteith que al volver a casa por la tarde su suegro Walter Jones ya estaba sentado al lado de una mesa a la que daba tres golpecitos con su bastón diciendo "Cantinero". Esta era la señal para que su yerno le trajera un "pichuncho" (¿pisco con vermouth?) como preparación para empezar a contar algunas anécdotas. Maureen duda que fueran todas la pura verdad, de manera que se han de admitir con reservas ("con una pizca de sal").

Yo deduzco que esto ocurrió más o menos en 1925. Curiosamente había sido Alcalde de Iquique Walter Jones (cosa que tampoco he podido verificar), socio en la firma Buchanan Jones. (¿elegido?, ¿nombrado?). [En agosto de 2005, estando en Iquique fui a hacerle una visita a Guillermo

Ross-Murray y me presentó al Sr. Leonel Lamagdelaine y aproveché para preguntarle si hubo alguna vez un alcalde inglés. La contestación fue un no rotundo. Intentaré indagar más]. Al hacerse cargo de la Alcaldía no había una "chaucha" con que pagar a los empleados municipales. (La "chaucha" era una moneda de aleación de plata con algo más, de 20 centavos de peso. La expresión equivale en España a "no había un duro"). Lo único que pudo hacer fue pagarles con su propio dinero. Habló con el jefe de la policía quien más tarde sería dos veces Presidente de Chile, es decir, el entonces coronel Carlos Ibáñez del Campo. Preguntó: "¿Qué puedo hacer para recuperar mi dinero?" a lo que don Carlos Ibáñez le contestó: "Déjemelo a mí, Don Walterio". Pasó algún tiempo y un día vino el coronel Ibáñez con todo el dinero. Encantado el Sr. Jones, inquirió cómo lo había conseguido, a lo que le contestó el Coronel que había dado órdenes a los carabineros para que multaran a todas las prostitutas...

La otra anécdota es la siguiente. En la Plaza Prat estaba el Club Inglés y al otro lado estaba la casa de la Corporación de Ventas de Salitre y de Yodo. Los obreros de la Pampa habían tomado la casa de la Corporación. Estando Walter Jones en el Club, llegó a puerto su buen amigo el almirante Sir Luis Gómez CBE (caballero del imperio británico); bajó a tierra y fue derecho al Club Inglés, donde dijo: "Walter, pídeme un whisky doble por favor". Salió, cruzó la plaza a la casa de la Corporación del Salitre donde les dio un ultimátum a los trabajadores para que desalojasen. Y así dos veces más, fortificado en cada ocasión por un whisky doble. No le hicieron caso; volvió al Club y subió a la azotea donde mandó una señal a su buque que soltó una andanada dejando desintegrada la casa de la Corporación del Salitre. Bueno, supongo que se podrán comprobar algunos datos. Lucho Gómez era una persona muy conocida en su propio país y, estando casado con una inglesa, entre los ingleses también. En agosto de 1906 hubo un tremendo terremoto en Valparaíso. El Capitán Gómez estaba en el puerto entonces y se forjó un nombre de firmeza en esa ocasión por la manera enérgica con que evitó los alborotos y saqueos.

Jack Scarr

En una grabación emotiva e interesante que tengo de la BBC, Jack Scarr, nacido en Iquique en 1915, cuenta su viaje de regreso en 1990 después de 66 años viviendo en Inglaterra en Oxford. Fue con su sobrino Nigel Acheson que, contagiado por lo que había oído hablar a su madre y a su abuela, había hecho una peregrinación a Iquique unos años antes.

Jack relata el recuerdo de un pic-nic algo diferente cuando chico, durante alguna visita a la Pampa, a la que fueron en el tren (su padre trabajó en el Ferrocarril Salitrero). En alguna parte se bajaron para continuar en un autocarril con un maquinista que se paraba ahí donde a los pasajeros les parecía un lugar propicio para comer. Después de algún tiempo, notaron que el maquinista parecía algo nervioso, hasta que dijo que se volvieran a subir porque venía un tren. Llegaron justo a un apartadero desde donde vieron pasar el tren que los pudo atropellar; continuaron ya más aliviados con su día de excursión. Cuenta que también iban a veces a la quebrada de Tiliviche para un pic-nic y aprovechaban para hacer una visita al Cementerio Británico. Me pregunto cómo habrán llegado hasta la Quebrada, porque ferrocarril no había (ni hay). Se bajaban quizás en algún punto del tramo que iba de este a oeste hacia Pisagua; creo que estaba la estación ¿parada? de San Roberto por ahí, donde podían encontrar algún tipo de transporte.

Me gustaría explicar algo sobre el tema del autocarril. El RAE dice que se usa en Bolivia, Chile y Nicaragua y que nos refiramos a "autovía". Autovía significa: "Coche de ferrocarril propulsado por un motor de combustión interna". Había muchos modelos de autocarril: pequeños, más grandes, para dos personas, para cuatro o más, la mayoría descubiertos, algunos con techo para protegerse del inclemente sol de mediodía, de uso por particulares o por personal de los ferrocarriles y de las Oficinas. En cuanto a "combustión interna", no siempre tuvieron motor. Según se puede ver en una vieja fotografía, el autocarril pequeño, como uno que tuvo mi abuelo el médico, no tenía motor, creo que funcionaba con una palanca y era lo suficientemente liviano como para que dos hombres —su insuperable e inseparable Mena y él mismo—, lo pudiesen quitar de la vía cuando venía un tren. He visto una fotografía incluso de uno para una sola persona que se componía de un asiento que iba sobre uno de los rieles y un brazo largo que salía de no sé dónde formando un semi-arco para apoyarse sobre el otro riel, todo suficientemente liviano como para que ese solitario viajero pudiera quitarlo de la vía en caso de necesidad. Además, en sus memorias Frank Watson menciona un modelo de 1904, muy anterior tirado por una mula y ¡hasta he visto una fotografía de un ejemplar originalísimo donde tres personas van propulsadas por una vela! El autocarril de esta fotografía es otro modelo, aparentemente con algún tipo de motor. Se ve mi abuelo con sus dos hijas

Un autocarril a motor donde se advierte mi abuelo con sus dos hijas pequeñas,
Mary y Jean, su asistente, Sr. Mena, y mi padre sentado detrás.

pequeñas Mary y Jean, y el inseparable Mena, mi padre –mucho antes de ser suegro y yerno– va atrás.

Volviendo a Jack Scarr, su mayor ilusión al volver a Iquique era ver otra vez la casa en que nació en 1915 y, claro, la encontró. En lo que era entonces la calle Tacna (ahora Obispo Labbé) y esquina Joaquín Pérez. La familia que vivía en ella lo invitó cordialmente a entrar y pudo ver (con percepción distinta) cómo todo estaba igual desde la última vez que la vio en 1924.

Describe Jack Scarr: "uno de los momentos más dramáticos de mi infancia"; cuando tendría unos seis años, él y sus hermanos fueron todos sacados repentinamente de sus camas bien entrada la noche, llevados corriendo a la calle donde esperaban dos automóviles. Los metieron a toda prisa –nunca había estado antes en un automóvil: "eran cosas nuevas" dice– y se fueron hacia la Pampa, subiendo por unos caminos con curvas muy cerradas. Fueron a una buena distancia hasta que pararon, era aún de noche, podían ver allá abajo las luces de Iquique, del puerto. "Pregunté por qué habíamos venido hasta ahí, a lo que contestó mi padre: Porque va a haber un maremoto. La gente tuvo miedo que el mar entrara repentinamente, como había pasado en Iquique en algunas ocasiones, así como en otros puertos. No pasó nada y volvimos cuando había amanecido. Se me ocurrió preguntarle a mi madre por qué no habían venido las empleadas con nosotros, si había peligro para nosotros, para ellas también ¿no? Se enojó mucho y no me contestó. En otra ocasión, refiriéndome a los vagabundos que siempre se veían por ahí, pregunté por qué eran tan pobres los chilenos y nosotros tan ricos. Contestó: "Es porque nosotros tenemos la suerte de haber ido al colegio", lo que encontré muy aburrido, ya que a esa edad no me entusiasmaba demasiado "la educación".

Parece que esto de salir corriendo "hacia arriba" porque venía un maremoto era algo corriente. Viví en Iquique poco tiempo, en realidad únicamente cuatro veranos y nunca oí decir que la gente tomaba el auto en la noche para ponerse a salvo. Ruby me contó de un caso similar que le ocurrió a ella. Cuando había algún baile en Iquique las convidaban a ella y a sus hermanas que tuvieran edad, a pasar unos días en el puerto. Generalmente iban a casa de la Sra. Jones, es decir "tía" Mabel, hermana de la encantadora madrastra Bici. Si no iban allí, la Sra. Scarr solía invitarlas y también la Sra. George.

Con la familia George vivía la Sra. Bush, madre de Nora George, y estando los padres Dowd de permiso en Inglaterra, la Sra. Bush convidó a Ruby y no sé si alguna hermana, a pasar unos días con ella. Su nieta Alice George era de la misma edad que las Dowd y eran amigas. Otra vez, hacia medianoche de repente entra la Sra. Bush en el dormitorio diciendo: "Levántense niñas, viene un maremoto". Había llegado el Sr. Rooke, que era padrino de uno de los niñitos George, para llevárselos a todos a su casa que quedaba más arriba fuera del alcance de alguna desgracia. Ruby sigue diciendo: "Ahí estuvimos toda la noche sentados en el salón de la Sra. Rooke, unas 10 personas. El maremoto nunca llegó. Desgraciadamente no conservé un dibujo que hizo Percy Humberstone (hijo de Don Santiago) de todos nosotros aquella noche, era muy buen dibujante". Añade que Winnie Bolton, la Sra. Rooke hacía poco tiempo que había tenido una hijita –después de los tres niños– que también había estado con ellos en el salón toda la noche. Desgraciadamente la hijita no llegó a cumplir el año. Mi amiga Gay Mayne Nicholls (sobrina de Winnie Bolton) me ha dicho que el año debe haber sido 1928, en que nació Patricia, confirmado por su primo y amigo mío, Roddy Rooke (por la autora). Grace Bolton, madre de Gay le contó a Ruby que Percy Humberstone era, además de buen dibujante, un magnífico bailarín y que le encantaba que la sacara a bailar en la Filarmónica.

La madre de Jack había llegado a Chile desde Limerick en Irlanda, como institutriz de las hijas de la familia Purvis que vivía en Junín, creo que en Alto Junín, no en el puerto, que queda un poquito al sur de Pisagua. Los padres de Jack se casaron en Junín en 1913. Durante ese viaje de vuelta en 1990, él y Nigel quisieron visitar Pisagua, que había sido uno de los importantes puertos en la época de la expansión del salitre. Queda a poca distancia al norte de Junín, pero no pudieron ir porque según los carabineros "estaba cerrado" (se había encontrado recientemente una fosa con osamentas humanas de personas ejecutadas en octubre de 1973). Describe lo que había sido el bonito teatro de Pisagua, ahora abandonado. La fachada había tenido columnas de madera torneada. Pescadores habían extendido sus redes sobre parte del escenario, desde donde se oía y veía el agua entrar ruidosamente debajo de los tablones podridos. Había lo que fue un hermoso piso de palcos y arriba anidaban aves marinas en lo que fue el gallinero. Pobre Pisagua, tiene triste recuerdo ahora. Hay muchas fotografías de la rada de Pisagua y de Iquique, llenas de esas elegantes embarcaciones, y tuve la suerte que una amiga me mandara algunas que tenía guardadas en un cajón con cosas de su padre.

Los veleros salitreros clippers *en la bahía de Pisagua (ca. 1900).*

Los inolvidables clippers

Estos hermosísimos veleros se usaron para el transporte de salitre hacia Europa, Australia y demás lugares. Tenían tres o cuatro mástiles y eran muy veloces. Los construyeron en Inglaterra, pero también y sobre todo en Alemania, Francia y Estados Unidos; creo que los más famosos fueron los alemanes de la Línea P, cuyos nombres empezaban todos con 'P': por ejemplo *Potosí, Preussen, Pamir, Passat*, etc. El *Pamir* transportó salitre (con un intervalo entre 1914 y 1922) hasta 1931.

Las cargas de guano, cobre y salitre no se consideraban ideales, pero en los años después de la Guerra del Pacífico, cuando aumentó tan considerablemente la exportación, se dejaron de catalogar como apropiadas solamente para barcos de segunda clase. El mayor peligro con el salitre era el fuego. Parece que la única manera de apagar el incendio en una bodega llena de salitre era con agua en la que se había disuelto algo de salitre, que se guardaba en barricas al lado de cada escotilla mientras se estaba estibando.

Los veleros que quedaban listos para el regreso a casa (*homeward bounder*) tenían una ceremonia tradicional de despedida. La costumbre era ovacionar al que estaba a punto de completar la carga. Se vitoreaba el último saco que subía a bordo, al que había saltado el miembro más joven de la tripulación, generalmente el aprendiz más pequeño, y en lo más alto enarbolaba la bandera nacional de su velero. Gritaba: "Tres vivas para el capitán, oficiales y tripulación del…" y después "Tres vivas para todos los veleros en puerto". Esa misma noche a las ocho en el barco empezaba a sonar su campana, inmediatamente todos los demás hacían lo mismo y ese alboroto continuaba unos 10 o 15 minutos. Se iluminaban partes del barco para representar la Estrella del Sur. El hombre con la voz más sonora entonces entonaría: "Tres vivas para el…" (barco más cercano) que contestaba "Tres vivas para el que vuelve" (solo se decía el nombre del que estaba a punto de regresar al vitorear el último saco). Así seguían las ovaciones hasta que todos hubiesen sido vitoreados y hubiesen vitoreado de vuelta. A veces había fuegos artificiales o se enviaba un bote a un barco de amigos con una botella de ponche. Al terminar las ovaciones el velero a punto de regresar se veía rodeado de botes, pues el capitán recibía a bordo a todos los capitanes anclados en el puerto, junto con sus señoras y demás representantes de navieras en el puerto.

Esta ceremonia era muy detallada, sobre todo en la costa del Pacífico, y solo desapareció cuando desaparecieron las velas. En 1927 el *clipper* inglés *William Mitchell* cargó salitre en Tocopilla. Se desarrolló la ceremonia del último saco, pero los únicos barcos en el puerto eran goletas y ni una sola le hizo el más mínimo caso a la ceremonia que se celebraba. Un joven inglés que llegó a Iquique en enero de 1904 quedó impresionado con la cantidad de buques de vela anclados, en un solo día llegó a contar hasta 70 buques en la bahía de Iquique.

Los clippers *en el puerto de Iquique (ca. 1900).*

A veces resultaba inesperada o involuntaria la navegación hacia el norte. La corriente del sur se hacía cargo de la embarcación y se la llevaba bastante más allá que su destino, entonces tendría que dar la vuelta hacia el SO y navegar unas 1.300 millas antes de volver a tomar la ruta de costumbre. Podía haber transcurrido tanto como un mes desde el momento que el barco pasó de largo hasta su llegada definitiva.

Scarrs otra vez

Ruby Lister se acuerda muy bien de la Sra. Scarr porque, entre otras cosas, le prestó para su boda en 1925 el velo que ella misma llevó en la suya; era de un precioso encaje de Limerick. Se acuerda también de una hermana de la Sra. Scarr, Betty Dore, que vino a Iquique de visita; con frecuencia se quedaba unos días en la Pampa con la familia Dowd, le encantaba ir con ellos de excursión hasta Pica. Ruby tiene una fotografía que sacó su padre donde se ve a Betty en plena Pampa y en actitud inmóvil, como si hubiera estado en esa postura parte de una eternidad, observando una mula muerta –antes de la llegada de los gallinazos (primos hermanos de los buitres)–.

En unas memorias escritas que me dio Jack Scarr, cuenta que el transporte público en Iquique consistía en tranvías tirados por caballos (he leído que también se usaban mulas). El conductor tocaba la campana con el pie; de tiempo en tiempo los caballos necesitaban reposar y el conductor necesitaba saciar su sed. Por algunos momentos el tranvía podía quedar desatendido, que era el momento justo que aprovechaban Jack y sus endemoniados amigos para subir y tocar la campana insistentemente, anunciando que el trayecto se reiniciaba ya mismo. Salía el conductor articulando un selecto vocabulario y los campaneros se bajaban disparados.

Más adelante describe lo que alguna vez ocurría en la esquina diagonalmente opuesta a su casa, donde había una de las tantísimas tiendas pertenecientes a los chinos. Siempre en una esquina, con entrada por dos calles. A principios de los años 40 seguían existiendo. Vendían de todo, como antiguamente lo hacían las oficinas de correos muy rurales en Inglaterra. Ruby dice que los chinos vendían casi todo bastante más barato que los demás comercios y que el beneficio del negocio se obtenía de las cajas de embalaje que se vendían para leña.

Naturalmente, lo que más seducía a los niños eran los caramelos. En este caso, el compinche de Jack era su hermano mayor Kenneth, que le llevaba dos años. Su madre era sumamente estricta en cuanto al dulce, insistiendo que era "malo para los dientes". El tener que pasar por delante de la tienda y ver toda esa gama de suculentos caramelos se convertía en un suplicio chino. Kenneth y Jack tramaron su estrategia. Los chiquillos del barrio tenían por costumbre pasar por las puertas burlándose sin merced del pobre chino; cuando la exasperación de este llegaba al máximo, agarraba una escoba y salía amenazador detrás de ellos y durante este tiempo, la tienda (como el tranvía) estaba desatendida. Al ratito volvía refunfuñando furiosamente, colocando la escoba a mano para una próxima excursión. Kenneth sugirió que en vez de esperar una provocación por los chiquillos del barrio, él sería el provocador y Jack aprovecharía el momento de persecución para entrar como un rayo en la tienda para llenarse las manos de caramelos. Esta campaña duró provechosamente durante algún tiempo, hasta que un día, al salir Jack corriendo de la tienda, casi lo atropelló una victoria en la que llegaba su padre. El Sr. Scarr vio con asombro cómo el chino perseguía a su hijo mayor por un lado y cómo el segundo era incapaz de disimular su culpabilidad. Pronto se dio cuenta de la situación: entró con ambos hijos a la tienda y le pagó al dueño, asegurándole que nada de eso volvería a ocurrir. Jack añade: "Y así fue, mi padre tenía un don de corregirnos, nunca nos gritó, nunca nos pegó, una frase razonada y tranquila nos llegaba al corazón".

Jack también se acuerda con toda claridad de los incendios en Iquique. No sé con qué frecuencia se habrán producido, pero en una ciudad donde el 99,9% de las casas eran de madera y donde nunca llovía, se puede uno imaginar la gravedad de uno. Durante el día subían corriendo a la azotea que había en muchas casas, no todas, y algunas tenían un techo armado con planchas de "calamina"(zinc) a una altura como si de otra planta se tratara, lo que quitaba algo del calor de mediodía a la casa propiamente dicha. Desde la azotea se podían ver las enormes columnas de humo y las tremendas y terroríficas llamas. Si la sirena sonaba durante la noche, el ruido que hacía era espantoso y el padre de Jack, que era bombero, siempre encontraba un momento antes de salir corriendo para decirles que era un incendio pequeño que estaba lejos.

El cuerpo de bomberos en Iquique estaba compuesto enteramente por voluntarios. Había distintas compañías: la de los ingleses era la Bomba Victoria Nº 11; también la Bomba Italia, la Sargento Aldea, la compañía española Iberia. Era un honor pertenecer al cuerpo de bomberos. En 1918 el Sr. Alfredo Syers Jones era Comandante General de la compañía inglesa y John Lockett, Vice Comandante General.

Durante su visita al pasado en 1990, Jack volvió a ver a Alex Murray que no había visto desde 1924; su padre fue dueño de la tienda inglesa en Iquique, se acuerda que tenía de "todo": *toffee,* chocolates Cadbury, el *plum pudding* para Navidad, etc.

Ya en Inglaterra, dice Jack: "El día más triste de mi vida fue cuando, a la vuelta del colegio para almorzar estando la familia sentada alrededor de la mesa, mi madre dijo que mi padre había perdido su empleo. Me sacaron del colegio, tenía entonces 15 años, y estábamos en una situación desesperada, de modo que me alisté en el ejército, diciendo que tenía 18 años". Tengo parte de una publicación sobre los ferrocarriles en Tarapacá de 1928, si no me equivoco, en la que viene el Sr. J.K. Scarr (en realidad J.R.), como Gerente General de la Compañía de Salitres y Ferrocarril de Junín. La Sra. Scarr había ido a Inglaterra en 1926 y el Sr. Scarr después. Trabajó en Londres con Sabioncello que, supongo, se acabaría en 1931 o antes, con la creación de la COSACH, que fue el golpe de gracia para la mayoría de los productores privados de salitre.

K. Roy Scarr

Hubo otro Scarr en Iquique también, Roy Scarr, hermano menor del Sr. Scarr, padre de Jack. Después de la Primera Guerra Mundial fue licenciado en enero de 1920, hasta entonces había estado tres años en Mesopotamia (nombre geográfico que no se usa ahora y que entonces designaba la región al sur de Bagdad entre los ríos Tigris y Eufrates). Tenía 23 años y era difícil encontrar trabajo en Inglaterra, pero antes de pensar en eso, se dio unas buenas vacaciones de seis meses; entonces acudió a su hermano que le pudo conseguir trabajo en Buchanan Jones, una de las casas comerciales en Iquique. Previamente tuvo una entrevista en Londres con el Sr. Buchanan.

Le ofreció lo que para entonces era un sueldo excelente de £ 15 al mes, todo incluido, lo único que se tenía que pagar era el lavado de ropa. Salió de Liverpool a bordo del *Orcoma* de la PSNC. Primero hicieron escala en La Rochelle, a continuación Vigo, La Habana, Colón; cruzando el Canal de Panamá se sirvió la comida sobre cubierta para que pudieran ver el entorno, así como las "mulas" y el manejo de las esclusas.

En la entrevista con Roy, grabada por su sobrino-nieto Nigel Acheson, dice: "Llegamos a Iquique al anochecer, vino a bordo a recibirme mi cuña-da, acompañada de un Sr. Rooke, de Buchanan Jones. Fuimos a tierra en una lancha y nos dirigimos enseguida a casa de mi hermano que estaba in-dispuesto en cama. Él era el mayor de los hermanos, tenía 14 años más que yo, el más chico de todos. Había estado en África del Sur en la Guerra de los Boers y yo lo admiraba mucho. Cuando vino a Inglaterra en su viaje de novios, en 1913, me regaló mi primera bicicleta, siempre fue muy generoso. Al día siguiente mi sobrino mayor Kenneth me sacó de paseo por Iquique, no recuerdo mucho. Yo estaba dispuesto a todo, después de tres años en Mesopotamia, no podía ser mucho peor. Mi primer destino fue la Oficina La Palma" que después se llamará Humberstone.

A la Pampa llegó en tren, en un compartimento que se denominaba Reservado, por lo que se pagaba un poquito más. Después de unos 5 km ascendiendo hacia el norte, el tren cambió de rumbo y lentamente continuó en dirección sudeste hasta llegar al filo de la cordillera de la Costa, donde iniciaba su camino hacia el este. Los barcos en la bahía se veían como ju-guetes, pero en ese día no había ningún velero, aunque sí los vio ahí en otras ocasiones. Roy se bajó en Pozo Almonte. Un ingeniero llamado Hawkin que también iba a La Palma, se hizo cargo de él, estuvieron esperando un buen rato hasta que llegó un "tren chico", como se llamaban aquellos que servían las Oficinas directamente por los múltiples ramales; deduzco que el grande era el Ferrocarril Salitrero. Ruby Dowd cuenta que cuando su familia estaba en Pan de Azúcar (Pampa sur) primero tenían que tomar un 'tren chico' que se parecía a un tranvía tirado por tres mulas, hasta llegar a la estación del Ferrocarril Salitrero. He leído, no recuerdo dónde, que estos excelentes y, creo que a veces, infravalorados animales, posaban sus pies en las traviesas. Sigue diciendo que el Reservado era solamente para los Admi-nistradores y sus familias y que ellos no pagaban nada, lo que contrasta con lo dicho por Roy Scarr: "se pagaba un poquito más". Creo que los "trenes chicos" pronto habrán cambiado a tracción a vapor…

Finalmente Roy Scarr y sus acompañantes llegaron a La Palma donde conoció a Fred Cooper, tío de las mellizas Evie y Lily Cooper; cuenta que era una persona muy simpática e interesante, tenía el aspecto de ser muy mayor, pero que seguramente solo tendría 50 y pocos años. El Administrador era un señor peruano llamado Junoy, don Luis, que era un entusiasta del trabajo, no hacía más que trabajar, pero sí, era agradable y justo (el "documento sin nombre" indica que anteriormente fue Administrador de la oficina Puntunchara). No se acuerda con detalle de la primera impresión que tuvo de la Oficina, solo de un campamento grande de casitas de calamina donde vivían los trabajadores, que sospechó deben haber sido como hornos a mediodía. "Nosotros vivíamos en lo que se llamaba la casa de la Administración que era bastante agradable y, aunque estábamos en pleno desierto, teníamos agua corriente y electricidad. En el centro estaba la Plaza, a un lado estaba el Escritorio, contigua estaba la Pulpería".

Pulperías y fichas

La odiada –por los trabajadores– y conflictiva Pulpería. Esta era la única tienda que la Administración permitía en la Oficina, donde, según los trabajadores, el metro no medía un metro ni un kilo pesaba un kilo. Aquí se vendía todo lo necesario para las familias de los trabajadores a los precios establecidos por el Pulpero, ese era el precio y no había más que decir, ni siquiera se admitía a los vendedores ambulantes que a veces se atrevían a "merodear" por los alrededores. Por la mañana a las cinco ya estaban haciendo cola las mujeres, especialmente las cantineras que preparaban cuatro comidas diarias para sus "pensionistas", generalmente los solteros. Los ingleses no compraban en la Pulpería, aunque podían hacerlo. Es solamente hacia mediados de los años 20 y 30 que he leído que algún miembro de una familia inglesa, generalmente uno de los niños, iba a la Pulpería de compras.

El libre comercio fue justamente uno de los motivos de las anteriores y futuras huelgas, especialmente la de 1907 (que mencionaré en algún momento) y aquella de 1925. Cualquier objeto de comida o vestido, lo que fuera, no comprado en la Pulpería, encontrado en una Oficina, era considerado "contrabando" y confiscado (en alguna época, no todas, y supongo que solo por Administradores fanáticos). Encima, se habían reintroducido fichas en las Oficinas como forma de pago, cada una tenía la suya; el principal argumento era la "dificultad para conseguir moneda fraccionada".

En efecto, ya se habían usado en tiempos coloniales para "dar vueltos pequeños" según el *Catálogo de las fichas y billetes salitreros de Chile*, una publicación llena de interés e información. En el contexto de las Minas de Río Tinto (España) se menciona el empleo de fichas, así como las "tiendas de la empresa" equivalentes a la pulpería pampina, pero ahí las fichas se podían usar en las tiendas de la empresa (cuyo beneficio era un mínimo), así como en tiendas de cualesquiera de los pueblos de los alrededores a su valor nominal. En la Pampa el valor nominal de la ficha se respetaba solo y exclusivamente en LA pulpería de LA Oficina cuyo nombre estaba grabado en ella. Claro que podían pagar con fichas en los pueblos –Pozo Almonte o Huara por ejemplo– pero perdiendo en la transacción; los comerciantes se encargaban de cambiar las fichas en las Oficinas correspondientes. En este contexto, Sergio González señala que las fichas se usaron en tiempos atrás también en otros campos, por ejemplo las guaneras, minas de carbón, etc. (¿con cambios y monopolios siempre abusivos?) y además un estudio alemán calcula el beneficio procedente de las pulperías para la Administración ¡en aproximadamente un 25%! (Ni que fuera Harrods oiga, donde se puede entrar –o no). Todas las Oficinas eran distintas, esto es importante, las condiciones variaban según el Administrador y según el pulpero. (¿Es muy evidente que estoy barriendo para dentro? No quiero creer que mi padre fuera uno de los Administradores abusivos, ruego me disculpen, o sencillamente me comprendan. Me gustaría conocer las condiciones de vida en North Lagunas, donde estuvo tantísimos años).

A esta distancia en el tiempo, este tema (y algunos más) me ruborizan. Es verdad que no he encontrado –sí buscado– documentos referentes a la filosofía detrás de estas situaciones que yo encuentro abusivas, por lo que no puedo exponer "el otro lado". Quizás esté mal informada, no tengo todos los datos... Sin embargo creo que, fundamentalmente, el tema está suficientemente documentado. ¿Dónde queda el famoso sentido de *fair play* (juego limpio) de los ingleses?

El *Catálogo de las fichas* dice que las primeras son aproximadamente del año 1850 en las Oficinas Dolores, Chinquiquiray y Soledad, en láminas de bronce o cobre, grabadas por una sola cara. Llevaban grabados el valor y nombre de la Oficina y alguna otra indicación distintiva. Las de ebonita y caucho vulcanizado se empezaron a usar en 1860. A partir de 1880 casi todas se fabricaron en Valparaíso. Las últimas que circularon fueron emitidas entre 1910 y 1920. En Antofagasta hubo una ficha que valía: "una bebida para mulo o caballo" durante la construcción del Ferrocarril Antofagasta-Bolivia. El *Catálogo* me enseñó algo más que me interesó personalmente: el ingeniero chileno Manuel Antonio Prieto trabajó en la Oficina Keryma (donde nací) alrededor del año 1876 y progresó bastante en sistemas para el perfeccionamiento de faenas salitreras, para poder explotar las calicheras más pobres. La primera casa en que vivimos en Santiago mi madre, mi hermana y yo después de muerto mi padre, estaba en la calle Manuel Antonio Prieto.

Roy Scarr sigue diciendo: "Entonces venía la casa de la Administración donde vivíamos. En el lado opuesto del Escritorio estaba 'la Máquina' y todo el conjunto de maquinarias donde se elaboraba el salitre. Y en el último lado estaban la casa del capataz y la de la maestra de escuela. No había iglesia". Continúa: "En realidad los trabajadores tenían una vida terrible, viviendo en chozas rectangulares de zinc, distantes de la casa de Administración unos 170 m más o menos. Parecían ser felices". Le cuenta a su sobrino-nieto que les estaba prohibido acercarse al campamento, se supone que era para que no hicieran amistad demasiado íntima con las mujeres. "En realidad, era una vida monástica, pasaban días y no hablábamos con ninguna mujer, solo cuando venía alguien desde Iquique como invitado del Administrador".

"La casa de la Administración tenía un gran salón, donde nos reuníamos antes de las comidas. En los primeros años de mi estancia el alcohol venía con todo lo demás, era gratis, yo bebía whisky; el Dr. Fowler me dijo: 'Joven, limítese al whisky solo y déjese de los cócteles'… y eso es lo que hice. El mobiliario era inglés y era todo muy cómodo. Ahí vivíamos unas cinco o seis personas, de los que Fred Cooper y yo éramos los únicos ingleses, además del ingeniero Hawkin que venía de vez en cuando'. Contestando a su sobrino, Roy Scarr le explica que "el caliche –la materia prima– llegaba a la Máquina en carretas tiradas por mulas, después de haber sido dinamitada en la Pampa. Iba primero a las chancadoras o chanchos para la trituración, hasta quedar el material del tamaño como de un puño cerrado; a continuación se ponía sobre una cinta transportadora que lo llevaba a los grandes tanques llamados cachuchos, para la disolución".

Me interesó mucho oír lo que contaba Roy Scarr de la Oficina La Palma, que yo conocí como Humberstone (oficialmente Oficina Santiago Humberstone). Creo que lo que describe eran las condiciones generales prevalecientes en la Pampa de entonces.

Inicialmente fue establecida en 1872 por la Peruvian Nitrate Co. y pasó por muchas manos. Fue paralizada (fatal participio pasado) en 1932 cuando pertenecía a Gibbs. A continuación la adquirió la Cía. Salitrera de Tarapacá y Antofagasta, que la reestructuró completamente en 1934, es por eso que me pareció más arriba acordarme de la casa de la Administración más alejada del centro de la Oficina; he leído en el folleto *Oficina Salitrera "Santiago Humberstone"* de Ernesto Zepeda y Senén Durán, que esa casa es lo único que quedó de la antigua Oficina La Palma. En realidad, se convirtió, a mi modo de ver, en una Oficina modélica, cuyas instalaciones tenían muy poco parecido con las antiguas Oficinas. Se construyeron casas para casados y otras para solteros de bastante mejor calidad que las chozas provistas desde finales del siglo XIX. Se construyeron la iglesia, un mercado, hasta un local del sindicato, un hotel y club social, el teatro, que servía de cine o biógrafo también, hospital, escuela y jardín infantil, piscina, biblioteca con más de 5.000 volúmenes, un kiosko de música y una cancha de fútbol. Esa Oficina se parecía en casi nada a las antiguas Oficinas, por lo menos las de antes de 1934.

Humberstone estaba a muy poca distancia de Peña Chica donde vivimos desde aproximadamente 1935 hasta que mi padre fue trasladado a Iquique a principios de 1940. Mi mamá me llevaba con cierta frecuencia al "biógrafo" (o cine), no me acuerdo a qué hora empezaba la película, pero siempre compraba una buena bolsa de maní tostado.

Ahí vi las películas de Ginger Rogers y Fred Astaire, Deanna Durbin, Shirley Temple, Laurel y Hardy, Jeanette MacDonald y Nelson Eddy, Bud Abbot y Lou Costello; curiosamente, no recuerdo a los Hermanos Marx que supongo eran de la misma época, pero sí alguna de Charlie Chaplin. Todas las daban en inglés, sin doblar; yo mantengo que este es el motivo por el que los chilenos tienen una sorprendente facilidad para pronunciar nombres extranjeros correctamente, como cualquier palabra en otro idioma. Le debemos a Bertie, hijo de don Santiago, la arquitectura más moderna de esta oficina que hoy se puede visitar por depender de la Corporación Museo del Salitre, que la protege con el patrocinio de UNESCO.

De una manera muy sucinta se puede decir que la gran innovación tecnológica salitrera se apoyó en el sistema Shanks. Se usaron serpentines en el interior del cachucho, lo que necesitaba menos temperatura, en vez de cañerías de vapor, con un ahorro de combustible y caliche con leyes del 13%. Cada adelanto tecnológico ha implicado menor temperatura y menor ley para el mayor aprovechamiento de la cantidad de caliche con menor "pérdida" a los ripios. Al comienzo, en las antiguas Oficinas de Paradas usaban leyes del 50 al 60%; con el sistema Gamboni se redujo al 30%; el sistema Shanks ya bajó al 13% y por fin en Antofagasta, y el sistema Guggenheim lo estrujó al 7%. Por eso ahora (finales del siglo XX-principios del siglo XXI), se están volviendo a revolver los ripios, mientras más viejos, más ricos, principalmente por su contenido de yodo y algo de salitre.

Volvamos a Roy Scarr, quien sigue explicando a su sobrino que el caliche se hervía en los cachuchos, pero no se recuerda por cuánto tiempo, lo inservible con destino al ripio se iba al fondo, mientras que el líquido resultante se traspasaba a bateas donde se enfriaba y de las "aguas madres" se extraía yodo, sistema inicialmente elaborado por Gamboni. Después de retirar las aguas madres el resto se secaba al sol por evaporación, quedando por fin el salitre, nitrato de soda, $NaNO_3$, de blancura deslumbrante.

"Mi primer trabajo fue pagar a los hombres: a las 5,30 de la mañana, me despertaba el sereno (que se decía *guachimán*, del inglés *watchman*). No solían venir ellos, los trabajadores, sino empleaban libreteras con las libretas de los hombres, donde se señalaba lo que producían, ganaban y lo que retiraban". El de 'libretera' era el único oficio de mujer reconocido por la Administración; generalmente una se hacía cargo de varias libretas, de entre 200 y 300 hombres. En la libreta se anotaba todo y, si en alguna ocasión el trabajador no estaba de acuerdo, era la libretera la que iba a hablar con el jefe correspondiente para reclamar. "La libretera me entregaba las libretas una por una y yo anotaba lo que había que anotar y le pagaba en fichas, no sé muy bien por qué en fichas. Yo estaba sentado a una mesa con una ventana a mi izquierda, ventana con barrotes, por donde me entregaban las libretas, y así seguía hasta más o menos las 7,30. Nunca tuve problemas, sí había uno que creo que estaba un poco loco, me acuerdo que se llamaba Martín, que venía a reclamar no sé qué, no entendía lo que me decía y pronto se iba".

Describe la apariencia de las jóvenes que llegaban a su ventana con facciones europeas, a veces se veía alguna mujer con rasgos indios. Cuenta que cuando recién llegó los trabajadores no tenían instalaciones ni facilidades para deporte ni otros entretenimientos, esto dependía mucho del Administrador; añade que cuando estuvo en Antofagasta le tocó uno que era muy aficionado al fútbol, que hizo todo lo que pudo para fomentarlo y creó su propio equipo. Algunas oficinas tenían kiosko de música y también cine, o biógrafo como se decía entonces, al que iba de vez en cuando. Dice que en La Palma no había kiosko en el centro de la plaza, sino la estructura de costumbre donde amarrar el caballo, debajo de un sombrajo.

Según Roy, tampoco había ninguna actividad organizada para el tiempo libre de los ingleses. Lo que siempre se podía hacer era salir a dar un paseo a caballo por la Pampa; él solía ir a la Oficina Keryma, que no estaba lejos, donde estaba su gran amigo Max Harrington. Salía después de acabar en el Escritorio alrededor de las 5,30. En Keryma tomaban un trago, tal vez jugaban al *whisky poker*, cenaban y se tomaba la "espuela conversada" antes del recorrido de vuelta hacia las 11 de la noche que, para él, era el mejor momento del día. Si estaba saliendo la luna encima de la Cordillera a su izquierda, la atmósfera era limpia y nítida, se imaginaba sentir la brisa del mar subiendo por la cordillera de la Costa (a su derecha) y hasta oler el Pacífico (aunque en la Pampa no había olores, según parece, nunca lo comprobé). El desierto se inundaba de luz. Nunca sintió miedo, decía que era mucho más seguro que las calles de Inglaterra por la noche y jamás se encontró con otra persona en esos paseos nocturnos. Se acostumbró, hasta cierto punto, a montar a caballo solitariamente cuando estuvo en Mesopotamia. Además, como seguía las vías del tren, tampoco temía perderse. "A parte de eso, por las noches en general leíamos; si venía alguien de Iquique, se sugería un juego de cartas, generalmente póker. El Administrador D. Luis, aunque vivía en su parte de la casa, cenaba con nosotros, hablaba inglés muy bien, tenía una palabra favorita que le encantaba usar en cuanto podía: *notwithstanding* (no obstante: ¡es una palabra muy culta!)".

Describe a D. Luis como un hombre muy capaz. En una ocasión en 1921, cuando hubo huelga en todo Tarapacá y en Antofagasta, vino un grupo de trabajadores, con tambor y trompeta para la marcha, y llegaron a la plaza. La actitud parecía amenazadora. D. Luis fue al encuentro, les habló, los tranquilizó y se fueron. Antes D. Luis había ordenado que se sacara el dinero de la caja fuerte en el Escritorio y lo enterraron en algún lugar de la casa. Añade que mataron a un Administrador y que también murió un carabinero. A preguntas de Nigel, relata que había Carabineros en la Pampa que iban en parejas y que cuando se llevaban algún trabajador, le amarraban una mano a un estribo y la otra al estribo del otro caballo y cuando no podía mantener el paso, sencillamente lo arrastraban. No sabía qué hacían con el detenido al llegar al cuartel, probablemente algo violento. Se acuerda de la huelga de 1925: él salió en el último tren hacia Iquique porque se iba de permiso a Inglaterra; a su vuelta le contaron más detalles. Como por ejemplo que en esa ocasión se mandó al ejército (mi tío Dod estaba haciendo el servicio militar con los Granaderos en Iquique y él era uno de los que fue a la Pampa). Cuenta que se llevaron a varios hombres a Iquique, los metieron en una barcaza que fue remolcada cree que por un crucero que giró repentinamente hacia un lado, lo que tuvo como consecuencia que todos los hombres salieron despedidos de la barcaza ¿puede ser verdad tamaña brutalidad? "Y me acuerdo que mi hermano me dijo que con frecuencia durante la huelga se oyeron tiros en Iquique y que eso era que se estaba ejecutando a los huelguistas en los cuarteles".

A continuación describe las comidas. A las 8 de la mañana tomaban lo que él llama pequeño desayuno, compuesto de un panecillo con mantequilla y café. A las 11 tomaban lo que él denomina desayuno y que traduce por "almuerzo" y que eso era como un almuerzo inglés con tres platos. Sin embargo en esta Oficina, donde no se vestían de esmoquin para la cena (me imagino que dependía de la nacionalidad del Administrador), se ponían un traje oscuro normalmente todos los días y solamente si había una fiesta en alguna Oficina se vestían de esmoquin. "Sin embargo sí tuve frecuentes oportunidades para bailar. Al lado sur de La Palma estaba la Oficina Cala Cala [al otro lado de Santa Laura] donde el Administrador era el Sr. Lawrence [el encantador *cockney* cuya madre no dejaba salir a su nuera boliviana sola a la calle]; su mujer era boliviana, una señora muy agradable que le encantaba bailar. Si no iba a Keryma, a menudo iba a Cala Cala. Muchas veces había una o dos invitadas jóvenes de la Sra. Lawrence, me convidaban a cenar y después se bailaba un rato, había un gramófono principalmente con *foxtrots*. A la Sra. Lawrence le gustaba el tango, yo lo intentaba, pero nunca con mucho éxito, había una canción muy popular llamada *Smiles*, y otra *Chon de Hong Kong* (?)".

Al preguntarle Nigel si hubo algún romance, Roy le dice que sí, que se enamoró de la hermana de su cuñada, Betty Dore. Había venido a ayudarle a su hermana con los hijos. "La conocí cuando fui la primera vez a la cena conmemorativa del armisticio [de la guerra 1914-1918], después de haber estado en la Pampa tres meses sin bajar. Salíamos a caminar. Decidimos que nos casaríamos, lo que era una locura, porque no había manera posible de que yo pudiera casarme, un hombre únicamente se podía casar si era Administrador y yo estaba lejos de serlo. De todos modos, mi cuñada no quería oír hablar del asunto y despachó rápidamente a su hermana a Nueva York donde tenían otra hermana. Me molestó mucho en ese momento, pero en realidad fue lo sensato. La vi 50 años después y al volver a casa le dije a mi mujer Ethel: "Me gustó ver a Betty otra vez, pero me alegro haberme casado contigo". Venía a la Pampa invitada por la Sra. Lawrence: "lo pasábamos bien en esa época, pero algunas veces volvía a casa a la una de la mañana y eso de levantarme a las 5,30, no me gustaba demasiado". Le contesté a Nigel que no hacía un calor insoportable y que nunca le agobió la temperatura. En comparación con Mesopotamia, no era nada, ahí sí que hacía calor. "En la Oficina Sta. Laura, adonde me destinaron en 1925, había una mesa de billar. Había una buena librería en Iquique donde se podía encontrar libros en inglés y, además, nos traían *El Tarapacá* diariamente desde Iquique" [un diario local].

"Antes de Sta. Laura me ascendieron a contador y me mandaron a la Oficina Puntunchara. Ahí el Administrador era casado y de vez en cuando me convidaban a comer con ellos cuando había alguna invitada de Iquique, ahí lo pasé bastante bien".

En respuesta a una pregunta, relata que durante el tiempo que estuvo en la Pampa se suicidaron cuatro personas. Uno fue el Administrador de La Palma después del Sr. Junoy; lo habían destinado a una Oficina en Antofagasta y en el trayecto en barco se tiró por la borda, no se supo el motivo. También hubo el caso de un trabajador que le pegó un tiro a su hijo y después a sí mismo, estaban ahí delante de él desangrándose en el suelo; lo único que pudo hacer fue llamar al médico. Añade que cree muy probable que era el ambiente que causaba depresión, el puro aburrimiento lo que motivaba estos hechos, no había nada que hacer si no se lo organizaba uno mismo. Se celebraba el 18 de septiembre por todo lo alto, esta era la fiesta de la Independencia. Cuenta que se organizaba un baile, las mujeres estaban a un lado y los hombres al otro. Los hombres cruzaban hacia las mujeres "¿Quiere bailar señorita?", bailaban y después la acompañaba a su silla otra vez y él volvía al otro lado con los hombres; entre sus compañeras de baile solían estar la mujer del capataz y la maestra de escuela. Todo dependía de la Oficina; en algunas jamás había contacto social entre el personal administrativo y los trabajadores.

En Iquique iba a casa de su hermano cuando tenía permiso. La primera visita solía ser al Club Inglés. Volvía a casa para cenar y después otra vez al Club. Según el ambiente, iba un grupo a: "una sala de baile, en realidad un burdel". Solían tener un salón grande y un piano. Se bailaba, las jóvenes bailaban bien, eran "bastante civilizadas y agradables". Le pregunta el sobrino si sabía su cuñada cómo pasaba el tiempo, a lo que contestó: "sin duda debe haberlo sabido, yo regresaba a veces por la madrugada y no era tonta". Describe a las jóvenes como alegres, amistosas y buena gente. Las enfermedades contagiosas se trataban con permanganato de potasio, manchaba mucho. Aparte de estas distracciones, había un cine: "pero eso fue después, cuando vine a Iquique a trabajar; ocasionalmente había un baile en la Filarmónica, muy bien organizado. Se iba después de cenar, no era solo para ingleses, iban chilenos también. Algunos chilenos eran muy agradables. Lucho Gómez, el padrino de Sheila, tu mamá, era un hombre muy simpático; era oficial de la marina. Vino a La Palma una vez, tuvimos una noche dura, él, el ingeniero Hawkin, Fred Cooper y yo, bebimos mucho y nos reímos mucho.

"Estaba además la península de Cavancha a unos 2 o 3 km de Iquique, con el restaurante de Francisco Cattey, en parte construido sobre pilotes en el mar; ahí se celebraba la cena aniversario del armisticio el 11 de noviembre de cada año. También estaba el Chalet Suisse, restaurante y hotel, parte construida también sobre las rocas. A veces llegaban buques de la marina inglesa, me acuerdo haber sido invitado a cenar en el 'rancho' (casa donde vivían los empleados de alguna empresa, ya fuera banco o firma comercial, etc.) del Anglo-South American Bank; conocí a dos oficiales del crucero *Constance*, con los que fuimos después a un baile. Ahí me presentaron al Capitán al que efusivamente pregunté si le gustaría visitar la Pampa; por suerte dijo que no –yo no tenía ninguna potestad para invitar a nadie a visitar la Pampa–. Además, íbamos a las carreras de caballos que tenían lugar cada domingo. Tu abuelo era juez de salida y de llegada, claro al mismo tiempo no. Iba mucha gente el domingo por la tarde, yo no iba muy a menudo. Los iquiqueños elegantes llegaban a las carreras en sus "victorias", un coche de caballos abierto con capota que, al hacerse general el automóvil, se podían alquilar para dar paseos por la ciudad, por El Camino hasta Cavancha".

Yo llegué a conocer las victorias de alquiler en Iquique a principios de los años 40. Según el DRAE, fue la Reina Victoria de Inglaterra quien las puso de moda, dice que eran para dos personas, la variedad iquiqueña era para más pasajeros, sentados frente a los que iban mirando a los caballos.

Continúa nuestra fuente: "En el tiempo que estuve en Chile, me acuerdo de bastantes temblores, pero terremoto no, ni tampoco maremoto. Cada vez que había un terremoto en alguna parte, la gente salía de su casa y se iba a los cerros detrás de Iquique, por si acaso". Dice no recordarse de las puestas de sol porque probablemente estaría en el Club Inglés a esa hora, tomándose un whisky, y contestando a su sobrino dice que no describiría Iquique como una ciudad bonita, pero sí muy acogedora. Hacia el final del tiempo que vivió en la Pampa, lo mandaron a completar la contabilidad a una Oficina que había cerrado. Lo dejaron solo en el Escritorio y en la Oficina, salvo una mujer que le cocinaba lo necesario. En el campamento sí había uno o dos hombres encargados del mantenimiento. La última función que desempeñó en la Pampa fue en la Oficina Luisis de Antofagasta, donde había un Administrador chileno, de ahí "me trasladaron al *Liffey*, una antigua fragata de vela inglesa anclada en Mejillones, donde lo pasamos muy bien. Había marisco de toda clase y nos bañábamos en la playa".

El final llegó gradualmente, empezó, supone, con el *crash* de la Bolsa de Nueva York en 1929, él volvió a Inglaterra en 1931. No recuerda una sensación de pánico entre los ingleses.

Cuenta: "Para volver, me embarqué en Antofagasta, vinieron algunos amigos a despedirme a bordo y nos tomamos una copa. El buque hizo escala en Valparaíso donde cené con un amigo de Antofagasta y cuando nos paramos en Talcahuano, base naval chilena, aproveché para ir a Concepción donde estaba otro amigo de Antofagasta. Mi último día en Chile fue en Punta Arenas donde me encontré con un amigo del Anglo-South American Bank; me quedé la noche en el "rancho" del banco, esa fue mi despedida de Chile. Volví a bordo del barco a la mañana siguiente y llegamos al Atlántico por el Estrecho de Magallanes. De todo aquel tiempo, creo que siempre me acordaré de mis paseos nocturnos a caballo por la Pampa".

John Manby

Esta es otra de las cintas grabadas por Nigel Acheson. John Manby relata sus recuerdos de la Pampa, donde nació en 1915 y vivió unos 10 años. Su relación con Chile venía de tiempo atrás: el padre y el abuelo de su padre eran ingenieros y construyeron puentes en Chile, en el sur naturalmente. Uno de ellos fue el del río Biobío, uno de los puentes colgantes más grandes del momento. (Sé indirectamente que en uno de los Parques Naturales en el sur, hay un puente peatonal diseñado igualmente por "un ingeniero inglés", no sé si será de uno de los Manby.) Su padre Alfred E. Manby nació en Londres y fue al colegio St. Paul's. Al salir, puso lo que hoy se llamaría una autoescuela aproximadamente en 1910. Esto no tuvo un éxito muy grande, ya que sus amigos sí querían aprender, pero no querían pagar.

Alfred decidió entonces –como sus padres habían vivido en Chile también– que él se iría por su cuenta. Al preguntarle Nigel a John cómo había empezado todo, John le contó que una de las figuras importantes en sus vidas había sido inicialmente Robert Harvey, que en esa época vivía en Devonshire y que los Manby conocían bien. Se sabía que el salitre era un fertilizante excelente y, además, que se usaba para explosivos. Harvey se casó con una peruana que tenía "varias oficinas" en Tarapacá [comillas mías porque aún no se conocían como 'oficinas'], y el gobierno peruano empezó a nacionalizarlas. Según John Manby: "la Guerra del Pacífico fue maquinada por personas como Harvey que estaban a punto de perder sus terrenos y decidieron que si Chile se hacía cargo del territorio, no perderían sus propiedades". Bueno, esa es una versión de la historia en dos líneas... Sin embargo, quiero recordar aquí lo que he escrito anteriormente: que Robert Harvey había sido nombrado por el gobierno peruano como Inspector para levantar planos y medir los terrenos salitrosos en Tarapacá y posteriormente tuvo el mismo cargo para el gobierno chileno; en toda mención que se hace de él en los distintos documentos que yo haya visto, se menciona su integridad.

Sigue John Manby diciendo que su padre Alfred Manby llegó a Chile aproximadamente en 1910. Primero fue fichero, recibió un cable de los dueños de su Oficina en que le ordenaron hacer una prospección de los terrenos colindantes a la Oficina San Lorenzo, de la que más tarde sería Administrador. Esto lo hacía con un aparatito con una mecha, que se encendía, y así probaba la clase de caliche que había. Curiosamente había yugoslavos interesados en el salitre, le ofrecieron una gran cantidad de plata si decía que el terreno no valía nada, pero dice John Manby: "mi padre no era esa clase de persona". En 1911 ya aparece en la lista de masones de la Logia Pioneer Nº 643 de Iquique.

Cuando estalló la Primera Guerra Mundial fue a Inglaterra a alistarse entre muchísimos más. "Tengo una lista de más o menos 500 voluntarios" dice que sin embargo le dijeron que sería de más utilidad si seguía produciendo salitre en Chile. "Fue entonces que conoció a mi madre, se la presentó un amigo, tenía 34 años, era un poco mayor que mi padre. Él volvió y ella viajó a Chile después en el mismo barco que su amiga Nora Bush que se casó con Edward (Ted) George. En Río de Janeiro la mordió un tití y de las Islas Falkland dijo nada más que habían escoceses y que se parecía mucho a Inglaterra (yo he leído que las islas no tienen un solo árbol).

Se casaron en 1915. Aparentemente después de la boda, le dijo a su novísima esposa: "Mira, ya estamos casados, debemos ser sensatos, lo que debemos hacer es ser siempre muy francos el uno con el otro. Si a ti te gusta otra persona, me lo dices y podemos arreglar las cosas amistosamente, sin tener que pelearnos". Ella estaba tan furiosa, que tomó sus cosas y se fue y no volvió a verlo en una semana. El hijo que está contando esta anécdota explica: "cómo la mayoría de las mujeres, cuando se les propone algo práctico, no lo consideran aceptable". La luna de miel la pasaron en el Chalet Suisse de Iquique.

Cuando llegó la hora para que el padre volviera a su trabajo en la Pampa, le encargaron que llevara el dinero de la nómina. El viaje lo hicieron a caballo; al llegar arriba de la cuesta vieron un grupo montado en mulas, de lo que parecían ser bandidos que le dieron el alto. El padre le dio al caballo de la madre con la "huasca" (fusta) y no pararon de galopar en 30 millas hasta llegar a San Lorenzo. (Yo me limito a transcribir lo que oigo en la grabación). Cuenta John Manby que poco tiempo después su madre tuvo otra experiencia. "La Oficina se cerró, se fue todo el mundo y se apagaron las luces. Se habían quedado dos hombres para proteger a su madre. Llegaron rumores de una Oficina cercana, diciendo que un grupo de bandidos chinos y chilenos estaban violando, robando, saqueando las pulperías y, para terminar, prendiendo fuego a todo y que nuestra Oficina sería la próxima. Afortunadamente se recibió un cable de Iquique ordenando abrir la Oficina y encender las luces. Al ver las luces encendidas, los bandidos lo pensaron dos veces y no pasó nada".

El primer recuerdo de John Manby era de los gatos en el jardín. Cuenta que la casa de Administración, que describe como un hotel: "tenía un precioso jardín lleno de flores, girasoles y demás. Había tantos gatos que mi padre dio la orden de matarlos a tiros; ataqué al jardinero preguntándole cómo se le había ocurrido algo así. El salón era como muchos salones en Kensington, con fotografías, la revista *Punch*, el *Times*, muebles ingleses". Según su hijo, la Sra. Manby consideraba la casa de Administración como un hotel, ella se encargaba de la organización de ambas partes, la particular de ellos y la de los Empleados del Escritorio. Habla de dos cocineros rusos que se peleaban con cuchillos; en un momento dado, también hubo un cocinero chino. Más adelante veremos que su amiga íntima, Nora George, cuenta que no estaba "obligada" a hacer nada. Dice que en la casa vivía un ingeniero chileno que le hacía juguetes de madera; también un tal (C.B.) MacIver que: "encontraba muy divertido quemar a los perros pequineses de mi madre con el cigarrillo"… Al preguntarle Nigel qué amigos tenía, respondió que los niños de la Oficina eran sus amigos, los hijos de los trabajadores; hizo una cabaña cerca de las canchas de tenis y jugaban por ahí. Se acuerda haber ido a la casa de la tía de uno de sus amigos, una casa muy limpia de calamina, de dos o tres piezas. Era de una "machi" (curandero/a en *mapudungun*, el idioma mapuche) y muy respetada por todos. Tenía muchos trapos por la pieza cubriendo jaulas con animales, por ejemplo el tucutucu (parecido al topo) y otros animales de tipo ratón: "era todo algo misterioso". A John le interesaban mucho esos temas de mal de ojo, cómo evitarlo, cómo quitarlo, cómo evitar enfermedades. Añade que una vez casi se murió de colitis. "El practicante de la Oficina –no sé dónde estaba el Dr. Fowler– me dio tres días de vida, solo podía tomar agua de arroz. Mi padre me tomó y me llevó hasta la vía del tren y paró el próximo que pasó para Iquique poniéndose en mitad de la vía. Me llevó derecho a ver al Dr. Richter que dijo que lo único que me pasaba era que estaba desfallecido de hambre, que me dieran de comer. Me dieron una bebida de chocolate, creo que tenía como siete años, y me parece que nos quedamos en el Chalet Suisse".

Era amigo del encargado del corral, Flojo Olivares, que le avisaba cuando iba a sacrificar un chanchito (cochinillo), para que lo fuera a ayudar. También solían salir a caballo una vez a la semana hacia lo que llama 'un oasis' en dirección a la cordillera (¿sería un pique?), donde ponía trampas para pajaritos con un producto pegajoso. De ahí íbamos a la Oficina Sta. Lucía donde estaba la familia Bird-Bill, Queenie, Walter, y vendían los pajaritos a los trabajadores.

Cuenta lo que le ocurrió a su hermano Alan, tres años menor que él. Parece que su "nana" lo dejó fuera en la cancha de tenis a mediodía, que tuvo como consecuencia una ceguera que duró unos seis meses. Muchos años después, durante la Segunda Guerra Mundial, en la campaña del Norte de África en Tobruk, pusieron a este hermano en primera línea porque podía, antes que nadie, ver las minas italianas en la distancia.

Su impresión es que los mayores siempre estaban muy ocupados. Les gustaba jugar al tenis y tomar cócteles. Hubo un teniente Ugarte de Carabineros que le enseñó a su madre a bailar el tango en el salón. Según le contó su madre, su padre se puso un poquitín celoso. Dice que su padre era uno de los únicos Administradores, o el único, que iba por la Oficina en mangas de camisa y sin llevar pistola ni estar acompañado por guardaespaldas. (Repito: transcribo lo que oigo en la cinta.)

Todo se terminó en una de las crisis en los años 20. Volvieron a Inglaterra en 1926 a bordo del *La Paz*; el padre murió joven de una pulmonía y la madre tuvo dificultades económicas, no pudo mandar a ambos hijos a un buen colegio al mismo tiempo. Tuvo que esperar que el mayor, John, terminara antes de mandar a Alan. La segunda mujer de John es chilena, y aunque dice que no quiere volver al norte, sí viaja con cierta frecuencia al sur de Chile.

Nora & Ted George

Edward George llegó a Iquique en 1908. Le habían advertido en el Consulado en Londres que no era buen momento debido a huelgas y revueltas, pero fue de todos modos (los sucesos de la Matanza de Sta. María de Iquique 21.12.07 aún eran muy recientes). Trabajó en Iquique y en 1915 se casó con Nora Bush que, como ya he mencionado más arriba, llegó en el mismo barco que Ettie Manby, pues se conocían desde Londres. Nora había nacido en Copiapó en 1895, pues su padre, Adolphe Bush estaba en Caldera para la West Coast Cable Co., la compañía de telégrafos (¡Qué anciana soy! pienso que mi nieto mayor que ha cumplido 21 años hace unos días el 20.11.2003 no tiene la más remota idea de lo que es un telegrama…). ¿No se habrá fijado en esos hombrecitos, los telegrafistas –que nunca eran medianos ni altos–, con visera, con chalequillo y elásticos en las mangas de camisa? Se les veía en las estaciones de las películas del oeste, que hacían ta-ta-taaaa… con un dedo para avisarle a la otra estación que iba el tren. Nora fue educada en un convento en Brujas, pequeña ciudad de Bélgica con increíble encanto y belleza. El matrimonio George vivió en la calle Tacna 1580, pero no creo que trabajara para los Ferrocarriles Salitreros. Cuando trasladaron a mi padre a Iquique en 1940, el Ferrocarril le prestó esa casa mientras se terminaban las reformas en Orella 769, que era la casa de la Cía. Salitrera de Tarapacá y Antofagasta: ¿Cuántas familias mencionadas en estas páginas pasaron por Tacna 1580?

La hermana de Nora George, Alice, era una visita frecuente en Iquique. Pintaba y tocaba el piano muy bien, de oído. Todos juntos solían visitar a los Manby en la Oficina San Lorenzo. Inicialmente, iban a la Pampa en tren; Ted George se acuerda muy bien de las paradas en la Estación Central donde estaba la familia Hunter. Cuenta que siempre entraban en la casa, que era como un sitio de reunión. En San Lorenzo a menudo se improvisaba un pequeño baile después de la cena, a veces tocaba el piano Alice, o ponían discos. En la grabación que hizo Nigel, Nora se acuerda de algunas canciones: Desert *Song* y *No, no Nanette* que había traído de Londres. A Nigel le llama la atención toda la organización de las casas de Administración, el mobiliario, el servicio, el piano; Ted George dice que hay que tomar en cuenta las condiciones de vida en que vivían los ingleses, que pasaban ahí el año entero y Nora señala que la estructura –tanto social como física de las casas– era acorde con el lugar, con el entorno total. No veía que todo aquello se podría reproducir en una ciudad, por ejemplo.

Explica que ambos lados de la Casa de Administración eran totalmente independientes y cita a su amiga Ettie Manby, diciendo que nunca tuvo nada que ver con el lado de los Empleados de la Oficina. Sin embargo, John Manby dijo que su madre se ocupaba de la organización del "hotel", pero claro, no debemos olvidar que John tenía muy poca edad. Nora añadió que si no quería, la mujer del Administrador no tenía absolutamente ninguna "obligación" aparte de organizar su propia casa a su antojo, y cuando Nigel preguntó cómo se ocupaba el día entero, contestó que Ettie Manby dijo una vez: "¡mi vida ha transcurrido 12 años en el balcón!". Dijo también que era verdad, que casi toda la vida social se desarrollaba en el balcón: la conversación, los aperitivos, el café y el cotilleo. Hasta la compara con la realeza, porque para el 18 (fiesta nacional), el Administrador solía recibir una comitiva de los trabajadores en el balcón, había discursos y canciones. Nora se acordaba especialmente de una mujer con una voz preciosa que cantó *Paloma* y *Estrellita* (¿*Paloma*, como aquella chilena de salón: "asómate a mi ventana ay, ay paloma del alma mía?"…).

En este contexto añade Nora que naturalmente se organizaban partidas de tenis los fines de semana, y quizás de bridge. Creo que el tenis fue un deporte generalizado; tengo una mala fotografía de mi abuela en la cancha de tenis, con la raqueta en la mano –normal hasta ahora, pero ¡dioses, la vestimenta–! Lleva un vestido claro hasta el suelo, debajo del que se ven las puntas de los zapatos, se diría que blancos. El vestido es bien ajustado a la cintura lo que hace suponer un corsé y abrochado hasta el cuello y las mangas llegan hasta el codo, guantes blancos y, encima, un enorme sombrero oscuro que le da sombra hasta la nariz. Ignoro el año de esta fotografía, supongo que mucho antes de la Primera Guerra Mundial.

Lottie Fowler: ¡Lista para match point!

Nora menciona también el golf y que en Central Lagunas había "una cancha decente". Creo que en la Pampa nunca existió un campo de golf de 18 hoyos, solo se habrá llegado a nueve, si acaso. No obstante dice que ya no se jugaba al polo, que eso había sido antes de su tiempo. Para ubicarnos en el tiempo, creo que ella está hablando ahora de después de la I Guerra Mundial, de los años 20 cuando ella y su marido y su hermana iban con cierta frecuencia a casa de los Manby, y lo que ella llama "antes de su tiempo" serían los años antes de la Primera Guerra Mundial. Yo me acuerdo de haber visto en casa, de pequeña, en Peña Chica, bolsas con palos de golf. Estaban visibles, es decir, no estaban guardadas en un oscuro armario con otras cosas que no eran de uso frecuente. Sin embargo, mi memoria abarca solamente una ocasión en que vi a mi madre salir con los palos y practicar con algunas bolas. Yo estaba con ella, supongo que me llevó de "caddie" y el trozo de cancha estaba entre la Oficina y el camino norte-sur, al lado izquierdo y el terreno allanado no era nada extenso, yo calculo que sería poco más de lo que abarcaría efectivamente un "green". Creo que nos quedamos muy poco tiempo, sospecho que no le entusiasmó la experiencia, cosa que comprendo porque me acuerdo perfectamente bien del aspecto de la "cancha", muy llana sí, pero consistente en un polvo gris finísimo que nada más mirarlo empezaba a volar; imagínense lo que sería hacer correr la pelotita hacia el hoyo, levantaría una minitormenta de arena en el desierto. Ignoro cómo fueron las otras canchas de golf en la Pampa.

El otro inglés de la Oficina San Lorenzo, el Sr. MacIver, convidó a Alice Bush a un pic-nic en el desierto. Me parece raro porque generalmente se iba a alguna parte para un pic-nic, no se quedaba uno en mitad del desierto; pero en fin, este señor a lo mejor era un entusiasta de la Pampa del Tamarugal, en cuyo caso no tengo nada que objetar. El hecho es que salieron a caballo y habrán elegido el lugar ideal para el pic-nic, y en eso estaban cuando del cielo azul apareció un enorme cóndor que los atacó; aterrizó y se fue corriendo hacia ellos con el pico amenazador. El susto fue mayúsculo, tanto, que abandonaron el pollo asado (que era lo que pretendía el cóndor), agarraron sus aterrorizados caballos y salieron a galope tendido.

En 1927 Ted George fue ascendido y se fueron "al sur", que entiendo sería Valparaíso, y por fin en 1930 Nora con los niños y Alice se fueron a Inglaterra y Ted siguió el mismo año en Navidad.

Jean Blair y Delia Ingolls

Jean Blair se acuerda de salir a caballo todos los días cuando era chica: "por ese desierto de maravillosos colores" (¿ven? no soy yo la única); parece que montaba un chilote o "mampato" (chilote es una raza de ponis (DRA) de Chiloé y mampato se le dice en Chile a un caballo de poca alzada). A la vuelta su institutriz le daba clases (¿sería la que después se casó con el Sr. Robledo de la Oficina Bellavista y que tuvo los dos hijos futbolistas?). A veces por las mañanas había una "camanchaca" espesa y se acuerda de una anécdota: su padre mandó un informe a su empresa en Londres. Uno de sus comentarios fue que la producción de salitre había bajado un poco debido a la camanchaca [francamente no sé por qué una espesa niebla puede afectar la producción, ¿sería porque no se podía empezar a trabajar hasta más tarde?]. Más adelante en el informe, y entre otras cosas, pide cierta cantidad de dinamita para las voladuras. Como contestación le dijeron que mandaban tanto de dinamita y algunos rifles "para matar a los pájaros camanchaca".

Existe otra versión que viene de los Humberstone, esta vez la "camanchaca" serían bandidos costeros que debían ser repelidos con carabinas que venían en viaje…

A propósito, creo que debo aclarar el significado de *camanchaca*, refiriéndome al *Glosario de Voces de la Pampa* que dice: "Neblinas muy húmedas que prevalecen en Tarapacá. Los vientos húmedos del Pacífico que al soplar sobre las aguas frías de la corriente de Humboldt, experimentan un descenso de temperatura que al subir los cerros costeros experimentan un nuevo enfriamiento que los obliga a condensar la humedad depositándola en los cerros en forma de neblina espesa, a una altura de entre 300 y 800 m. Son nocturnas y se forman desde otoño hasta primavera". Sin embargo (sigo yo), la camanchaca a veces se atreve con más altura, flota por encima de la cordillera de la Costa, extendiéndose un poco por la Pampa misma, a menor altura, siempre en las cercanías del lado oriental de los cerros. Frank Watson escribió: "Nunca llueve aunque en invierno aparece la camanchaca a veces antes de anochecer y todo se pone húmedo y desagradable. No es divertido en absoluto estar a caballo de noche con una camanchaca espesa. Aparte de la humedad y frecuentemente el frío intenso, es muy fácil perderse y, si no se sigue por la vía del tren entre Oficinas, se termina lejos en el desierto".

Jean no se acuerda con qué edad llegó a la Pampa, pero empieza a tener reminiscencias a partir de los cinco años (1923) cuando estaban en la Oficina Alianza. Iban a Iquique –al principio en tren y después en automóvil–. A la Oficina Bellavista iban para clases, había allí una piscina y un perrito llamado *Jack Suerte*. La casa de Administración de Alianza tenía un gran balcón todo alrededor de la casa y un comedor enorme. Todos los muebles eran importados de Maples, había champagne francés, los mejores vinos, todo era importado. El salón también era precioso. "Cuando se organizaba algún baile, se le daba cuerda al gramófono y bailaban el *Charleston*, esto sería por el año 1925, porque nos fuimos al sur en 1931 ("fuimos al sur" es relativo porque para un santiaguino significa más al sur de Concepción. Es curioso cómo cada "Santiago" tiene su apelativo: santiagueño para los nacidos en Santiago del Estero en Argentina o los de Veraguas en Panamá; santiaguenses para los de la provincia de la República Dominicana; santiagueros para los de Cuba y santiagueses para los de Compostela. Para los nacidos en el norte de Chile, Santiago está ya bastante al "sur").

Sigue contando Jean Blair: "Mis dos hermanas eran mayores que yo, una me lleva nueve años y la otra siete, iban al sur en barco al colegio de

Miss Stubbs, aprendieron el Charleston y me enseñaron a mí en las vacaciones y a todos los jóvenes de la Oficina. Mi hermano estaba en el colegio en Inglaterra". También habla del "biógrafo" dos veces a la semana en el campamento y de las películas de Rodolfo Valentino; cuenta que iba a la Pulpería: "donde estaba Don Rogelio que era muy amigo mío, siempre me daba una *llapa*" (un extra, por ejemplo un chocolate, o 15 cm más de género, cualquier cosita extra; en Panamá se dice *ñapa*, pero es igual, es palabra quechua).

Jean explica que su padre prefería los trabajadores bolivianos a todos los demás y supone que es porque no se cansaban nunca, venían a pie desde allende la cordillera y que sería porque les daba aguante la coca que mascaban. El Sr. Dowd era otro de los Administradores que preferían a los bolivianos. Nigel le pregunta a Jean si iban al campamento, a lo que contesta que sí, que conocían a Julio del corral y a muchos más por sus nombres y que siempre se saludaban muy amistosamente. Sin embargo, no se acuerda haber tenido amigas en el campamento donde había una escuela. Cuenta que las hermanas salían todas a caminar y que cuando se cansaban se sentaban a esperar el tren chico. El maquinista no tenía inconveniente en pararse a recogerlas para llevarlas de vuelta a la Oficina. También usaban el autocarril: "que era como una silla sobre ruedas que se propulsaba con una palanca".

Cuando Nigel pregunta cómo eran los jóvenes ingleses que trabajaban en el Escritorio, Jean le contesta que eran muy agradables y educados. Hasta se acuerda de algunos nombres de algunos: Basil Ringrose, Geoffrey Hodgson, Dudley… y tantos más, y del Sr. Pickering que: "intentaba hacerme tomar la sopa cuando yo no la quería, todos me mimaban mucho. Estaba también el capitán Balfour que se casó con una profesora irlandesa que me daba clases. Cuando terminaron en la Pampa, se fueron al sur, en este caso creo que a Santiago, donde fundaron un colegio". Había muy buena relación entre la familia del Administrador y los jóvenes; "con frecuencia, cuenta Jean, comían con nosotros, pero no todos a la vez; siempre había uno o dos el sábado a la hora del cóctel y después para la cena, claro los hombres en esmoquin y mi madre de traje largo". Como diversión podían jugar al tenis, organizaron un equipo de fútbol y tenían caballos para montar; Jean recuerda que a uno hasta se le ocurrió organizar una cacería de "zorro", y cuando le preguntaron de dónde sacaría el zorro, dijo que era un perro de la Oficina, un pobre *quiltro*. Aparentemente hasta pidieron toda la indumentaria tradicional a Inglaterra (chaquetas rojas, etc.).

Jean describe un viaje a Iquique en lo que debe haber sido el primer automóvil de los Blair en la Pampa, porque dice que iban "por huellas". El auto era abierto, muy grande y lo manejaba el chofer Julio, no se acuerda de la marca, la polvareda era tremenda. Se llevaban botellas con agua, sandwiches y termos con té caliente, es decir, se consideraba como un traslado de cierta envergadura. Al llegar al lugar desde donde ya se veía el mar empezaban los zigzags hasta llegar abajo. En Iquique se alojaban en casa de sus amigos los Pettie (¿cuáles serían?). "Una vez a la vuelta, perdimos toda la gasolina porque el depósito, que estaba abajo, se agujereó al dar contra una roca. El coche se paró, lejos de cualquier parte". Al principio, el Sr. Blair con mucho optimismo sacó su reloj y empezó a dirigirlo hacia el sol, ¡esperando que alguien viera esta petición de auxilio! No tuvo éxito. Julio se cansó y partió andando hasta que el Sr. Blair lo llamó y le dijo que no se podía ir así caminando, que se moriría de sed por el camino, había que esperar todos juntos. "Hizo un frío espantoso esa noche, nos acurrucamos todos a esperar la mañana. Por suerte se había anunciado nuestra vuelta en el Escritorio, de manera que cuando se comprobó por la mañana que no habíamos llegado, Dudley y Basil organizaron una carreta y salieron a buscarnos; regresamos sanos y salvos a casa". A la pregunta de Nigel si habían sentido miedo, Jean responde que en absoluto, que por ahí no había pieles rojas, pero lo que sí habían sentido era hambre.

Nigel pregunta qué se hacía en caso de enfermedad y Jean le dice que tenían un médico de cabecera, el Dr. Fowler, que vivía en San Donato. La Oficina Alianza que calculo muy por encima, quedaba a unos 95 km de San Donato, no era una de las Oficinas de mi abuelo, quiero decir, una donde los trabajadores le correspondían a él, por lo que deduzco que los médicos atendían a su clientela "privada" también. Jean continúa contando que era un escocés que decía exactamente lo que pensaba. Una vez su madre lo llamó a las dos de la madrugada, creía que tenía difteria. Cuando vino y la examinó y vio que solamente tenía la garganta un poco inflamada, el doctor le pidió que por favor no lo molestara por tan poca cosa. Cuando Jean tuvo tifoidea el doctor Fowler venía a verla cada mañana y otra vez por la tarde todos los días; estuvo un mes en cama. Relata que para ir de Alianza a otra Oficina iban en tren, el "grande" y el "chico". (Me imagino que mi abuelo usaba su autocarril para las visitas con Mena.)

Delia Ingolls, que estaba presente durante la entrevista con Nigel igualmente, contó que ella estuvo en la Pampa entre los cinco y los 12 años, en las Oficinas Santiago y Mapocho, donde su padre era ingeniero, y después en San Donato como Administrador y donde quizás hayan coincidido con mis abuelos. Se acuerda que las madres de Iquique con hijas solteras solían apreciar mucho las invitaciones a las Oficinas para un fin de semana o para el '18'. Resultaron varios matrimonios de esta manera.

En alguna de las Oficinas había un teatro y Jean y su familia se sentaban en un palquito. La función no empezaba hasta que ellos llegasen. Eran seis hermanos y en el momento de esta entrevista era la única que quedaba, estaba a punto de cumplir los 80 años –se ríe diciendo que una amiga hacía poco había dicho "eres un ejemplar único, hay que ir a verte"– (la grabación se hizo en septiembre de 1990).

Quiero subrayar la evidente armonía entre estos niños "ingleses" y el entorno. Nigel les pregunta si no eran conscientes del aislamiento, a lo que las dos contestan lo mismo: "de ninguna manera, estábamos muy bien conectados por teléfono con todas las Oficinas". Creo de todos modos que hubiera sido más productivo dirigir esa pregunta a un adulto que podría comparar "aislamiento" con un entorno dejado atrás, lleno de gente, y distinguir entre lo que se consideraría un entorno "normal" y uno "solitario"; el niño es más propenso a aceptar su entorno que, al fin y al cabo, para él es la condición normal, no la cuestiona. Yo nací en la Pampa y además me eduqué como hija única entre los cuatro y los nueve años y en ningún momento pensé que vivía "aislada", mi mundo y mis días estaban llenos de posibilidades, y tampoco me acuerdo de haber añorado las delicias de la gran ciudad después de una visita a Iquique.

Estas dos señoras, que están hablando de sus recuerdos de infancia, la describen con superlativos, una de las dos usa la palabra "paraíso". En cuanto a miedo de las revueltas ¿qué iba a saber un niño de revueltas cuando su trato diario con la población del campamento era de amistad, cariño y confianza total? Delia dice que jamás vio un arma en su casa ni supo si su padre tenía una. ¿Miedo de la camanchaca? ¿Por qué? A mí me llamaron la atención los recuerdos de John Manby, llenos de bandidos y peligros, él tuvo la mala suerte de vivir en una época de bandidos; estas dos señoras –y yo– tuvimos la fortuna de conocer solamente los bandidos de la pandilla de la serie del "Capitán Garfio". Al aprender a hablar, aprendieron las palabras en castellano y en inglés al mismo tiempo. Estas dos señoras, pero Jean sobre todo, parecían muy divertidas y tremendamente animadas. Blair es otro de los apellidos que he oído nombrar desde chica, sobre todo a mi tía Mary.

A la pregunta de cuál era la visión que tenían de Inglaterra, la respuesta fue que era más o menos como la habían imaginado. De la Pampa, Jean cuenta que fueron a Iquique donde vivieron tres o cuatro años y entonces, la mandaron a Inglaterra cuando tenía 14 años, a bordo del vapor *La Paz*. Mientras estuvo en Inglaterra, la familia se trasladó al sur, de manera que no volvió a Iquique. En Liverpool la esperaba uno de los jóvenes que había estado en la Pampa, que la llevó a casa de sus padres en Blundellsands en las afueras de Liverpool. La casa era igual de confortable que las que conocía, pero lo que le impresionó fue que la Sra. McClaren salía a hacer las compras con un canasto y un abrigo de pieles. No sé cuál fue el motivo que le causó la impresión, ¿que la señora hiciera las compras o la combinación del canasto con abrigo de pieles?

Aquí Jean se acuerda de la letra de dos coplitas que le enseñaron los jóvenes:

Is a Mrs. Porter
She has a daughter,
Who washed her feet in soapy water?
In soapy water, to keep them clean.

Katy, beautiful Katy,
You're the only girl that I adore,
And when the moon shines on the cowshed,
I'll be waiting for you at the kitchen door.

Parece que las cantaban en Cheltenham College, donde estaban internas sus hermanas Nancy y Carol en Inglaterra. A las hermanas Blair no les gustaba nada su colegio porque tenían que ponerse medias negras. (En el libro de visitas de mi padre aparecen Nancy y Carol con Ethel G. Blair (¿madre?) en septiembre de 1912, cuando me parece que tendrían nueve y siete años.)

De los recuerdos de Jean de las ocasiones cuando iban a Iquique y se alojaban con amigos, dice que eran casas grandes: "con esos techos donde vivían las gallinas, se las oía picotear". No me puedo imaginar lo que es esto ¿se criaban gallinas en las azoteas? Me dicen que estas grandes casas que hoy son patrimoniales tenían en el piso superior, cerca de las azoteas, espacios para "palomeras" y crías de patos y gallinas para los festines de los días de cumpleaños y sopas para los enfermos en recuperación. Los Blair iban a la playa de Cavancha o al Club de Botes. Visitaban a las amistades, como aquellas de la familia Nicholls, de los Cooper y varios más, además de las carreras de caballos. Jean dice que era demasiado joven como para ir a fiestas o al teatro, pero que sus padres sí lo hacían y está de acuerdo en que era una sociedad mayormente inglesa en sus formas y estructura.

El Club de Botes –*Boat Club*– merece una descripción. Era una construcción toda de madera sobre una roca a aproximadamente 70 metros de tierra firme, en una bahía chica formada cuando se unió la Isla al continente en 1899, por lo que quedaba al abrigo de los vientos y corrientes reinantes del sur. No fue hasta 1933 que se terminaron las obras propiamente del puerto. La bahía que quedó no tenía la extensión ni la profundidad necesarias para buques grandes. El Club de Botes era una construcción de dos plantas, no sé bien lo que había arriba, quizás "en los buenos tiempos" se usaba esa zona como comedor. Abajo estaban los camerinos para cambiarse, ducha, la vivienda de Julio y su familia (el taciturno cuidador de todo aquello) y el espacio donde se congregaba todo el mundo y desde donde se tiraba uno de cabeza al agua. A poca distancia había una balsa donde cabían unas 12 a 15 personas y nos asoleábamos como lagartijas.

Mi hermana Elisabeth en el Club de Botes (Boat Club) de Iquique (ca. 1935).

Una de las diversiones era salir en el bote a remos –no en el de Julio– y, si los remeros se sentían bien aventureros y el mar estaba en calma total, se atrevían a pasar por un paso entre roqueríos llamado el "Patilliguaje" (que describo más adelante).

Se llegaba al Club desde tierra firme y supongo que gritando (¿alzando un poco la voz?) se llamaba primero "Juuuuuuuuulio" y después "Juliooooooo" hasta que daba señales de haber oído. Bajaba pausadamente al bote, remaba pausadamente hasta llegar a las rocas donde lo esperábamos y taciturnamente vuelta para atrás. La diferencia entre mareas solía ser de más o menos un metro.

Desde que escribí lo anterior (como en otra ocasión) he recibido las memorias de Frank Watson que relata: "...hacia el término de la época que describo [1904-1914], algunos entusiastas acuáticos obtuvieron la concesión y los fondos necesarios para construir un club de botes y de natación sobre pilotes en la bahía interior, resguardado por la isla. Este edificio tenía camerinos en la planta baja y arriba otra planta, techada pero sin paredes, donde estaban los trampolines. Se hizo muy popular para pasar los domingos por la tarde. Para los que no estaban nadando o remando, había suficientes tumbonas y periódicos. Las señoras empezaron a llevar cosas para el té cada fin de semana y se turnaban como anfitrionas. Todo el mundo ayudaba. Había un gramófono y los que querían podían bailar".

Cuando regresé a Iquique después de tantos años, ya no existía el Boat Club, aunque sí estaba todavía el muelle de pasajeros al otro lado, con el techo cubierto por cientos de pelícanos. Lo que entonces se llamaba el Club de Botes era un restaurante buenísimo que quedaba en tierra firme, un poquito antes desde donde creo que llegaba el bote de Julio, o el que fuera, a buscarnos.

Las malas lenguas cuentan que casi ahogué al Obispo Anglicano de las Falkland Islands, creo que se llamaba Weller el que yo no ahogué y en efecto lo he comprobado. John y Frances (su mujer) Weller firmaron el libro de visitas de mi padre en abril de 1940. Habrá sido en una de nuestras visitas desde la Pampa a Iquique de más de un día y en una visita anterior del Obispo a sus feligreses desérticos, porque en 1940 yo ya sabía nadar perfectamente bien, cuando me llevaron o me mandaron al Club de Botes. Me acuerdo vagamente que, estando en el agua, algo me asustó y me agarré a la persona más cercana, el Obispo, incluso hay una fotografía en alguna parte. De ahogarlo, nada, ni casi.

El Obispo de las Islas Falkland, John Weller (que yo no ahogué...), con su mujer Frances.

Dacre Watson

Dacre entre 1930-1931 con 22 años, jugó en el último partido de *cricket* en Iquique, para el equipo de la Pampa. La pista estaba en el hipódromo, posteriormente aeródromo-aeropuerto.

Fue con Price Waterhouse cuando se estaban cerrando muchas Oficinas, para preparar los balances que después se mandaban por cable a Nueva York. Price Waterhouse también estuvo involucrado en la construcción de la Oficinas María Elena y Pedro de Valdivia en la provincia de Antofagasta. El Club Inglés aún existía en esa época en Iquique y había muchas personas sin trabajo entonces. Se acuerda de haber convidado a una copa a un señor de aspecto lastimoso, que era miembro de una de las antiguas familias 'inglesas' de Iquique, de la que prefiero no dar el nombre.

Desgraciadamente le hice no sé qué a esta cinta y ya no pude oír bien. Ignoro cuáles fueron las posteriores andanzas de este señor, solo que alrededor de 1939 o 1940 vivía en una "espléndida casa" en La Paz, donde se alojaron sus amigos Archie y Lena Hornsby durante el viaje de novios.

Francis Watson

Los últimos dos capítulos de las memorias de Francis Watson tratan de la vida social en Iquique y creo que no estará de más transcribir lo que escribe al respecto, dado que –como habrán visto– hubo una relación bastante estrecha entre ambos grupos de personas, a veces vínculos familiares y desde luego de amistad; se conocían y se visitaban. Claro, los de la costa no tuvieron la ventaja de poder contemplar ese cambiante espacio desértico todos los días y los del desierto no pudieron contemplar el infinito Pacífico y sus diarias puestas de sol.

Frank Watson escribe: "Durante los seis años que viví en la Pampa, en realidad no tuve oportunidad de conocer la vida social de Iquique ya que, exceptuando una o dos cenas formales con alguno de los jefes salitreros o un baile ocasional en la Filarmónica, casi todos mis viajes a Iquique se desarrollaban en la compañía de otros hombres.

"Al instalarme a trabajar en el puerto, no tardé mucho en darme cuenta que la vida ahí era alegre y que siempre había muchas diversiones. Durante las primeras semanas viví en el *rancho* de los solteros perteneciente a la firma, en el que cada uno pagaba su parte. Era económico, pero a la vez yo era el único 'alto cargo' del grupo y tanto yo como los otros compañeros nos sentíamos un poco cohibidos. Poco tiempo después me ofrecieron una de las dos casas de la firma que quedó libre. Acepté inmediatamente, ya que era una casa bastante buena para Iquique y la organicé a mi vez como un rancho con otros tres amigos. Ahí viví dos años, la dejé solamente a favor de uno de los directivos que era casado.

"Con mis tres amigos nos trasladamos a la calle principal de Iquique, calle Baquedano, a una casa conocida como 'El Palacete' porque la construyeron con el material sobrante de 'El Palacio', una preciosa casa inmensa levantada por la familia Astoreca y que ahora es la residencia oficial del Intendente (equivalente a Gobernador de la provincia)" y hoy Centro Cultural a cargo de la Universidad Arturo Prat.

"El Palacete", dice Frank, "era una casa bastante cómoda, con una fachada muy rococó y mucho vidrio de color en las ventanas. Ya más adelante, cuando me casé, me compré una casa pequeña en la calle Patricio Lynch en la que invertí bastante dinero en mejoras y muebles importados de Maples. Ahí nacieron mis tres primeros hijos".

Después de describir el Club Inglés, sigue: "Muchos preferíamos hacer algún ejercicio después del trabajo, nos íbamos a caminar por el Camino hacia Cavancha, donde era seguro que nos encontraríamos con muchos conocidos, incluyendo las señoras con sus hijas. O también podíamos tomar el tranvía hasta Cavancha y volver a pie.

En el paseo Camino a Cavancha de Iquique: Elena con mi hermana Elisabeth (1925).

"Cavancha era un lugar [pequeña península] muy atractivo, como a tres millas al sur de Iquique, al que se llegaba a lo largo de la playa. Era un pequeñísimo pueblo pesquero, pero había dos casas grandes pertenecientes a David Richardson de la Cía. Junín. En una vivía él y la otra era el rancho para los Empleados. Aparte de estas dos casas, la única construcción de cierto tamaño era el Restaurante Cavancha, levantado en pilotes sobre el mar. En la entrada principal había un pequeño zoológico y acuario, que servía para entretener a las visitas, especialmente los niños. El comedor principal, que carecía de paredes por tres lados, tenía cabida para unos 250 comensales, siempre estaba lleno el domingo a la hora de almorzar. Saliendo de un lado de este comedor, un puente o espigón de unos 25-30 metros conducía a un comedor privado para aproximadamente 50 personas. De ambos lados del espigón se podía ver a los bañistas en el mar; había muchas rocas, pero los niños del lugar estaban acostumbrados, se tiraban de cabeza detrás de alguna moneda y divertían al público.

Panorama del paseo Camino a Cavancha, que ya no existe.

"Se comía extremadamente bien en Cavancha, la especialidad era naturalmente el pescado recién sacado –corvina, congrio, liza, pejerrey, lenguado, etc., ninguno de los cuales tiene su parecido exacto en Inglaterra–. Un excelente pescado es también la albacora, que se pesca en alta mar.

"Los sudamericanos tienen modos de presentar el pescado que no se conocen en otras partes. Por ejemplo 'escabeche' es pescado hervido, dividido en trozos chicos, ligeramente frito después de hervir, servido frío con mucha cebolla, hervida igualmente en la misma agua, aliñada con aceite, vinagre y pimienta. 'Ceviche' es pescado crudo, cortado en pequeños trozos y bañado en jugo de limón solamente. Se sirve con cebolla picada aliñada con vinagre y jugo de limón y mucho ají. También se servían jaibas y erizos en abundancia, pero ostiones no había, solo se encontraban en Mejillones, más al sur, antes de Antofagasta.

"Se almorzaba en Cavancha casi siempre el domingo, como anfitrión o como invitado. El grupo podía ser de cuatro o hasta de 12 o más personas. Los hombres probablemente habían jugado varios *sets* de tenis por la mañana. Habrían vuelto a sus casas a cambiarse –éramos muy elegantes en esos días, de cuellos almidonados, chalecos de colorines– e íbamos a Cavancha en coche de caballos alquilado, llamados Victoria. No había automóviles todavía en Iquique [ca. 1910]. Creo que solamente había una persona que aún mantenía su coche y caballos.

"Llegados todos los invitados, jóvenes de ambos sexos, con por lo menos una señora casada, lo más joven posible, se suscitaba la cuestión de un aperitivo. Mientras que durante la semana la costumbre era beber un *cocktail* de ginebra o un whisky sour, esto cambiaba para el domingo y, sin duda en honor al día, se optaba por un *biblia* o un *cardenal*. Aquel era algo espeso y cremoso, hecho con una mezcla de oporto, brandy, huevos, azúcar, nuez moscada y hielo; ocasionalmente según el artista, se añadían unas gotas de algún licor. Esta era una bebida 'suave', pero insidiosa y pesada; como era dulce, la preferían las mujeres. El cardenal era un aperitivo principesco compuesto de champagne bien frío, claras de varios huevos y una gota de Angostura, con la menor cantidad posible de hielo para no aguar la mezcla. Era una bebida deliciosa y, como suele ocurrir cuando se bebe champagne, la gente se vuelve comunicativa y divertida". Nótese que en algunos lugares de Santiago (2002), el 'Cardenal' es un Pisco Sour doble, demasiado grande.

"El almuerzo generalmente producía algo de sueño ya que, además de la comida y bebida, el sol de mediodía y resplandor del mar actuaban como poderoso soporífico. No obstante, evitábamos sucumbir y cerca de las dos y media o tres, nos acercábamos al hipódromo en la temporada de carreras, donde hacíamos nuestras apuestas, grandes o chicas, conversábamos con las jóvenes y disfrutábamos de una tarde en general, con el entusiasmo de la juventud.

"De otro modo, cuando no era temporada de carreras, nos levantábamos de la mesa alrededor de las tres, nos íbamos a casa para ponernos el atuendo de polo y volvíamos al Sporting Club en cuyo centro, dentro de la pista de carreras, estaba nuestra cancha de polo. No nos olvidemos que todo esto ocupaba un terreno totalmente yermo, sin vegetación alguna. Se jugaba sobre una superficie de grava fina, donde se levantaban nubarrones de polvo y los cascos de los caballos hacían volar las piedrecillas. Todo esto nada tenía que ver con lo que disfrutábamos con nuestro juego, sin menoscabo de la presencia de las jóvenes en la tribuna principal donde se agrupaba numeroso público.

"Para los que no les interesaba el polo había dos canchas de tenis, reservadas para hombres solamente el domingo por la mañana. Durante algún tiempo también se puso de moda jugar a los bolos, para lo que el Sporting Club instaló dos galerías; fue popular ya que podían jugar igualmente las mujeres". Este deporte se hizo popular en ciertos Clubes de Iquique bajo el término de 'palitroque'.

"Al referirme a la vida en la sociedad mixta, hay que acordarse de que aún eran válidas las costumbres victorianas en América del Sur, no obstante la comparativa emancipación de la mujer que evolucionó en Inglaterra después de la muerte de la reina Victoria; el trato libre y sin dama de compañía como lo que impera hoy día era inconcebible. Solo una madre progresista y moderna permitiría que su hija saliera sola con un hombre y, si lo hacía, generalmente había otro motivo. Me complace pensar que nosotros aún manteníamos el viejo ideal de reverencia por la mujer, si se ha perdido esa idea de poner a la mujer sobre un pedestal, no ha sido culpa del hombre. Ahora quieren algunos, demasiados, que volvamos al pedestal a palos…

"Aparte de tenis, polo y bolos, el único pasatiempo factible al aire libre al principio de yo estar en Chile era el cricket. Se jugaba en los meses de invierno, el verano era demasiado caluroso (¿sería por la ropa?).

"Nos era difícil mantener el entusiasmo, porque nuestra cancha estaba en un solar vacío en terrenos del ferrocarril y todo cubierto de hollín. La pista en sí era dura y cubierta con una esterilla de coco, no estaba mal del todo. Se notaba mayor actividad justo antes y durante el torneo bianual contra la Pampa". Ya se mencionó anteriormente la construcción del Club de Botes y la naciente afición acuática que impulsaron los ingleses en las playas de Iquique.

"El Bridge apenas se jugaba en esa época, era complicado encontrar cuatro personas dispuestas y, además, estábamos más interesados en el trato social que en ocupaciones sedentarias en el Club. El Billar sí era popular, las dos mesas del Club solían estar siempre ocupadas después de la puesta del sol, y algunos de los jugadores eran excelentes.

"Es extraño que en una sociedad donde circulaba bastante dinero y donde no faltaban ejemplos de prodigalidad el juego no fuese corriente. Podía haber una partida de póker ocasionalmente en alguna casa para los adictos que disfrutaban con el juego, pero muy poco interés en el Club. Existía una costumbre muy amigable en Iquique de llegar a una casa particular sin previo aviso por la tarde para tomar un cocktail antes de la cena, después de pasear por el Camino. Nosotros los jóvenes siempre éramos bien recibidos y disfrutábamos en muchas ocasiones de esta hospitalidad informal. De vez en cuando y de acuerdo con nuestras posibilidades, naturalmente correspondíamos con un almuerzo en Cavancha o, si teníamos casa propia como era mi caso, invitaríamos a un cocktail con *petits fours*. El bridge, los juegos de cartas, el cocktail, las limonadas y el paseo al Camino de Cavancha persistieron en la elite iquiqueña hasta la década de los 50, cuyo escenario se ha reconstituido recientemente al volver a 'verse' la plaza Eslava.

Continúa Watson: "Ocasionalmente habría un baile en una casa particular, pero salvo raras excepciones, las casas no eran lo suficientemente amplias como para que bailaran más de 30 parejas y por eso no era muy frecuente. En una sociedad de varias nacionalidades, donde todo el mundo se conocía, era casi imposible limitar el número de invitaciones de acuerdo con la capacidad de la casa, sin ofender a alguien. Siendo así, era más probable organizar un baile pequeño a último momento invitando a las amistades por teléfono.

"Una vez al año, por lo menos, el Intendente daría un gran baile para el '18', el día nacional de Chile, en la residencia oficial: el 'Palacio'. Estos bailes empezaban con mucha formalidad, sin degenerar de forma escandalosa; estaban muy bien preparados y todos los invitados disfrutaban plenamente. Cualquier gran baile que no continuaba hasta el amanecer se consideraba un fracaso total.

"Ya se han mencionado los bailes de la Filarmónica donde siempre se pasaba muy bien"…"En todas estas ocasiones, el frac era de rigor"…"Las señoras de Iquique presumían de vestir a la última moda. Representantes de los principales modistos de Buenos Aires y Santiago visitaban Iquique con frecuencia con los últimos modelos"…"Es poco conocido que la mujer de Santiago o Buenos Aires que vestía a la última moda estaba –y quizás todavía esté– por delante de París, Londres o Nueva York. El motivo es que los modelos de París para la próxima primavera se diseñan y preparan con por lo menos seis meses de antelación. Como la primavera en el hemisferio sur corresponde a otoño en el norte, se mandaba la colección de la próxima temporada a Santiago y Buenos Aires a tiempo para disfrutar –y probar– inmediatamente, antes de su correspondiente temporada en Europa.

"Para celebrar la coronación del Rey Jorge V [el 22.06.1911], la Colonia Británica dio un gran baile en la Filarmónica, al que se convidó a todas las autoridades chilenas, oficiales del ejército, Cónsules y personas distinguidas. Un asunto de Estado. Todo marchaba bien hasta alrededor de medianoche, cuando llegó un mensajero para advertir que se había levantado un huracán, peligrando todos los barcos y barcazas en el puerto. Habíamos notado, un par de horas antes, que soplaba un viento fuerte, pero con el ruido de las festividades dentro del salón de la Filarmónica, no se oía todo lo que pasaba fuera. Nunca llegaban huracanes –este fue el único en Iquique del que yo tuve noticia en 45 años–; el peligro para los barcos y barcazas era obvio. Puesto que la mayoría de las personas importantes en Iquique estaban relacionadas con el embarque de salitre de un modo o de otro, hubo un éxodo inmediato de casi todos los hombres, con lo que se acabó la fiesta. En vista de que el Cónsul (Sr. Hudson, de carrera) y yo mismo –me habían nombrado Vicecónsul a instancias de él poco tiempo después de venir a vivir en Iquique– éramos los anfitriones oficiales, nos quedamos en la Filarmónica con algunos hombres más para atender a las señoras y asegurarnos que volvían sanas y salvas a sus casas.

"A estas alturas, el huracán se oía claramente y al asomarnos a la puerta vimos que el retorno a casa no sería tan sencillo; volaban por las calles planchas de calamina arrancadas de los techos como si fueran hojas, muchos cables de telégrafos y teléfonos colgaban peligrosamente sueltos y un buen número de los postes se habían quebrado, impidiendo el tráfico. Bastantes señoras estaban histéricas, muy pocas mantuvieron la calma; sin embargo al final llegaron todas a sus hogares en buen estado.

"Los daños en la bahía y en los depósitos del puerto fueron considerables. A la mañana siguiente bajé al puerto con Brett y el jefe de nuestro departamento de expedición cuando ya había amainado el viento para examinar los daños. Afortunadamente no sufrimos demasiado, porque el único daño al depósito fue la caída de parte del tejado de caña que era fácil reemplazar; no se había perdido ninguna barcaza, aunque todas habían cambiado de anclaje y algunas estaban en tierra, pero recuperables. Era muy extraño constatar el enredo que se había formado entre los buques y barcazas en general ordenadamente alineados.

"Un barco de vela, el *Madeleine*, fue a dar a tierra donde volcó y el casco quedó patas arriba, y así estaba la última vez que lo vi en 1928"…"Otros dos o tres barcos de vela habían chocado entre sí con daños bastante serios y se hundieron algunas barcazas, pero en general el aspecto de la bahía y su costa era mucho peor que los daños en sí".

En el tema de *huracanes*, puedo añadir una anécdota que Gilles Galté, otro de los nietos de John Lockett, nos contó a su prima Grimanesa y a mí. De chico vivía con su familia en la Av. Balmaceda, desde cuya puerta falsa se veía el número 1580 de la calle Tacna. Hay que aclarar que las casas de los barrios históricos del auge salitrero de Iquique tenían una puerta lateral estrecha llamada "falsa" para el uso del servicio doméstico. Recordaba que un día sopló un 'gran viento' en Iquique que tiró uno de los dos pinos que había en la casa; se quedó mirando el pino caído y, por el espacio que dejó, vio volar el techo de los Hornsby (en Tacna 1580). Después se lo contó a su madre Norah, que le contestó: "No digas tonterías" y en verdad no fue una tontería exactamente…

Seguimos con el relato de Franck: "La coronación del Rey Jorge V dio lugar a una serie de celebraciones, con lo que Hudson y yo estuvimos bastante ocupados durante varios días. Tan pronto como recibí mi *exequatur* de Vicecónsul (el año anterior), adquirí por un precio exorbitante el uniforme y accesorios que la tienda Army & Navy de Londres consideraba necesarios, pero me intimidaban tanto y me sentía tan conspicuo llevando todo eso, que hacía lo imposible para evitar vestirme de esa manera. No obstante, para la coronación del Rey, era obviamente obligatorio que Hudson y yo lleváramos el uniforme de rigor.

"Hubo una recepción oficial, solo para hombres, en el Club Inglés, de la que el principal recuerdo era de Hudson leyendo su discurso esmeradamente preparado, se refirió no una, sino cada vez a ¡'Su Majestad el Rey Jorge IV'! [la de este Rey fue el 19 de julio de 1821 y la de Jorge V el 22 de junio de 1911]. Hubo una procesión organizada por las autoridades chilenas en la que Hudson y yo tuvimos que marchar durante lo que nos pareció –a pleno sol de medio día– una eternidad, envueltos como estábamos en los uniformes oscuros, cuellos altos almidonados y guantes; además, algunos trayectos se hacían en coche de caballos: la acción de-subirse a-y-bajarse de-estos con la espada colgando a un lado o metida entre las piernas, no era un ejercicio fácilmente llevado a cabo con elegancia y soltura. El baile de la Filarmónica también fue con uniforme, naturalmente, lo que no agilizaba el movimiento garboso al esquivar techos voladores y cables colgantes camino a casa. Lo que más disfruté fue un gran almuerzo solo para hombres de la Colonia británica con el que concluimos las celebraciones de manera informal –sin uniforme– en Cavancha.

"Una de las actividades sumamente agradables era montar a caballo bordeando el mar desde Cavancha hacia Molle donde había buenas posibilidades para galopar en la arena. Con alguna frecuencia se organizaba un pic-nic y llevábamos nuestro almuerzo cerca de Molle donde empezaban las rocas. No era un lugar apropiado para bañarse, había mucho oleaje y fuertes corrientes y solo los más temerarios se atrevían. De todos modos, estos pic-nic ofrecían la oportunidad de hablar con una joven a solas y aunque fuera solo por ese motivo, eran muy agradables. Al final de ese recorrido cuando aparecían 'las Primeras Piedras', antes de llegar a Bajo Molle, se instalaron plataformas para lanzarse y disfrutar de lo que se marcó en el paisaje como 'la poza de los gringos'.

"A veces se organizaban paseos a caballo y pic-nic a medianoche, para unas 12 personas y siempre con la presencia de una señora casada (pero rara vez con su marido) y que generalmente disfrutábamos mucho. Recuerdo que después de uno de estos pic-nic, al desvestirme para acostarme, oí un ruido desconocido en el suelo detrás de mí. Cuál sería mi sorpresa al darme la vuelta y ver una lagartija de 20 cm, que debe haberse metido en mi camisa sigilosamente buscando el calor.

"El 11 de agosto de 1911 celebré mi compromiso con Dorothy Michael, hija única de Frederick Michael, que había sido el Director de la Cía. de Aguas desde su inicio, y de su mujer Charlotte (Lottie). La Sra. Michael era la hermana menor de Sir Robert Harvey, que fue socio del coronel North, y en la época de la que escribo, probablemente la persona más señalada en el mundo del salitre, siendo presidente del Banco de Tarapacá y Londres (después llamado Anglo South American Bank), del Ferrocarril Salitrero de Tarapacá, de la Cía de Aguas, de la Navigation Collieries de North, de la Liverpool Nitrate Co. de Liverpool y de varias compañías más relacionadas con el salitre. Nos casamos en enero de 1912 y pasamos nuestro viaje de novios en el sur de Chile. Pensaba que yo ya me había ganado alguna posición social y empresarial, pero mi amor propio se desinfló varios grados cuando supe que se referían a mí como 'aquel joven que se casó con la hija de la Sra. Michael'. … '¡Esa era mi única referencia!'.

"Poco tiempo después de mi boda la Agencia de la Cía. de Aguas, por influencia de Sir Robert, fue traspasada a mi compañía, Nitrate Agencies Ltd. y, como yo era el encargado de todo el sector londinense de nuestros negocios, los muchos asuntos legales de la Cía. de Aguas en relación con las

Municipalidades y autoridades locales me tocaron a mí. Así en cierto modo me convertí en el jefe de mi suegro, pero seguía siendo conocido como 'aquel joven que se casó con su hija'...

"Uno de los periodos más festivos del año era Carnaval. En aquellos buenos tiempos todo el mundo disfrutaba a tope durante tres ¿o cuatro? días. Durante el día se divertían los niños con máscaras y disfraces, correteándose con agua y chaya –confeti–. Los que no querían mojarse debían quedarse en casa, cualquiera que estuviera en la calle podía ser atacado por un globo (lleno de agua) o por un 'chisgueteo' un chorrillo de un líquido que sale violentamente o, si se estaba cerca de las casas, por un balde de agua tirada desde la azotea". Recuérdese que casi todas las casas de Iquique tenían balcón abajo y azoteas arriba.

Agrega Frank: "Aunque estas diversiones continuaban todo el día, lo verdaderamente divertido, por lo menos para los que se lo podían pagar, empezaba a las 2,30 de la tarde hasta el anochecer. Tres o cuatro jóvenes habíamos contratado un coche de caballos de antemano, el dueño le había quitado todos los elementos innecesarios, cubriendo los asientos con lona. También habíamos obtenido una enorme cantidad de globos del tamaño de una pelota de tenis –que reventaban nada más dar con un objeto.

"Colocábamos 200 o 300 globos en grandes canastos en el suelo del coche y nos sentábamos en el respaldar de los asientos, llevando solo pantalón y camisa. De este modo el caballo trotaba alegremente a lo largo del centro de la calle Baquedano donde arremetíamos a las señoras y a los señores que se quedaban en casa, pero posiblemente armados con munición similar, más baldes de agua y alguna manguera, dispuestos a defenderse del asalto. Podía haber hasta una docena de coches de caballo con jóvenes galopando para arriba y para abajo, la acción era frenética. A cada rato hacía falta volver a la base para 'repostar' con más municiones. Se gastaban decenas de miles de globos durante una tarde y la satisfacción de dar en el blanco desde un coche en movimiento era intensa. En poco tiempo todo el mundo dentro y fuera de las casas estaba empapado. Si alguna casa había demostrado una resistencia empedernida y si conocíamos a los dueños suficientemente bien, especialmente si estos tenían hijas agradables, nos bajábamos del nuestro coche armados con tantos globos como podíamos sujetar y atacábamos de cerca, intentando llegar al 'armamento enemigo' para usarlo contra ellos. Como generalmente tenían una bañera llena de agua para rellenar sus baldes, si nuestro asalto era victorioso meteríamos tantas jóvenes como fuera posible en la bañera. Por otro lado, a veces nos tendían una emboscada y éramos nosotros los usuarios involuntarios de la bañera. Al caer el sol cesaba toda la actividad agresiva, todo el mundo andaba mojado y empezaba a hacer frío. Estos enfrentamientos carnavaleros fueron populares y ocurrieron en todos los barrios de Iquique donde las bañeras eran reemplazadas por las bateas de madera para lavar ropa.

"Por la noche habría generalmente dos o tres bailes –en Cavancha, el Club Iquique o casas particulares– probablemente de disfraz y con máscaras. Igualmente había un gran baile popular de disfraces en el Teatro Nacional, al que acudían algunas personas conocidas para observar y participar bailando la cueca [baile chileno] y otras actividades menos elegantes. Alguna vez un respetable señor aprendería al día siguiente que la mujer enmascarada que tanto lo había intrigado la noche anterior, era su propia empleada o la de unos vecinos. ¡No era de extrañar que la diablilla conociera tantos detalles sobre su vida! En las noches de Carnaval la Plaza estaba llena de gente, algunos disfrazados, otros no, jugando a *chaya* y chisguetes y tiras de papelillos de color. Era un escenario de movimiento y de color.

"Hablando de cosas menos alegres, ninguna descripción de la vida en Iquique estaría completa sin mención de los brotes de manifestaciones antiperuanas. Después de la Guerra del Pacífico a principios de los años 1880, Chile, por derecho de conquista, incorporó definitivamente las provincias salitreras de Antofagasta y Tarapacá y ocupó las ciudades de Tacna y Arica, para las que, según el Tratado de Paz, debía haber un plebiscito 20 años más adelante para decidir a quién pertenecían. Se cumplieron los 20 años pero no hubo plebiscito por un motivo u otro; hubo descontento, mucho descontento en ambos países; es posible que estos sentimientos fuesen artificialmente fomentados. Sea como fuere, Tarapacá había sido una provincia peruana y la mayor parte de la población trabajadora y de la sociedad 'chilena' era en efecto peruana. De ahí que Iquique fuese foco de estos brotes periódicos antiperuanos. En 1911 hubo un caso especialmente violento, se formó una liga antiperuana con el propósito único de echar a los elementos peruanos de la sociedad y del comercio a la fuerza o amenaza de fuerza. Este movimiento no fue activamente controlado por las autoridades chilenas. Tenían una lista de nombres de los peruanos que querían echar, muchos de los cuales fueron obligados a irse. Mi situación personal era algo difícil. Nací en Perú, de padre inglés y madre americana, pero nos fuimos cuando yo tenía un año y nunca había vuelto. Nunca fui inscrito en los registros peruanos y de hecho, en Perú mismo, en un juicio en el que yo había sido mencionado, los tribunales peruanos me habían declarado inglés.

Sin embargo, yo aparecía destacadamente como uno de los peruanos que se debían echar del país. Por otro lado, yo era Vicecónsul inglés, aceptado por el gobierno chileno, y este reconocimiento oficial hacía desaconsejable interferir conmigo. No hubiera sido prudente que yo me pronunciara públicamente al respecto, de manera que ignoré la situación. Durante algunos meses viví en un ambiente muy desagradable. Se agravó la situación cuando en plena agitación grupos hostiles atacaban a sus víctimas sin que nadie lo evitara, el Cónsul peruano fue blanco de uno de estos grupos. Temiendo con razón que estaba en peligro, se refugió en el Consulado inglés. Lo primero que supe fue cuando me llamó Hudson para avisarme; me pidió que fuera inmediatamente a ver al Intendente, informarle lo que pasaba y pedir protección policial, especialmente cómo la muchedumbre se estaba acercando al Consulado y temía un ataque. Además me pidió que fuera al Consulado después de ver al Intendente. Como el Consulado estaba ubicado en parte de su residencia privada, estaba más alarmado por la presencia de su mujer y tres hijos pequeños. No me gustó mucho este encargo porque, aunque el Intendente era en realidad un buen amigo mío, su actitud conmigo durante todo este tiempo había sido muy fría y distante. Pero fui y me prometió la protección policial; sin embargo, como en un caso como este no se podía contar demasiado con la policía, el Intendente prometió pedirle al almirante Lucho Gómez, otra vez el amigo Lucho Gómez antes descrito enviado a Iquique por si la situación empeoraba, que mandara un pelotón al Consulado. Ya estaba oscureciendo, me encaminé hacia el Consulado lo más discretamente posible". Continúa el relato: "Encontré a Hudson en estado dramático. Creo que no tenía miedo, pero me dijo que si llegaba la muchedumbre exigiendo que se le entregara al Cónsul peruano, él, Hudson, ataviado con su uniforme consular, envolvería al invitado en la bandera británica y lo acompañaría personalmente a los buques ingleses en la bahía. No me gustó la idea de un acto tan melodramático, pero Hudson era el jefe. Afortunadamente eso, nunca fue necesario, ya que a las dos horas oímos los pasos de hombres bien disciplinados y llegó Lucho Gómez en persona con un piquete de marineros que dejó de guardia toda la noche. Pasamos media hora incómoda en la compañía de Gómez y nuestra visita peruana, con los que teníamos amistad, igual que ellos eran amigos entre ellos, pero aquellas circunstancias solo conducían a una conversación muy formal. Hudson y yo estuvimos muy aliviados cuando Gómez se llevó y acompañó personalmente al Cónsul peruano a bordo de un barco que lo llevaría a Perú.

"Después de esto, se enfrió la agitación popular y se volvió a la vida normal". El contencioso Tacna-Arica continuó con más o menos temperatura durante muchos años y por fin fue resuelto creo que en 1929 mediante arbitraje. Tacna quedó en Perú y Arica en Chile.

Volvamos a Frank: "El año 1912 no fue un año feliz para mí. Nos habíamos casado en enero y en abril sabíamos que mi mujer estaba embarazada, lo que nos alegró mucho. Tuve que ir a una de mis visitas periódicas a Antofagasta y a mi regreso me sorprendió ver a mi cuñado en el muelle esperándome, una cortesía que no me esperaba. Mi mujer había tenido un ataque de apendicitis y los médicos querían operar cuanto antes, pero su familia sabía que yo estaba a punto de llegar y había aplazado la decisión a mi llegada. Qué problema para un joven marido enamorado de su mujer, encantado con la idea de tener un hijo, verse obligado a decidir si se operaba o no una joven en este estado. Para resumir, se operó, pero mi mujer lo pasó muy mal después. Sin embargo el bebé, un niño perfectamente formado nacido a su tiempo, después de un parto sumamente largo murió y mi mujer casi pierde la vida. No estuvo bien durante el embarazo y después del parto tampoco; me alegré de que por fin me iba a poder ir de permiso durante seis meses y así ella tendría un largo viaje por mar y cambio de aire y clima que le era tan necesario".

Por fin emprendieron viaje a principios de mayo de 1913; su mujer apenas pesaba 40 kg; también los acompañó la Sra. Michael que no había vuelto a Inglaterra en muchos años. Todavía no se había terminado el Canal de Panamá y no viajaban buques con primera clase más allá de Callao, de modo que en Callao se embarcaron en un pequeño barco de la PSNC hasta Panamá, donde tuvieron cinco días antes de que un barco de la United Fruit Co. saliera para Nueva York. Les llamó la atención la tremenda humedad del ambiente –en una sola noche le salió moho a la ropa dejada fuera [lo sé, viví ahí siete años]–. "Tuvimos bastante que hacer en ese tiempo" sigue diciendo. "Cuando salí de Inglaterra en 1903, hacía casi 10 años, apenas habían automóviles; creo que mi única experiencia fue un viaje en un bus entre Oxford Circus en Londres y Ealing (en las afueras) –un viaje de aventurero y lleno de pavor–. Panamá, naturalmente y especialmente la Zona del Canal bajo control de Estados Unidos, estaban llenos de automóviles y los aprovechamos al máximo. Visitamos Panamá Vieja, estuvimos en el lugar desde el que Vasco Núñez de Balboa vio el Océano Pacífico por primera vez, así como los fuertes llenos de antiguas historias de piratas. Lo más interesante fueron los tours que se organizaban para ver los trabajos de ingeniería del futuro Canal, sobre todo Corta Culebra". Describe con admiración detalles de los trabajos de ingeniería que pudo ver. Llegaron por fin a Nueva York que no volvería a ver hasta 1948 y recuerda que ya entonces en 1913, la silueta de la ciudad era impresionante.

En Inglaterra estuvieron viajando de norte a sur, de este a oeste durante cuatro meses y viviendo –dice el Sr. Watson– como príncipes. Le compró a su hermano su primer automóvil, un Isotta Fraschini de 1908. Se lo dejó al hermano para que lo vendiera cuando volvieron a Chile, pero el gobierno lo requisó al estallar la guerra y solo le dieron 100 libras. Relata que estuvieron unos días con el tío de su mujer, Sir Robert Harvey en su casa *Dundridge,* cerca del pueblo de Totnes en Devonshire. Estaban al mismo tiempo la Sra. Michael y una cuñada de Sir Robert. Ahora bien, sigue contando: "...estas dos señoras y yo también, nos gustaba y estábamos acostumbrados a tomar uno o dos cocktails o un whisky con soda en momentos apropiados del día. Sin embargo, Sir Robert no era partidario de la bebida entre comidas, especialmente para las señoras, aunque en la mesa fuera de lo más liberal con los vinos; nunca había ni un refresco entre comidas. Consecuentemente estas dos señoras –que le tenían un pavoroso respeto a su anfitrión [y una era su hermana] como cabeza de familia– nos reuníamos a escondidas en la habitación de la Sra. Michael antes de la cena para preparar nuestro aperitivo, que también tuvimos que introducir a escondidas. Nos topamos con muchas dificultades para esto, porque el chofer siempre nos llevaba en el automóvil a todas partes, por lo que los paquetes eran un problema y después llevarlos nosotros mismos –era todo de risa. Todo lo cual indica cómo era de estricta la disciplina familiar en la era victoriana de la que éramos los últimos ejemplares".

¡Cuánta suerte he tenido de poder leer y usar estas memorias!

Archibald Hornsby

He tenido la oportunidad igualmente de conseguir copia de la traducción al castellano de las memorias de Archibald Hornsby. El trayecto en este caso fue el siguiente: alguien me sugirió que me pusiera en contacto con la publicación *Chilean News,* un boletín de la Sociedad anglo-chilena editada en Londres. La redactora, Sra. Georgina Roberts –antofagastina– me contestó amablemente, mandándome recortes de algunos números atrasados en que el tema era el norte. Me llamó la atención una mención en la edición de noviembre de 1990, de las memorias de Archibald Hornsby cuyo nombre me sonaba mucho. Otra vez la Sra. Roberts me sacó de apuros dándome la dirección en Santiago de la Sra. Lina de Smithson que, por medio de una hermana suya que conocía a la cuñada del Sr. Hornsby, me pudo dar el teléfono y dirección de Fanny Fraser de Pérez en Villa Alemana. Estos nombres –Lena y Fanny Fraser– me eran muy conocidos. No tardé en escribirle a Fanny naturalmente, que tampoco tardó en mandarme las memorias. ¡Qué generosas son las personas! En mi siguiente viaje a Chile lo primero que pude hacer fue ir con mi amiga-hermanastra Grimanesa Jiménez Lockett, a Villa Alemana entre Viña del Mar y Santiago para visitar a Fanny Fraser. Era el 12 de noviembre de 2002. Vive con su hija Paulina y familia en una casa grande, agradable, con jardín.

El padre de Fanny, Frank Fraser, nació en Brighton en Inglaterra. Estuvo trabajando en África hasta que su futura suegra le dijo que se tenía que olvidar de África si quería casarse con su hija. Volvió a Inglaterra, se casó, y después contestó un anuncio en el que se buscaba un director para una fábrica de fósforos en Cochabamba, Bolivia, donde nacieron las dos hermanas mayores de Fanny. Su madre enfermó de fiebre tifoidea mientras esperaba su segunda hija. No pudo soportar Cochabamba por más tiempo así que se vinieron a Antofagasta donde nació Lena. Después de un tiempo la familia se trasladó a Arica donde nació Fanny y donde el padre encontró un socio con el que trabajó durante muchos años en Iquique (Fanny agrega que era muy gordo).

Las hermanas fueron al colegio St. George's en Iquique, donde se hablaba inglés solamente. Casi todas las vacaciones las pasaban en Pica. Había siempre una frazada (manta) vieja en el auto para sortear los posibles atascos en los arenales del camino. El alojamiento en Pica era de un viejo con cuatro hijas, obligadas a trabajar como esclavas. Para otras vacaciones iban a Tacna. Tiene recuerdo de una vez que fue con su hermana Lena, ya casada con Archie Hornsby, a las fiestas de La Tirana en la Pampa camino de Pica, un 16 de julio. Los había convidado el encerador que le trabajaba a Lena; allá llegaron y fueron recibidos por un hombre vestido con plumas que apenas pudieron reconocer como el encerador. Los promesantes de la Tirana se organizan hasta ahora en bailes religiosos que privilegian las vestimentas indígenas para sus rituales propios de la religiosidad popular. Estas fiestas se celebran entre el 12 y 18 de julio para la Virgen del Carmen y son muy populares. Se forman cofradías de bailes religiosos a las que acuden de todo el norte; se sigue un ritual ordenado mientras presentan sus ofrendas a la

Virgen, con máscaras y trajes del altiplano, el colorido es magnífico. El pueblo es pequeño, pero durante las fiestas van miles y miles de personas.

Tengo recuerdos de tardes en la pampa cuando se oían tambores, sobre todo en el silencio de la noche; dependía del viento. Eran estos bailes de los "chunchos" con ropajes emplumados selváticos que practicaban durante semanas antes de la gran fiesta; yo los llamaba "chunchos", no sé si ahora se sigue usando esa palabra.

Las amistades y vida social de la familia Fraser en Iquique eran mayormente con otras familias inglesas; se acuerda Fanny de una Sra. Patterson creo, que un día le abrió la puerta a una persona que preguntó por su marido, a la que le contestó que 'el hombre que vivía con ella no había llegado aún'. Esencialmente correcto ¿no?

Le contó a Grimanesa que se acuerda muy bien de la llegada a Iquique de las hermanas Lockett de Inglaterra (la que sería su madre y sus tías), venían a la última moda ¡con trajes de baño con la espalda al aire!... Tengo algunas fotografías tomadas en Inglaterra, me las dio Norah Lockett, en una de las que están *Darling* como era conocida doña Grimanesa Romero, con mi tía abuela Dolly y su hija Betty Isaacson (futura madre de mi prima segunda-mexicana Deirdre); Betty y Grima Lockett Romero fueron muy amigas toda la vida.

Pasó una cosa curiosa con las hermanas Fraser. Kathleen, la tercera hermana, estaba comprometida en matrimonio con un joven llamado Walter James, que le había regalado a su prometida un precioso anillo de compromiso de esmeralda con diamantes. Al poco tiempo la compañía del novio lo mandó bien lejos a Concepción a trabajar, por lo que el noviazgo pasó por una etapa algo difícil. Así estaba la situación cuando aparece en escena un joven llamado Philip James, que nada tenía que ver con el primer James. El recién llegado también pretendió a Kathleen. La pobre no sabía a cuál de los dos elegir; continuamente pedía consejos a sus hermanas, que la mayoría de las veces se reían de ella. Al fin se decidió por Philip, por lo que le devolvió el anillo de esmeralda a Walter que, algunos años después, se lo regaló a Fanny. Un mal día se le perdió el anillo a Fanny. Tiempo después, estando en la botica, como se dice en Chile a las farmacias, se fijó en una joven que llevaba puesto el anillo. Esperó a que saliera y la siguió diciéndole: "Ese anillo es mío y lo puedo identificar, tiene una falla pequeña en un lado". La joven le contestó que se lo había comprado a una parienta, y por lo tanto, lo consideraba suyo. A continuación Fanny contrató a un investigador que por fin dio con la pista. Aparentemente Fanny no se había vuelto a poner

el anillo después de lavarse las manos, la empleada lo vio y se lo llevó, vendiéndoselo posteriormente a su parienta. Se alegró mucho Fanny cuando
recuperó ese anillo –pero no estaba destinado así–. Un día, o una noche,
no lo sé, entraron ladrones a la casa de Paulina su hija y, entre las cosas que
volaron, estaba el anillo.

*Grimanesa Romero de Lockett (Darling), vestida de negro, con mi tía abuela
Dolly Isaacson en Inglaterra.*

Terry (hija de Darling), Darling y Betty (hija de Dolly), en Inglaterra.

Cuando Fanny contestó mi primera carta, me contó que mi tío Barney y la tía Mary vivían en la misma calle en la vereda (acera) de enfrente y los evoca como buenos vecinos. Dijo que si yo era en efecto la sobrina de ellos, entonces yo sería la niñita que vivía en la Pampa y que necesitaba una institutriz. El Sr. Fraser había muerto hacía poco y, además, la más reciente crisis del salitre había dejado a la familia en circunstancias muy difíciles, por lo que su hermana mayor, Kathleen la de los dos novios con el mismo apellido, se ofreció como institutriz añadiendo Fanny entre signos de exclamación "¡Quizás lo recuerdes!". No, no me acordaba de haber tenido una institutriz inglesa, solo de una alemana, pero quizás esta fuera la de mi hermana cuando yo era mucho más chica; en fin, hablamos de eso cuando fui a visitar a Fanny. Hasta aquí, recuerdos de una época pasada, pero los signos de exclamación me debieron poner sobre aviso. No se me había ocurrido preguntarme el por qué. En su carta Fanny estuvo muy discreta y fue solo estando en conversación amena y amistosa en Villa Alemana que me lo contó: al llegar Kathleen a la Oficina para una entrevista con mi madre y no sé en qué momento, le tiré unas tijeras. Imagínense, estimados lectores, que le cuenten a una/o después de 60 y no sé cuántos años, que le había tirado unas tijeras a una persona, antes de cumplir los 10 años. ¡Qué monstruo! Se me quedó la boca abierta durante largo rato. ¡Qué niñita más repelente! Tengo recuerdo cero y no tengo motivo para dudar de Fanny. Me consuela un poco constatar que la niñita repelente evolucionó a un ser bastante más pacífico, y que nunca volvió a tirarle tijeras a nadie ni a nada (que yo recuerde…).

Bueno, para volver a Archie Hornsby. Nació en Valparaíso en 1900. La familia estaba en Iquique en 1908 cuando se decidió llevar a los niños al colegio en Inglaterra. Eran Elsie de 11 años, Archie de ocho e Irene de cinco. Acompañados de la madre, se embarcaron en el vapor *Junín* de la PSNC, al mando del Capitán Hobson, viejo amigo de los padres. Eran los únicos pasajeros a bordo; me puedo imaginar qué delicia para los niños, sobre todo para Archie, inquieto y con curiosidad inmensa para conocer todo. En mi experiencia, los marineros suelen ser muy cariñosos con los niños y más en este caso que eran los únicos pasajeros y al principio del viaje, un poco desconsolados de haber dejado atrás al padre. El primer puerto fue Tocopilla, donde el Capitán se llevó a Archie a tierra también. En nada de tiempo se hizo amigo de todos y conoció el barco de popa a proa. También tocaron Valparaíso y Punta Arenas antes de pasar por el estrecho de Magallanes. En el trayecto el Capitán los invitó al Puente de Mando para que vieran lo difícil que era la travesía de la Angostura Inglesa en forma de 'U', donde el barco debía reducir velocidad y hacer sonar la sirena ensordecedora para evitar un choque de frente. En Montevideo se subió un grupo de labradores portugueses de regreso a sus islas con sus familias; estos pasajeros iban en la clase *steerage* que, según Archie, era menos que tercera –también se hizo amigo de ellos–. A los 11 días divisaron el archipiélago de Cabo Verde donde desembarcó este grupo.

La siguiente parada fue Hamburgo durante varios días. Los oficiales se turnaban para acompañar los niños a tierra. Archie recuerda sobre todo su asombro ante los parques: "esa exuberancia de árboles y flores y verdes campos", así como por la "exhibición de salchichas de todos tamaños". Por fin zarparon hacia las Islas Británicas, con una ruta algo extraña diría yo, porque le dieron la vuelta al norte de Escocia para bajar por el oeste hasta Greenock, el puerto de Glasgow.

Archie estuvo en distintos colegios en Inglaterra durante ocho años; aparte de su abuela materna en Londres, una señora que creo debe haber sido muy entretenida, tenía tíos y primos por el lado paterno en distintos lugares, sobre todo en Escocia. Con todos hizo amistad, algunas muy duraderas. Tenía una infinita curiosidad y capacidad de asombro. Saliendo de "la vía subterránea, llenándose el coche con humo sulfuroso..." le llamaron la atención los *hansom cab* (precursores del taxi) de dos ruedas en los que el cochero iba detrás más alto que el pasajero, tirados por caballos, "ya que todavía no se había generalizado la tracción por motor". Más adelante, durante un viaje a Escocia, habla de un bus tirado por cuatro caballos. La hermana Elsie terminó sus estudios en 1914, por lo que volvió a Chile acompañada por una amiga de la familia.

Con 12 años Archie se quedó para seguir sus estudios, pero se vieron interrumpidos en 1916 por la imposibilidad de mandar fondos desde Chile. Así, de un momento a otro, salió del colegio, y siguiendo las indicaciones de su padre, tuvo una entrevista en Londres con Gamble North, pariente del famoso coronel North y fue contratado para trabajar en la Oficina Jazpampa, parte de los negocios que todavía tenía en Chile la familia North. Se explaya con admiración en varias páginas sobre la vida del *Rey del Salitre*, llamándolo "valiente luchador", "dio trabajo a miles de personas, enriqueció a mucha gente, pero cuando la suerte no lo acompañó, recibió el consabido *pago de Chile* [¿qué será esto?], y su memoria fue borrada de los anales históricos de su época". Por fin se embarcó en otro vapor de la PSNC que, entre otras, hizo escala en Las Malvinas para desembarcar un destacamento de jóvenes soldados, antes de terminar el recorrido en Valparaíso. Pasó unos días con su tía Elsie, casada con el Sr. Weichmann. Anota que en su casa no había las restricciones que dejó atrás en la aguerrida Inglaterra, disfrutando de la fruta recién cogida del jardín y de los platos criollos casi olvidados. Volvió a embarcarse, esta vez en el *Mapocho*, un caletero que hizo seis escalas a lo largo de la costa, aparentemente monótona. Gran emoción al reunirse con su familia en Pisagua, pero no sabía cómo debía llamar a su padre ¿"señor"? (*Sir*) como se acostumbraba llamar a los profesores en el colegio. No dice cuál fue la decisión.

Describe Pisagua "en su época de prosperidad, tal como era en 1916". La principal actividad era el embarque de salitre, el desembarque de todo lo necesario para la vida del puerto y Oficinas que usaban ese puerto, todas de la Pampa norte. Los intereses de la Oficina Jazpampa, una de las primeras en el norte de Tarapacá, eran atendidas por su futuro cuñado Charles Franklin, Agente de Gamble North; estaban también Nitrate Agencies, Cía. Salitrera Aguada, West Coast Cable Co., Cía. de Teléfono y Ferrocarril Salitrero. En las ocasiones cuando no había ningún buque en la bahía, la principal actividad era el deporte. Se jugaba al tenis en un cancha que perteneció a la psnc; se organizaban pic-nics en Playa Blanca. En alguna parte he mencionado que Pisagua apenas tenía terreno llano entre el mar y el pie de los cerros de la cordillera de la Costa y que el tráfico de mercancías como de pasajeros se conseguía mediante planos inclinados. Pero no desesperen señores, especialmente los señores golfistas, pues se aprovechaba la primera planicie llamada Paradero Hospicio, para una improvisada cancha de golf. Dice Archie Hornsby que en primavera estaba rodeada de caléndulas amarillas y rojizas que obtenían su 'agua' de la camanchaca.

Elsie, hermana mayor de Archie, se casó con Charles Franklin y se quedaron a vivir en Pisagua. Dos días después de haber llegado a Pisagua tomó el tren para dirigirse a la Oficina Jazpampa. Salió a las 7,30 de la mañana, la máquina tomó agua en el Paradero Hospicio, otro trayecto y más agua en el Paradero San Roberto y después ya se empezaba a ver la Pampa salitrera. El Contador Bob Markland lo esperaba en la estación de Jazpampa. Fue presentado al Administrador y su familia y al resto del personal a la hora del almuerzo. En esta Oficina estuvo un año y, como siempre, su primera tarea fue hacer el cocktail. En el Escritorio de entrada fue fichero, entonces pasatiempo. Describe cómo el agua de la Oficina venía de lo que deduzco es el pique a 20 km de distancia, donde un molino de viento elevaba el agua hasta las cañerías y, cuando el molino no era suficiente, se recurría a una bomba mecánica. Se distinguían los piques desde lejos, claro está, por el verdor que los rodeaba. Esa es otra característica de la Pampa: parches verdes informes que parecen flotar en la distancia, a veces sobre un espejismo azulado –la tierra es fértil–, solo falta el agua.

El joven Hornsby habla de las comunicaciones en la Pampa; el ferrocarril se usaba para distancias largas, pero para trayectos más cortos se iba a caballo o en coches que él llama "a la Wild West". Todavía no era común el automóvil. Una vez tuvo que consultar al médico en Dolores; la ida fue sencilla: fue en el tren de la mañana, pero ¿cómo volver? Por fin un amigo ofreció prestarle una yegua "muy mansa" según su dueño. Apenas hubo montado esta salió disparada a galope tendido por la calle principal, sin parar hasta llegar ante la puerta del burdel... La población que pudo ver la escena lo encontró sumamente divertido. Aparentemente la yegua había sido rechazada por el hipódromo de Iquique debido a sus mañas. El corrector de su Oficina era dueño de un enorme y bello caballo que le prestaba de vez en cuando; apenas se le daba un poco de rienda, galopaba jubiloso a través de la Pampa. Quedaban ambos parados largo rato "en solitario y solidario silencio para apreciar las distancias interpuestas por espejismos que parecían ser lagunas de aguas azules, para oír el crujir de la tierra por cambios de temperatura, sin divisar absolutamente nadie y luego galopar a casa antes del anochecer".

Cuenta que en ocasiones se organizaba algún pic-nic a la hacienda de Tiliviche "metida en un escarpado valle. La gente joven iba montada a caballo, mientras que los más acomodados eran llevados en coches tirados por caballos a la Wild West. Sentados bajo la sombra de los árboles al lado del riachuelo, se servía una suculenta cazuela de ave, empanadas y las deliciosas frutas del oasis de Pica, y no faltaban los buenos vinos para acompañar y alegrar tan agradable momento".

Durante una visita a Iquique tuvo una entrevista con la firma Buchanan, Jones & Co., donde su padre había trabajado diez años antes cuando se llamaba Inglis Lomax & Cía. Tuvo como resultado que fue contratado para trabajar con ellos en el puerto tan pronto como hubiera cumplido su contrato con Jazpampa. Tendría así la oportunidad de conocer las operaciones del puerto y el manejo financiero.

El personal de Buchanan Jones se componía generalmente de personas contratadas fuera del país. Cuando él empezó a trabajar ahí había seis solteros que estaban instalados en el *rancho* en la primera planta (encima de la planta baja que da a la calle donde estaban las oficinas); la compañía proveía el alojamiento, agua y calefacción y la comida corría por cuenta de ellos. Representaban una buena mezcla de nacionalidades; inglesa, escocesa, irlandesa y canadiense, lo que contribuía a conversaciones animadas. Dice: "No nos fue permitido invitar al sexo femenino".

El irlandés del rancho −Patrick Nann− había sido boxeador semiprofesional peso mosca, y pronto se difundió la noticia de que había llegado un boxeador de Irlanda deseoso de enfrentarse con un campeón local del mismo peso. En realidad el desafío no vino precisamente de su parte, pero su presencia en los gimnasios era suficiente para despertar interés en una posible contienda internacional. En efecto, en Iquique estaba "El Tani", Estanislao Loayza Aguilar, que ya había ganado algunos premios internacionales, y así fue como se organizó un festival de boxeo. Como Archie era bilingüe, Pat le pidió que fuera su Manager; él y los demás contribuyeron a ayudarlo en su preparación. Se esperaba una concurrencia de unos 15.000 espectadores y por fin llegó el gran día. El combate fue de 15 asaltos y Pat perdió por puntos, pero se recuperaron los gastos aunque Pat tuviese que ceder parte de su bolsa para pagarlos. Archie agrega que lo único que perdió él fueron 10 kg corriendo con el campeón.

Mi fuente no es excesivamente generosa con las fechas, de manera que no sé si respeto la cronología o no, lo intento. Cuando ya había vuelto Archie de Inglaterra para empezar a trabajar en la Oficina Jazpampa y después de la boda de su hermana Elsie con Charlie Franklin, los padres con la hija menor Irene decidieron ir a vivir a Valparaíso. Sin embargo solo se embarcó la señora Hornsby con Irene. Dice Archie: "Mi padre, acostumbrado a vivir en el norte de Chile, no pudo resistir una oferta de su antigua firma Inglis Lomax para ocupar el puesto de contador en la Oficina La Palma". Desgraciadamente no sé nada del padre; lo que a mí me llama la atención es que un hombre que hizo un esfuerzo grande para mandar a su hija mayor y a su hijo al colegio en Inglaterra, en vez de continuar al sur con su mujer e hija como programado, sucumbiera a la tentación de aceptar un puesto de contador –no de Administrador– porque, según su hijo, "…acostumbrado a vivir en el norte de Chile, no pudo resistir una oferta …para ocupar el puesto de contador en la Oficina la Palma". Archie ya había empezado a trabajar en Iquique y su padre solía bajar los fines de semana. Así tuvo la oportunidad de conocer a la persona. Explica: "…fuimos conociéndonos más dentro de una relación entre dos personas adultas. Una vez me invitó a visitarlo en La Palma donde pronto me di cuenta que él estaba feliz con el estilo de vida que allí se llevaba. Lejos de las responsabilidades de un puerto, atendiendo embarques de salitre y los problemas consiguientes, le fascinaba la gran vista de tierras planas con trasfondo de montañas distantes cuyas cimas estaban cubiertas de nieve, el gran silencio solo perturbado por la actividad de una planta que rendía su blanco producto y la inigualable camaradería entre sus compañeros de trabajo. [¿Habrán sido sentimientos parecidos los de mi padre también?] Era en verdad un hombre de familia que no deseaba estar separado por mucho tiempo de ella, lo que inevitablemente tuvo que suceder. La crisis del salitre puso punto final al gozo de su corta vida en su querida Pampa".

Siguiendo con su propio relato, menciona sin detalle alguno que le afectó mucho la desgracia ocurrida en una Oficina que estaba parada, donde un amigo de él y otro joven estaban encargados de las reparaciones que se hacían. Dice: "Los dos, en un momento de desesperación, recurrieron a las armas para arreglar sus diferencias, resultando uno de ellos muerto de un balazo. Me afectó mucho este incidente, porque ambos pertenecían a respetables familias y estaban en plena juventud". ¿Qué castigo habrá recibido el sobreviviente? Yo nunca tuve referencia de esta muerte tan triste.

También él enfermó de tifoidea, estuvo hospitalizado un mes y su recuperación la pasó en casa de sus tíos en Viña. Como había nacido en Valparaíso, lo citaron en 1920 para hacer el servicio militar. Para no tener que hacerlo, no le sirvió de nada su alegación de haber recibido instrucción militar en Inglaterra, en el OTC [Cuerpo de entrenamiento militar] de su colegio, pero al pasar el examen médico en el Cuartel de Granaderos en Iquique, se comprobó que la tifoidea había dejado un ligero defecto en el corazón, lo que sí se consideró como circunstancia eximente.

Como he dicho, Archie Hornsby no precisa mucho las fechas, pero calculo que alrededor de 1920 y con pocas perspectivas de ascenso en Buchanan Jones, aceptó la oferta de un puesto con el Ferrocarril Salitrero en el Departamento de Contaduría. Aquí ya no vivió en un *rancho* y echó de menos la camaradería de esa organización.

Su jefe en este empleo fue Fred King, al que describe como "un personaje de cualidades muy especiales que, aparte de conocer su oficio a fondo era pintor de reconocido mérito, hombre muy humano y querido por quienes tuvieron la afortunada experiencia de trabajar con él". Agrega que su esposa también era artista y era más conocida que su marido; firmando Alice Price King, dice que sus cuadros fueron exhibidos en galerías de arte en Europa, siendo su especialidad los puertos y cerros del norte de Chile. Algo sorprendida al leer esto, levanté la mirada de la pantalla del ordenador y vi delante de mí, ligeramente a la izquierda, una acuarela firmada Price King de aproximadamente 33 x 24 cm. Era de mi madre y me parece que es una vista de un trocito de playa al lado de donde estuvo el Chalet Suisse en Iquique. Siempre me gustó y hasta creo reconocer las rocas (puro sentimentalismo). Está la firma de Alice Price King en el Libro de Visitas de mi padre en enero de 1920.

Archie Hornsby tuvo el placer de visitar al matrimonio King algunos años después en Inglaterra. Estuvo con ellos un fin de semana en Southampton. Cuenta: "Ambos estaban dedicados a la vida artística, bastante precaria según pude apreciar. Ella seguía pintando sus lindos áridos cerros, su tema favorito del norte de Chile. Tal vez sea un tema que solo personas que conocen el entorno pueden apreciar, sabiendo dónde radica el encanto singular".

Pasó varios años trabajando en temas referentes a las concesiones que formaban las bases del estatus jurídico del funcionamiento del ferrocarril. En 1924 la Empresa le propuso incorporarlo como parte del personal contratado, es decir, contratado en Londres, y de este modo, tuvo que ir a Inglaterra otra vez. Eligió ir en invierno. Se embarcó en el *Oroya* en noviembre de 1927. Explica que este viaje fue muy distinto al de 1908; desde el inicio se animaba a los pasajeros a participar en actividades deportivas, para las que se formaban sendos comités y, como él no iba precavido, le tocó la organización de horarios. Más adelante describe su primera travesía del Canal de Panamá con admiración. Mientras estuvo en el Reino Unido visitó a todos sus parientes tanto en Inglaterra como en Escocia, y aprovechó para hacer su primer viaje en avión a París –nada común en esos años–.

La vuelta transatlántica la hizo a Buenos Aires donde estuvo varios días. El trayecto entre Valparaíso e Iquique lo hizo en un buque de la línea "Santa" de la Cía. Grace (todos los nombres eran de santas). Se queja de que no se parecían en nada a los barcos de la psnc donde había un ambiente social muy grato y que además en los Santa el personal era chino, ¡de manera que un suculento churrasco con un huevo y papas se convertía en "un nº 8, nº 6 y nº 2!"

En los años siguientes –1928-1934– se fueron notando cambios en la industria salitrera; la amenaza del producto sintético era cada vez mayor. Además hubo el *crack* de la Bolsa de Nueva York que afectó al mundo entero; había incertidumbre, no en cuanto a qué pasaría sino cuándo ocurriría Así las cosas, Archie y dos o tres amigos alquilaron una gran casa en la calle Orella de Iquique. Después del trabajo se dedicaron a decorarla de forma más acogedora y, entre otras cosas, se dedicaron a pintar las pantallas del salón. Eligieron como motivo para esta tarea antiguos galeones españoles; mientras así trabajaban, empezaron a interesarse sobre el tema de la conquista en sí, acordándose de alguna hazaña o de otra, hablaban del recorrido desde Panamá a Lima y, después, de cómo llegaron desde Lima hasta Valdivia, de las dificultades y sufrimientos. Fue tanto el interés –u obsesión– que uno de ellos, Ray Pocock llegó a escribir *The Conquest of Chile*, publicado en Inglaterra. En un momento dado (la cocinera intransigente refunfuñona los deja plantados), hasta decidieron adoptar la dieta de los españoles durante sus largas marchas: la nuez como elemento principal de la comida, a lo que ellos añadieron pan, queso y mantequilla. Pero un día se despertaron todos amarillos, ¡horror! ¿Fiebre amarilla? No, el médico ordenó cambio de menú.

El coronel LeFevre era Gerente del Ferrocarril Salitrero alrededor de esta época. Era un buen amigo que se preocupaba del bienestar de los empleados solteros. Un día llamó a Archie a su despacho y le preguntó si le interesaría una mina de oro "que un minero de la localidad le había informado tenía ricas vetas y que solo faltaba un poco de capital para trabajarla".

Le sugirió a Archie que se lo dijera igualmente al amigo 'historiador' que no era empleado del Ferrocarril, sino pretendiente a la mano de la hija (Peggy) del Sr. Gerente. Eran jóvenes, aventureros y emprendedores. Fueron a ver 'la mina', que resultó ser un hoyo en la tierra llana, sin muestras de desechos alrededor, donde se bajaba cierta distancia por una escalera de mano, en que cabía solo una persona y donde se veía el principio de más socavones. Compraron una camioneta de segunda mano, herramientas y un burro para el minero. La mina estaba en la planicie encima mismo de la ciudad (debía quedar bastante antes de llegar a Huantajaya o Santa Rosa, donde sí había muchas señales de actividad, pasada o presente). El minero estaba entusiasmado y trabajó duro, ellos también, acarreando lo que hiciera falta, pero al cabo de tres meses le pidieron una información clara de las posibilidades. "En verdad" dijo el minero, "la veta ha desaparecido, pero seguramente reaparecerá a una distancia más allá". ¿Norte, sur, este, oeste? Los socios no compartían el optimismo del minero y acordaron liquidar la sociedad en la que ya habían invertido bastante dinero. Parece que la verdad de la preocupación benevolente del coronel LeFevre por los dos jóvenes era su estado físico, porque al cabo de tres meses de frecuentes subidas a pie, en línea recta por el cerro hasta la mina, los había dejado macizos.

El rancho de la calle Orella estaba a punto de disolverse cuando Elsie, hermana de Archie, su marido Charlie Franklin y sus cuatro hijos se vinieron de Pisagua a vivir con él en la casa de Orella, en Iquique, haciéndose cargo ellos del arriendo. Esto se debía a que "había cesado toda actividad en Pisagua". Las Oficinas Jazpampa y Paccha no estaban trabajando, afectadas por la crisis de la industria salitrera. La situación de Charlie se complicaba aún más debido a que los dueños de las Oficinas, Víctor y Vivian North en Inglaterra, no contestaban la correspondencia. Charlie les solicitaba instrucciones urgentes sin resultado, debiendo él asumir, por abandono de los dueños, todas las responsabilidades para actuar en defensa de los intereses involucrados". Archie estaba encantado de vivir esa vida de familia, con niños chicos alegrando la casa, pero desgraciadamente no cuenta cómo pudo resolver los problemas su cuñado Charlie con lo que quedaba del imperio North. Triste final para el imperio North, del Rey del Salitre ¿no? Antes de empezar las investigaciones para este relato, jamás había oído nombrar al coronel North –Rey del Salitre–. Y desde entonces, en las pocas ocasiones cuando lo he oído nombrar por antiguos pampinos e ingleses en general, ha sido despectivamente: "todo lo echó a perder".

Después de un tiempo no especificado, ese cuñado decidió establecerse en Valparaíso, antes de radicarse definitivamente en Villa Alemana, y de nuevo hubo silencio en la gran casa.

Sigue describiendo someramente sus vivencias en Iquique durante los años de decadencia del salitre, lo que me produce cierta tristeza. Yo ya vivía en esa época, pero claro, no me daba cuenta que ese mundo se acababa, para mí el mundo empezaba. Fue Cónsul o Vicecónsul de Noruega y durante las ausencias de su amigo el Cónsul de Gran Bretaña –George Wood (de cuyos hijos Georgie y Virgie me acuerdo bien)–, también se hacía cargo de ese Consulado. Dice: "Los años anteriores a la Segunda Guerra Mundial fueron de ansiedad y oscuros presagios, centralizados en los sangrientos hechos en España…". Describe una situación durante una reunión social en la que se estaban comentando las noticias mundiales con un caballero que "ostentaba gran amistad hacia la comunidad británica", afirmaba que no había nada que temer, pues todos los problemas se arreglarían en forma pacífica. La casualidad quiso que, mientras escribía lo anterior, estaba leyendo una biografía de Mrs. Simpson, que compartía la opinión de ese señor; qué gran suerte para Inglaterra que entrara en la vida de Eduardo VIII en esa época (¡horrible pensar en la posibilidad de un rey "nazi" en ese trono!). La guerra se declaró unos días después y el mismo caballero pasó arrogantemente por el lado de Archie sin saludarlo. Se encontró con ese personaje después de la guerra en una fiesta. La conversación versó sobre asuntos de interés local: "la arrogancia era menos notable, reemplazada por un blufeo pasajero. Había sido Cónsul de Alemania".

Fue en esta época que se casó con Caroline (Lena) Fraser. El viaje de novios fue a Bolivia y a Perú. En un trayecto desde La Paz hasta Chulumani, muchísimos metros más abajo, el auto alquilado con chofer tuvo una avería; estaban viendo lo que se podía hacer cuando se acercó y se detuvo un elegante auto con placa diplomática. El pasajero principal ofreció inmediatamente llevar a Lena hasta Chulumani, a pesar de la banderita británica que llevaba en la solapa, pues el "pasajero principal" era nada menos que el Embajador alemán. Cruzaron el Titicaca de noche en barco desde Guaqui en Bolivia hasta Puno en Perú; estuvieron en Cuzco y en otros sitios y en Arequipa, donde se alojaron en la *Quinta Bates*. Este "hotel" pertenecía a la Tía Bates, que así la llamaba todo el mundo. Según Archie era un sistema de moteles –distintos alojamientos– y todos los huéspedes se congregaban en la casa principal para las comidas. He oído hablar de la Quinta Bates desde siempre, cada persona cuenta sus especiales recuerdos, parece que la

Tía Bates tenía enorme encanto y mucho carácter. El joven matrimonio regresó a Iquique desde Mollendo en un barco de la CSAV, donde el médico de a bordo, viejo amigo de la familia, los instaló inmediatamente en el camarote de novios. Se establecieron en una casa en la calle Tacna y después en el número 1580 de la misma calle, donde nacieron todos sus hijos entre 1943 y 1948.

Guillermo Ross-Murray Lay-Kim

He mencionado anteriormente los chinos que había en Iquique, siempre con una "tienda en la esquina". Ian Monteith, el marido de Maureen Jones, dice que es el punto más meridional al que llegaron —no sé si esto es así–. Conocí a una interesante persona en Iquique en noviembre de 2002, Guillermo Ross-Murray Lay-Kim, combinación chino-escocesa, en lo que se podría llamar la "hemeroteca" de Iquique, que consiste de un cuarto interior pequeño en el Museo Regional en la calle Baquedano 951, sin ventanas y con amplias estanterías llenas de periódicos en ningún aparente orden y en no muy buen estado. Algunos diarios estaban encuadernados en grandes tapas. Al entrar alguna persona con cara de perdida, D. Guillermo preguntaba gentilmente si le podía ayudar. Y así fue como entablé conversación con él.

Creo que es "hemerotecario" honorario, pues se pasaba la mayor parte del tiempo y de los días ahí. Los primeros Ross-Murray fueron cuatro hermanos que llegaron a la Pampa alrededor de 1860. Dos se quedaron –Guillermo y Santiago– y los otros dos siguieron sus andanzas no se sabe dónde. El abuelo escocés de Guillermo Ross-Murray Lay-Kim (a este nieto lo llamaré Guillermo III), empezó a trabajar en la Oficina Ramírez. Un día vio cómo a una joven mujer se le escapaban las gallinas. Guillermo I le ayudó a meterlas en el corral otra vez y, como resultado de este altruismo, al tiempo se casaron. Ella era Máxima Miranda Ramírez, de una familia propietaria de la Oficina, con tierras en Tarapacá y Pica. Guillermo III no recordaba mucho de su abuelo, pero sí un detalle: nunca comía lentejas. Le contó que era porque las estaba comiendo cuando le anunciaron que había muerto su padre; él murió en Pozo Almonte. Los hijos fueron Guillermo II, Matilde y otra hermana.

Al enviudar doña Máxima, se fue a vivir a Iquique, al barrio de El Morro. Tengo la idea que me contó don Guillermo que la familia escocesa le ofreció llevarlos a Escocia, pero ella no quiso irse tan lejos.

Guillermo II, padre del que yo traté en la Hemeroteca, conoció a Teresa Lay-Kim Aruans en El Morro, barrio muy especial de Iquique. El abuelo de Teresa fue el primer Lay-Kim en esta parte del mundo, llegó a Antofagasta, entonces Bolivia, y puso un despacho frente al mercado.

Como ya he mencionado, el presidente de Perú Ramón Castilla emancipó a los esclavos africanos y esto tuvo como consecuencia la falta de mano de obra en las plantaciones y guaneras, por lo que dio permiso para la inmigración de *coolies* desde China. En lo referente al salitre, parece ser que cuando se empezó a producir a mayor escala y antes de poder cubrir las necesidades de mano de obra con la inmigración voluntaria, se recurrió a trabajadores del sudeste de China mediante "contratos de servidumbre forzada" que, admito, no tengo la menor idea qué son, pero que no me suenan como si fueran lo más deseable. He visto de paso cuentos espantosos de los chinos que trabajaban –como esclavos– en las guaneras hasta la extenuación terminando *petrificados*.

Don Guillermo dice que *coolie* significa "engañado" y me contó referente a la Guerra del Pacífico, que el Capitán de Navío Patricio Lynch, perteneciendo todavía a la marina británica, había estado en la Guerra del Opio y aprendió algo de mandarín. Pudo aprovechar sus conocimientos para convencer a los chinos a tomar partido por Chile en la Guerra del Pacífico.

Le mandé este corto relato a don Guillermo, pidiéndole que lo leyera, lo corrigiera y añadiera cualquier detalle que le pareciera pertinente. Nunca recibí contestación. Estuve en Iquique brevemente con mi tercera hija y sus tres hijos en julio de 2005. Pasé por la "hemeroteca" y ahí estaba efectivamente don Guillermo, que me presentó a don Leonel Lamagdelaine. Le pregunté al Sr. Lay-Kim si había recibido mi carta, contestó sonriente y vagamente que le parecía que sí, pero que no la tenía ahí… era evidente que pensaba que no valía la pena contestarla; bueno, ¿para qué insistir? Una lástima.

Y así he llegado hasta el fin de mis maravillosas fuentes. Me consta que hay una o dos más, pero que por el motivo que sea, no he tenido acceso a ellas, muy tristemente.

CAPÍTULO III
EL OCASO DEFINITIVO DEL SALITRE

Iquique tuvo un modesto inicio en los tiempos históricos. Vivieron allí grupos de indígenas changos en algunos puntos de la costa donde ellos sabían que se encontraban puquios o manantiales de agua para sus tolderíos. Luego Iquique fue descrito, no recuerdo por quién en 1873, como: "un antro apestoso compuesto de arena, salitre, guano y hoteles donde solo se puede beber agua destilada a 9 cts. el galón"…, y diez años después el Reverendo David Trumbull dijo que Iquique tenía: "algunas calles tan lisas como las calles de París, que había una sala de lectura donde se podían leer los mejores periódicos ingleses y americanos", añadiendo que había muchos británicos trabajando en el ferrocarril y también en las "fundiciones y otros establecimientos industriales". Y seis años más tarde, Château Lafite en Pozo Almonte… Sin embargo, los días del ocaso estaban cerca. Yo fui una precoz testigo, y sobre esos instantes orientaré mi memoria.

Vida en la pampa: Keryma

Peña Chica es de donde tengo más recuerdos. No sé el año en que fuimos a vivir ahí. Calculo que yo tendría más o menos cuatro años porque, con seis años de diferencia entre mi hermana y yo, a ella la llevaron al colegio en Inglaterra a los 10 años.

Wala era Primitiva Navarro, vda. de Mladineo; yo le decía Wala no sé por qué y era la persona que yo más quería en el mundo, bueno supongo que mis padres también, pero ella era más cercana a mí. Era mi "nana", entró en casa antes que yo naciera y yo fui "su guagua". Una de las tres fotografías es la de Wala con mi hermana chica y la otra es de mi hermana con veinte y tantos años, donde ella misma ha escrito por detrás: "Para que vea lo grande que está su guagua". En letra de Wala está la fecha: Mayo de 1947. Estrictamente hablando, YO soy su guagua. Cuando Wala entró en casa mi hermana Elisabeth ya tenía dos o tres años. Quiero que esto quede totalmente claro. Ella –Elisabeth– fue la guagua de Victoria, que yo nunca conocí. Wala nació en 1879 y murió en Iquique, en casa de los Galté en 1970 ¡con casi cien años! También tengo una foto con mi padre.

Mi nana Wala y Elisabeth.

Mi hermana Elisabeth fallecida
en el accidente aéreo cerca de Iquique.

Uno de mis primeros recuerdos es estar sentada bastante rato en el patio interior sobre lo que en Chile se llama "basenica" (orinal), hasta que produjera algo. Aparentemente era algo estreñida. Yo lo pasaba muy bien, había una luz tenue, nada de sol estridente y no tenía prisa alguna por levantarme porque tenía un magnífico trompo con el que jugaba interminablemente. Era uno de esos trompos de lata, de mil colores, principalmente azul eléctrico muy brillante, y el émbolo que se levantaba y bajaba para hacer girar mi lindo trompo.

En el patio también me "castigaban" si no me comía las espinacas. Esta vez me sentaban en una sillita con el plato en las rodillas, pero no recuerdo para quién era satisfactorio el resultado.

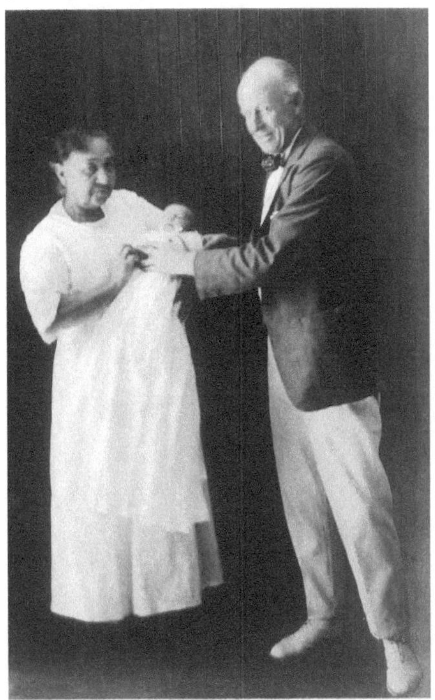

Victoria y su guagua Elisabeth y nuestro abuelo con su primera nieta.

Mi padre con la autora en brazos (1931).

Se diría que gran parte de mi vida se desenvolvía en este patio. El cuarto de baño de mi hermana, y supongo que mío, daba al patio y veo a mi hermana arreglando su bicicleta ahí, no sé por qué justamente en el baño, sería porque era una pieza amplia. En algún momento ella necesitó darle golpes a un clavo o tornillo y, como no tenía martillo, se buscó algo que le serviría; ¿qué mejor que una caja de cigarrillos de plata repujada? La tengo todavía, con las señales en un costado de haber sido usada para fines utilitarios imprevistos. A mí me dio por molestarla quitándole cosas, un tornillo, los alicates, en fin, una real peste hasta que me dio un sopapo y empecé a gritar.

También estoy viendo otra ocasión, en la que había "una amiguita" que estaba de visita con nosotros. La amiguita era Audrey Newton que vivía en Iquique. Su padre trabajaba en el banco. Un día se nos ocurrió –casi seguro que se le ocurrió a mi hermana– subir al ripio que estaba muy cerca de la casa (debe haber sido un ripio viejo). Arriba había un estanque de agua grande, no sé qué fin tenía esa agua. Lo que pasó fue que mi hermana subió unas escalerillas que ahí había apoyadas para asomarse y vio un gallinazo muerto flotando. Naturalmente yo también quise subir a verlo, y con toda la razón del mundo, no me dejó y yo cogí una rabieta. Elisabeth se buscó un alambre largo que había abandonado por ahí y pudo sacar el gallinazo del agua, tirándolo desde arriba de la escalerilla y, cuando bajó, lo echó por uno de los lados del ripio. Entretanto, parece que yo había continuado con mi pataleta y, estando algo exhausta de tanto griterío, me senté en el suelo. Mi hermana se empezó a reír burlándose de mí: ¡me había sentado en el sitio mismo donde había estado el gallinazo hediondo!

Elisabeth, Audrey Newton (con el vestido de novia de mi madre) y la autora (ca. 1934).

En el puerto de Mejillones. Elisabeth y el primo Robin (1931).

De Keryma también me acuerdo muy fragmentariamente de un chino que aparecía a intervalos, andando por la vía del tren que pasaba no muy lejos de la casa, vendiendo "miel de palma" que anunciaba en voz alta al acercarse a la Oficina. La miel de palma parece que ya no se encuentra en Chile, está prohibida; se hace con las palmeras autóctonas chilenas que en algún momento estaban desapareciendo con tanta rapidez, que se tomó esa medida. No sé si habrá sido el mismo chino u otras personas que venían de vez en cuando vendiendo *charqui* –carne seca– y huatitas y patitas, dos cosas que me siguen encantando. *Huatita*, que tambvién se escribe con 'g', es *menudo* en mapudungun, y patitas son las manitas de lo que llamamos chancho. Ignoro cuántos kilómetros podían caminar estos hombres al día, pero sí era una manera dura de ganarse la subsistencia, sobre todo en el ocaso de la era del salitre, cuando ya no vivía tanta gente en la Pampa, como para hacer más rentable esta forma de venta; las distancias eran grandes para ir andando entre Oficina y Oficina, con grandes trechos vacíos en que no había cliente posible alguno. Debo añadir que pienso que ya ni funcionaba el Ferrocarril Salitrero, creo que jamás lo vi.

Mi último recuerdo de Keryma se refiere a los domingos cuando mi madre me llevaba a Peña Chica a visitar al Sr. Kurt Feltzer y al Sr. Rodolfo Lortsch alrededor del mediodía. La distancia entre Keryma y Peña Chica era mucho menor a vuelo de pájaro que por el camino, y no recuerdo con exactitud cómo íbamos. Me parece que alguna vez pudo ser a caballo y las otras en auto y sí sé que mi padre nunca participaba de estas excursiones. Pensándolo ahora me doy cuenta que la pareja era curiosa: un alemán y un francés (alsaciano) en aparente armonía cuando se estaba fraguando en Europa el desastre de la II Guerra Mundial, ¿cómo habrán sido sus conversaciones? Como fuera, yo los recuerdo como dos señores encantadores que me convidaban Ginger Ale o granadina, ese líquido espeso carmesí que al echarlo en un vaso con agua iba formando curiosas formas de las que se desprendían hilos finos por los lados hasta que se metía una cuchara para mezclarlo todo. Nos recibían siempre en la glorieta del lado "Administrador" de la casa donde me imagino que vivirían en solitario esplendor.

El Sr. Lortsch estaba casado, pero yo no recuerdo su mujer en la Pampa. Conocí a Olga Lortsch Revett, hija de don Rodolfo Lortsch en Santiago en 2002. Me contó que su padre se fue a Francia a alistarse en 1914, llevándose a su mujer y a su hija y naufragaron cerca de la costa francesa, pero se salvaron. Olga nació en Francia en 1916 y volvieron a Chile al terminar la guerra y nuevamente naufragaron y nuevamente se salvaron. Estuvieron algún tiempo viviendo en la Oficina Bellavista y entonces mandaron a las niñas al colegio en el Santiago College —increíble pero cierto—, otra vez naufragaron en frente de Antofagasta. Obviamente sus destinos no incluían morir ahogados porque… ¡se salvaron por tercera vez!

Aparte de lo anterior, solo recuerdo dos detalles insignificantes más en Keryma.

El primer detalle demostrará lo antiquísima que soy. Tenía zapatos abrochados con botón y para abrocharlos se usaba un aparato —generalmente con empuñadura de plata– con un ganchito al final, pero no sé cómo se llama; probablemente se usaba igualmente para abrochar las polainas de los señores. La otra evocación que tengo me ocurrió muchas veces: estando en la pieza de mi madre, delante de su espejo de cuerpo entero, me quedaba mucho tiempo delante de él, estudiando todos los elementos de la pieza que yo veía en el espejo, todo: el ropero, la cómoda, el tocador y los objetos encima, etc., deseando con fervor grandísimo poder estar ahí, sin embargo sabía que era lo mismo, pero no lo era. Esto lo repetía con bastante frecuencia; creo que no es una experiencia original en absoluto, que es común en la juventud.

La casa de Keryma no tenía nada que ver con el modelo que he descrito anteriormente. Además del patio interior donde parece que pasé largas horas por un motivo u otro, no recuerdo más.

*Oficina Keryma: Elisabeth y la autora
en el coche (1931).*

Oficina Keryma: Elisabeth y la autora (1932).

*Oficina Keryma: Mi padre, Elisabeth y
la autora (1933).*

*Oficina Keryma: Mi primo hermano
Robin Blandford y la autora (ca. (1935).*

*Oficina Keryma: La autora con su perro
Sandy McNab (ca. 1935).*

Dr. Gordon Fowler y sus nietas (ca. 1935).

La Oficina Peña Chica

Entonces calculo que alrededor de 1936 nos fuimos a Peña Chica donde
fui sumamente feliz. Mi hermana ya estaba en Inglaterra en el colegio y yo

estaba como hija única. Mi mundo consistía en mis padres, mi Wala claro está, Auristela —vda. de Arancibia—, nuestra cocinera, que había entrado en casa de mis abuelos como planchadora y que tenía una mano especial para la cocina. Aparte de los porotos de cualquier forma, cazuela, pejerrey frito, sobre todo recuerdo su flan de espinacas que se servía con salsa blanca (aparentemente mis castigos en el patio de Keryma con el trompo tuvieron su efecto) y también me acuerdo del minestrone. Era muy seria Auri, apenas me dejaba entrar en la cocina, sobre todo si estaba haciendo manjar blanco (porque se podía *cortar* si se miraba mal). Algunas veces sí me daba permiso y la veía hacer helado, dándole vueltas interminablemente con una pequeña manivela a un recipiente rodeado de hielo con sal en otro recipiente de madera. Los helados que más me gustaban eran los de mango y los de chocolate o café (solo después en Santiago descubrí la delicia celestial de los helados de lúcuma, de lejos los más deliciosos de mi mundo… y todavía lo son). Hacía los helados sentada, igual que la mayonesa, si no siempre estaba de pie.

Debe haber sido en esta época que tuve los principios de una tuberculosis (que se me ha quedado como "una mancha en el pulmón"). Esto no me afectó para nada y tampoco lo supe hasta muchos años después, cuando la palabra tuberculosis ya significaba *La Bohème* y *La Montaña mágica*. Yo almorzaba en el comedor, pero cenaba sola o con Wala que me hacía compañía, y recuerdo las cenas con delicia. La mayor parte de las veces se componían de jugo de solomillo (me imagino que para combatir mi condición de tísica), hecho apenas, puesto en una taza de loza blanca, el solomillo se estrujaba en un aparato también de loza blanca que no sé cómo describir, algo como una sandwichera pero mucho más pequeño y ambos lados en zig-zag. Aparte de un puré de papas o de camote (batata) que yo amontonaba lo más alto posible y le hacía un cráter en el centro. En el cráter echaba el jugo de carne y se trataba de ir comiendo el puré de alrededor hasta que se desmoronara todo. Una diversión inocente, pero que sospecho habrá exasperado a mi pobre Wala. ¿Habrá sido en estos interminables momentos en que ponía ella discos en la *vitrola*? (gramófono). Acabo de buscar esta palabra en el diccionario y ¡no viene!, tampoco victrola, me imagino que la raíz vendrá entonces de RCA Victor (que fue la que usó la etiqueta con el perro, que era, si se recuerda, mitad bull-terrier y mitad fox-terrier). A Wala le gustaba escuchar *Mariposa, mariposa de lindos colores…, Estrellita, Rancho Grande, Cielito Lindo, Salud, Dinero y Amor* y otras cosas por el estilo que yo me aprendí. Aunque sin música, también aprendí esas extrañas rimas para niños en inglés, aunque no recuerdo en qué momento me los habrá enseñado mi madre. Si mis padres salían a cenar (ahora me pregunto ¿a dónde?), me dejaban elegir menú, lo que era una tontería porque siempre, siempre pedía "bisté con papas fritas"; mi prima Deirdre también se acuerda de este detalle y nuestro menú preferido (no muy original ¿no?).

Un día Wala estaba muy triste, supo no sé cómo, que había muerto Rodolfo Valentino y yo me enteré también. Fui a su habitación en la parte de atrás de toda la casa donde había otro patio más pequeño. Quería "acompañarla en su sentimiento" y lo hicimos llorando las dos. Parece que a Auri no le importaba mucho Rodolfo Valentino. Alguna vez también estuve en su pieza cuando se lavaba el pelo con quillay, un árbol del que una parte de la corteza se usa para lavar el pelo, hace mucha espuma y deja el pelo suave; lo encontraba mucho más interesante que lavarse el pelo con algo que salía de una botella. Otra vez que estuve con Wala en su habitación, también triste, fue cuando a mi madre se le ocurrió despedirla. Se me desplomó el corazón y me fui corriendo a verla. Estaba llorando y juntando sus pertenencias para irse, ya que "su mamá me ha echado mijita". Creo que supe el motivo de mi madre, pero no lo recuerdo. Después de varias carreras para un lado y otro, suplicándole a mi madre que no echara a mi Wala, porque yo me iba también… todo volvió a su cauce. Fueron momentos muy difíciles en mi existencia.

Hablando de pelo. En algún momento estuve convidada por la Sra. Jenkins, mujer del Gerente del Ferrocarril, a quedarme unos días con ellos en esa estupenda gran casa de la calle Sotomayor. Los tres niños más chicos, Barbara, Lorna y John, eran mayores que yo, pero agradables conmigo. Durante mi estancia fuimos al cine que no era el de la Plaza Prat, sino el otro. A mi vuelta a la pampa no hacía más que rascarme la cabeza, hasta que Wala se dio cuenta de que tenía inquilinos iquiqueños (en la Pampa no había). El tratamiento entonces era inundar la cabeza en keroseno y después lo clásico, sentada con la cabeza en sus rodillas, mientras Wala me quitaba uno a uno los huevos pegados; todavía tenía trenzas y la operación duró días y días y días. Sospecho que fue poco tiempo después que me cortaron las trenzas para siempre: no tuve gran trauma.

El protocolo antes de la cena era que mi padre iba al "repostero", espacio alargado antes de la cocina, con estanterías donde se guardaba la loza y no sé qué más, donde mi padre ya vestido en su *dinner jacket* (= esmoquin) preparaba el cóctel; Georgina (o Margarita) ya había dejado los limones de Pica exprimidos y el hielo en un recipiente. A veces supervisaba yo la preparación para acompañar a mi padre, pero no me acuerdo de qué era el cóctel, Pisco Sour no era, ¿Whisky Sour quizás? El repostero tenía tres puertas: una a la cocina, otra al corredor interior alrededor del patio y la tercera al comedor. Uno de los cambios que se hicieron a la casa antes de ocuparla nosotros fue que en el comedor se colocaron paneles de madera que a continuación se pintaron de negro, porque mi padre decía que pocas cosas había menos atrayentes que una persona masticando y la única luz que había de noche era de velas. La pared del comedor que daba al patio interior era toda un ventanal, de manera que de día había mucha claridad. Con entrada desde el corredor, al lado del comedor estaba la despensa, nada más entrar había dos grandes recipientes de barro; uno era donde se guardaban los huevos en no sé qué líquido y así se mantenían comestibles durante mucho tiempo, y el otro era para hacer cebollas en escabeche, que me encantaban; con razón la puerta estaba cerrada con llave.

Aparte de Wala y Auri, primero estuvo Georgina, muy delgada, muy delgada, y después vino Margarita, que creo se vino a Iquique también cuando nos fuimos nosotros; era redonda y sonriente. Al trasladarnos a Santiago, la familia del empresario salitrero Osvaldo de Castro vivió en Orella 769, y Carmen Subercaseaux, su mujer, me dijo años después que Auri se quedó con ellos ahí y Wala fue a casa de los Galté, donde seguí escribiéndole durante mucho tiempo.

El amigo Don Carlos y mi entorno

En el jardín de Peña Chica reinaba Don Carlos. Yo me pasaba el día entero afuera, a veces molestando a Don Carlos, otras por mi cuenta o con la bicicleta en la cancha de tenis. Estoy casi segura de que Don Carlos fue sereno en Keryma, aunque tengo una sensación que apenas se merece ese nombre. Es que tenía una voz muy amiga, susurrando algo por la ventana durante sus recorridos nocturnos. Sea lo que fuere, las plantas se le daban muy bien. Por el lado "nuestro" el terreno formaba terrazas bastante amplias, donde las plantas crecían en toneles grandes de madera cortados por la mitad, yo solo recuerdo las rosas amarillas que me llamaban mucho la atención porque de alguna parte había sacado la impresión que las rosas generalmente eran de toda la gama entre rojas y rosadas. Había alhelí y boca de sapo *(antirrhinum majus)*, malvarrosa y, por el lado de los "empleados" que no estaba en terrazas, capuchinas. Había más, pero no las recuerdo bien y evidentemente varios pimientos y algarrobos muy crecidos para dar sombra.

Oficina Peña Chica: La autora en el jardín de la casa (ca. 1937).

Viendo esa fotografía me he dado cuenta por primera vez de una cosa y de recordarme de otra. He visto lo sumamente despegadas que tenía las orejas y me he dado cuenta al mismo tiempo que era una característica del lado paterno, pues yo seguía el modelo de mi padre y de mi tío. Evidentemente mi madre también se había dado cuenta de este saliente detalle, porque me acuerdo –ahora riéndome– pero entonces odiándolo, de un gorrito de encaje malva muy claro, con filo de cinta de satén amarrado debajo de la barbilla que debía ponerme para dormir. Probablemente empezó esta cruel campaña en Keryma, pero no sé cuánto duró, quizás no lo suficiente porque no me parece que tuviera todo el efecto deseado. Y otra cosa: me chupaba el dedo pulgar derecho; para esta costumbre mi madre probó todo lo de costumbre, pero parece que me gustaba la mostaza, lo ácido y lo agrio, cualquiera de los sabores desagradables con el que me embadurnaba el pulgar. Además, igualmente probó ponerme un guante, amarrado también alrededor de la muñeca, destinado a tener dos efectos: no chuparme el dedo y evitar que me rascara la nariz con el dedo índice hasta el punto de sacarme sangre. Sin embargo intervino en ella un sentimiento de bondad o de desesperación, no sé cuál, y me permitió chuparme el dedo, ¡quitando el dedo pulgar del guante!

No encuentro entre mis tesoritos guardados durante muchos años desde los dioses saben cuándo, el papel arrugado y medio roto que envolvía los cigarrillos que fumaba Don Carlos, creo que era de "Ideales", un sol sobre fondo azul marino. Me parece que eran paquetes de 10 cigarrillos que él partía con la uña del pulgar por el centro, para sacar la imagen de un artista de Hollywood que me daba a mí. También me dio mi primer cigarrillo, sin que me recuerde la sensación, ¿tosí o no tosí? En fin, Don Carlos era un amigo, uno que tenía tiempo para sentarse a conversar conmigo. Ahora, 1938 era año de elecciones presidenciales y mi candidato era Pedro Aguirre Cerda y el de Don Carlos era Gustavo Ross. Me pregunto lo que yo con siete años podía saber de uno o de otro –evidentemente nada. Se acordarán que en esa era de las cavernas no había televisor que nos machacara con las campañas electorales interminables de hoy día y es aún un misterio para mí incluso cómo me aprendí el nombre de Pedro Aguirre Cerda. Lo que ocurrió es que tuvimos una discusión Don Carlos y yo, algo acalorada, que terminó llamándolo yo "viejo tonto". Mi madre se enteró al día siguiente y me obligó inmediatamente ir a pedirle perdón. Muy a regañadientes y sin ánimo alguno de arrepentimiento, fui a buscarlo: "Mi mamá me dijo que le pidiera perdón: perdón". Media vuelta y me fui. Menos mal que me lo aceptó caballerosamente y a los tres días ya volvieron las cosas a estar como antes. Lo que aprendí posteriormente es que Pedro Aguirre Cerda representaba al Frente Popular y que Gustavo Ross era conservador.

Al pie de "nuestra" escalera estaba la cancha de tenis, no recuerdo haber visto a nadie jugar al tenis en ella, yo la usé para aprender a andar en bicicleta. Me convertí en experta en dar la vuelta hacia la derecha, el día que decidí ir para el otro lado choqué contra la pared de calamina de ese lado.

Oficina Peña Chica: Delante de la entrada nuestra.

Oficina Peña Chica: La autora con Sally en los últimos peldaños que daban a la cancha de tenis (1936).

Oficina Peña Chica: La autora con su hija Alejandra en la misma escalera cerca de 60 años después (1995).

Antonio no era don, no sé por qué, como Don Carlos que lo era, hasta para mi madre. Antonio barría; se veía siempre con una escoba y el recogedor, de tipo moderno, es decir, con un palo largo para no tener que agacharse cada vez que se recogía la basurita. Creo que su cometido era barrer el balcón de ambos lados, "Empleados" y "nuestro", así como el patio de los empleados y ambas escaleras. La faena no era nada agotadora y Antonio andaba pausadamente, con su figura algo taciturna, quizás triste, de pocas palabras. Sospecho ahora que su afición era el trago, porque me parece verlo agarrado al palo del recogedor mientras su cuerpo se mecía para atrás y para delante.

Subiendo la larga escalera principal que salía desde el lado de la cancha de tenis, se llegaba al famoso ancho balcón a izquierda y derecha, donde había una puerta batiente, con vidrio opaco en la mitad superior, que convertía esa parte del balcón en algo más privado. Dejando la puerta batiente a nuestra derecha, estaba la entrada cubierta del ancho de las estancias de uno y otro lado y a continuación al patio interior descubierto, con grandes árboles. Enseguida a la derecha, la puerta de entrada a lo que era nuestra vivienda, con otro gran patio y los cuartos alrededor. En alguna parte de esta entrada había un plumero que usaba mi padre todos los días para quitarse el polvo de los zapatos antes de continuar por el corredor, me parece que había un perchero donde dejaba su sombrero, porque tengo la imagen de la ceremonia del plumero muy clara en mi mente y no lo veo seguir andando con algo en la mano. La primera puerta por la derecha daba, a la derecha también, a la salita de mi madre, donde tenía su escritorio, uno o dos sillones y estanterías de libros. Las paredes estaban cubiertas de arpillera pintada amarillo prímula. La ventana daba al balcón y no tenía puerta, sino el arco que daba directamente al salón. Me acuerdo del acabado de esta pieza que se completó viviendo nosotros en la casa. Me parecía muy raro eso del saco en las paredes, pero el resultado me encantó, era un cuarto muy alegre. Fue aquí que encontré y leí mi primer libro de adulto a los nueve años, una novela policíaca: *The Thirtynine Steps de John Buchan*. No puedo decir que su lectura me marcó la vida para siempre, pero sí que me ha acompañado siempre desde aquel momento.

Oficina Peña Chica: En el balcón la tía abuela Gertie Ross Lowe con el Sr. Kurt Feltzer.
La autora, en el columpio.

El salón tenía tres ventanas creo, un cuarto largo, algo oscuro, alfombrado, con la chimenea al fondo y todo muy acogedor. En alguna parte había una *chaise longue* donde se echaba mi padre a leer y a fumar su pipa. La radio estaba a mano izquierda, me parece estar oyendo la noticia del terremoto a principios de 1939 en Chillán, sabía lo que era un temblor, pero nunca había estado —ni he estado— en un terremoto. También estuve presente cuando la radio nos anunció la declaración de guerra de Inglaterra y Francia contra Alemania en septiembre del mismo año, como consecuencia de la invasión de Polonia por Alemania; por la cara de horror y comentarios de mis padres me daba cuenta de lo serio de la situación. Debido a mi incipiente colección de sellos o estampillas sabía dónde estaban estos países y Polonia también. Sospecho que la siguiente imagen que tengo de mí misma en el salón es anterior: estando sentada en el suelo, miraba una revista que probablemente era *Illustrated London News*, mojaba el dedo índice de la mano derecha delicadamente con la lengua y a continuación daba vuelta la página con el índice y pulgar de la mano izquierda, bueno ¿qué le vamos a hacer? todos tenemos nuestras idiosincrasias. Estaba igualmente sentada en el suelo cuando mi madre le leyó a mi padre la última carta recibida hasta la fecha de mi hermana en Inglaterra. Ella contaba que estando de vacaciones no sé dónde, había estado montando a caballo y que lo había pasado muy bien. Esto no era nuevo para ella, puesto que ya montaba antes de ir a Inglaterra con diez años.

Había entonces la salita de mi madre, el salón y lo que creo que era la mejor pieza de la casa, la que hacía ángulo; tenía, me parece, tres ventanas, dos en la fachada y la otra en el lateral. A esta habitación se entraba por un pasadizo al que se accedía desde el patio interior, tenía tres puertas: la que daba a la habitación de la esquina donde después se instaló a mi tía Gertie, otra a un cuarto de baño y la otra al lateral norte del balcón; el único teléfono de la casa estaba en la pared de este pasadizo.

Este lado norte del famoso balcón fue mi primera elección como lugar de juego. Aparte de tener la misma anchura que la parte delantera, tenía naturalmente la barandilla de madera y un poco de terreno sin demasiada inclinación como la del jardín, algunos árboles, y después la valla de madera pintada de verde oscuro, que convertía toda esta parte en un rincón privado y resguardado muy agradable. Se acordarán que estábamos en el hemisferio sur, donde la orientación predilecta es Norte. Creo que tuve una casa de muñecas, digo creo porque la afición no me duraría mucho tiempo, apenas tengo una imagen muy tenue. De lo que sí me acuerdo es de la búsqueda de piedrecitas "especiales" que metía en la casa de muñecas o sobre el quicio de las ventanas; me pasaba horas buscando piedras y me viene a la mente una sensación de característica mágica que tenían o debían tener. La fotografía siguiente fue tomada después de la muerte de mi padre en febrero de 1943, alrededor de abril o mayo del mismo año, cuando ya empezaba a hacer algo de frío.

*Oficina Peña Chica: Grace Bolton de M. Nicholls, Nena y Alfred Mayne Nicholls tomando café
con mi madre, en el lado norte del balcón (1943).*

El lateral sur del balcón era totalmente distinto, de ese lado no había
valla de calamina ni de otra cosa. Desde ahí se podía ver el edificio grande
y alto de la Casa de Fuerza en un cerro, de donde venía nuestra electricidad. Desde la esquina, normalmente yo me encaramaba por la barandilla al
otro lado, donde apenas había una banda suficiente de tierra para caminar
una persona, agarrada a la barandilla. Ignoro la fascinación que le encontraba a este ejercicio, sospecho que hacia el final había manera de llegar
hasta la parte trasera de la casa, que, en realidad, para mí era un misterio,
tierra incógnita, sin vegetación alguna; creo haber ido por ahí solamente
dos o tres veces.

Tenía otro pasatiempo que me producía miedo; menos mal, así no lo repetí demasiadas veces. Se trataba de subirme a uno de los árboles del patio
de los empleados que era especialmente apropiado, pues me llevaba sin excesivo esfuerzo hasta el techo de calamina, donde me sentía emperatriz del
mundo (el mío evidentemente). Lo que era peligroso era lo siguiente: me
había dado cuenta desde abajo que los pajaritos anidaban en los espacios
que formaba la calamina y quería ver alguno del que ya tenía calculado el
sitio exacto. Para hacerlo debía echarme de estómago en el tejado inclinado
hacia abajo y sacar la cabeza más allá del filo, y así volverla para ver el nido.
Lo hice sin demasiada dificultad. No me vio nunca nadie y no era que me

estaba escondiendo, simplemente no lo conté. Si hubiera encontrado a uno de mis hijos en las mismas circunstancias, creo que lo habría esperado al pie del árbol para estrangularlo sumariamente.

Mi padre, como buen irlandés, se aseguró que sus hijas supieran qué hacer subidas a un caballo. Alguien me dijo que nos llevaba con él a dar paseos cortitos sobre un cojín antes de saber andar, me imagino que lo mismo ocurrió con mi hermana. Ya he contado algo sobre los largos paseos con Segundo. Por la Pampa, siempre por ese entorno para mí tan hospitalario. Solamente en muy pocas ocasiones íbamos por detrás de la Oficina. Había pocas huellas cómodas para transitar, porque eran los restos de las voladuras, con restos de costra y piedras esparcidos por todas partes; así, normalmente íbamos por delante de la Oficina, en dirección de la cordillera de los Andes, a veces más a la izquierda, otras más a la derecha, para variar un poco. Sin embargo nunca llegué a ser buena amazona, como mi hermana. Creo que el fallo fue que solo monté la Negra durante años. Creía que lo había contado, pero no lo encuentro. Fuimos un día mi madre, Segundo y yo al pique; mi madre sobre la Negra y Segundo y yo ni idea. Trotando suavemente, la Negra se tropezó y mi madre cayó por encima de su cabeza. Yo empecé a llorar, mi madre me consoló diciendo: "No me ha pasado nada mijita, no llore". Yo no estaba llorando por mi madre, sino por la Negra, que se había raspado la nariz un poco y sangraba y, no teniendo picardía ni sentido diplomático, sino una candidez exasperante, así se lo dije. Segundo lo encontró muy divertido. Mi madre me lo echó en cara alguna vez.

Elisabeth, mi hermana, se convirtió en una excelente amazona, participando en cualquier concurso que hubiera. El Regimiento Granaderos en Iquique le permitía montar sus caballos, pero yo nunca me acostumbré. Mi padre decía que había que caerse del caballo por lo menos siete veces antes de poder decir "yo sé montar" y además, que había que montar "al tiro" (de inmediato) después de una caída. Me caí una vez en la pampa, la segunda vez en Santiago, en el cerro San Cristóbal un 18 de septiembre, montando con mi hermana y Sergio Correa; mi caballo se llamaba "Malacara", el angelito..., eran caballos del regimiento de caballería, que ya no existe, en Antonio Varas. Íbamos de vuelta, él con ganas de llegar, hostigando el caballo de Elisabeth que le largaba patadas; en una desigualdad del terreno de apenas unos 50 cm "Malacara" saltó (como si fuese necesario), pero yo no. Aterricé. Clavícula dislocada, brazo roto, hueso montado encima del otro: un poema. En el Hospital Militar me "salvó" el Dr. Pablo Espinoza recién llegado de Alemania y desde entonces amigo vitalicio de Sergio Correa. La siguiente vez que me caí, parece que momentáneamente perdí el conocimiento, pero ahí estaba observándome el Dr. Espinoza cuando desperté, se había aficionado a la equitación entretanto. En el colegio (Dunalastair) hacía lo posible para no tener que volver castigada el Sábado y así poder salir a montar; nos castigaban –entre otras cosas– si nos pillaban hablando en castellano y alguna *prefect* con ínfulas de sargento nos acusaba.

Las fotografías siguientes se tomaron en la escalera central y las últimas para bajar a Iquique.

Oficina Peña Chica: Betty Isaacson de Muñoz, Deirdre y la autora con guantes preparadas para bajar a Iquique (1937).

Oficina Peña Chica: J. Forstall Comber en la escalera central.

Las visitas esperadas

Teníamos visitas en la Pampa con alguna frecuencia, no demasiada. A veces solamente venían invitados a almorzar o a pasar el día en el pique. Tengo imágenes de los señores Enrique Marfil, Ronald Teare, de Raúl Polanco y sus hijos Óscar y Nicki. Eran más, aunque no sé si los recuerdo a ellos o a las pocas fotografías que aún existen.

Otras veces se quedaban unos días. Me acuerdo sobre todo de Carmen Amunátegui y Lucho Moro, que vinieron más de una vez, y me acuerdo de ellos con cariño porque fueron los primeros adultos que me trataron como persona, al convidarme a mí (con 7 u 8 años), sin mis padres, a pasar unos días con ellos en la Oficina Gloria. Además en el colegio en Santiago hice mucha amistad con las tres primas hermanas de Carmen, las Silva: Manena, Carmen y Consuelo, a través de quienes conocí a "tía Eva", madre de Carmen. En 1981 cuando volví con Elisabeth R., mi hija, por primera vez después del golpe, etc., fueron Carmen y Lucho que me pusieron nuevamente en contacto con las Silva que estaban todavía en el exilio y hasta hoy tengo la suerte de tener como amiga a Manena.

Oficina Peña Chica. En la entrada central: Luis Moro y Carmen Amunátegui de Moro, J. Forstall Comber y Phyllis F.C. Posiblemente Ronald Teare y su mujer Tere, y Enrique Marfil (1937).

Enrique Marfil, Carmen Amunátegui, Phyllis Forstall Comber con Sally, Lucho Moro, Teresa Teare y Ronald Teare.

En el pique de la Oficina Keryma: Mercedes y María Marfil, Nena Mújica, Marta Marfil, Phyllis F.C., Susana y Nana Marfil. Niños: Óscar y Nicky Polanco, y la autora en el medio.

En el pique de Keryma: Lorna Jenkins, Janie Pettie, Joseph F. Comber y Barbara Jenkins.

En el pique de Keryma: En el tanque (piscina) Martita Swinburnee y la autora.

La autora con su perro Sally en el tanque del pique de Keryma.

Entre los que veo claramente está Monseñor Labbé, un señor encantador que vino varias veces, pero nunca me permitió desabrochar sus muchísimos botoncitos de color carmesí. Está escrita claramente su firma en el Libro de Visitas de mis padres: Obispo de Bida y Vicario Apostólico de Tarapacá (¿qué será Bida? no viene en el RAE). Janie Pettie, medio hermana de la mujer de mi tío Barney, era igualmente visita más o menos frecuente y estoy en contacto con ella nuevamente, en Australia; incluso me ha mandado un par de fotografías antiguas. Además tengo el recuerdo de otra persona, lleno de neblina visual, pero no sonora; sonaba interminablemente La Danza del Fuego de Manuel de Falla, tocada en nuestro piano por una persona con el pelo muy negro y barba muy negra al que yo asociaba con el apellido Corcuera, y nada más. Estuvo por lo menos en dos ocasiones durante los que nunca cambió de repertorio; creo que eran los únicos días que no salía al balcón o al jardín a ocuparme de mis asuntos. Me quedaba sentada en la glorieta con los pájaros a escuchar La Danza del Fuego. Una de las veces que regresé a Santiago me empeñé en averiguar más y lo conseguí.

Mi padre en el tanque del pique de Keryma.

Conocí a su hermana Teresa Corcuera, una mujer muy encantadora y conversadora que me confirmó, en efecto, que su hermano tocaba el piano desde muy joven. Había nacido en Bilbao. Siendo ingeniero en la Cía. Salitrera de Tarapacá y Antofagasta de la que alcanzó los primeros puestos, tuvo mucho que ver con la producción de salitre con el Sistema Krystal en la Oficina Victoria en 1945 donde, según Ana Victoria Durruty en su libro *Salitre, harina de luna llena,* la planta fue ideada por un ingeniero chileno (que yo deduzco es Antonio Corcuera), ligeramente distinta de las plantas Guggenheim. Esta Oficina, Victoria, construida entre 1941 y 1944, fue un compendio de las Oficinas Alianza, Brac y Franka. Mario Zolezzi ha escrito un artículo bastante interesante sobre las infinitas vicisitudes de la Oficina Victoria y de la lenta agonía de la producción de salitre en la Pampa del Tamarugal. Él menciona que el sistema Krystal fue elaborado por "un ingeniero noruego" y supongo que se refiere a Elías Anton Cappelen Smith. En fin, Teresa me pudo asegurar que todo no había sido un sueño extraño. No sé por qué le di yo tanta importancia; naturalmente, La Danza del Fuego la tengo grabada en mi oído hasta este día.

Excursión a la Tirana: Familia Polanco, familia Forstall Comber y otros.

Sí, conocí la Oficina Brac de chica, creo que Charlie Watson estaba ahí. Se levantó en 1918 usando la maquinaria de la ex Oficina Hervatska. Ahora en 1998 estoy leyendo *Las Columnas de Hércules* de Paul Theroux y he llegado –junto con él– a la ex Yugoslavia. Supongo que Hervatska equivale a Hrvatska, que significa Croacia; ¿qué significa Brac? Sería bien curioso, romántico y aun nostálgico conocer el motivo de los nombres de las Oficinas. Después supe que Brac era el nombre de una isla ubicada en la región de Dalmacia en la actual Croacia.

También he de mencionar las visitas en sentido contrario a Iquique. Era mi madre la que iba con más frecuencia, pues visitábamos siempre a la frutera Margarita en la calle Tarapacá. Margarita era la mujer más gorda que había conocido jamás y de cara era preciosa. Me fascinaban sobre todo sus brazos rollicísimos, me encantaba su frutería. Había otra tienda que se visitaba con frecuencia en la que solamente veo el gorgonzola y otros quesos. Estas excursiones solían incluir el almuerzo en casa de amigos, entre los que veo claramente a Ethel y René Vigneaux (Ethel Reid y un hermano eran hijos del primer matrimonio de doña Grimanesa Romero Vivanco). Enorme casa acogedora donde vivía también la perra pastora alemana Lizzie. Una vez la fui a saludar, pero estando recientemente parida me mordió, ni siquiera me hizo sangre, pero me sorprendió –y asustó– mucho. Tengo imágenes demasiado vagas de otras visitas en Iquique.

Auntie Gertie

Mi tía abuela Gertie, casada con Bertie Ross Lowe, vino a pasar una temporada larga de meses con nosotros, me imagino ahora que puede haber sido durante uno de los viajes de mis padres a Inglaterra, por lo menos de mi madre, porque hay fotografías de mi padre, mi tía y yo.

Oficina Peña Chica: Tía Gertie, mi padre y yo en la escalera central vestidos para Iquique.

Muy elegantemente (es decir no corrientemente) ataviados, listos para emprender viaje a la "gran ciudad" (= Iquique). Ella sustituyó plenamente a la abuela que apenas conocí. Tenía muchas almohadas en la cama donde desayunaba ataviada de camisones con encaje, muy coquetones, pero antes de nada, tomaba uno o dos vasos de "agua de cebada", ignoro para qué serviría y no creo que haya sido para la bronquitis crónica que padecía; usaba decenas de pañuelitos blancos de hilo muy fino durante el día (no se habían inventado aún los indispensables *kleenex,* nombre genérico ahora).

Algunas veces me quedaba en su dormitorio mientras se peinaba, el ritual me fascinaba: encendía un anafe, que en Chile se decía anafre (esta máquina impertinente de Bill Gates ahora me subraya en rojo como incorrecto *anafe*, mientras que el diccionario de la RAE dice que es lo correcto). Llenaba el pequeño recipiente con alcohol de quemar que era morado y olía deliciosamente y a continuación colocaba unas tenazas encima para que se calentaran las puntas. Mientras tanto, elegía un mechón de pelo, lo peinaba, y cuando consideraba que las tenazas estaban suficientemente calientes —acercándoselas despacio al labio superior— tomaba el mechón peinado y lo enrollaba, sujetándolo un ratito. Al quitar las tenazas quedaba una salchichita de pelo. Cuando toda la cabeza se llenaba de salchichitas, se dejaba enfriar la última y ya se podía peinar. Eso lo hacía día tras día. Entonces me parecía interesante, ahora me parece insoportable. Lo que fuera, en alguna ocasión durante su estancia, me llevó al biógrafo en Humberstone a ver a Shirley Temple en Curly Top, en la que la repelente niñita (me parece ahora) llevaba la cabeza cubierta de rizos. ¿Qué se le ocurrió a mi emprendedora tía? Pues encresparme toda la cabeza con sus tenazas. Claro, ella (la repelente niñita) tenía el pelo no demasiado abundante y tampoco largo, le llegaría a la mitad del cuello; yo lo tenía fino pero abundante, en trenzas hasta un poquito más abajo de los hombros. Imagínense lo que tuvo que enrollar y lo que tardó. Creo que las dos posiblemente terminamos hartas, pero el resultado me encantó a mí, pues siempre he tenido el pelo más lacio que los tallarines…

En otra ocasión, de la que hay constancia fotográfica, me disfrazó de princesa asiática (?). Había como un chal y una túnica larga de gasa, con dibujo de flores grandes color naranja rojizo, ni idea de lo que puede haber sido. Me puso varios broches y un collar de perlas y me pintó los labios. Me prestaba encantada a todas estas fantasías. Además, no solo me disfrazó a mí, se vistió ella con suma elegancia, con un sombrero negro coquetón, creo que de astrakán, abrigo negro y manguito de piel negra también. Calculo que tendría seis o siete años.

Oficina de Peña Chica: la tía Gertie y yo disfrazadas con la sombra de Wala en el balcón.

Fue mi tía también la que me enseñó lo que sé de aritmética hasta el día de hoy, es decir: sumar, restar, dividir y las tablas claro, mi madre ya me había enseñado a leer y a escribir. Supongo que es por esto que siempre cuento en inglés, aunque en el colegio después en Santiago las matemáticas nos las enseñaba la Srta. Castro en castellano. Es curioso que no tenga recuerdo alguno de impaciencia o de exasperación con las clases de mi tía. Porque eso no es todo lo que me enseñó, también aprendí a bordar, es decir, los primeros pasos para hacer un dobladillo o una florcita (¿cadeneta?). Todavía, alrededor de 70 años después hay un mantelito para bandeja y un cubretetera (para que no se enfríe el té) y otro mucho más pequeño, para que no se enfríe el huevo pasado por agua (*oeuf à la coque*) hechos por mí. Lo que más me sirvió en años venideros fue el saber tejer (hacer punto). Hice muchos chalecos y en una ocasión, estando interna en el colegio en Inglaterra, en la enfermería con gripe, hice un chaleco abierto en un día. Pero me pasé, cabían dos personas, lo tuve que deshacer, era verde esmeralda.

Después de esta temporada en la Pampa, y después de la muerte de su marido (dueño del gato Salomón), creo que la tía Gertie se fue a Ecuador a vivir con su hija más chica, Cynthia, conocida como Chimpa, casada con Alfred Stagg Carballo. Estuvo algunos años en Quito, hasta que regresó a Chile. Muchos años después cuando yo vivía en Bruselas, volví a Inglaterra un fin de semana en el barco entre Amberes y Harwich. Este trayecto me encantaba, se pasaba la noche a bordo, pero sobre todo la salida por el Escalda es impresionante. Como siempre, estaba en la última cubierta aprovechando la puesta del sol para disfrutar de los interminables recovecos del río. Había otro señor en cubierta ocupado en lo mismo; terminamos hablando. Al principio cortés y distantemente; a medida que avanzaba el barco y la conversación, yo hacía más preguntas; resultó que él era diplomático, había estado varios años en la Embajada de Bélgica en Quito y jugaba al bridge una vez a la semana, una del grupo permanente era mi tía; además, estando destinado en Lima, le compró un perro *cocker spaniel* a un querido amigo de mi familia, Dum Tweedy. Estas coincidencias nos parecieron entretenidas, aunque sin trascendencia alguna. Lo único que se demostró en este caso es que si no preguntas, no te contestan (estoy tratando de disculpar, de alguna manera, mi costumbre de preguntona), admito que a veces me duele la aparente falta de interés por mí y mis cosas que me da a entender la falta de preguntas, pues para mí es obvio que hay dos clases de preguntas: la impertinente y la pertinente.

Estando en Inglaterra estoy siempre en contacto con mis primos, nietos y bisnietos de mi tía Gertie. Ella llegó de vuelta del Ecuador poco tiempo antes de que mi madre y yo nos fuéramos a Inglaterra a principios de 1945. Como a mi hermana Elisabeth no le interesaba para nada volver a Inglaterra, se quedó en Santiago viviendo con Auntie Gertie. Ni siquiera sé si fue a Inglaterra alguna vez y cuántos años habrá estado sin ver a sus otras dos hijas e hijo. Me encargó encarecidamente que le dijera a su hija Joyce en Inglaterra, que la quería mucho, que la tenía siempre en su corazón. No sé por qué no lo pude hacer, me daba una vergüenza tremenda. Solo una vez me aproximé, cuando la conversación trataba de Auntie Gertie, aproveché para decirle a Joyce rápidamente que "le tenía mucho cariño", como si se me hubiese ocurrido a mí.

Auntie Gertie recibía cartas de sus hijos, principalmente de Joyce, pero de Bill también, que creo estaba en el Norte de África, que me fascinaban, porque con bastante frecuencia venían con trozos recortados por el censor, quedaban como encaje.

En 1941 tanto mi hermana como yo estuvimos en el colegio en Santiago y regresamos a Iquique para las vacaciones en barco desde Valparaíso. Esperábamos que fueran en casa de Auntie Gertie en Viña, me encantaban sus desayunos, siempre había miel en un cacharrito especial con tres o cuatro abejas pintadas en relieve. Mi hermana y yo compartíamos una habitación. Una noche me desperté de pie, en el centro. Oscuridad total, no sabía dónde estaba ni qué estaba haciendo. Fue mi única experiencia con el sonambulismo; al cabo de uno o dos minutos me di cuenta que estaba en la habitación con mi hermana, pero no sabía en qué dirección estaba mi cama. Esperé un instante hasta que reconocí el tic-tac del reloj, ah, mesilla de noche, ah, mi cama está allí.

Creo que fue en 1938 que mi prima segunda –Deirdre (Didi Muñoz)– estuvo en Peña Chica una larga temporada con su madre Betty. Deirdre era nieta de mi tía abuela más joven, auntie Dolly, que había vivido en Inglaterra desde bastante joven, estando separada ya de su marido Arthur Isaacson. Yo la veía mucho en Londres porque venía con frecuencia a pasar el día con mi madre. ¡Cuántas oportunidades perdidas de preguntarle detalles de la vida en Iquique y en la Pampa a principios del siglo xx!

Volviendo a la temporada en la Pampa de mi prima Deirdre, yo entonces no me daba cuenta conscientemente de que yo era una niña solitaria y que era agradable tener con quien hablar y jugar. Nunca lo había echado de menos. El caso es que con solo meses de diferencia de edad, nos llevábamos muy bien y naturalmente hacíamos todo juntas. No sé de quién habrá sido la genial idea, si de Didi, Segundo o mía, la de aprender a saltar a caballo; sospecho que de Segundo no, porque esos caballos –que él conocía mejor que nadie– nunca habían tenido que saltar en sus vidas. Bueno, pasamos días enteros en la cancha de fútbol de la Oficina, un rectángulo de tierra, como la que lo rodeaba, pero con los límites señalados con piedras. Conseguimos un tronco que servía de obstáculo y nos dedicamos a dar vueltas por la cancha, como si fuera un picadero, animando a nuestras monturas a medida que nos acercábamos al obstáculo, para que despegaran de la tierra cual Pegaso. Los pobres animales: ni nosotras sabíamos cómo enseñarles, ni ellos sabían lo que queríamos; uno se iba firmemente por un lado u otro del tronco y la Negra, "mi yegua", aflojaba el paso y pasaba delicadamente por encima en cuatro tiempos. En un momento dado el caballo de Didi hizo un movimiento extraño y ella "Segundo, Segundo, he perdido los pedales"… angustiada. Esto le pareció muy divertido a Segundo, pero después de dos o tres veces de preguntarle qué se le había perdido, fue a ayudarla a recuperarlos. Después del segundo o tercer día decidimos que no servíamos para concursos hípicos y ya no volvimos a la cancha de fútbol.

Cuando le he preguntado recientemente qué recuerdos tenía de la Pampa, me contestó que no mucho; sí compartía conmigo la indudable elección de menú cuando mis padres salían a cenar: bisté con papas fritas y ella se acordaba que Auri le ponía un poquito de mantequilla y perejil a la carne, igualmente que mi madre nos llevaba al cine en *el pueblo de al lado*, es decir, Humberstone. Ver a mi padre con su pipa y nuestros paseos a caballo "…el paisaje árido, seco y donde el silencio hace ruido". Lo encuentro muy poético.

En otra ocasión estuve algún tiempo, no recuerdo si semanas o meses, planeando escaparme. No sé por qué, ya que no era desgraciada ni maltratada. Supongo que alguna vez a lo largo de la niñez les pasa a todos los niños. En ningún momento pensé irme sola, vendría conmigo Segundo. Se me han olvidado casi todos los detalles, pero sí siento todavía la intensidad con la que esperaba que llegase el día. Me parece que yo había querido que nos fuéramos a pie, pero sabiamente, Segundo dijo que llegaríamos más lejos a caballo. Preparé mis cosas (no sé qué cosas, creo que una manzana entre otras) envueltas en un pañuelo grande anudado. Fue la primera vez que vi amanecer; primero la claridad se va haciendo más evidente por detrás de la cordillera, al tiempo que el perfil de las montañas al principio se acentúa dramáticamente y después se difumina. Al no tener memoria distante ni inmediata, solo recuerdo que la escapada no llegó lejos, ni tan siquiera hasta el pique; supongo que fue la diplomacia de Segundo la que me llevó de vuelta a casa, dejando la aventura para otro día.

Incendio a la vista

Un día de madrugada empezó a sonar la campana que estaba nada más al salir de la casa hacia la escalera principal. Sonaba con insistencia. Pronto empecé a oír voces. Era un incendio en la *cancha* −espacio llano donde se amontonaba el salitre listo para cargar en los vagones o en sacos, no me acuerdo−. Las llamas eran muy impresionantes y el incendio duró algunas horas. Yo me quedé mirando algún tiempo hasta que mi madre me dijo que fuera a desayunar; mi padre hacía rato se había ido para abajo.

Conocí hace algunos años a don Gerónimo, Caballero en Iquique que había nacido en Peña Chica donde su padre fue veterinario. La casa de su padre estaba al lado del corral. El Sr. Caballero me pudo decir que el apellido de la Srta. Olga era Ríos y que se casó con un señor Soler. Seguro que también me podría decir el nombre de la persona sordomuda en Peña Chica. Además me pudo decir el nombre del Administrador de Mapocho, que era José Domingo Rivera, porque me acordaba de su matrimonio al que me llevaron, pero no su nombre, ni cómo era la novia. Él era un señor grande, agradable y muy alegre.

Cada vez que he vuelto a la Pampa: 1981, 1991, 1993, 1995, 1997, 1999-2000, 2002 y 2005, hemos ido a Peña Chica, siempre por un camino lunático, distinto, lleno de zanjas y de difícil transitar. Desde la primera vez, la casa estaba no solo totalmente desmantelada sino también destrozada. Con cada año que pasaba, más destrozada. Para llegar a la Oficina Peña Chica existe un letrero, tal como lo advertimos en el año 1995.

Buscando la Oficina Peña Chica: Señal en la carretera con la cordillera de la Costa al fondo (1995).

Cada vez que nos acercamos a nuestra casa en ruinas evocamos cómo lo fue antes. Buscar las ruinas en donde se vivió no es un asunto fácil, pero por fin encontramos Peña Chica. En los alrededores donde estuvo mi casa se observa todo desmantelado y destrozado, pero los restos de la casa aún se pueden identificar.

Panorama desde la escalera (1937).

Otra imagen hacia la escalera central (1937).

El "intrépido" vasco con Adrián Dóyega en búsqueda de la Oficina Peña Chica (2000).

Peña Chica: Se observan los árboles de la casa y las torres de la Casa de Fuerza (1995).

Peña Chica: el desmantelamiento y destrozo es evidente (1981).

Peña Chica: Se divisan los restos de las dos escaleras (2001).

Peña Chica: Yo descubro el único barrote que queda de la escalera central (1995).

Peña Chica: Alejandra, Ruy y Adrián hurgueteando entre los restos. Se encontraron papeles firmados por mi padre (2000).

Peña Chica: Alejandra cerca de la escalera central entre los restos del quiosco (1995).

La autora entre los restos de su Oficina Peña Chica (1995).

Peña Chica: Rememorando la casa: Alejandra y la autora entre ambas escaleras (1995).

Peña Chica: Elisabeth en el noroeste de la casa. Al fondo se distingue la arboleda de lo que fue el pique de Keryma (1981).

Peña Chica: Alejandra en el ángulo norte en un día muy claro (1995).

Peña Chica: La escalera hacia la cancha de tenis (1995).

Peña Chica: Alejandra con Adrián y Carlos descubren una tetera abandonada (2000).

En el paseo del Camino con Wala

En esta ocasión estábamos en Iquique, en El Camino a Cavancha, no sé dónde estaría mi madre. Yo tendría cuatro o cinco años. Había un estanque redondo, no demasiado grande, con varios patos. Empecé a corretear por el filo: "Mijita bájese" me decía Wala, "se va a caer al agua". Yo seguía dando vueltas detrás de los patos, "Mijita, por Dios bájese" repetía, y mijita seguía corriendo, hasta que, claro, mijita se resbaló en una cagadita y fue a dar en ese espeso y hediondo líquido tibio, verde oscuro. Mi pobre Walita me tuvo que llevar al otro lado de la calle (Av. Balmaceda 430) a casa de la Familia Galté Lockett, Norah y Armando eran muy amigos de mis padres. Debo haber entrado al patio por la puerta falsa, porque no creo que me permitieran entrar por el salón chapoteando ese repelente líquido y ahí me lavarían un poco con la manguera. No me acuerdo de más, solamente la angustia previsora de Wala y el poco caso que le hice. La Avenida Balmaceda ha sido recientemente rebautizada como Av. Almirante Arturo Prat por el renombrado alcalde.

Este mismo imaginativo alcalde don Jorge Soria hizo un viaje a Copacabana en Brasil (hay otra en Bolivia, a orillas del Titicaca,) allá por 1965 aproximadamente. Se enamoró de Copacabana y la consecuencia fue que derribó El Camino a Cavancha, es decir, las pérgolas, bancos, palmeras, estanque y árboles que allí había, para levantar una réplica de la playa brasilera... Y ahí no hay nada hoy, ¿era esa su intención? Un arquitecto iquiqueño lo describe como una "destrucción del patrimonio, un absurdo lamentable". Sí señor... y yo caí allí en la poza de los patos de la plaza Eslava hoy felizmente reconstruida. El Camino era lo que en España se llamaría Paseo Marítimo, no era muy largo, pero sí muy grato.

Primer regreso a la Pampa

Cuando volví a Iquique por primera vez después de 37 años en 1981, acompañada por mi hija Elisabeth R. en su primer viaje a Chile, los todavía dueños –Norah y Armando que pasaban en Santiago una temporada– nos ofrecieron alojarnos ahí en su casa de Iquique; también vivían en ella el hijo menor Paul y su mujer. Después de morir mi padre en 1943, mi madre decidió ir a vivir a Santiago y Wala se quedó con los Galté cuidando a la última guagua, Michèle (y después a Paul). Michèle se convirtió en "su guagua" y se ha establecido cierta rivalidad amistosa entre ella y yo sobre cuál de las dos fue más "su guagua".

Esa vez en 1981, la primera visita que hice con Elisabeth R. fue a Baquedano 1198. Grace Mayne Nicholls nos recibió muy cariñosamente y seguía tan buena moza como siempre. Fue Grace quien nos dijo dónde estaba enterrado mi padre, yo no lo supe hasta entonces, y al día siguiente nos acompañó al cementerio a buscar la cripta de los masones. En cada viaje subsiguiente a Iquique la primera visita siempre fue la misma. Temo que ya no volveré a hacer esa visita a la calle Baquedano, Grace murió en marzo de 2002.

El Panteón de los Masones en el cementerio de Iquique donde está enterrado mi padre Joseph (Joe) Forstall Comber (foto tomada en 1995).

Era noviembre, no había vuelto a la Pampa desde 1943. Mi emoción crecía a medida que íbamos subiendo la cordillera de la Costa desde Iquique, ahora por un ramal de la Carretera Panamericana por el que en unos 15 minutos ya doblamos hacia el interior, no como antiguamente, que se demoraba creo que más del doble subiendo por ese camino en zig-zag que ponía "Toque Bocina" en cada zig y cada zag. Le señalé el Dragón a Elisabeth —el cerro de arena fina en las afueras de la ciudad— y me sorprendió ver cómo se estaban construyendo viviendas tan cerquita. Otros 15 a 20 minutos y se podía divisar la chimenea de la Oficina Santa Laura y —por fin— la Pampa. Tenía tantas ganas de que a Elisabeth le gustara; esperaba que por lo menos entendiera por qué yo veía la Pampa como el lugar más lindo del mundo, aunque no compartiera mi total entrega y parcialidad. Pero tuve suerte: me entendió y ella aprecia perfectamente la belleza y grandeza de ese espacio.

No entiendo que a todo el mundo no le pase lo mismo, es decir que sienta una enorme sorpresa ante la magnífica gama de colores suaves que nos rodea nada más salir de Iquique. Mientras se atraviesa la cordillera de la Costa, los colores van unidos a las formas redondeadas, a veces desgarradas, de los cerros; me imagino que haría las delicias de un geólogo que sabría distinguir la variada composición del terreno. Yo, que no soy ni geólogo, ni artista que sabe representar y dar color a las formas o a las palabras, me limito a dejar que lo que ven mis ojos me llegue muy adentro, a la vez que siento una profunda satisfacción. Cuando se llega a la Pampa los colores se difunden delicadamente en la gran meseta y los matices parecen aún más... bueno, no sé más qué, ¿más milagrosos? Me parece algo exagerado. ¿Más etéreos? En parte sí, pero es que la Pampa es también muy terrena. ¿Más mágicos? Síííí, no me convence del todo. ¿Más absolutamente armoniosos? Creo que sí, me conformaré con eso, más satisfactorios y absolutamente armoniosos.

El cuadro de la mañana es muy distinto del de la tarde; el pintor necesitaría una paleta totalmente diferente y hasta las distancias parecen haberse modificado.

Como he dicho antes, cuando yo era chica apenas se veían tamarugos en la Pampa del Tamarugal, solo había ejemplares raquíticos salpicados aquí y allá, solitarios y extrañados por su frágil supervivencia. Eso sí, siempre hubo tamarugos entre La Tirana (72 km al sureste de Iquique, y a 950 msnm) y La Huaica. Por aquí hay unos bosques naturales de tamarugo (*Prosopis tamarugo*), entremezclados con algarrobo (*Prosopis*). El tamarugo está especialmente adaptado a las condiciones del desierto, absorbe el agua salobre de las corrientes subterráneas. Las relativamente grandes expansiones de tamarugos visibles ahora (siglos XX y XXI) son el resultado de planes de repoblación forestal.

Evocando ciertos fenómenos naturales

Lo que recuerdo con nitidez de mis recorridos en la Pampa norte y sur, cuando mi mamá o mi papá me llevaban con ellos en alguna visita, eran los espejismos y los remolinos. Y estas son dos cosas que no han cambiado nada, nada. No sé si se debe esta falta de cambio a que ni el remolino ni el espejismo dependen en modo alguno de la mano del hombre y que en este caso son dos fenómenos chiquititos y sin demasiada importancia, por lo que ni siquiera se han visto afectados por cosas tan importantes como son el hueco en la capa de ozono o la tala indiscriminada de los bosques (y casi diría que indecente) en el sur de Chile, por ejemplo, que, según dicen, afecta la temperatura del globo el primero, y la pluviometría local el segundo.

Apenas si me acordaba de estas manifestaciones misteriosas de la naturaleza (yo tenía nueve años) y cuando volví la primera vez en 1981, por lo menos no tenía de ellos una imagen consciente, pero fue como volver a ver a unos viejos amigos, reconocerlos inmediatamente y sentir una enorme alegría.

El espejismo es otro fenómeno que se manifestaba más fácilmente en el asfalto del camino (entonces era solo camino, aún no había llegado a la mayoría de edad de la Carretera Panamericana). El "agua" se veía a cierta distancia, siempre a la misma cierta distancia, nunca nos acercábamos más. Caso de haber alguna referencia como un poste telegráfico, un árbol o alguna característica del paisaje que sobresalía sobre las demás, llegábamos a este punto de referencia y lo pasábamos sin que hubiera rastro de agua. También se veían espejismos fuera del camino, pero me parecían menos llamativos porque naturalmente no eran "alcanzables" ya que nuestro auto no se dirigía en esa dirección. William Bollaert dice que los indígenas les decían "lagos voladores" y añade en su descripción ¡que incluso los ha visto con la sombra de algún tamarugo!

Los remolinos casi siempre se ven al lado oriental del camino donde está el espacio abierto, casi infinito. Claro, ahora me doy cuenta de que el trazado del camino seguía una línea cercana a los faldeos de la cordillera de la Costa donde –he aprendido desde entonces– estaba la mayoría de los yacimientos de salitre. Es en ese espacio abierto donde aparecen las corrientes de aire propicias a la creación de los remolinos. Son formas gráciles, alegres e insustanciales, como diablillos delgados y juguetones, sujetos a ninguna disciplina, que avanzan según les mueve el capricho del momento y que parecen gozar de su plena libertad, independientes y libres que de repente desaparecen. Estos remolinos de la Pampa del Tamarugal son los parientes pobres, mucho más pobres, afortunadamente, de esos feroces temporales giratorios que tienen nombres bastante locales, como por ejemplo huracán–, que es una palabra taína, idioma de los arahuacos que vivían en el Caribe cuando llegó Cristóbal Colón. El tifón, del griego vía el latín, es como se llama un huracán en el mar de China; el tornado, según parece, se da en las costas de África occidental y la palabra viene probablemente del castellano "tronada" (temporal de truenos) o de "tornar", en todo caso giratorio. El pariente más cercano quizás sea el ciclón, que es un "huracán violento de diámetro limitado" sin, aparentemente, preferencias geográficas.

En la Pampa apenas había arcenes, pero sí sobresalía el camino por encima del terreno circundante. Recuerdo que íbamos mi madre y yo en dirección norte, era de día, pero había una oscuridad rara –para mí–. De repente para el auto y me ordena "Bájese", lo que hice bastante extrañada pero enseguida entendí, ya que sentí gotas en la cara y oí que me decía, señalando con un dedo sentencioso hacia el cielo: "Fíjese bien, esto es la lluvia". Y así fue mi introducción a este otro fenómeno de la naturaleza, que ni fue intenso ni largo y por lo tanto no dejó una impresión muy profunda. Mi introducción a la nieve fue distinta, la pude palpar, además de mirar. Fue en Santiago cuando ya estaba en el colegio, creo que en 1942, pero no estoy segura. A las internas nos llevaron desde la calle entonces San Luis, ahora Luis Thayer Ojeda, en Providencia, al campo abierto ¡Apoquindo! para que la viéramos y sintiéramos de cerca. Me parece que ese fue también el año en que llovió mucho en Iquique y que todos los diarios traían fotografías de la gente remando por las calles. Ya para entonces vivíamos en Iquique y hubiera dado cualquier cosa para haber estado ahí y navegar por la calle Baquedano.

Otro de mis fenómenos infantiles es la "avenida" de agua. En verano con fuertes lluvias, después de un invierno muy intenso de mucha nieve en la cordillera, esta se derrite y las aguas caídas bajan torrenciales con masas de barro y piedras. Con suerte, el agua llega hasta la Pampa. Es un paisaje totalmente increíble. Imagínense, la Pampa, el desierto, esa absoluta sequedad cubierta de agua... Entonces vivíamos en la Oficina Peña

Chica; no recuerdo haber visto agua del lado occidental del camino, es decir, entre este y la Oficina; sin embargo, sí me acuerdo de la impresión tan divertida y también de absoluta irrealidad que me daba ir avanzando en el auto, sobre esa tira larga asfaltada, con agua a ambos lados

Años después tuve una sensación muy parecida llegando a Venecia por primera vez, en tren. Estaba terminando de leer un libro que me hacía llorar a mares (dos perros y un gato que atraviesan todo Canadá en busca de sus amos), levanté la vista un momento para aliviar mi llanto y fue cuando me di cuenta de que el tren avanzaba despacio rodeado de agua. Mirando un atlas después vi que la última parte del trayecto cruza la Laguna de Venecia.

Igualmente tuve la sensación de estar flotando en una ocasión camino entre Sevilla y Chipiona, en época de abundante lluvia, cuando íbamos conduciendo en varios kilómetros entre Lebrija y Trebujena, totalmente rodeados por agua, ¡agua que hasta tenía olitas!

Pero volvamos a la Pampa, las maravillas se suceden y esta es tanto o más increíble aún. Un día, entre una semana y diez días después de la avenida de agua, el barro que quedó triste después del milagro inicial, amanece verde. Sí, verde. Vuelvo a pedirles que se imaginen esa enorme extensión de desierto, hasta perderse en la distancia, toda brotada y verde viviente. Es un paisaje —otro paisaje— totalmente increíble.

No se trata del desierto florido, que ocurre mucho más al sur, alrededor de Vallenar a aproximadamente 1.100 km de Iquique. Quizás me aleguen que es muy natural que detrás de una inundación broten las semillas, estén donde estén, sobre todo después de una sequía, que no es más que un ejemplo de causa-efecto. Indiscutible. Creo que los que hemos vivido en la Pampa seguiremos pensando que estos dos fenómenos son sencillamente maaraaviillosos y nadie será capaz de desinflar mi gozoso asombro.

Al cabo de las semanas todo vuelve a estar igual, se secan todas las plantas; con suerte algunas han podido dar semilla. La tierra se seca y se resquebraja bajo el sol y el viento lleva las semillas a las grietas, donde permanecerán hasta la próxima ocasión, que puede tardar años.

La tierra cuarteada es otra característica típica de la Pampa. Hubo una temporada en Peña Chica durante la que salía a montar todos los días, generalmente con Segundo Gárnica, la persona que estaba encargada del corral. Segundo era también el chofer y, además, mi amigo y confidente. Pensando en la tierra resquebrajada me lo trae a la memoria, quizás sea porque pasamos tantas horas montando a caballo por esa misma tierra. Hasta el pique de Keryma, a aproximadamente 5 km hacia el este, conocía todas las grietas y terrones de esa tierra fina, de distintas formas y tamaños, y los pocos tamaruguitos canijos. Me eran tan familiares como podrían ser las grietas y hoyos y desigualdades de las veredas en el recorrido diario al colegio de una niña de siete u ocho años. Después en 1940, cuando me mandaron al colegio en Santiago, los troncos de los árboles de la calle Lota me serían familiares también. No tomaba en cuenta el efecto de las estaciones en las copas de los árboles, solo me concentraba en los troncos a la altura de mis ojos. A pesar de que teníamos un magnífico jardín en terrazas en Peña Chica –gracias a don Carlos– no había digerido todavía eso de las estaciones en lo que para mí entonces era el sur, aunque sí me di cuenta del rico olor a hojas quemándose en otoño y el olor aún más rico de la mimosa cuando ya no es invierno y todavía no es primavera.

Lo que no es un fenómeno natural sino lo contrario, es el "ripio", es decir, los desechos de la producción del salitre, de la metamorfosis del caliche en salitre. Se ven los ripios a lo largo de toda la carretera, mientras más grandes, más importante era la producción de esa Oficina. Son "cerros" redondos, más o menos grandes, como "tortas", recortados por arriba, que al fijarnos bien, no parecen naturales. Normalmente los pampinos –los de ahora– saben todavía decir: "ese es el ripio de la Oficina tal".

Encontré en la British Library de Londres un librito que me pareció muy interesante en términos de fenómenos naturales, esta vez catastrófico, en una *Descripción del Terremoto del 13.08.1868 según acometió en Iquique*, descrito por Juan Williamson y publicado en Lima en 1869. Este terremoto ocurrió muchos años antes del *ocaso* del salitre, no obstante ya había comenzado la era del salitre y todo en Iquique giraba en torno a él. En realidad Iquique debía casi hasta su existencia –en todo caso su desarrollo– al salitre. Aquí van las notas que tomé de aquel librito (mantengo la ortografía original):

Restaba una hora de luz: *"Se principiaron á sentir terrores que ningún lenguaje puede describir"… "ondulaba la superficie, la tierra se estremecia en su centro". Sacudidas verticales. El pueblo, atónito al principio, mantuvo durante el movimiento de tierra un silencio angustioso"… "La cesacion de las sacudidas de tierra daban apenas un breve espacio para la libre respiracion. Entre tanto todas las miradas se dirigen al mar, se vio ahí al fenomeno asumir otra forma. El movimiento tembloroso paralizó momentaneamente el del flujo y reflujo que en breves minutos completó la accion de plenamar; á ella sucedió la resaca con una celeridad tan extraordinaria que al instante las rocas –peñolerías– quedaron desnudas, y en seco el trecho que separa la isla de tierra firme… Las numerosas lanchas tocan tierra en el sitio que ocupaban; una fragata francesa se vé reclinada de costado sobre una isla que derrepente aparece en la bahía y las demas embarcaciones de alto bordo jiran sobre sus anclas en espantoso desorden. La resaca había alcanzado á seis ú ocho brazas. En minutos vinieron ola tras ola con el ímpetu del rayo y la altura de 20 hasta 30 pies".*

La destrucción acabó con los últimos rayos de sol. A la mañana siguiente se ve la: "inmensidad de ruinas" producidas en quince minutos. En una playa reducida a 3 millas fueron a parar adornos de salones, muebles de brocado, espejos y mármoles, plata labrada, alhajas, mercadería de toda clase. Restos inanimados de seres, cuerpos de animales, monedas de plata.

El mar vino del N-O, la isla amainó su violencia. No obstante: "el embate de las olas al encontrarse (alrededor de la isla) fue horrendo. Si el mar hubiera entrado desde el S-O, hubiera sido peor al no encontrar obstáculo (la isla)". "Las casas de muralla sólida del espesor de casi una vara como las que tenían allí (hacia el norte) los señores Loayza, Billinghurst, Gildemeister, Schrader y otros se derrumbaron. D. Guillermo E. Billinghurst tenía magnífica casa de altos en La Puntilla, a 50 varas del mar. Después del terremoto, bajó a la calle, cerrando con llave, dirijiendose a los señores Santamaría y Dixon, sus vecinos. Vio lo que iba a pasar, no tuvo que correr mas de 50 pasos para entrar en su casa. Al subir el 3er peldaño, se hundió el edificio. Toda la familia fue arrastrada.

Guillermo Taylor, capitán del Ecuador, ofreció gratificar a tripulantes de los botes que se habían refugiado al costado del buque. Intentaron salvar a una anciana, sin conseguirlo, pero sí lograron salvar a una niña, cuñada de Billinghurst. Un chino, sirviente de Billinghurst, logró salvar a una hijita de su amo, depositándola sobre el Ecuador, fueron los únicos sobre vivientes de esa populosa casa.

El Dr. Bokenham murió a pesar de tener caballo. Esperaba a su mujer e hija de vuelta de Europa en algunos días. Alejandro Keating también desapareció. Los muertos se calculan entre 150 y 300.

Alejandro Lohary abandonó con su familia su casa en La Puntilla. Encontró vivo a su hijo de 5 años en la playa después de haberle sido arrebatado de los brazos. La casa en que vivía en el alto el Dr. González fue transportada a una cuadra sin que nada en el interior se moviera".

Esta descripción menciona que: "El mar vino del N-O, la isla amainó su violencia…". La isla se llamaba originalmente Ique-ique y posteriormente isla Serrano. Produjo ingentes cantidades de guano. Perteneció a Carlos H. Williams que se la vendió al Estado en 1897, tenía 200.000 m². Se unió a tierra firme en 1933, dando cabida al nuevo muelle del puerto de

Iquique, donde ya podían atracar grandes barcos. En una ocasión almorzando en lo que fue el "Club de Botes", me señalaron una mancha más clara en el costado de la cordillera de la Costa, en la dirección general de La Boya que señala el lugar del hundimiento del buque *Esmeralda*, donde murió Arturo Prat. Fue de aquella mancha de donde se obtuvo, aparentemente, el material necesario para el relleno entre isla y tierra firme.

Leí una pequeña referencia a este mismo terremoto y maremoto en Guano, salitre, sangre de Roberto Querejazu. Dice que se sintió desde Ecuador hasta Antofagasta y que el Cónsul inglés en Arica contó que un barco americano fue depositado a un kilómetro tierra adentro sobre la línea del ferrocarril Arica-Tacna; sin embargo menciona que hubo solamente una baja. (Me da la impresión que esta baja se refiere únicamente al barco americano.) Otro barco, el *Chañarcillo*, quedó cabeza abajo y aún se ve en la ciudad de Arica otro, cuando ocurrió la salida de mar en el año 1868. Tengo además una notita encabezada Terremotos y Maremotos, de la que no recuerdo la fuente, que dice que en 1866 ocurrió "algo", en 1896 "un doble maremoto" y en 1911 "un ciclón". Esto último me descolocó hasta que me acordé que en las memorias de Frank Watson él contó que la noche del gran baile en la Filarmónica de Iquique, con ocasión de la coronación del rey Jorge V en junio de 1911, hubo un huracán.

Debo añadir que en Chile y creo que en otros países de habla castellana propensos a estos odiosos movimientos de la tierra, la palabra terremoto se refiere a algo muy violento cuando se caían edificios y la tierra se agrietaba (lo pongo en el pasado porque con las normas sísmicas actuales ya no se caen edificios –o tantos edificios–). Un temblor era eso, un temblor, que apenas hacía temblar una lámpara de techo, apenas digno de mención.

Nunca he estado en un terremoto y menos maremoto. He sentido temblores fuertes de 5 grados y un poco más, menos mal. Hay dos reacciones fundamentales: salir corriendo, lo que en ciudades con edificios altos es una tontería, o quedarse impávido. Hay cuentos para todos los casos. La noche de una de mis llegadas a Santiago desde España, estaba celebrando la falta de incidencias en el interminable y aburridísimo vuelo con mi anfitriona Connie en la cocina. Empezó a temblar, siguió temblando con algo más de ruido, y seguía, hasta que las dos, sin mediar palabra, nos levantamos y nos pusimos debajo del arco de la puerta, con la copa de vino en la mano siempre. El epicentro había sido más al norte, por el interior de Coquimbo donde se sintió con más fuerza. Hasta llegaron a caerse algunas casas desperdigadas hechas de adobe.

Frank Watson

Desde que empecé todo este escrito Nigel Acheson me ha mandado las memorias de Francis Watson, que para los interesados (y apasionados) como yo es una inmejorable descripción de la vida y condiciones en la Pampa. El hecho es que a través de estas memorias he sabido que mi padre llegó a North Lagunas en 1906. Traduzco aquí lo que dice Frank Watson: "El seis de agosto de 1906 llegué a Lagunas [Centro] para hacerme cargo ...Poco tiempo después de volver a Lagunas hubo una vacante en la dirección de las Oficinas de The Lagunas Syndicate, North y South, nuestros vecinos cercanos. Niness se fue de North y poco tiempo después Howieson salió de South y llegó Joe Forstall Comber, que se había forjado un gran nombre como Administrador de la Oficina Santa Isabel en la Pampa de Toco, traído por Lockett como Administrador General. Comber trajo consigo a su amigo W.A. McKnight como Contador, que en poco tiempo sustituyó a Howieson como Administrador de South. Menciono estos detalles ya que Comber, McKnight y yo fuimos vecinos durante dos años y nos veíamos constantemente. Ambos eran entusiastas jugadores de polo". Vengo a enterarme 98 años después de haber ocurrido, no sé si se pueden imaginar mi emoción al leer estas palabras. Se comprende que el Sr. McKnight no iba a firmar el Libro de Visitas a cada rato.

Ruby continuó contando que el Sr. McKnight se casó con su cuñada. Parece que el marido de Ruby, Les Lister, convidó a su hermana mayor a un viaje a Iquique y ahí ella conoció al Sr. McKnight. Mi padre no se casó hasta 1923.

Ruby me dijo que siendo su padre Administrador en la Oficina Bellavista, más al sur había tres Oficinas: North Lagunas, Central Lagunas y South Lagunas, donde los tres Administradores fueron durante varios años solteros tenaces. En una vivía el Sr. Comber [mi padre] que años más tarde se casó con la hija mayor del Dr. Fowler, con una diferencia de edad de unos 20 o 30 años [en realidad 24]; en Central Lagunas estaba el que llamábamos tío Syd Hunt, su mujer se había ido con sus dos hijos y él vivía solo, y en South Lagunas estaba Mr. McKnight.

Mis padres a caballo en North Lagunas.

Mi madre en North Lagunas.

Mis padres con Elisabeth en la cancha de tenis en North Lagunas.

En la Oficina North Lagunas. Sentados: mi madre, abuela, padre con Elisabeth (primera hija, nieta y sobrina) y Mary Pettie (mujer de mi tío Barney). De pie: Harry Turnbull, tía Mary (hermana de mi madre), abuelo y el tío Barney (1925).

Oficina North Lagunas: Mis padres y Elisabeth durante los primeros paseos a caballo (1926).

Mi hermana Elisabeth en North Lagunas (1928).

Don José Contreras

Ya lo he mencionado, residente en Matilla. Lo conocimos Elisabeth y yo en 1981, camino de Pica. Al pasar por Matilla vimos un gran cartón diciendo "Museo" y una flecha, todo escrito a lápiz, casi al lado de la Iglesia y lo quisimos visitar. Nos dirigimos en la dirección señalada por la flecha y el señor que había estado barriendo el "porche" de la casa que hace esquina y que no dejaba de mirarnos nos preguntó dónde íbamos. Al contestarle: "Al Museo" tiró la escoba y nos acompañó. Nos estuvo explicando el funcionamiento del Lagar y conversando en general sobre la falta de agua, que los gringos prepotentes la habían robado para Iquique, etc. De pronto: "Yo me llamo José Contreras, hace rato que estoy hablando y no tengo el gusto de saber cómo se llaman". Nos presentamos inmediatamente, yo castellanicé un poco la pronunciación de mi apellido. Se quedó callado un momento, me miró y dijo: "Eso se pronuncia..." repitiendo mi apellido casi perfectamente. No sé cuál de las dos se quedó con la boca más abierta, Elisabeth o yo. Bueno, resultaba que aunque no había conocido a mi padre en persona, sabía quién era, de Lagunas, etc., y tuvo la gentileza de decirme que dentro de la prepotencia de los "gringos", se decía que había sido un "gringo" justo. El Sr. Contreras era un hombre delgado, no muy alto, muy derecho, tenía una mirada penetrante desde sus ojos joviales. Nos contó que no había pasado toda su vida en Matilla, sino que también había trabajado en las salitreras, y de repente se calla y me dice: "Entonces Vd. es nieta del Dr. Fowler". ¡Dios mío! Me había encontrado con una persona a la que no tenía que explicarle quién era ni por qué ni cómo, me tenía perfectamente "fichada".

La autora, Luz, Sarah y Elisabeth en el Museo del Lagar de Matilla, en uso en el siglo XVIII (1999).

Mi yerno Rafael Dóyega y Adrián en el lagar de Matilla (1999).

La siguiente vez que estuve en Matilla fue en 1991 con mi hija Luz. Naturalmente fuimos a buscar al Sr. Contreras; Luz se acuerda que habló con directo cariño del Dr. Fowler, dijo que era buen médico y que siempre llegaba a todas partes. Desgraciadamente ya no lo volví a ver.

En La Tirana conocí "El Museo", en la tienda del Sr. Farías, frente a la Iglesia al otro lado de la plaza. Me emocionaron mucho los objetos ahí expuestos, pobres reliquias de tantas vidas. Creo que el Sr. Farías estuvo trabajando en Peña Chica y que se acordaba algo de mi padre. Esa vez estuve con mi hijo Rafael, su mujer María José, y June, una querida amiga de Bellagio en el Lago di Como.

Pica tiene también unos manantiales de agua caliente –cochas– y una de ellas ha sido acondicionada como piscina para el público. El agua ya enfriada se usa para el riego de la fruta tropical que ahí se produce: el limón de Pica, es decir, el limoncito tropical de cáscara fina, muy indicado para el Pisco Sour. Y allí este bello descubrimiento.

Al interior de las salitreras hay varios oasis donde se acudía en tiempos del salitre. San Lorenzo de Tarapacá era uno de los puntos de atención por ser un valle muy fértil, antigua capital de la provincia de Tarapacá y, por cierto, donde surgieron otros empresarios peruanos importantes, vinculados con las oficinas salitreras.

San Lorenzo de Tarapacá en el valle del mismo nombre (1995).

A propósito de tierra seca y verdor, de desierto y no desierto, me acuerdo bien que –antes de ir a Santiago– oí decir que en las playas de allá la vegetación llegaba casi hasta el mismo filo de las olas, un concepto muy difícil de imaginar. De mi anterior viaje a Viña con mi madre años antes se me había borrado todo parece. Sin embargo, recuerdo de las playas Chile central con particular cariño a Zapallar, donde está enterrada mi hermana Elisabeth.

El cementerio de Zapallar donde está enterrada mi hermana Elisabeth. Alejandra, Manuel de Orleans Bragança y Rafael Dóyega arreglan su tumba (2000).

Otra vista de la tumba de mi hermana Elisabeth.

CAPÍTULO IV
"DISTURBIOS"
DE LOS OBREROS SALITREROS

La Escuela Domingo Santa María de Iquique (1907)

El Grupo Musical *Quilapayún* es en gran parte responsable de mantener vivo el recuerdo de este triste, tristísimo episodio de la historia social de Chile, de una manera bien singular y hermosa, es decir la "Cantata de Santa María". Totalmente ignorante sobre el sentido exacto de cantata, busqué la definición de la Real Academia, que me dice: "Composición poética de alguna extensión escrita para que se le ponga música". Bueno. Insatisfecha, busqué en el pequeño Oxford English Dictionary que –traducido– me dice: "Obra coral, especie de oratorio corto, o drama lírico para música, pero que no se representa teatralmente". Fue compuesta en cinco meses entre 1969 y 1970 por Luis Advis, nacido en Iquique en 1935, como Cantata, una unión entre música folklórica y culta. Fue presentada por el conjunto Quilapayún en el Segundo Festival de la Nueva Canción Chilena en agosto de 1970 y a los dos meses fue grabada. Después del golpe militar de 1973 la grabación maestra fue destruida. La Cantata siguió formando parte del repertorio del Quilapayún en el exilio e hicieron otra grabación, basada en una versión encargada al escritor argentino Julio Cortázar. Luis Advis estuvo muy contrariado. El grupo sigue cantando la versión original del autor.

¿Qué puedo decir después de un siglo –21 de diciembre de 1907– que no se haya dicho ya? No hay duda que muchos otros antes que yo han investigado todo lo referente a la masacre de ese día. Yo he intentado escribir sobre la vida de los ingleses en la Pampa, no del movimiento sindical que sin duda fue importantísimo no solamente en la Pampa, sino también en todo el país. Pero esto, la huelga que terminó tan trágicamente en la Escuela Domingo Santa María en Iquique, tuvo una dimensión tan grande y que ocurrió en medio de todos ellos, los "ingleses", es absolutamente imposible creer que alguno haya pensado que se trataba meramente de un "disturbio". Los hombres evidentemente conocían los antecedentes y el resultado, claro. Por mucho que ellos hayan tratado de "proteger" a las mujeres de sus familias silenciando las tremendas consecuencias de aquel día, me parece improbable que no se hayan enterado de casi todo. He mencionado las excelentes relaciones que hubo en general entre *ingleses* y trabajadores de las Oficinas, máxime con las mujeres que trabajaban y vivían en las casas de Administración; por ellas seguro que las mujeres inglesas tendrían la noticia y hasta, tal vez, más detalles de lo ocurrido que los hombres.

Creo difícil que haya habido una sola Oficina en toda la Pampa donde no hubo que lamentar un muerto, no lo sé, y sin embargo no he encontrado ni una sola mención por algún británico de la Pampa sobre lo que pasó en Iquique aquel día, ni una. Desde que escribí la última frase he recibido de Nigel Acheson las Memorias de Francis Watson, que abarcan su vida en la Pampa desde 1904 a 1914. Creo que no puedo mejorar el texto del Sr. Watson, por lo que lo traduciré entero más adelante.

Antes quiero transcribir un párrafo de John Mayo en *British Merchants and Chilean Development 1851-1896*, escrito en Boulder, Co. 1987 que, aunque no directamente relacionado, considero directamente significativo.

"1886: Las compañías británicas ahora empleaban directamente miles, no cientos, de trabajadores chilenos en un entorno industrial moderno. Aunque existía en Chile antes de la guerra (del Pacífico) un sector industrial incipiente, era a pequeña escala, disperso y generalmente de propiedad local. El crecimiento rápido de la industria del salitre y su tamaño y concentración relativamente extensos, motivó que las actitudes y prácticas de los patrones hacia sus trabajadores estuviesen destinadas a afectar el desarrollo de actitudes y acciones de la clase trabajadora. Esto sería importante en el futuro, porque la sociedad chilena, tal como fue concebida por sus gobernantes no preveía en modo alguno la evolución de una clase trabajadora urbana políticamente consciente".

Refiriéndose a otros temas posteriores a 1907, Frank Watson escribe: "No se puede negar el hecho de que las condiciones de vida para los trabajadores eran primitivas y duras y no es de extrañar que hubo frecuentes huelgas y quejas que, en lo que afectaban la tranquilidad del distrito y que se podían repetir en otros, eran motivo de preocupación para el Gobierno, que frecuentemente se encontraba en conflicto con los salitreros, ya que estos pretendían mantener los costes bajos, mientras que el Gobierno deseaba mejores condiciones para los hombres. No obstante, no le convenía al Gobierno enemistar a la poderosa industria que aportaba el 80% de sus ingresos. Consecuentemente, se mantenía mutuamente una actitud amistosa, pero siempre tuvimos que tener extremo cuidado con la manera de afrontar una situación y de cómo redactábamos nuestras comunicaciones".

No obstante, sí encontré unas cartas en el Public Record Office (PRO) de Gran Bretaña en Kew, que ahora se llama National Archives, que me parecieron interesantes entre los documentos del Foreign Office (Ministerio de Relaciones Exteriores).

Primero está el informe escrito por John Lockett el 25 de diciembre de 1907 a Messrs. W. & J. Lockett en Londres que fue transmitido por ellos al Ministerio. También está el informe del Cónsul Británico en Iquique, C. Noel Clarke. Me extenderé un poco con estos documentos, ya que el primero sí es "inglés del salitre", aunque no de la Pampa, y me parece que su estilo demuestra con claridad el sentir de la población extranjera, en su mayoría británica, de Iquique. El Cónsul, Noel Clarke, era al mismo tiempo directivo de una de las casas comerciales Clarke, Bennet & Co., y leyendo el informe se diría que ha estado algún tiempo en Iquique y que conoce bien el entorno y todo lo relacionado con el salitre (como ya se ha visto, su firma era la Agencia para Centro Lagunas y otras Oficinas).

No creo que fuese un relato completo si yo aquí omitiera toda alusión al tema. Y lo hago inicialmente a través de algunos artículos de periódicos locales de la época. Sin cambiar las palabras de los artículos, he transcrito las partes que me parecieron más significativas.

Saltándome la cronología, Horacio Mujica escribe un artículo *Enseñanzas de la huelga* en *El Tarapacá* del 28 de diciembre de 1907 y da las peticiones principales de los huelguistas, que voy a transcribir para refrescarnos la memoria. Empiezo diciendo (la cursiva es mía y la ortografía la del momento):

"No soi de los que creen que la causa de las ajitaciones de los últimos días sean la obra esclusiva de unos cuantos individuos interesados ó empeñados en producir movimientos en las masas obreras"...

"Así, en materia de *fichas*, la autoridad puede dentro de nuestras leyes actuales tomar cualquiera medida que haga efectuar su circulación representativa de moneda y *canje á la par, i no medio de monopolio*".

"Pueden así mismo buscarse medios eficaces para *impedir abusos en las pulperías...* Es indispensable el derecho de quien compra una libra á que se le pese una libra, de quién compra una vara á que se le mida una vara"...

"...como así mismo las *medidas de precaución dirijidas á prevenir accidentes...*"

"Otros puntos materia de reclamos son de mayor estudio. Así la *libertad de comercio* depende del carácter de la propiedad salitrera...".

Como dato de interés secundario para situarnos en el contexto general, este artículo empieza después de varias noticias cortas extranjeras, así por ejemplo de Perú, Uruguay, Brasil, Estados Unidos, España: "Un alto personaje declara que el jefe de gabinete, señor Maura, es partidario del viaje del rei Alfonso á Sud-América"; Italia: "La Correspondencia Romana desmiente terminantemente el rumor de la aparición de la madonna al papa Pío X"; Francia, Gran Bretaña: "La princesa Beatriz, hija del difunto Duque de Sajonia Coburgo Gotha contraerá matrimonio con don Alfonso Borbón Orleans, Infante de España"; Austria Hungría, Arjelia y China...

El Sr. Mujica no mencionó, sin embargo, el hueso más duro que era que el pago de jornales se hiciera sobre una base de *cambio fijo de 18 peniques por peso.* En este contexto, transcribo parte de un reportaje *"La huelga de obreros"*, publicado en *El Tarapacá* del 20.12.1907 bajo el título *"La respuesta de S.E."*:

"Damos en seguida el texto íntegro de la contestación de S.E. el Presidente de la República á la presentación del comercio de Iquique".

"Santiago, 18 de Diciembre de 1907. Pienso como V.V. que la estabilidad en el valor de la moneda es una condición necesaria para la marcha regular de las industrias i comercio y que esa estabilidad no puede obtenerse sino en la moneda de oro. Las continuas i enormes fluctuaciones del papel moneda impiden ó hacen casi imposible la fijación equitativa de los sueldos de toda clase i en jeneral la justa remuneración del trabajo. Uno de mis principales deberes, es dar cumplimiento á la lei que ordena el retiro del papel moneda i su reemplazo por moneda de oro... Todos mis esfuerzos van... El Congreso autorizó por lei de Agosto último... Falta solo ejecutar esa voluntad i ese es mi deber - Pedro Montt". Creo que queda claro.

Había otras peticiones accesorias, como por ejemplo: "prohibición de arrojar á la rampla el caliche desechado" (lo que significaba que esa carga de caliche no se pagaba al "particular" –equipo que la trajo– y que probablemente en un futuro misterioso sería incorporado al resto para su elaboración). Pedían un lugar gratuito para escuelas nocturnas, así como algunas indemnizaciones en caso de accidente. ¡Dioses! ¡qué humildes me parecen sus peticiones, ni siquiera mencionan sus inconcebiblemente pésimas viviendas, ni algunos trabajos muy especializados para niños de ocho a diez años, donde también había peligro; hablo con la visión de la segunda mitad del siglo xx cuando ya los sindicatos eran organizaciones *respetables y respetadas*, por lo menos legales y admitidas y cuando las condiciones de trabajo poco a poco habían mejorado enormemente gracias a esas organizaciones sindicales y, por ejemplo, no se concebía un lugar de trabajo sin medidas de seguridad en un país industrializado.

Los primeros huelguistas llegaron de madrugada a Iquique a pie (penosa bajada en cualquier circunstancia) el domingo 15 de diciembre. Fueron al Hipódromo en las afueras de la ciudad.

El diario *El Tarapacá* del 20 de diciembre dice al respecto:

"LLEGA MÁS JENTE. A las dos de la tarde de ayer llegó a la ciudad un convoi que conducía trabajadores procedentes de los cantones de Negreiros, Pozo Almonte, Huara i Central".

"Acudió á recibirlos un gran jentío que los vivó entusiastamente".

"El comité directivo les recomendó que observaran una actitud tranquila, como corresponde á aquellos que persiguen su mejoramiento económico, no usando más armas que la justicia i la equidad".

"Los huelguistas, llevando á la cabeza banderas chilenas, bolivianas i peruanas, se dirigieron al local de la Escuela Santa María, donde se les atendió por sus demás compañeros i se dispuso el sitio de su alojamiento...".

"EN NEGREIROS. Desde Negreiros nos comunicaron anoche que allí habían acampados como tres mil huelguistas procedentes de la oficina Agua Santa i otras, que esperan solo trenes para dirijirse á este puerto".

"Nos avisaron también que á las 10 P:M: se esperaba allí á los trabajadores del Alto i Bajo de Caleta Buena que venían en trenes de la compañía Agua Santa *acompañados de una banda de músicos*"...

"POZO ALMONTE. Desde este cantón nos han avisado que aún quedarían por lo menos unos dos mil trabajadores por venir á Iquique, entre los que vienen en viaje i los que quedan en esa rejión de la pampa"...

"EL DESEMBARCO. Faltando diez minutos para las cuatro, se desprendió la falúa que conducía al señor Eastman del costado del "Zenteno" haciéndose en ese instante por dicha nave las salvas correspondientes al Intendente de la Provincia i al jeneral Silva Renard... hasta el costado del muelle, donde esperaban al distinguido viajero numerosas personas, entre las cuales notamos al Primer Alcalde, al Vicario Apostólico"…

"LA PALABRA OFICIAL. Una muchedumbre que no bajaría de ocho mil almas siguió detrás de la comitiva, hasta llegar al edificio de la Intendencia. Al paso del enorme jentío la tropa hacía esfuerzos sobrehumanos para conservar la colocación que se le había fijado, no produciéndose ni el más lijero incidente, á pesar de que como decimos, era una verdadera marea humana la que avanzaba en pos del señor Eastman"…

"Una vez frente á la Intendencia el pueblo esperó sus palabras, las que no tardaron en dejarse escuchar"…

"Una ovación grandiosa i que debe haber impresionado mui gratamente al señor Eastman, se escapó de todos esos pechos varoniles, que desde abajo parecían latir al impulso de un solo ideal: el conseguir el mejoramiento de su situación"…

"Una vez restablecido el silencio, el Intendente se dirijió al pueblo en estos términos:

"Pueblo de Tarapacá. Os saludo. Me había retirado con el ánimo de no volver, pero vosotros me habéis llamado"…

"Vengo de la capital i traigo la palabra i los deseos del Exmo. Presidente de la República, que son las de solucionar estas dificultades en la forma más favorable para vosotros, consultando con equidad los intereses de los industriales salitreros"…

"Mi viaje obedece á este propósito: de volveros á ver de nuevo en vuestras faenas, contentos i tranquilos"…

"Estudiaré las desaveniencias entre obreros i patronos y para ellos espero me secundaréis en todo sentido, hasta conseguir el éxito que espero"…

"Una estruendosa salva de aplausos acojió estas frases, aplausos que duraron un largo rato, retirándose después la concurrencia hacia la Escuela Santa María"…

"EL COMITÉ DE LOS OBREROS. Momentos después, el señor Intendente recibía en su sala de despacho á una delegación autorizada del comité jeneral de los obreros"…

"La conferencia se prolongó por más de una hora. El señor Eastman escuchó con toda atención las alegaciones de los obreros i los interrogó sobre diversos detalles hasta formarse un concepto cabal de sus propósitos i aspiraciones. Repitió á los obreros que debidamente autorizado por el Excelentísimo Presidente Montt, venía dispuesto á solucionar el problema, lleno de interés por el pueblo, sin olvidar las necesidades de la industria salitrera. *Les aconsejó que reanudaran sus tareas, porque no era posible que la autoridad abordara tan graves problemas ante la presión de los obreros que en tan gran número han venido desde la pampa á la ciudad.* Como estos asuntos no son para resolverlos en unas cuantas horas, los obreros no necesitan estar todos en la ciudad, porque les basta con una delegación más o menos numerosa para llegar con los patrones á soluciones convenientes por intermedio de la autoridad, que está dispuesta a consagrar su voluntad i su tiempo para resolver las dificultades con el más alto espíritu de equidad i justicia"...

"El comité de obreros reiteró al señor intendente sus propósitos de orden i respeto á la autoridad, i quedó de consultar á todos sus compañeros para contestar hoi a primera hora"...

"El señor Intendente congratulado por la actitud del comité le repitió que se acojieran sus recomendaciones, que perseveraran en el orden i que la autoridad estaba dispuesta y tenía los medios de asegurar en todo caso la tranquilidad de la ciudad i la Provincia"...

"LOS SALITREROS. Poco más tarde tuvo una larga conferencia con el señor Eastman el presidente de la Combinación Salitrera, Mr. William Hardie"...

"Sin entrar en detalles que no conocemos, podemos sí asegurar que el señor Hardie reiteró al señor Intendente los propósitos conciliadores de los salitreros i la voluntad de hacer todo lo posible para resolver la cuestión en forma satisfactoria"...

"NUESTRAS IMPRESIONES. Conocida la autorización presidencial y gubernativa, conferida al señor Intendente, tomando en cuenta la grandiosa recepción que los obreros hicieron al señor Eastman, i atendiendo á las simpatías y al prestijio que el distinguido mandatario tiene con el pueblo, en el vecindario y entre los jefes de las oficinas salitreras, nosotros creemos que con un poco de buena voluntad por parte de los obreros i patrones, puede solucionarse el problema en unos cuantos días en forma que satisfaga las aspiraciones jenerales"...

"No es tan difícil llegar á un avenimiento. Los obreros saben que es esta una cuestión de interés nacional que afecta profundamente al país i á la delicadísima situación económica por que atravesamos. Ellos son patriotas i como tales, seguramente estarán dispuestos á sacrificar algo en homenaje al interés del Estado"... (Curiosa esta llamada al patriotismo de los trabajadores para que sacrificaran "algo").

"Los salitreros también saben que para la industria que ellos representan i alientan es un factor indispensable el obrero que estrae la riqueza del suelo; i nosotros estimamos que los patrones estarán dispuestos á sacrificar lo posible en bien de la armonía indispensable para la marcha próspera de la industria"…

"CAMBIO DE FICHAS. El contador de la Primera División, señor Rodríguez, ha empezado á efectuar el cambio de las fichas que están en poder de los obreros"…

"Hasta anoche había canjeado *á la par* más de mil pesos"…

"DOS NIÑOS. Han fallecido dos niños de los que llegaron el Domingo último junto con los huelguistas, de resultas de un viaje tan penoso".

"Uno es hijo de Manuel Díaz, obrero de la oficina Santa Ana, hospedado en la calle de San Martín…, i el otro del trabajador Juan de Dios González".

"Estos trabajadores están en la indijencia i solicitan algún auxilio, que verdaderamente necesitan"…

"A LOS OBREROS. Participamos a los obreros en huelga que las horas de rancho en el local de la Escuela Santa María, son las que se expresan:

Desayuno de 7 á 8.

Almuerzo de 12 á 1.

Comida de 6 á 7".

El Sábado 21 de diciembre de 1907 *El Tarapacá* decía bajo este título y subtítulos: "HUELGA DE LOS OBREROS - Siguen en su actitud pacífica - Conferencia en la Intendencia - No hai acuerdo todavía - Siniestros Rumores".

"La misma actitud tranquila de los días anteriores asumieron ayer los numerosos trabajadores pampinos que se encuentran en este puerto"…

"A pesar de esto continúa la paralización comercial presentando la ciudad un aspecto raro i hasta sombrío"…

"Patrullas de caballería é infantería recorren las calles día i noche á fin de asegurar más todavía el orden".

"En la tarde de ayer conferenciaron los salitreros con el Intendente" (en otra página del diario se da la lista: "William Hardie, R. Steel, Sr. Homfray representante de Gibbs i Cía., John Lockett, D. Richardson, N. Clarke, F. Astoreca, Syers Jones, representante de Gildemeister Sr. Hofrichter, Carlos Otero i el Cónsul Boliviano Sr. Moreno). La reunión fue larga, reservándose la materia de la discusión y los acuerdos á que se haya arribado"…

"Terminada esta reunión el Intendente conferenció con los obreros, los cuales según nuestras averiguaciones, no cedieron en ninguna de sus peticiones i como, según entendemos la otra parte tampoco transije, no se ha podido arribar al esperado arreglo"…

"Las reuniones se reanudarán hoy i ojalá en ellas se obtenga el anhelado éxito"…

"SIN NOVEDAD. Sin novedad digna de mencionarse continúa la jente llegada de la pampa. Entre los obreros domina la idea de abstenerse de manifestaciones públicas hasta que no se sepa el resultado definitivo de las jestiones que hay iniciadas entre sus delegados i los salitreros"…

"Ayer no se celebró sino una reunión, la que tuvo lugar en el local de la Escuela Santa María después de la conferencia celebrada por los delegados con el Intendente de la Provincia"…

The Times de Londres del 23 de diciembre, 1907, publica en la página tres dedicada a las noticias del imperio británico y del extranjero, en la segunda mitad de la columna tercera y después de informaciones más largas o más cortas sobre la Crisis en Persia, una huelga de ferroviarios en Bengal Oriental, revueltas en Marruecos, maniobras francesas en la frontera argelo-marroquí, el problema de la moneda en los EE.UU., etc., una nota fechada en Santiago el 21 de diciembre de 1907 (traducción): "LA HUELGA DEL SALITRE EN CHILE. Disturbios fatales - A pesar de las entrevistas con la comisión gubernamental, los salitreros y los obreros en huelga en la región de Iquique aún no han llegado a un acuerdo. No obstante, se cree que se llegará a un entendimiento dentro de poco".

A continuación una nota con fecha del 22 de diciembre dice: "En Iquique hoy hubo una confrontación entre huelguistas y soldados. Aquéllos intentaban abrirse paso hasta la ciudad, cuando las tropas les dispararon, matando algunos e hiriendo a otros. Los huelguistas fueron rechazados".

"En contestación a las compañías salitreras y otros comercios importantes en Iquique, que habían solicitado al Presidente que se tomaran medidas para estudiar el tipo de cambio, el Señor Montt declaró que el Gobierno había tomado la decisión de rescatar el papel moneda y establecer una moneda con patrón de oro".

El primer párrafo de la nota del 22 de diciembre no es correcto, los obreros no "intentaban abrirse paso" a ninguna parte, ya desde hacía por lo menos seis días estaban concentrados en la Escuela de Santa María, los que no cabían estaban muy cerca en las dependencias de un circo que se les había ofrecido y en otro local cercano también, que me parece habían dispuesto las autoridades, todo en pleno centro de Iquique sin que hubiera "disturbios".

Traduzco a continuación parte de un diario manuscrito de un tripulante del buque *River Indus* en el puerto de Iquique, con una carga de carbón.

Esto llegó a mis manos a través de Nigel Acheson, pero no sé cómo lo obtuvo él. Se diría que el escritor, cuyo nombre ignoramos, es una persona educada, escribe con buena letra y se expresa correctamente.

"Sábado 21 Dic". Había estado con unos compañeros en una chalupa comprando verduras y termina el día diciendo: "Los disturbios en tierra parecen ponerse más serios y están bajando muchas tropas. Hay muchos hombres en huelga y se les están uniendo centenares más de otras partes".

"Domingo 22 Dic". "La huelga en tierra ha resultado ser mucho más seria de lo que se suponía. Son casi 20.000 los huelguistas y solo 3.000 tropas y están bajando más huelguistas cada día. Llegó a puerto el Comandante-en-Jefe del Ejército chileno el Jueves y dio un discurso desde la Intendencia que no parece haber servido de mucho. Yo estaba en tierra y tres de nosotros nos unimos a la ola de huelguistas y nos fuimos a la Intendencia, pero claro no pudimos entender lo que se decía. Ayer por la tarde, mientras atracábamos en el muelle esperando al "viejo" (¿capitán?) que estaba hablando con el Cap. Docherty a dos o tres metros de donde estábamos, de repente se oyeron dos o tres descargas y siguió una tremenda carrera hacia los botes. Les dimos apenas tiempo suficiente a los dos capitanes para que subieran y le dimos un empujón al muelle para alejarnos, pero no sin que antes saltasen a bordo dos hombres más, uno de los cuales casi eché por la borda –creo que de todos modos lo dejé sin aliento–. Temía que el bote se hundiera con el peso, porque el muelle estaba lleno de gente y las personas con un ataque de pánico no se paran a pensar en las consecuencias de lo que hacen. Nos alejamos un poco durante más o menos un cuarto de hora y entonces nos acercamos para que se bajara Docherty y Charlie poco tiempo después. Yo estaba deseando poder bajar a tierra, poco inteligente por mi parte quizás, pero Charlie no se movía un paso del muelle. El doctor que atendió a los heridos nos contó esta mañana lo que había pasado. Las tropas habían concentrado a los huelguistas poco a poco en el hipódromo" (esto no es verdad). Continua el relato: "y habían apuntado una ametralladora Gatling a cada lado. Parece que algunos intentaron salir o se negaron a moverse y los soldados dispararon matando a muchos. Habían sido conducidos al hipódromo a punta de lanzas. Oficialmente son 110 los muertos 265 heridos, pero según el doctor el intendente se está guardando las cifras verdaderas para él. El doctor dijo que el total estaba más cerca de 1.000. Una compañía de soldados se negó a disparar sobre los huelguistas y como ejemplo para el resto de las tropas, a esa compañía la pusieron en fila esta mañana, sacaron cada quinto hombre y los fusilaron. Esa compañía estaba supuesta ser la flor y nata del ejército. Escuché las dos descargas cuando los fusilaron".

"Supongo que si nuestros respetados padres supieran que estamos tan cerca como para estar en medio de una revolución, se pondrían algo nerviosos. Hay varias personas que se están refugiando en los buques, aún no tenemos ninguno a bordo porque el viejo le está guardando un sitio a Hill y a su familia". Encuentro este pequeño relato bastante conmovedor.

No hubo más diarios hasta el martes 24 de diciembre. En la columna "CRÓNICA" y con el subtítulo "Rejistro Civil - Defunciones" se dan los nombres de 24 personas que a mí me llama la atención porque no solía publicarse la defunción de tanta gente de golpe en un día normal. No fueron a parar a la fosa común y por alguna razón sus muertes se publicitaron. Entre los muertos hay 21 chilenos: Alberto Rojas de 1 mes y cinco días, Óscar Cortés de ocho meses, César Alonso Araya Linares de un año, tres meses y Juan R. Gamboa de 17 años; los demás chilenos tenían entre 18 y 64 años. Vienen nombrados igualmente Benjamín Vizcarra Liras, peruano de 17 años y Rosa Cañipa Madueña peruana también, de 70 años, además hubo una boliviana Rosa Barrientos Orellana de 12 años.

Las noticias de *El Tarapacá* están un poco mezcladas, porque en la columna encabezada "LA HUELGA DE OBREROS" los subtítulos son los siguientes: "Los sucesos de Buenaventura; Continúan las conferencias; Comienza la revuelta; Gravedad de la situación; La realidad de las cosas; La orden de la Intendencia".

"Los sucesos de Buenaventura: Los huelguistas en número de seiscientos más ó menos, asumieron una actitud ofensiva contra la tropa y hasta pretendieron desarmarla en la oficina Buenaventura. El jefe al mando de diez hombres del Batallón Carampangue llamó a los huelguistas a la orden i les intimó el uso de la fuerza en el caso en que persistieran en su actitud agresiva. Agotados los medios conciliatorios i encontrándose en peligro, ordenó hacer fuego sobre la masa i la contuvo después de quedar cinco o seis heridos en el campo". *El Nacional* del 24 de diciembre de 1907 relata más de lo mismo sobre este acontecimiento y añade: "Este suceso repercutió en la ciudad con caracteres mucho más alarmantes; y en la noche del Viernes llegó a la estación un tren con mil quinientos huelguistas que trajeron algunos de los heridos".

El Tarapacá sigue: …"Continúan las conferencias: A las 8 de la mañana del Sábado, el señor Intendente recibió en su sala de despacho á los miembros de la Combinación Salitrera i les espuso las posiciones hechas ya por los obreros con la modificación insinuada por el comité de estos en la reunión de la tarde del Viernes"…

"Los patrones reiteraron sus propósitos de estudiar detenidamente un acuerdo equitativo que salvara las dificultades a favor de los trabajadores, sin lesionar los intereses de las oficinas; i reiteraron también su resolución en el sentido de que no era posible seguir tratando tan delicados problemas bajo la presión de la gran masa de huelguistas aglomerados y rejimentados en la Escuela Santa María".

"Los patrones dijeron que siendo el respeto del obrero en la pampa la única fuerza moral de los administradores, ese respeto desaparecería por completo si los jefes i jerentes de las oficinas cedieran á las exijencias, bajo presión inmediata de los diez ó quince mil huelguistas reunidos en la ciudad en forma que importaba permanente y grave amenaza para el vecindario, y más aún si se tomaba en cuenta el hecho revelador de que tan gran número de jente se negaba a regresar a sus hogares, y por el contrario aumentaba con las partidas que momento á momento bajaban a la ciudad"…

"Discerniendo el señor Eastman con toda imparcialidad, i pesando las razones i alegaciones de obreros i patrones, propuso á estos someter á arbitraje las dificultades, nombrándose uno ó dos árbitros por cada parte i un tercero ó quinto en discordia elejidos de común acuerdo por los dos ó los cuatro árbitros"…

"Los miembros de la Combinación Salitrera aceptaron esta proposición del señor Intendente, pero sobre la base de que los huelguistas volvieran a sus oficinas para evitar el… (ilegible) moral que importaría resolver bajo la imposición de la masa aglomerada en la ciudad"…

"Pocos momentos después de terminada la reunión de salitreros, el señor Eastman envió recado verbal al Comité de los huelguistas para que concurrieran á la intendencia con el fin de resolver en el acto sobre la reciente proposición adoptada con los patrones".

"COMIENZA LA REVUELTA. A este atento llamado de la autoridad contestó el comité con una nota que envió bajo el número 307 i fecha 21 del presente"…

"En esta comunicación se dice que el Directorio Central de los trabajadores ha recibido verbalmente un llamado al local de la Intendencia, que el Comité ha creído que no puede complacer en este sentido á la autoridad, que cree práctico que el Intendente nombre una comisión para entenderse con él, que su ausencia del centro de la huelga puede producir desórdenes capaces de amargar la situación, que en pago de las atenciones de los operarios en jeneral hacia el Intendente no les provoca para desviarlos de la senda que se han trazado, i que el Comité insinúa el camino práctico de notas ó comisiones, teniéndose la seguridad que para ese efecto los huelguistas darán las más amplias facilidades. Firman esta comunicación Brigg (presidente) y N. Rodríguez B. (secretario)"…

"Con este documento el comité de los huelguistas ponía término a los arreglos conciliadores, se declaraba así mismo una especie de poder constituido i se colocaba á frente del mismo alto representante de S.E. el Presidente de la República en la Provincia, para tratar de potencia á potencia, por medio de comunicaciones ó de comisiones oficiosas"…

"Esto no solo era absolutamente inaceptable, sino que importaba deprimir la autoridad del señor Intendente de la Provincia y menoscabar su fuerza constitucional i su prestijio moral en forma manifiestamente subversiva"…

"A pesar de esto, el señor Eastman quiso todavía recurrir á otro medio conciliatorio antes de proceder conforme á sus deberes de autoridad superior i al efecto llamó al Presidente de la Sociedad Mancomunal de Obreros, don Abdón Díaz, i le pidió, después de instruirlo detalladamente sobre el carácter i la gravedad de la situación, que propusiera al comité de obreros en la Escuela Santa María, la medida conciliatoria para llegar al deseado acuerdo amistoso que evitara á la autoridad el uso de los medios de coerción que siempre tiene en su mano para hacer cumplir sus resoluciones en bien del órden público i de la tranquilidad del vecindario, por sobre toda otra consideración".

"El Presidente de la Mancomunal regresó á la Intendencia á la 1 del día, i expresó su impresión en el sentido de que no era posible conseguir la vuelta de los huelguistas á la pampa, porque estaban resueltos á no moverse de ahí sin obtener de antemano el total de sus peticiones".

En otra página de *El Tarapacá* del mismo día sigue diciendo: "La alarma en el vecindario ya se convertía en pánico el día Jueves, i numerosas familias abandonaban sus hogares para buscar refujio en los buques en la bahía"…

"…En el comercio recojían erogaciones para sostenerse i bajo la presión del temor, nadie se negaba. En el vecindario corrían rumores siniestros sobre incendios que se producirían en la ciudad en gran número i de un momento á otro; las compañías de bomberos estaban permanentemente acuarteladas i listas para cualquiera eventualidad; i las familias aguardaban aterrorizadas un probable saqueo jeneral, con todas las consecuencias terribles de esos actos de vandalaje".

"Se agregaba todavía que alguna tropa estaba de parte de los huelguistas i estos mismos pregonaban que los soldados no harían fuego contra sus hermanos. Era un falso concepto creado por los cabecillas de la huelga"…

"En otros términos, la situación llegó a tal estremo de peligrosísima gravedad, que en la mañana del Sábado el dilema se presentó fatal i doloroso: era indispensable optar ó por la salvación de la ciudad i de sus habitantes á cualquier sacrificio, ó por conmiseración para con los huelguistas engañados i exacerbados por sus jefes i ajitadores"…

"LA REALIDAD DE LAS COSAS. La actitud de los huelguistas en los primeros días fue ordenada y respetuosa, mereciendo la aprobación i simpatías de la opinión pública, fue dejenerando á medida que avanzaba el tiempo en desquiciadora del orden público"…

"En los primeros momentos se trató solamente de una diferencia de intereses con los patrones que la autoridad procuró con toda su voluntad solucionar á satisfacción de ambas partes"…

"La llegada de nuevos continjentes de huelguistas de la pampa, que podemos calcularla en mil quinientos á dos mil trabajadores diarios hizo cambiar en absoluto el aspecto de la cuestión, i el día Viernes, aunque aparentemente pacífica, la situación de la ciudad era absolutamente insoportable"…

"Efectivamente dentro de la autoridad constituida por la lei se había entronizado otra, soberana i amenazante"…

"Desde su cuartel jeneral funcionaba como en país conquistado, otorgando á su capricho permisos para la circulación i para la ejecución de los trabajos en la ciudad"…

"Desaparecieron los obreros respetuosos i que procuraban llegar cuanto antes á una solución equitativa de sus reclamaciones para dejar en su lugar á los individuos intransijentes que pretendían la inmediata i total satisfacción de sus pretensiones, olvidando…; olvidando que en ningún país medianamente civilizado los obreros se han negado á solucionar sus dificultades con los patrones por medio del arbitraje, pues la razón está jeneralmente en el término medio entre lo que se pide i lo que se niega; olvidaron …que seguían un mal camino al prestar oidos á las declamaciones de los ajitadores de oficio que después de haber conducido al pueblo al borde del abismo, saben ocultarse cobardemente para irse á otros puntos á proseguir su obra antipatriótica i subversiva"…

"Se ha dicho que la actitud de los huelguistas era perfectamente pacífica i que no habían cometido ningún atentado contra la tranquilidad pública"...

"Si no se considera alterar el orden de la prohibición de la circulación i la paralización obligada por ellos de los trabajos, sí, ello es cierto, pero no lo es menos que esa tranquilidad que se mantenía podía ser rota en el momento menos pensado"...

"Si los huelguistas hubieran querido llevar á cabo sus proyectos de incendios i saqueos en la noche del día Sábado, como lo habían pensado según se sabía positivamente (?) en la Intendencia ¿con cuántos miles de víctimas se habría podido contener esa masa de diez mil hombres aleonados i exacerbados por sus ajitadores que habían conseguido con sus constantes peroraciones i discursos, el llenarles la cabeza de las ideas más absurdas? ¿Qué se hubiera dicho de la autoridad que viendo á la ciudad en peligro inminente no hubiera tomado las medidas del caso para evitarlo?"...

"LA ORDEN DE LA INTENDENCIA. La Intendencia, poco después de la una i media del día, libró el siguiente decreto: "Intendencia de Tarapacá - Iquique - 21 se Diciembre de 1907. En bien del orden i la salubridad públicos, he acordado i decreto: Los huelguistas concentrados en la Escuela Santa María se trasladarán al local del Club de Sport".

"Comuníquese al Jefe Militar de la Plaza para su inmediato cumplimiento. Eastman - Julio Guzmán García".

A continuación transcribo trozos del informe redactado por el General Roberto Silva Renard:

"Comandancia de Armas de Tarapacá. Iquique, 22 de Diciembre de 1907. Señor Intendente de la Provincia. Presente. Ayer, inmediatamente que recibí en la Plaza Arturo Prat á las 2.34 PM i en circunstancias de revistar las tropas de la guarnición i de marina, la orden de concentrar en el Club Hípico á los huelguistas, haciendo que evacuasen la Plaza Manuel Montt y Escuela Santa María... dirijí la infantería hacia dicha plaza i calles adyacentes de manera de poder cumplir la disposición de U.S. en las mejores condiciones de orden sin dispersión de huelguistas"...

"Al llegar a dicho sitio, vi que la escuela Santa María que ocupa toda la manzana Sur de la plaza estaba repleta de huelguistas presididos por el titulado Consejo Director de la huelga, instalado en la azotea con frente á la plaza i en medio de banderas de los diversos gremios i naciones"...

"Calculé que en el interior de la escuela habría 4.000 individuos i afuera 2.000"...

"Como U.S. comprenderá, los oradores no hacían otra cosa que repetir las frases comunes: guerra al capital y al orden social existente"…

"Observada bien la situación… comisioné al Coronel Ledesma para acercarse al Comité que presidía el movimiento i comunicarle la orden de U.S. de evacuar la Escuela i Plaza i dirijirse al Club Hípico con la jente. A los cinco minutos volvió el Coronel diciéndome que el Comité se negaba á cumplir la orden i que habían sido infructuosas sus palabras primero pacíficas i conciliadoras i después enérjicas i severas, para obtener el acatamiento de la orden"…

"En vista de esto tomé nuevas disposiciones para imponer á los huelguistas el respeto i sumisión".

"Hice avanzar las dos ametralladoras del *Esmeralda* i las coloqué al frente de la Escuela con puntería fija á la azotea donde estaba reunido el Comité Directivo. Coloqué un piquete del Rejimiento O'Higgins á la izquierda de las ametralladoras para hacer fuego oblicuo á la azotea por encima de la muchedumbre aglomerada al lado de afuera".

"Quise agotar hasta lo último los recursos pacíficos. Pasando por entre la turba, llegué á la puerta de la Escuela i llamé al Comité. Este descendió de la azotea i rodeado de banderas se presentó en el patio esterior, ante la apiñada muchedumbre"…

"Estaba compuesto por los individuos Olea, Briggs, Aguirre i demás cuyos nombres no recuerdo, pero son conocidos por U.S."…

"Ahí les comuniqué la orden de U.S. i les rogué, mejor dicho les supliqué con toda clase de razones evitasen al Ejército i Marina el uso de las armas para hacerla cumplir"…

"Todo fue inútil. Durante media hora les hablé en todos los tonos sin obtener otra cosa que declamaciones sobre las injusticias de que eran víctimas como trabajadores i siempre defraudados en sus jornales por los patrones i capitalistas…

"Viendo que eran inútiles todos mis esfuerzos pacíficos i persuasivos me retiré, haciéndoles saber que iba a emplear la fuerza"…

"El capitán de navío señor Aguirre volvió a dirijirse á los huelguistas i lo mismo hizo el comandante señor Almarza, haciéndoles saber que se iba á hacer fuego i que la jente pacífica debía retirarse hacia la calle Barros Arana i yo volví nuevamente á decírselo, logrando que unos doscientos se apartasen i colocasen en la calle indicada, no sin ser insultados por la muchedumbre rebelde"…

"...i penetrado también de la necesidad de dominar la rebelión antes de que terminase el día, ordené á la 3-3/4 P.M. una descarga por el piquete del O'Higgins hacia la azotea ya mencionada y por el piquete de la marinería situado en la calle Latorre hacia la puerta de la Escuela, donde estaban los huelguistas más rebeldes i exaltados. A cada descarga se respondió con tiros de revólver i aún de rifle que hirieron á tres soldados i dos marineros, matando dos caballos de Granaderos"...

"Entonces ordené dos descargas más i fuego á las metralladoras con puntería fija hacia la azotea donde vociferaba el Comité entre banderas que se ajitaban i toques de cornetas. Hechas las descargas i ese fuego de metralladoras que no duraría sino treinta segundos la muchedumbre se rindió. Hice evacuar la Escuela i todos los huelguistas en número de 6.000 á 7.000 rodeados por la tropa, fueron conducidos por la calle Barros Arana al Club Hípico"...

"En la mañana fue disuelta esta masa enviando á la Pampa salitrera por los trenes que U.S. puso á mi disposición de 5 á 6.000; el resto compuesto en su mayor parte por jente de Iquique fue entregado á la Policía para su identificación incluso 200 individuos que manifestaron el deseo de irse al Sur"...

"Esta es la relación exacta de los luctuosos sucesos ocurridos ayer en los cuales han perdido la vida i salido heridos cerca de 140 ciudadanos. El infrascrito lamenta este doloroso resultado del cual son responsables únicamente los ajitadores que ambiciosos de popularidad i dominio arrastran al pueblo á situaciones violentas, contraria al orden social que por la majestad de la lei la fuerza pública debe amparar por severa que sea su misión".

"Dios guarde á U.S. - *R. Silva Renard*".

(Sigue el reportaje). "Disipado el efecto de las descargas i después de la fuga de los cabecillas, la masa de los huelguistas cambió por completo de aspecto i de su anterior insolencia pasó al mayor orden i sumisión formándose, según las órdenes impartidas, frente á la escuela, i dirijiéndose, acompañada de la tropa, al local que se les había ordenado, donde se mantuvieron tranquilos durante la noche".

"Al amanecer del Domingo se les ofreció trenes para volver á la pampa i pasajes á bordo de los buques de la carrera para regresar al Sur".

"Excepto ciento ochenta i uno que aceptaron este último temperamento, o los demás en número de seis mil cien hombres volvieron gustosos á la pampa..." (Gustosos, sí...).

Habrá personas que piensen distinto que yo. No obstante encuentro que estos últimos tres parrafitos tienen un *sentido del humor* decididamente azabache. El General Silva Renard no tuvo tanto sentido del humor.

¡Qué masa de huelguistas tan rara! No se entiende en absoluto por qué cambió por completo de aspecto, pasando de la anterior *insolencia* al mayor *orden y sumisión* solamente con el efecto de unas *descargas*. O se me ocurre que puede que haya sido debido a la pena por la fuga de los cabecillas, seguro que fue eso y no el horror de las descargas.

El Nacional del 4 de enero de 1908, bajo el título "Los sucesos de Iquique", publica el Editorial de *El Ferrocarril* del 27 de diciembre de 1907, del que doy a continuación algunos párrafos:

"Los sensibles sucesos de Iquique, con motivo de la huelga general de trabajadores en todas las oficinas salitreras, han producido la penosa impresión que despiertan siempre estravíos que alcanzan tan trágico desenlace"…

"Nunca podremos sentir bastante y lamentar como es debido esos acontecimientos luctuosos, obra del conflicto de los intereses en las esferas del trabajo, cuya solución no puede alcanzarse por medios violentos, sino que deben ser el resultado de una apreciación serena, tranquila y bien meditada de las pretensiones opuestas y de las nociones de equidad o de justicia"…

"La depreciación corriente de valor de la moneda de papel y su funesta influencia en las remuneraciones del trabajo, unido á otras circunstancias perturbadoras de la buena armonía entre los patrones y los obreros, vino sin duda, agravándose á consecuencia de los terribles desastres de la catástrofe de Agosto de 1906 y del encarecimiento cada vez más oneroso y desesperante de todos los artículos de alimentación y de sostenimiento de la vida de un extremo á otro del país".

"Este malestar extraordinario de la situación ha suscitado enérgicos clamores en todas nuestras clases sociales y sobre todo entre los empleados á sueldo"…

"Después de las perturbaciones bastante graves de que había sido teatro la zona salitrera en épocas anteriores y recientes, no se requería mucha penetración para presumir que las dificultades pudieran renovarse en condiciones más molestas todavía"…

"La Comisión especial nombrada entonces con este objeto y presidida por el ex-Ministro de Estado, señor Errázuriz Urmeneta, visitó las localidades, conferenció personalmente con los interesados y consagró una serie de reuniones al prolijo estudio del asunto y á la presentación de un dictamen en que se consignaban las medidas de urgencia y que conceptuaban oportunas para la solución satisfactoria"...

"El restablecimiento de la tranquilidad en la zona salitrera que se consiguió entonces á virtud del interés manifestado para procurarle solución definitiva, relegó pronto á un segundo término la consideración de este problema y los antecedentes acopiados con tanto interés y con decidida buena voluntad, han quedado solo como una manifestación platónica relegado á los archivos del Gobierno. Entendemos que esos antecedentes se remitieron al Congreso, sin que se hayan traducido hasta ahora en una modificación saludable de las condiciones legales del trabajo en la zona salitrera".

"La celebración de varios comicios públicos en Iquique en este último tiempo manifestaba la preparación de un movimiento general de aquella grande aglomeración de trabajadores, puesto que se venían reproduciendo las exigencias formuladas anteriormente y que se han ido dejando sin la conveniente y oportuna solución".

"La catástrofe de Agosto y la agitación política con motivo de la elección presidencial, han contribuido á dar de mano al problema del trabajo en la región salitrera, de modo que sin necesidad de recriminaciones puede explicarse lo sucedido, á fin de que no se incurra otra vez en omisiones que puedan comprometer la tranquilidad social y ser causa de acontecimientos luctuosos, tan deplorables como los que el patriotismo lamenta con tan justo título en la actualidad".

"Desde luego, es honroso recordar que algunas de las reclamaciones obreras encontraron favorable acogida en la empresa, como lo manifiesta el hecho de que los patrones de la gesta de mar en Iquique, acordaron pagar los jornales con un recargo en relación con las fluctuaciones del cambio"...

"Este espíritu de alta equidad, no ha faltado en las relaciones de patrones y operarios, lo que indica la necesidad de buscar soluciones en el terreno de la conveniencia mutua"...

"Este camino de prudencia es el que ha faltado en los recientes sucesos de Iquique y lo que hubiera podido tranquilamente alcanzarse con delegaciones bien inspiradas del elemento obrero...".

Claro, se pudo haber seguido prudente, tranquilo y patrióticamente hasta 1931, año en que se creó la cosach, después de todo lo sucedido, sin tener que aguantar la imprudencia, intranquilidad e impertinencia del obrero de querer vivir mejor, claro que sí...

A partir de este punto, el artículo pierde lo que yo creo es la imparcialidad relativa inicial, para dar paso a expresiones como: *aglomeración im-*

prudente, actitud provocativa de hostilidad, carácter subversivo, avalancha de veinte mil hombres de las pampas, manifestaciones subversivas, peligrosas proporciones, motín contra las autoridades civiles y militares, levantamiento contra las autoridades, obra exclusiva de agitadores, turbas indisciplinadas, etc. El último párrafo empieza: "Si la dirección de la huelga se hubiera inspirado en ese y justo sentimiento de patriótica prudencia, habría dado más prestijio y autoridad a sus reclamaciones…" (sic).

Le debo a Paul Galté la fotocopia de una pequeña publicación: *"21 de Diciembre – Compendio y relación exacta de la huelga de pampinos desde su principio hasta su terminación – Detalles interesantes – Estadísticas de las víctimas – Iquique 15 de Febrero de 1908".* Tiene 56 páginas, al final pone "Iquique, 15 de Febrero de 1908 – Leoncio Marín – FIN".

Fue testigo de lo ocurrido. Dice en su introducción *"Cuatro Palabras"*: "Nuestro objeto, por ahora, no es otro que hacer una narración desapasionada y, en lo posible, exacta de lo sucedido, como quien escribe la crónica de un transcendental acontecimiento á fin de que no se extinga la memoria de los sucesos, ni el tiempo los condene al olvido, ni los que tengan interés en desvirtuarlos o quitarles la importancia que los abona, logren que quede en blanco o confusa una hoja de sumo interés para la Historia de Chile".

En general me parece veraz y sincero su informe. En el segundo párrafo para el Sábado 14 dice: "A las diez de la mañana del mismo Sábado los obreros de la oficina San Lorenzo no resistieron más la soga y cortando eslabón por eslabón la cadena de miserias que los sujetaba, se reunieron en improvisado comité llegando á la conclusión que de la única manera que serían oídos era bajando al puerto de Iquique donde, respetuosamente, harían valer sus derechos". Estas y otras palabras similares parecen indicar su opinión favorable a los trabajadores. Sin embargo, su relato incluyó todos los informes oficiales –el del Intendente Eastman, el del General Silva Renard y hasta el del Comandante Wilson. Los tres celebran tanto su propia ejemplar actuación y la de los otros dos, como el resultado de la matanza de no se sabe bien cuántos trabajadores, lamentando *pérdidas sensibles o luctuosos hechos.*

La orden dada por el Intendente dice: "Iquique 21 de Diciembre de 1907. En bien del orden y la salubridad pública, he acordado y decreto: Los huelguistas concentrados en la Escuela Santa María se trasladarán al local del Club de Sport. Comuníquese al Gefe Militar de la Plaza para su inmediato cumplimiento - Eastman". El informe del Intendente al Ministro del 26 de diciembre explica los pasos y reuniones previos. Escribe: "Como a la una pasado meridiano regresó el señor Díaz y me dijo que no era posible obtener la vuelta de los huelguistas á la Pampa sin resolver previamente sus peticiones.

"Perdida toda esperanza de solución pacífica y amistosa, …expresé la ya impostergable necesidad de solucionar la cuestión en el mismo día, aunque se usara la fuerza y se previeran dolorosas pérdidas porque la ciudad estaba seriamente amenazada con los huelguistas".

Más adelante: "que las medidas adoptadas por los jefes militares en el último extremo y sus consecuencias tan sensibles se debieron a la pertinaz obsecación de los huelguistas azuzados por sus directores y agitadores y el intenso peligro en que se encontraba la población bajo pleno régimen del terror basada en la amenaza de incendio y saqueo se temía de un momento a otro".

El informe del general Silva Renard describe la colocación de sus tropas y todos los esfuerzos para convencer a los huelguistas que se fueran al Hipódromo. Sigue: "Convencidos de que no era posible esperar más sin comprometer el respeto y prestigio de las autoridades y fuerza pública y penetrado también de dominar la rebelión antes de que terminase el día ordené á las 3,45 PM una descarga por el piquete del O'Higgins hacia la azotea ya mencionada y por el piquete de la marinería… hacia la puerta de la Escuela, donde estaban los huelguistas más rebeldes y exaltados. A esta descarga se respondió con tiros de revólver y aun de rifle que hirieron a tres soldados y dos marineros, matando dos caballos de granaderos".

"Entonces ordené dos descargas más y fuego á las ametralladoras con puntería fija hacia la azotea donde vociferaba el Comité… Hechas las descargas y este fuego de ametralladoras que no duraría sino treinta segundos, la muchedumbre se rindió. Hice evacuar la escuela y todos los huelguistas en número de 6 á 7.000 rodeados por tropas…"

"…Esta es la relación exacta de los luctuosos sucesos ocurridos ayer en los cuales han perdido la vida y salido heridos cerca de 140 ciudadanos. El infrascrito lamenta este doloroso resultado del cual son únicamente responsables los agitadores que ambiciosos de popularidad…". En total fueron cuatro descargas y fuego de dos ametralladoras "que no duraría sino treinta segundos" - cuenten 30 segundos 1-2-3- hasta 30, aunque sea rápidamente y ¿perdieron "la vida y salido heridos cerca de 140 ciudadanos? Vaya…

En su informe del 26 de diciembre de 1907 el comandante Arturo Wilson cuenta más de lo mismo y también: "…que se vio que no había otro medio posible, sin exponer á la tropa, que un fuego directo sobre los huelguistas; por más dolorosa que fuera esta medida fue la aceptada una vez considerada, y puedo asegurar á V.S. que este momento fue para el general señor Silva Renard como para todos nosotros de profunda emoción, como que ha sido el más doloroso, como V.S. comprenderá, en toda nuestra vida militar…".

El comandante Wilson dice que: "el resultado de esos luctuosos sucesos ha sido de unos 130 heridos y un número proporcional de muertos que lamentar…".

Leoncio Marín relata: "Por otra parte, ellos estaban seguros que nada les pasaría en la Escuela Santa María y que todo ese despliegue de fuerza armada no pasaría de ser más que una amenaza. Estaban orgullosos del orden y respeto que observaban para con todo el mundo y muy especialmente con las autoridades mismas á quienes vivaban en toda ocasión. Sus vidas las creían seguras ante sus hermanos que estaban formados frente a ellos con fusil al brazo". Habla de cinco descargas, con intervalos de ametralladora y más adelante: "La obra estaba consumada. En el campo quedaron 300 muertos lo menos, y 500 heridos, término medio".

Añade: "En el trayecto (hacia el Hipódromo) murieron lanceados varios obreros que por efecto de alguna herida no podían marchar lijero, argumentándose pretendían huir".

Igualmente, además de la censura en las oficinas de cable, Eastman mandó por la tarde del 21 la siguiente nota a los editores de diarios en Iquique: "Queda absolutamente prohibida la impresión y venta de todo diario u hoja impresa. Las infracciones serán severamente reprimidas. Dios guarde á Ud.".

Lo que concuerda en este texto con otros informes en periódicos es que ya desde el 14 de diciembre de 1907 los trabajadores de los muelles y gremios de Iquique estaban en huelga; el 17 la huelga se hizo general en Iquique y en la Pampa.

Refiriéndose a la situación en Iquique hasta el mismo 21, dice Wilson: "…*a pesar de su actitud tranquila,* era un almacén de pólvora que á la menor chispa podía hacerlo estallar…". No he encontrado en ningún periódico una relación de algún desmán (he dudado entre "relación de desmanes", "…de un solo desmán" y "…de algún desmán") por parte de los huelguistas. Fue precisamente en este punto –la falta de seguridad de la colonia extranjera en Iquique, la posibilidad de incendios, robos y violaciones– en que se apoyaron las autoridades para actuar como lo hicieron cuando lo hicieron. ¿Será este afán de *prevenir* una constante a lo largo de la historia?

No me lo he preguntado antes, ahora estoy pensando en las dichosas *armas de destrucción masiva* tan cacareadas por Bush.

Actitud de los salitreros desde la primera reunión con Eastman: no era posible negociar nada bajo la presión de la enorme cantidad de trabajadores de la Pampa llegados a Iquique, perderían el prestigio moral y así toda autoridad. Esto lo llego hasta comprender y tambíen me doy cuenta de lo muy poco violenta que demostró ser esa enorme cantidad de hombres, tanto en la Pampa como en Iquique. Cuando el Comité de trabajadores propuso al Intendente como intermediario que durante un mes se pagaran los jornales con un mes de aumento, la respuesta de los salitreros fue que: "no harían cuestión del dinero, pues tenían el propósito de resolver sobre las peticiones de los trabajadores en forma equitativa y correcta, pero no bajo la presión de la masa". La última propuesta de Eastman a los salitreros fue que se buscara una solución por arbitraje, a lo que respondieron: "sí pero que los huelguistas volvieran a la Pampa". Se podría pensar que la bajada de los trabajadores desde la Pampa fue la primera noticia de que pedían que los salarios se pagasen a cambio fijo y que hubiese más medidas de seguridad en el trabajo, ¿por qué dejaron los salitreros que la situación llegase a este punto? Mucho dijeron los salitreros sobre *los malvados agitadores*, posiblemente los hubiera, pero es que se les sirvió el festín en bandeja de plata.

El último capítulo de *Pampinos y salitreros* escrito por Mario Bahamonde, titulado "Recuerdos inútiles" se refiere a este tema. Es sobrio; él se apoya sobre todo en la versión del Dr. Nicolás Palacios, otro testigo presencial, así como a lo escrito por Óscar Bermúdez.

También encontré otra versión de lo ocurrido de la que desgraciadamente ignoro al autor. Es similar a las anteriores, solo con ligeras discrepancias. Señala la presencia de mujeres y niños en la Escuela, del fuego bastante más continuado que los "30 segundos" de Silva Renard. En algunas descripciones también menciona a John Lockett al mando de una de las compañías de bomberos y de los carretones recolectores de basura. Tuvo la macabra tarea de recoger más de dos mil muertos –según esta descripción– y centenares de heridos. Sea como fuere, Mario Bahamonde escribe en "*Pampinos y Salitreros*": "La muerte no es una estadística, es un hecho personal y privado que se convierte en público cuando la maldad humana desata sus huracanes".

Por otra parte, en el Public Record Office (PRO) de Gran Bretaña en Kew, que ahora se llama National Archives, encontré algunos papeles que me parecieron interesantes entre los documentos del Foreign Office (Ministerio de Asuntos Exteriores).

Primero, como antes mencioné, está el informe escrito por John Lockett el 25 de diciembre de 1907 a Messrs. W. & J. Lockett en Londres que lo transmitieron al Ministerio. Me extenderé un poco con este documento, ya que el autor sí es "inglés del salitre", aunque no de la Pampa, y me parece que su estilo demuestra con claridad el sentir de la población extranjera, en su mayoría inglesa, de Iquique.

John Locket se refiere primero al cable recibido de Londres el 17/12 interesándose por el bienestar de los empleados y por la propiedad de la compañía, preguntando si convendría hacer alguna gestión con las autoridades británicas. JL respondió que era imposible dar una opinión, pero que los empleados y las oficinas se encontraban todo lo seguros que podían estar en las circunstancias y que de todas maneras las autoridades los apoyarían lo más posible.

JL sigue diciendo que en el momento que escribió lo que precede, él y las demás casas comerciales en Iquique tenían la esperanza de llegar a un arreglo amistoso, por lo menos con la llegada del Intendente Carlos Eastman y que se podría convencer a los trabajadores para que volvieran a la Pampa. Sin embargo el miércoles 18/12 la situación se puso muy amenazadora con la llegada continua de más trabajadores, que consideraron aconsejable mandar un cable para que informaran a las autoridades inmediatamente. Esperando la llegada del Intendente, dice JL que no hubo ninguna evidencia de hostilidad o desprecio de la autoridad.

El Intendente llegó el jueves 19/12 y ya la huelga era general en toda la Pampa, todas las oficinas habían parado. Los huelguistas se apoderaron completamente del ferrocarril para bajar a Iquique. Los hombres de Buenaventura –unos 600– se volvieron tan amenazadores, que las tropas se vieron obligadas a disparar, matando a nueve e hiriendo a varios más. JL dice: "Nos complace añadir que el efecto de estos disparos sobre los trabajadores fue tal que casi todos los hombres de Buenaventura volvieron a sus oficinas inmediatamente, la mayoría habiendo sido obligada contra su voluntad".

A continuación dice JL que en vista de lo grave de la situación, el Intendente declaró el Estado de Sitio el sábado 21. En los periódicos no encontré referencia a este decreto, lo que no quiere decir que no lo hubo, sino que no lo vi en columnas contiguas a noticias sobre la huelga. La publicación de Leoncio Marín sí menciona un decreto dictado a las 10 de la noche del viernes 20/12 *que equivalía a una declaratoria de estado de sitio,* por el que se prohíbe el tránsito por las calles en grupos de más de seis personas y después de las 20 horas; se prohíben las reuniones de más de seis personas; la gente que venga de la Pampa debe concentrarse en la Escuela Santa María…

JL sigue mencionando la reunión convocada por el Intendente en la que le señalaron que mientras estaban dispuestos a considerar las peticiones de los huelguistas, era absolutamente imposible acordar algo en esas condiciones, ya que cualquier concesión se tomaría como señal de debilidad que conduciría a exigencias más extravagantes en ese momento y en el futuro. Señalaron que si en el futuro los trabajadores de alguna oficina tenían una queja, se presentarían en Iquique para resolver el asunto en vez de intentarlo primero con el administrador. "El Intendente reconoció la sensatez del argumento y propuso el arbitraje como único medio aparente de llegar a un arreglo. Aceptamos la propuesta (sin embargo, dándole a entender al Intendente al mismo tiempo que en ninguna circunstancia aceptaríamos la exigencia de los hombres de pagarles sobre una base de 18 peniques) siempre que los trabajadores volviesen a sus oficinas respectivas a esperar la decisión de los árbitros, ya que como consecuencia de la actitud amenazadora demostrada y la manera en que habían aterrorizado a los habitantes de la ciudad y paralizado todo el comercio, estaban imponiendo un reino de terror que no se podía permitir y que sin duda anularía todo intento de llegar a un arreglo justo y equitativo mediante el arbitraje".

En otro párrafo dice: "En vista del gran número de personas en un entorno tan limitado, la higiene era una total imposibilidad, por lo que se presentaba otro peligro, el de una epidemia".

"Durante el Jueves, Viernes y el Sábado por la mañana, las familias extranjeras se estaban refugiando a bordo de los buques en la bahía; tan grande era el pánico resultante de las amenazas de los huelguistas, que toda actividad comercial se había paralizado. Las cosas habían llegado a tal punto que las pocas carretas de panaderos, lecheros, etc., que todavía recorrían las calles, lo hacían solo con el permiso del Comité de Huelguistas que les emitían pases".

"Circulaban rumores insinuando que en el caso que no se concedieran las exigencias de los huelguistas, le prenderían fuego a la ciudad. Todas la compañías de bomberos estaban de guardia día y noche y durante dos días la ciudad estuvo en estado de ansiedad aguda, esperando el pillaje y saqueo en todo su horror. Hasta se llegó a decir que un gran número de las tropas (reclutas) estaban de parte de los huelguistas, que se encargaron de contar que los soldados no dispararían sobre sus compatriotas. Afortunadamente esto no resultó ser verdad, aunque no hay duda alguna que si no se hubiese tomado ninguna medida en contra de los huelguistas hasta la noche del 21, los resultados hubiesen sido desastrosos, ya que se encontraron listas con nombres y situación de todos los edificios que se debían saquear o incendiar. Claro está que todas las casas comerciales, incluyendo la nuestra, estaban en la lista. Podemos decir que para la protección de nuestros propios empleados y edificios, se habían obtenido y repartido carabinas a los miembros *of the mess* que significa comedor (un término militar que en este caso traduzco como *británicos*)".

A continuación describe la matanza y posterior traslado al hipódromo en términos similares a los ya descritos.

Y sigue: "Es imposible obtener las cifras exactas de muertos y heridos, pero aproximadamente hasta donde podemos averiguar han sido 200 muertos y 300 heridos y de estos últimos por lo menos un 35% morirán casi seguramente. Como ya lo hemos dicho, casi todos los cabecillas han muerto con toda seguridad, ya que el fuego de las ametralladoras y rifles se apuntó primero a la azotea desde donde estaban incitando a los reunidos".

…"Varios centenares de chilenos se han ido al sur a petición propia en transportes gubernamentales y los peruanos y argentinos que quisieron volver a sus países, han sido repatriados por sus cónsules respectivos".

"Aunque sigue la huelga de los lancheros y cargadores, todo parece tranquilo tanto en el puerto como en la pampa… El Estado de Sitio está aún vigente y no anticipamos más problemas, ya que se ha fusilado a los dirigentes o están detenidos. Creemos que la lección tendrá su efecto durante un tiempo considerable y esperamos notificarles dentro de poco que todo ha vuelto a la normalidad".

"Nos complace informarles que aparte del perjuicio e inconvenientes sufridos por nuestra casa y todas las demás, ningún británico ni otro extranjero ha sufrido en su persona".

"En cuanto a los acontecimientos de los últimos días, nos permitimos comentar que es una lástima que el Gobierno Británico no pueda manifestarse a menudo con algún buque de la marina en la costa occidental de América del Sur y si fuera posible, con un crucero blindado de primera de reciente construcción, para que la gente que vive en estos países pueda por comparación con las estadísticas navales, tener alguna idea del poder de la Marina Británica —su enorme influencia en el mantenimiento de la paz en el mundo y el prestigio resultante para Gran Bretaña"–.

"Hubiéramos apreciado enormemente la presencia de un buque de guerra británico en la bahía durante los últimos días, cuando los huelguistas abiertamente (?) declararon su intención de aniquilar la colonia británica que no tiene protección alguna, salvo la de nuestros propios compatriotas que no son muchos".

Se extiende en esta vena durante dos párrafos más, y añade: "En cuanto a la gran cantidad de capital británico invertido en este país y las enormes rentas derivadas por los accionistas en estas empresas, en las que el Gobierno Británico también naturalmente participa, pensamos que el Gobierno Británico debería conceder alguna protección a sus ciudadanos y esperamos que Vds. harán lo posible para que las autoridades allá se den cuenta de nuestra opinión". Y en vista del reconocimiento de *las enormes rentas derivadas por los accionistas* en esas empresas de capital británico, ¿no se podría haber concedido una (pequeña) mejora de los salarios a los trabajadores en las Oficinas representadas por Lockett?

"En el estado actual de intranquilidad en Chile, ningún extranjero se puede considerar seguro y creemos que cuando se repitan los disturbios, los trabajadores no permanecerán tranquilamente en la ciudad hasta la llegada de las tropas, sino que saquearán la ciudad inmediatamente" (¿Sí?).

"Esperamos el resultado de sus gestiones en el sentido mencionado...".

Y se despide. Yo creo que es evidente que John Lockett escribió esta carta sabiendo que la casa Lockett en Londres –sus parientes, primos, o tíos–, se la mandarían al Ministerio de Relaciones Exteriores como, en efecto, hicieron. Es aparente también que John Lockett se iba enervando a medida que escribía o dictaba, porque ya dijo hace unas líneas: "esperamos notificarles dentro de poco que todo ha vuelto a la normalidad".

Me he enterado mucho tiempo después de incluir todos estos detalles tan dramáticos y tristes –por las memorias de Frank Watson– que John Lockett se iba a casar en esos días, no tengo la fecha exacta. Frank Watson estaba en Centro Lagunas y mi padre y el Sr. McKnight habían bajado a Iquique para asistir a la boda: ¿comportamiento normal en un ambiente de abierta inquietud? ¿Qué habría estado haciendo mi padre durante todos estos días?

Cronológicamente después hay una carta del 27 de diciembre de 1907, del Encargado de Negocios Británico en Santiago al Ministro de Relaciones Exteriores en Londres. Comenta que solo ahora se está empezando a saber lo que en telegramas privados se había anunciado.

"En el informe referente a mi visita a los distritos salitreros de hace dos meses que tuve el honor de enviar en mi Despacho N° 30 el 7 de Diciembre declaré *que se temía en aquel entonces que la repentina caída del cambio probablemente daría lugar a disturbios laborales entre los trabajadores salitreros".* (Esta me parece la frase más significativa de todas). Continúa: "Desgraciadamente esta predicción se realizó hace dos semanas, cuando miles de hombres salieron de sus oficinas para ir a Iquique donde presentaron sus demandas ante el Comité Salitrero, de las que la más importante era que debían recibir el salario calculado con un tipo de cambio fijo. Parece que la actitud de los hombres fue pacífica al principio, pero el 16 recibí información del Sr. Clarke en el sentido que las cosas estaban tomando un cariz más amenazador. Por lo tanto fui al Ministerio de Relaciones Exteriores al día siguiente y en la ausencia del Sr. Puga Borne, vi al Vice-ministro, al que pregunté si me podía dar información más detallada, añadiendo que el asunto era naturalmente de especial interés en vista de la importante relación Británica con la industria del Salitre. No me pudo dar más información de la aparecida en la prensa, pero me aseguró que el Gobierno Chileno tomaría todas las resoluciones necesarias en cuanto a medidas preventivas. Al día siguiente, después de recibir su telegrama del 17 de Diciembre, fui nuevamente al Ministerio de Relaciones Exteriores y vi al Vice-ministro informándole que el Gobierno de Su Majestad estaba preocupado con la evolución de los acontecimientos. El Sr. De la Lastra dijo que estaba aún sin noticias oficiales y me recomendó que me dirigiera al Ministerio del Interior. Fui seguidamente a ver al Sr. Sotomayor y le pregunté si tendría la bondad de darme las últimas noticias para poder informar al Gobierno de Su Majestad. Contestó que se estaban tomando todas las precauciones posibles para evitar cualquier desorden, que ya habían llegado dos cruceros a Iquique, que en un tercero iban el Gobernador de la Provincia (Intendente), además de 300 tropas y que llegarían a la mañana siguiente… También me mostró un telegrama del Gobernador en funciones indicando que aún se esperaba una solución pacífica a la huelga en cualquier momento… Como las noticias recibidas durante los tres días siguientes no indicaban solución alguna, el 21 me dirigí nuevamente al Vice-ministro de Relaciones Exteriores, como lo hicieron mis colegas italiano y alemán por orden de sus Gobiernos. El Ministro de Relaciones Exteriores estaba todavía ausente y la información que se nos dio fue escasa y durante el curso de la tarde, se supo que se había producido un serio enfrentamiento". Ernest Rennie, el Encargado de Negocios termina con una relación de lo ocurrido; dice también que: "según las noticias recibidas, hay tranquilidad en Iquique, aunque aún no se ha recobrado el aspecto normal, debido a que los lancheros todavía no han vuelto a sus tareas en la bahía".

Ahora traduciré párrafos del informe del Sr. Noel Clarke, Cónsul Británico en Iquique al Ministerio en Londres con fecha 3 de enero de 1908.

El segundo párrafo empieza: "En la primera semana de Diciembre, 1907, surgió una sensación general de malestar entre los hombres empleados en el transporte y carga de Salitre en el Puerto de Iquique, Provincia de Tarapacá".

"Se dijo que esto se debía atribuir a la rápida caída del cambio que culminó con el dólar valorado en solo nueve peniques (moneda inglesa)".

…"El malestar mencionado se hizo más patente cuando el 4 de Diciembre se declararon en huelga los hombres empleados en el Ferrocarril Salitrero; al poco tiempo se les indujo a volver al trabajo con la promesa de la Dirección del Ferrocarril de pagar los salarios sobre la base de un tipo fijo de cambio en el futuro, es decir 16 peniques al dólar".

"Los hombres del Ferrocarril volvieron al trabajo, pero entonces el 6 se declararon en huelga todos los trabajadores portuarios, pidiendo que también se les pagaran en base a 16 peniques por dólar".

"Sus patrones se negaron a acceder porque ya habían adoptado una tasa móvil por la que se añadían o deducían porcentajes del salario de acuerdo con el cambio".

…"El 10 de Diciembre llegó la noticia que los trabajadores de la oficina San Lorenzo, Propiedad de San Lorenzo Nitrate Co. Ltd. (Liverpool) se habían declarado en huelga, habiendo sido visitados por una comisión de los huelguistas en Iquique. La excusa dada era algo indefinida, pero al preguntarles, los hombres decían que necesitaban un aumento del salario del 50%".

…"Al mismo tiempo se recibió la noticia en Iquique que habría una reunión en Zapiga, un pequeño pueblo en el Ferrocarril Salitrero en el Distrito Norte de Tarapacá. Se invitaba a todos los trabajadores a ir a una reunión para protestar contra el Gobierno, para exigir la disolución del Senado y Congreso y el restablecimiento de las finanzas del país para que el dólar valiera 18 peniques".

"Mientras tanto los huelguistas de la Oficina San Lorenzo estaban visitando las oficinas colindantes para inducirlas a unirse a la huelga…

…"Los patrones se dieron cuenta plenamente que estaba en marcha un movimiento bien organizado y como tal movimiento tenía todas las características de la primera fase de la Revolución Chilena de 1891 que también empezó con huelgas entre los trabajadores salitreros, se decidió que se presentarían protestas contundentes al Intendente en funciones, junto con una petición para que se evitase, si fuera posible, que los huelguistas interfirieran con los trabajadores que seguían trabajando y que vigilaran para que no hubiera daño alguno a la propiedad de las salitreras".

Continúa describiendo la evolución de los acontecimientos, informa que los Directores de la Asociación del Salitre consiguieron que se mandaran 300 tropas de Infantería y 80 de Caballería a la Pampa, de los que se concentraron 200 en la Estación Central, donde la línea desde Iquique se divide en dos, para el norte y para el sur; las tropas restantes se repartieron en distintas oficinas para que no se interfiriera con los hombres que seguían trabajando. A pesar de lo anterior, el movimiento de huelga seguía aumentando.

Después sigue: "Una de las cosas más extraordinarias del movimiento fue que en ningún caso, salvo posiblemente en la primera oficina nombrada –San Lorenzo– se quejaron los hombres del tratamiento recibido de parte de los patrones, ni tampoco pedían aun aumento de sueldo. En realidad, muchos de ellos fueron obligados por los huelguistas a dejar el trabajo y explicaron a los administradores en varias oficinas que no tenían quejas, sino que estaban siendo inducidos a dejar el trabajo por las amenazas y violencia de sus compañeros".

"El 14 de Diciembre los trabajadores de unas 30 Oficinas habían parado y gradualmente fueron a reunirse en distintos puntos del Ferrocarril Salitrero y empezaron lentamente a ir a Iquique".

"El 15 de Diciembre, temprano por la mañana unos 4.000 hombres aparentemente tan bien organizados como un ejército, marcharon en columnas apretadas cerro abajo hacia Iquique…". Fueron escoltados por un pequeño grupo de Caballería, fueron informados que no se les permitiría llegar al centro de la ciudad. Al mismo tiempo, entre 2.000 y 4.000 huelguistas portuarios de Iquique y otros habían empezado a congregarse fuera de la ciudad para reunirse con los pampinos. Otro pequeño grupo del regimiento de Caballería impidió este encuentro durante un tiempo no muy largo. Después de varias decisiones aparentemente no coordinadas, los pampinos terminaron por entrar en Iquique –Escuela de Santa María– uniéndose naturalmente con los portuarios.

"De este modo, al día siguiente, es decir el Lunes 16 de Diciembre se paró todo el tráfico en Iquique, así como todo el trabajo que fuere".

Como Decano del Cuerpo Consular, Noel Clarke convocó una reunión de cónsules de la que resultó una nota dirigida al Intendente en funciones ofreciendo el apoyo del Cuerpo Consular en la preservación del orden público, rogándole al mismo tiempo les informara si disponía de las tropas suficientes "necesitadas tan urgentemente para poder garantizar la vida y propiedad de los extranjeros".

En la reunión con el Intendente en funciones ese mismo día, Lunes 16, "le señalé el peligro de permitir el uso ilegal continuo de los trenes de la Cía. de Ferrocarriles Salitreros, a lo que contestó que se daría la orden inmediata al Oficial al mando de las tropas en la pampa para que lo evitara. A pesar de esta promesa, los huelguistas se apropiaron de una locomotora de la Compañía de Ferrocarriles Salitreros en la Estación de Lagunas y se la llevaron a la oficina (Central Lagunas, donde el Sr. Frank Watson era Administrador de la Lagunas Nitrate Co Ltd., Londres) con varios vagones. Fueron informados por el destacamento que no se les permitiría volver a la línea principal, que les disparárian. No obstante después de algunas horas, pasaron sin que se disparara un solo tiro, como también pasaron por la Estación Central donde supuestamente el destacamento era de 200 soldados" (ver el relato de Frank Watson más adelante).

Sigue: "Mientras tanto, a medida que la situación se agravaba y estando convencido que las Autoridades de Tarapacá o eran incapaces –con las fuerzas a su disposición– de mantener el orden y proteger la propiedad, o no se daban cuenta de la importancia de hacerlo y la gravedad de dejar que el movimiento continuara sin que se hiciera nada para detenerlo, me comunicaba de vez en cuando con el Encargado de Negocios de Su Majestad en Santiago, rogándole que hiciera hincapié con el Gobierno Chileno en la necesidad de tomar medidas inmediatas para remediar la situación".

El Martes 17 sucedió lo de Buenaventura, Clarke lo describe diciendo: "Los huelguistas intentaron desarmar las tropas que protegían la estación de Buenaventura y tenían órdenes de despejar el andén, eventualmente tuvieron que usar los rifles y murieron siete hombres y más resultaron heridos. Aproximadamente 2.000 hombres llegaron a Iquique a las dos de la madrugada, causando gran alarma debido a su comportamiento más alborotador y amenazador". Dice: "Se sabía que este grupo llegó con armas y cierta cantidad de dinamita". Más tarde ese mismo día: "muchas familias empezaron a irse, a la servidumbre le entró el pánico, un gran número de mujeres se refugiaron a bordo de barcos mercantes y, en algunos casos, familias enteras tomaron un buque para Arica".

"En las reuniones diarias de los huelguistas, los discursos condenaban al Gobierno de Chile, vituperando a los patrones y, por primera vez, el sentimiento anti-europeo ganaba terreno. El poco trabajo que se desarrolló en el ambiente comercial se hacía a puerta cerrada. El Comité de huelguistas solo permitía la circulación de carretas con un permiso firmado por ellos y para llevarles provisiones a ellos. Había muy poca gente por la calle".

"El 19 se congregaron los trabajadores para presenciar la llegada del Intendente Eastman, acompañado del General Silva Renard y el Coronel Ledesma. Eran entre 10.000 y 12.000 personas de la Pampa y 2.000 a 4.000 de Iquique. Las tropas se colocaron a ambos lado de las calles que conducían a la Intendencia, pero la conducta de la muchedumbre fue respetuosa".

El Cónsul sigue describiendo las demandas formales presentadas por los huelguistas a las autoridades, además de que el salario se pagase a 18 peniques al dólar chileno, tal como: "libre comercio en las oficinas, que no se despidiesen los dirigentes de la huelga si no se les pagaba dos meses de salario como indemnización, cambio de fichas a la par, barandillas de protección en algunas partes de la maquinaria, escuelas para los niños provistas por los dueños de las oficinas", etc.

"Como estas peticiones ya se habían otorgado en la mayoría de los casos hace unos años, probablemente solo se incluyeron ahora como para justificar la huelga. Debido a la escasez general de mano de obra, es improbable que una oficina pudiera retener a gente trabajando donde no se otorgasen esos privilegios a los trabajadores".

La secuencia de acontecimientos es la misma que la descrita por los periódicos y por John Lockett, salvo algunos detalles nuevos y opiniones o modo de presentar los hechos. Así, en la reunión con los salitreros del viernes 20 de diciembre convocada por el Intendente: "Además se señaló al Intendente que la situación se hacía absolutamente intolerable, no solo porque se había suspendido todo el comercio en Iquique, sino también porque se hacía muy difícil la situación en la Pampa debido a que en las oficinas se tenía que dar de comer diariamente a las mujeres e hijos de los huelguistas en Iquique y que era imposible saber si estos hombres volverían al trabajo para pagar las deudas contraídas por sus familias. Asimismo se le comunicó al Intendente que aunque como ya he señalado, los salitreros no podían discutir las demandas de los trabajadores mientras permanecían amenazándolos en Iquique, la exigencia específica en el sentido de que se pagaran los salarios a 18 peniques era totalmente irrazonable, ya que no estaba en manos de los salitreros crear un valor ficticio para la moneda del país".

El Sr. Clarke describe para el Ministerio de Relaciones Exteriores en Londres algunas de las supuestas contestaciones de los trabajadores cuando se les preguntaba el significado de "que se les pagara a 18 peniques", incluyendo las más *ingeniosas* como si de un chiste se tratase.

Si es correcta la lista de salitreros que acudieron a esa reunión con el Intendente, el Sr. Clarke hizo doblete con el Sr. Eastman aquel día, porque por la tarde acudió a una reunión privada con él como decano del Cuerpo Consular. En esta ocasión le dijo al Intendente que consideraba que, hasta su llegada, las Autoridades habían demostrado una gran debilidad frente a la situación, especialmente en relación con la protección de la propiedad de la Cía. del Ferrocarril y el haber permitido que entrasen los huelguistas a la ciudad. El Intendente dijo que: "no había duda que la situación era grave, pero que estaba seguro de poder proteger la ciudad con las tropas a su disposición". Unas líneas más adelante, dice el Cónsul que se declaró un estado de sitio aquella noche.

En un momento dado, Noel Clarke escribe: "El Intendente se dio cuenta obviamente que la situación requería medidas serias. Se hizo evidente que esta no era una mera cuestión entre patrones y empleados. El pánico se extendía en Iquique...".

Relata los acontecimientos en la Escuela Santa María y habla de: "fuego que duró un minuto y medio" y cuenta algo que yo no había visto antes: "Al iniciarse el fuego, dos marineros del *Esmeralda* se pasaron a los huelguistas, pero fueron abatidos". Acaba el relato de la matanza diciendo: "Inmediatamente después de la orden de alto el fuego, se pidió nuevamente a los hombres que obedecieran las órdenes recibidas, lo que hicieron sin más dilación".

"Fueron conducidos fuera de la ciudad, custodiados por las tropas, estuvieron esa tarde y noche en el Hipódromo, desde donde regresaron a la Pampa en trenes puestos a disposición de la autoridades por los Ferrocarriles Salitreros desde las cinco de la mañana y durante todo el día".

Añade el Cónsul: "Después de los disparos y del desalojo de los huelguistas, el sentimiento anti-europeo aquí entre las clases más pobres se ha hecho muy agudo y se patrulló la ciudad continuamente por tropas montadas e Infantería".

..."El 22 volvió a reanudarse parcialmente el tráfico y el comercio por fin volvió a ser más o menos normal dos o tres días después".

"Condiciones en la Pampa siguen muy intranquilas, gran cantidad de peruanos y bolivianos han decidido volver a sus países, explicando a los administradores que habían sido conducidos a Iquique por la fuerza, por los dirigentes y que habían sido masacrados por las tropas y que temían que se repitiera".

…"Es difícil asegurarse con exactitud el número exacto de muertos y heridos, especialmente como algunos heridos se han refugiado en casas de otros trabajadores en la ciudad donde se les trata privadamente, pero el número probable es de aproximadamente 120 muertos y 230 heridos".

"Se dice repetidamente que algunos soldados se negaron a disparar cuando los oficiales dieron la orden de hacerlo y que fueron ejecutados posteriormente, temprano por la mañana del 22, pero no he podido encontrar algún dato oficial al respecto".

"Algunos de los oficiales que escoltaron a los huelguistas hasta el Hipódromo me informaron que se encontraron en los caminos por donde fueron llenos de cartuchos de dinamita, revólveres y corvos y yo mismo he visto algunas de estas cosas abandonadas por los hombres, que aparentemente creían que serían ejecutados si se les encontraban armas ofensivas".

"Sin embargo no fueron cacheados estos hombres antes de volver a la Pampa y es prácticamente seguro que muchos de ellos volvieron con sus armas".

"Después del fuego de las tropas, la condición de algunos de los muertos y heridos demostró plenamente que llevaban dinamita, ya que en varios casos donde las balas habían hecho contacto con los cartuchos de dinamita en los bolsillos de los hombres, los cuerpos fueron horriblemente mutilados, habiendo arrancado miembros enteros y en algunos casos, dejando los cuerpos irreconocibles".

"Desgraciadamente la mayoría de los cabecillas supuestamente muertos durante la refriega, en realidad escaparon y aún están en libertad. Uno especialmente Brigg, el Presidente del Comité de Huelga, que ya ha sido reconocido por las autoridades como un peligroso Revolucionario, ha desaparecido totalmente, aunque sus compañeros saben que sigue vivo".

"Mezclados con el elemento trabajador de la Pampa, había cierto número de anarquistas que se supone llegaron a Chile entre los recientes inmigrantes españoles e italianos, pero que oficiales mejor informados y otros piensan que han entrado en Chile desde la república Argentina".

"Uno de los resultados más desagradables de la situación es que un buen número de autoridades menores y de chilenos bien educados no han vacilado en unirse a la clase más pobre en su expresión de la opinión que los extranjeros o los europeos tienen toda la culpa de lo ocurrido".

"En gran parte estas opiniones no son sinceras y no hay duda que se deben a la política y al deseo de obtener la simpatía y el voto de la clase trabajadora. Por otra lado, los trabajadores de la Pampa parecen darse cuenta que fueron engañados por los agitadores y no es probable que se vuelva a producir un movimiento como el descrito, en mucho tiempo, aunque los trabajadores del puerto de Iquique sin duda estarán amargados durante bastante tiempo".

"No cabe duda que el movimiento fue organizado en Iquique, aunque posiblemente siguiendo instrucciones de la capital – Santiago".

"Es casi seguro que si las autoridades hubieran tomado medidas inmediatas, el movimiento no habría alcanzado tales proporciones desastrosas, pero el Intendente en funciones, el Sr. Guzmán García, un joven sin experiencia, estaba expuesto a influencias indeseables y nunca pareció darse cuenta de la importancia de proteger los grandes intereses en juego en esta provincia".

"Lo que se puede decir en su favor es que nunca se dio cuenta hasta demasiado tarde, que el movimiento tenía matices revolucionarios o que la situación estaba siendo aprovechada por políticos segundones". Es cierto que en torno a toda esta tragedia, de vez en cuando se encuentran alusiones como esta, aunque no necesariamente a políticos *segundones*, pero esto queda fuera del campo que me he propuesto y, además, honradamente, me parece demasiado complicado el entramado político de aquel momento.

Sigue todavía el informe del Cónsul inglés en Iquique, Noel Clarke, al Ministerio de Relaciones Exteriores en Londres: ..."De posteriores informes de la policía, parece que ellos tienen pruebas de un plan concertado para quemar y saquear Iquique, que había de llevarse a cabo en la noche del Sábado 21".

"Es difícil –y quizás es natural– que yo obtenga información definitiva al respecto, pero el rumor es que la ciudad y más especialmente aquellos sectores dedicados a la industria salitrera y al comercio de europeos, iban a ser saqueados y quemados y que a distintos grupos de trabajadores se les había asignado distintas partes de la ciudad mediante un sistema de números y bloques".

"Se alega que se ha descubierto una lista de ciertas casas y tiendas propiedad de europeos que debían recibir especial atención, pero me ha sido imposible asegurarme de la verdadera existencia de este extraordinario documento".

"Sin embargo, no hay mucha duda que se premeditaba alguna acción violenta para la noche del Sábado y he podido comprobarlo yo mismo en posteriores conversaciones con algunos trabajadores".

"Refiriéndome más especialmente a mi solicitud al Ministerio de Relaciones Exteriores para que un buque de guerra visitara el puerto, tomé esta medida no solo a petición urgente de los representantes de las principales casas comerciales británicas aquí, sino también por estar convencido de que así, y solo así se podía hacer comprender a los chilenos más irresponsables a los que me he referido anteriormente, que el bienestar de su país estaba estrechamente relacionado con el mantenimiento de buenas relaciones con Europa y que a los europeos que han sido tan mayoritariamente responsables de la evolución de la riqueza de este país, también se les debe respetar sus derechos".

"Me pareció que no era de vital importancia que el buque de guerra llegase antes o después que los disturbios alcanzasen el zenit, lo importante era en mi opinión, el efecto moral de ver la bandera de una Nación Extranjera en la bahía y, debido a la enorme preponderancia de los intereses británicos, que debería ser un buque de guerra británico".

"También me he guiado por el convencimiento que tal visita sería aceptable para las autoridades competentes aquí y que la usarían como una seria advertencia a sus amistades más irresponsables, del desastre que podría acarrear para este país si no hay más respeto para el orden público. Es por estas razones que en contestación a su pregunta, repetí que nuestro buque de guerra llegaba después de terminados los disturbios, todavía lo consideraba necesario".

"El Cónsul americano también envió una solicitud a su gobierno para que se mandase un buque de guerra..."

..."Para resumir se puede asegurar:

(1) Que la primera causa del movimiento fue el descontento con el régimen del actual gobierno que –los dirigentes le aseguraron a los trabajadores– era responsable de la depreciación del dólar.

(2) Que los disturbios se aprovecharon posteriormente por los partidos políticos para sus propios fines atacando el gobierno del Presidente Montt.

(3) Que para reforzar su posición ante los trabajadores, dirigieron el movimiento hasta que parecía dirigido contra los patrones sali-

treros, prometiendo los agitadores obtener mejores sueldos y condiciones de trabajo para los trabajadores.

(4) Que a pesar de este nuevo aspecto que tomaba el movimiento, mantenía aún su naturaleza revolucionaria.

(5) Que las autoridades nunca se dieron cuenta hasta que fue un poco tarde cuáles eran la organización y características del movimiento.

(6) Que a pesar de la solución final de los disturbios, el norte de Chile sigue con mucha intranquilidad y hay que vigilar la situación de cerca.

(7) Que mientras dure esta situación y esté afectado el comercio de la región, más particularmente la industria salitrera y el movimiento portuario se verán considerablemente afectados, debido al éxodo de más o menos 3.000 trabajadores peruanos y bolivianos" (hasta aquí la cita).

Hay otra nota del Sr. Clarke a su Ministerio en Londres, muy cortita, del 6 de enero de 1908, solo para decir: ..."El Ministro del Interior chileno, señor Sotomayor, ha declarado en el Congreso, con referencia a los recientes disturbios en Iquique, que el Gobierno tiene pruebas de que los huelguistas poseían dinamita, armas de fuego, etc., tenían la intención de prender fuego a la ciudad y de saquearla y que solo se evitó por las medidas tomadas por el señor Eastman y el General Silva Renard".

Por último, tengo la copia de una carta (PRO) del 20 de enero de 1908 dirigida desde Valparaíso por el Capitán del *H.M.S. Sappho - M.H. Hodges*, al Ministro de la Marina en Londres. En ella dice: "Tengo el honor de enviar el siguiente informe acerca de los recientes disturbios en Iquique":

"Según información segura recibida parece que la Huelga General en la Industria Salitrera en el vecindario de aquel lugar fue en realidad un intento bien organizado por parte de agitadores políticos para iniciar una revolución, aprovechando los agitadores los sentimientos de los mineros ignorantes entre los que ya existía descontento debido a la depreciación del Dólar Chileno y obligándolos poco a poco a cerrar las oficinas en la Pampa y proceder a la ciudad de Iquique...".

Sigue contando más o menos lo mismo que sus compatriotas, es decir: obligados a unirse a la huelga por miedo a represalias, locomotoras y material del ferrocarril apropiado por huelguistas, autoridades sin hacer nada, llegada del Intendente el 19, etc.

El *H.M.S. Sappho* pasó por Valparaíso antes de dirigirse a Iquique. Tengo copia de un recorte de periódico de Iquique del que desgraciadamente no apunté nombre ni fecha, que dice: "Hoy temprano fondeó el crucero británico *Sappho* de 3,400 toneladas y 20 nudos de andar que estaba de estación en Montevideo, en donde recibió orden de trasladarse á Chile con motivo de los sucesos de Iquique".

En último lugar, llegaron a mis manos las valiosas memorias inéditas de Frank Watson, Administrador de Central Lagunas, en las que describe lo que vivió aquellos días:

"Tarapacá era, sin embargo, la principal provincia salitrera y fue ahí donde se organizó la Gran Huelga de diciembre de 1907. Nosotros los administradores nos habíamos dado cuenta que existía malestar entre los trabajadores y nos llegaban noticias de la Mancomunal, un movimiento marxista que hoy día se llamaría Comunismo. Medio escondidos como estábamos en las tres Lagunas, en el extremo de la línea del ferrocarril, y con hombres contentos, no echamos mucha cuenta de los rumores de huelgas y amenazas de huelga que nos llegaban de varios puntos de la Pampa. Tan cierto era esto que los administradores de 'North' y de 'South' se fueron a pasar unos días en Iquique para celebrar la boda de su jefe, Jack Lockett. No volvieron hasta pasados los disturbios que se produjeron en su ausencia…

"Más o menos el 15 de diciembre iba a caballo por la mañana, de inspección a la Pampa, cuando me encontré con un grupo de trabajadores andando hacia la Oficina desde una de las Estaciones de carga, encabezados por un hombre con una bandera roja. Me acerqué para preguntarles qué diablos pensaban que estaban haciendo y contestaron que estaban en huelga. Les pregunté de qué se trataba y por qué no me habían dado a conocer sus demandas. Dijeron que era una huelga general, ordenada por los líderes laborales (primera vez que oía hablar de ellos) desde Iquique y que presentarían su lista de demandas por la tarde. No había nada que yo pudiera hacer ahí en ese momento, de manera que regresé a la Casa y llamé a Noel Clarke que, en la ausencia de Fred Clarke y Bennett (de la compañía Clarke, Bennett & Co.) en Inglaterra, estaba como encargado. Era también el Cónsul Británico.

"Le conté lo que había pasado y me informó que casi todas la Oficinas estaban en huelga y que miles de hombres ya estaban en Iquique o de camino en trenes requisados por ellos y que la situación era muy seria. (Muchas mujeres y niños, entre las que estaba mi hermana Amy con su hijito de cuatro meses, fueron evacuadas a Arica en vapor.) Me dijo que las Autoridades nada podían hacer, ya que la policía no servía y que los regimientos destacados en Iquique tenían mayormente reclutas locales que representaban un elemento dudoso en las circunstancias. Mientras tanto los huelguistas, que deben haber estado muy bien organizados, se habían hecho cargo de la ciudad, estaban ejerciendo ellos mismos de policía, encargándose de la distribución de pan y de otras necesidades y comportándose de forma muy ordenada, pero marcadamente firme. Habían declarado que no tenían la intención de volver al trabajo hasta que no se hubiesen cumplido todas sus demandas, que se estaban tratando entre los dirigentes y las Autoridades, con las que Clarke y los otros Cónsules representando los grandes intereses extranjeros estaban en estrecho contacto.

"Le pregunté a Clarke qué contestación le debía dar a los hombres cuando me presentaran sus demandas esa tarde, me dijo que hiciera lo que me pareciese mejor pero que de ninguna manera les concediera algo.

"Alrededor de las cuatro de la tarde, la Oficina ya estaba parada, habiendo tomado las precauciones necesarias en cuanto a las calderas, etc., con unos pocos hombres de guardia, vi que se acercaba a la Casa cruzando la cancha de polo, desde la dirección del Campamento, lo que parecía una 'inmensa muchedumbre' de hombres, pero en realidad, probablemente solo 400 ó 500. El balcón de la Casa estaba a unos 10 pies por encima del nivel del suelo y el acceso era por un doble tramo de escaleras de hormigón. Los hombres llegaron hasta al pie de las escaleras y por un minuto, pareció que iban a invadir la Casa, que hubiese sido 'no tan bueno'. Salí hasta el inicio de las escaleras y levanté la mano para que se detuvieran; muy aliviado, así lo hicieron. Les pregunté si habían traído la lista de demandas y apareció un documento tan largo como un brazo. Les dije que se retiraran todos a una distancia de 50 yardas, salvo tres hombres que debían nombrar como representantes para hablar conmigo. Lo hicieron. Dos de estos hombres no eran trabajadores míos, pero este no era el momento de andar con pequeñeces, mi propósito era temporizar.

"Miré la lista con cuidado, aunque era un intento visible de forzar nuestra mano. Discutí algunas demandas con ellos tranquilamente y finalmente les dije que tendría que consultar con los Agentes en Iquique y que les contestaría a la hora de 'reclamaciones' (rutina diaria) al día siguiente, sobre las 13 h. Llamé a Clarke para contarle lo que había hecho, lo que aprobó.

Estaban llegando más y más hombres a Iquique y mientras más pudiera aguantar mi grupo, mejor.

"De manera que a la mañana siguiente como de costumbre fui al Escritorio a caballo; me preocupó algo ver a cientos de hombres, ninguno de los míos, a ambos lados de la calle por la que debía pasar para alcanzar el Escritorio. Me sentí bastante amenazado. Al llegar, me informaron que todos eran de North y South Lagunas —ante la ausencia de sus administradores en la boda de John Lockett en Iquique— habían venido a Central Lagunas para unirse a mis hombres en sus negociaciones conmigo. Nuevamente 'no tan bueno', ya que no los conocía, no sabía cómo respiraban. Llamé a los contadores de North y South Lagunas para informarles, estaban encantados de la vida que yo me hiciera cargo y dijeron que estarían de acuerdo con lo que yo hiciera.

"Fui a la puerta del Escritorio para dar mi contestación. Les dije que sus demandas no tenían relación alguna con las condiciones en Lagunas y que ellos eran de hecho, el vivo ejemplo de lo que se estaba pidiendo en todas las Oficinas de la Pampa y que ahora se estaba negociando con las Autoridades en Iquique. Sugerí que volvieran todos al trabajo y que ambos lados respetarían lo que se decidiera en Iquique. Dijeron que no lo podían hacer y alguien en la muchedumbre alzó la voz de modo provocativo. Inmediatamente levanté la mía para decir que en esta Oficina no usábamos amenazas y mi alivio interior fue grande cuando lo mandaron a callar algunos de mis hombres. El portavoz me preguntó entonces si los dejaría ir a Iquique para unirse a sus camaradas ahí. Basándome en la declaración de Clarke en el sentido de que no podrían obtener un tren para hacerlo, les dije que yo no tenía nada que objetar, pero que no veía cómo lo harían, ya que no había trenes y que la policía en Lagunas (alrededor de ocho hombres) tenía órdenes de impedir todo intento de requisar una locomotora (de las que siempre había dos o tres en la estación de Lagunas).

"A continuación me preguntaron si, en el caso de que consiguieran un medio de transporte a Iquique, yo les daría cinco pesos a cada hombre a cuenta del salario y si continuaría permitiendo que las mujeres, que se quedaban en la Oficina, cobraran su 'diario' en fichas. Yo sabía que los hombres estaban presionados por los cabecillas y camaradas, pero también estaba seguro de que no podrían irse, por lo que no se presentaría esta situación. Además pensé que si por alguna casualidad conseguían bajar a Iquique, no perjudicaría mi reputación personal ni la de la Oficina entre los hombres en toda la Pampa, si se dijera que los había tratado con justicia. Igualmente pensé que si las mujeres se quedaban, esto sería un aliciente para que volvieran cuando terminara todo. De manera que contesté que sí y que esto era válido también para North y South Lagunas.

"Así, por el momento, se quedó la cosa. Volví a la Casa, llamé a North y a South para decirles lo acordado, y después a Clarke. Se expresó muy satisfecho con mis decisiones y me aseguró que los hombres no podrían llegar hasta Iquique. Me informó además, en confianza, que el Gobierno mandaba el buque de guerra más grande de la flota con un regimiento bajo el mando del General Silva Renard, oficial con una gran reputación de hombre fuerte y que se esperaban dentro de muy poco. El Intendente de la provincia, Sr. Eastman, que estaba de permiso, regresaba igualmente con el General.

"Esa noche no me acosté, me quedé en un sillón al lado del teléfono para cualquier caso de emergencia. Alrededor de las dos de la madrugada, me sorprendió oír el pitido de lo que evidentemente era una locomotora, que parecía venir de nuestra 'cancha'. Ya estaba vestido, así que me metí una pistola en el bolsillo (algo muy raro en mí, pero no sabía lo que me iba a encontrar) y me fui a la vía muerta, encontrándome la locomotora y muchísimos vagones bajos y la cancha llena de hombres. Pronto me reconocieron a la luz de las lámparas y no supe si sentirme orgulloso o avergonzado cuando esos tipos me vitorearon. Naturalmente teníamos maquinistas en Central Lagunas y lo que había pasado es que los hombres de las tres Lagunas habían ido todos en masa a la estación y su mera abrumadora presencia había anulado la posible resistencia de la policía, de manera que sacaron una locomotora y la cantidad necesaria de vagones.

"Yo no pude hacer nada, de modo que les dije que abriría la ventanilla de pago a las seis para darles el dinero que les prometí. Volví otra vez a la Casa y llamé a Clarke que pareció alegrarse, dijo que ya no importaba mucho, porque Eastman y Silva Renard estaban al llegar al día siguiente —mejor dicho— ese mismo día. A continuación desperté al personal, para que se pusieran a preparar las anotaciones necesarias para los pagos de las seis.

"Por fin salieron los trabajadores alrededor de las ocho de la mañana, parando en North y South Lagunas para recoger a más compañeros. Había llamado a estas Oficinas de antemano, para que supieran lo que debían hacer —emprendieron viaje a Iquique con ambiente de vacaciones. Pobres diablos, no sabían lo que les iba a pasar en Iquique.

"Cuando pasaron por Buenaventura, la próxima estación después de Lagunas, donde había una fuerza policial más numerosa, esta hizo un esfuerzo para detener el tren, disparando a la locomotora, pero no hubo daños y los hombres llegaron a Iquique aquella tarde.

"En la Oficina tuvimos unos días tranquilos de vacaciones inesperadas.

"Por los relatos que recibí de los trabajadores mismos, de los diarios y de testigos presenciales en Iquique, pude hacerme una idea de lo ocurrido, pero después de tantos años, no puedo poner mi mano en el fuego".

Sigue su relato que no difiere fundamentalmente en nada de lo que ya se ha leído anteriormente. Sí añade que "según la declaración oficial (si no me falla la memoria), murieron aproximadamente 800, pero la creencia generalizada era que se acercaba más a 2.800. Los dirigentes fueron puestos a bordo de un buque de guerra para llevarlos hacia la capital y a un juicio, pero hasta donde yo sepa, nunca más se supo nada de ellos… Reinó la paz en Tarapacá durante mucho tiempo después. Volvimos a arrancar las máquinas de Central Lagunas el día de Navidad - así fue el final de un episodio".

Bueno, creo que los lectores que nada conocían de este triste acontecimiento sabrán un poco más ahora, tanto de la secuencia de los hechos, como del tratamiento que tuvieron en la prensa local y lo poco que yo haya podido transmitir de la postura inglesa –Frank Watson como pampino, John Lockett como Agente y Noel Clarke como representante consular y Agente.

Del lado chileno todos parecen estar de acuerdo en que el motivo de la huelga fue principalmente la merma del salario debido a la devaluación de la moneda chilena. Los informes de los ingleses incluyen también esta razón, para enseguida añadir: *"organización revolucionaria, trabajadores salitreros ignorantes no sabían por qué los obligaban a ir a la huelga, no querían ir a la huelga, iban obligados por temor a las represalias*, etc.". La prensa local echó la culpa más bien a los dirigentes locales de la huelga, no a un contubernio anarquista que venía de fuera de Tarapacá.

No obstante (y yo no soy comentarista política ni socióloga, ni nada), no olvidemos que los trabajadores del Ferrocarril Salitrero salieron en huelga el 4 de diciembre de 1907 y solo volvieron con la promesa de los directivos que se les pagarían los salarios a un cambio fijo de 16 peniques al *dólar* chileno. Los trabajadores de la oficina San Lorenzo se declararon en huelga el 10 de diciembre, al mismo tiempo que se estaba convocando la reunión en Zapiga.

El 6 de diciembre salieron en huelga los trabajadores del puerto –lancheros y cargadores– por el mismo motivo: 16 peniques por *dólar* (algunos hablan de 16 y otros de 18, yo copio lo que veo). Los patrones en este caso se negaron, alegando que ya se calculaban los salarios según una *tasa móvil* por la que se añadía o deducía una cuantía según subía o bajaba el tipo de cambio. Estos dos párrafos los he tomado del informe del Cónsul.

¿Cómo se puede obviar el motivo de los *16 peniques* o relegarlo a segundo plano? No olvidemos que el Encargado de Negocios Ernest Rennie, en su Despacho al Ministerio en Londres del 7 de diciembre, se refiere a "su visita de hace dos meses a la región salitrera", declarando que: "se temía en aquel entonces que la repentina caída del cambio probablemente daría lugar a disturbios laborales entre los trabajadores salitreros".

¿Alguna persona u organización neutral (ejemplo contemporáneo: Cruz Roja) vio las *pruebas* de los *previstos* incendios y saqueos de Iquique?

Me atrevo a recomendar sobre este tema dos novelas históricas: *Hijo del Salitre,* de Volodia Teitelboim. Me enteré de la existencia de este libro en una de mis estancias en Chile. Estaba agotado y fue imposible conseguirlo de segunda mano. Lo busqué en la Biblioteca Nacional en Santiago, donde no había ni rastro, aunque sí de otras obras del mismo autor. Por fin lo encontré en otra visita, cuando se había reeditado con prólogo de Pablo Neruda, en 1995, cuando ya se había acabado hacía tiempo la influencia de Augusto Pinochet.

Además de este, también recomiendo *Santa María de las Flores Negras,* de Hernán Rivera Letelier. Como todo lo de Hernán Rivera (del que soy lectora incondicional), no se puede soltar hasta la última página, por muy desgarrador que sea.

Como corolario de estos tristes sucesos me he enterado, varios años después de escribir lo anterior, que nunca se expidieron certificados de defunción de los muertos de aquella tragedia (¿entre 2.200 y 3.600?), los que fueron depositados en una fosa común en el Cementerio N° 2. A los cien años, en 2007, siendo presidenta Michelle Bachelet, ella ordenó la exhumación de los restos para depositarlos por fin en un monumento dedicado a ellos.

Oficina La Coruña y el "incidente" del año 1925

A principios de junio de 1925 hubo otro *incidente* en la Oficina La Coruña, del que yo sepa nunca se escribió ninguna canción. No he encontrado ningún relato publicado que me dé detalles. Solo tengo un "diario" escrito por mi tío George Gordon Fowler, conocido como Dod, que estaba haciendo el servicio militar en Iquique. Le tocó ir con su regimiento, creo que el Granaderos, aunque no lo menciona. Encuentro todos los términos militares bastante difíciles, pero intentaré traducirlo de todos modos, pues da alguna idea de lo que pasó y también de otros matices de la vida de los ingleses en la Pampa.

Dod nació en la Oficina Constancia en 1904, igual que mi madre; lo mandaron al colegio en Edimburgo, a The Edinburgh Academy, en 1912 ¡con ocho años! y ahí se quedó hasta los 18 en 1922. No estaba solo y abandonado, ahí vivían unos primos hermanos ya adultos y casados (quizás se acuerden que su padre era el menor de 14 hermanos), que lo trataron bien a él y a mi madre, que también fue al colegio en Escocia, a St. Leonards en St. Andrews. Volvió a Chile y creo que estuvo trabajando una temporada en la Pampa de Antofagasta antes de hacer el servicio militar. Su padre (mi abuelo el Dr. Fowler) estaba viviendo entonces, en el año 1925, en la Oficina San Donato. Al respecto escribe:

"Viernes 29 de Mayo de 1925

"Nos dijeron por la mañana que nos íbamos a la Pampa al día siguiente, o en tren o a caballo, de modo que después de desayunar en el Rancho, llamé a mi madre por teléfono para contárselo. Me dijo que había estado intentando llamarme todo el día para decirme que papá estaba de camino a Iquique en tren para ver al Sr. Green, que estaba muy enfermo en el hospital para consultar con el doctor ahí y que volvería al día siguiente.

"Por la tarde preparamos las monturas para el viaje, nos asignaron una sobre-cincha, vizcacheras, saco forrajero, marmita, manta castilla (un tipo de poncho chileno, grande, negro, muy grueso y abrigadito), frazada y 3 correas para el rollo trasero y también botas, polainas, capote, túnica, revólveres, gorra y abrigo. Nos dieron la orden de ir a buscar las monturas y ponerles el equipo. Tan pronto como lo hicimos, nos ordenaron quitarlo todo y después de unos minutos, otra vez de arreglar las monturas. ¡Qué típico!

"Pude zafarme a las 5 sin pedirle permiso al suboficial de servicio, por lo que me llamaron la atención después, pero pude dar una explicación aceptable. Me fui derecho al hospital sin saber dónde encontrar a mi padre. No estaba ahí, pero hablé con D. Peter Walls que estaba visitando al Sr. Green. Ya que estaba en el hospital, aproveché para ir a ver a la Sra. Hugh Steel que se había levantado por primera vez ese día. La Sra. Dowd estaba con ella (la Sra. Dowd era 'Bici', madrastra de mi amiga Ruby [Dowd] de Lister y la Sra.

Steel era hermana de Bici). D. Pedro entró a ver a la Sra. Steel y yo fui con él al Club donde encontré a mi padre por fin. Llegamos al hospital a las 7 de la tarde para la consulta con el Dr. Puelma. Ahí me quedé en la Sala de Espera con la Sra. y Srta. Burns y también vi a la Sra. Humberstone (supongo que la mujer de Don Santiago) y a la Sra. Whitely que habían ido a visitar a la Sra. Humberstone [nuera]. Vi a Dione (hermana de Ruby) por primera vez como profesional, estaba encantadora. Después de la consulta, fui con mi padre para buscar un practicante para que se quedara con el Sr. G. esa noche. Después de tres intentos fallidos, por fin encontramos uno. Fui a cenar con mi padre y volví al cuartel en su carruaje, ya que él volvía al hospital a ver al Sr. G. Dispuse toda mi ropa de uniforme lista para la partida. No pasó nada aquella noche.

"Sábado 30 de Mayo

"Había muchos rumores por la mañana sobre dónde iríamos y cuándo. Se mencionaron Huara y Alto San Antonio, yo esperaba que fuese Huara (muy cerca de San Donato donde vivían sus padres). Todo listo. Pude salir para el desayuno. Me quedé tarde y compré bastante chocolate para el viaje, pagué la cuenta del Rancho, cambié un cheque y recuperé la libreta del banco, encontrando que tenía $100 (pesos) más de lo que pensaba. Mi padre fue a jugar al golf después de visitar al Sr. G., volverá el Lunes. Lo único que hice esa tarde fue arreglar mi baúl para que estuviese listo para llevar al almacén. Conseguí salir esa noche dejando un número de teléfono. Fui al Rancho a ver a Riggie que acababa de llegar de Antofagasta, estaba muy bien, lleno de noticias. Le di el encargo de subir a bordo para ver a Joan que pasaba en el *Ebro*. Me trajo una carta de Dum (Dum Tweedy, amigo de mi familia toda la vida, vivía en Lima), la segunda en tres días ¡qué milagro! Fui a ver a Mary y Barney (hermano de mi padre y su mujer)… y después a cenar con los H. Volví suponiendo que subiríamos a la mañana siguiente.

"Domingo, 31 de Mayo

"Salí temprano y fui al Rancho al desayunar. Me quedé ahí toda la mañana jugando al ping-pong y haciendo un crucigrama. Mientras almorzaba, fui violentamente llamado por el tío Archie (Archie Moir, marido de su tía Daisy) para decirme que me necesitaban en el cuartel a las 2 para estar listo y montado a las 3.

"Terminé de almorzar, me di prisa y llegué a la 1,30 a pesar del coche que tuvo una pana y tener que seguir a pie. Todo el mundo se estaba preparando. Traje la montura a la sala y metí toda la ropa que cabía en las alforjas y envolviendo más en mi frazada, en el poncho y el capote.

"Todo listo y caballos ensillados a las 3. Entregué la ropa sucia al sargento, Giraldes le daría el baúl al día siguiente.

"Después de esperar un poco, nos mandaron a desensillar porque se había aplazado la salida en 12 horas. Llevé la montura otra vez y me fui a las carreras. Vi dos carreras desde una esquina (el hipódromo estaba al lado del cuartel). Después pedí permiso para ir al Club Hípico en sí para contarle las noticias a mi padre. No me dieron permiso, de manera que llamé por teléfono para que le dijeran que se pasara por el cuartel a la vuelta. Lo esperé en la entrada y me dijo el Tte. Anguita que pidiera permiso para cenar fuera. Mientras esperaba a mi padre, vi a George y al Sr. Garratt y estuve hablando con ellos hasta que llegó mi padre le conté todo. No pude encontrar al Sargento Quintana para pedirle permiso, de manera que me fui sin su permiso, ya que aparentemente él mismo había salido. Pude salir alrededor de las 7 con espuelas y todo y me fui al Rancho y de ahí a casa de los H. y mientras la Sra. H. me preparaba la cena, fui a casa de Mary a buscar un chaleco, bufanda y el guante izquierdo de un par que tenía ahí y volví a cenar. Solo estaba la Sra. H.; volví al cuartel antes de las 8 con 2 sandwiches para el viaje. Tuve que dormir en la cama de alguien, elegí la de Brescia creyendo que era la de Vergara que estaba enfermo, de manera que el dueño me despertó cuando llegó. El destino aquel día era supuestamente Alto San Antonio y también que debíamos salir a las 3 de la madrugada. El Sr. Green murió aquella noche.

"Lunes 1 de Junio

"Nos despertaron a la 1, tomé café, Rivera me prestó un plato y al lavarlo, me metí dos astillas, una costó trabajo sacarla, pero por fin el Sgto. Bustamante la sacó con una aguja. El grupo que subió fue la 1ª Sección de MG"… (supongo que Machine Gun = ametralladora)… "compuesta del Sgto. Quintana, Cabo 2º Jara, yo como Nº 2 de la MG, Lemus Nº 1, Álvarez Nº 3, Berthelon Nº 4, Advis Nº 5. Rivera: Conductor caballo de pisa, Luza: Conductor caballo de munición, Cáudenas: Conductor auxiliar, 10 en total con 12 caballos. Sgto. Quintana – "Niñita", Cabo Jara – "Nilda", yo – "Vilcún", Lemus – "Alcanfor", Álvarez – "Cabro", Berthelon – "Zamacueca", Advis – "Alpinista", Rivera – "Zunco" y caballo de pisa "Tirol", Luza – "Pilpilco" y caballo de munición "Volteo", Cáudenas – "Zernita". No vinieron Levy Nº 3 ni Vergara Nº 4 porque estaban ambos enfermos, de manera que Berthelon cogió "Zamacueca" en vez de su "Dinamarca" y Cáudenas cogió "Zernita" de Vergara en vez de su "Berlín".

"Sgto. B. era el Suboficial de Servicio. Estuvimos todos listos con tiempo de sobra ya que las monturas se habían dejado en el cuarto del Cabo J. de Pesel. Íbamos destinados con el 1er Escuadrón bajo el mando del Capitán Jorge Fernández, con el Tte. 1º Oyarzún y Tte. 2º Panada. Éste montaba "Andino" de nuestro escuadrón, con Álvarez de ordenanza. Todos montados y formados a las 3. Algún retraso esperando a los oficiales del 1er Escuadrón que venían con nosotros eran Vice 1º Quesada, Sgtos. Roa, Castro y Salvo (maníaco), Cabo 1º Troncoso, Cabo 2º Castro y también Trompeta Jorgerson. Mi reloj decía las 3,25 cuando pasamos la salida norte".

"La noche estaba cálida, íbamos todos solo con el uniforme, sin capote ni ponchos. Mi caballo empezó a sudar antes de llegar al camino de la cuesta, pero alegre y marchando bien.

"Llegamos arriba a las 5 e hicimos una parada. Ahora hacía un frío tremendo con un poco de viento, pero ya nos habíamos puesto los capotes y el guante, chaleco y la bufanda muy útil, pero especialmente el guante ya que era el izquierdo y la otra la metía en el rollo delante de la montura. Comí un poco de chocolate y un sandwich en cada parada, hasta que se terminó todo, pero me vino bien.

"En la próxima parada ya hacía mucho más frío, de modo que nos pusimos los ponchos. Pasó una cosa curiosa, es que cada vez que miraba mi reloj, siempre faltaban 5 minutos para la hora, empezando a las 5 terminada la cuesta hasta las 11 que llegamos a Alto San Antonio.

"Paramos en Cóndor, la primera Oficina que vimos. Después nos metimos en una espesa camanchaca que no se levantó hasta las 10, cuando vimos el sol por primera vez. Algún tiempo después salimos en frente de la Oficina Vigo donde está trabajando Bertie Humberstone"… (hijo de D. Santiago). "Desde acá vimos en la distancia Alto San Antonio, y las Oficinas San Pedro, San Enrique y también Argentina. En la última parada habíamos vuelto a hacer los rollos, habiéndonos quitado los capotes antes.

"Un poco antes de las 11 llegamos a Alto San Antonio e hicimos una parada. Esperaba continuar hasta Argentina, pero no tuve suerte, fuimos a la Oficina alemana San Pedro y nos instalamos en el cuartel de carabineros ahí.

"No tuvimos nada de comer hasta más o menos las 3 de la tarde cuando nos dieron a cada uno una marraqueta (un pan delicioso) que estaba bien buena, una lata de sardinas y una lata de salmón. Las latas no nos sentaban demasiado bien, pero con tanta hambre, nos las tuvimos que comer.

"Me pusieron de guardia naturalmente, como Cabo y como tal, esa noche me tuve que levantar cada 3 horas para enviar dos centinelas a la casa de la Administración.

"Mi caballo llegó muy bien, como casi todos los de nuestra sección, salvo "Nilda" que parecía extenuada. Dos caballos de los Lanceros llegaron muy cojos. El agua del corral estaba muy salobre y la potable tenía un sabor raro, yodo creo.

"Martes 2 de Junio

"Nos levantamos alrededor de las 8. El desayuno bastante bueno: café con leche condensada, pan (excelente en San Pedro) y algo de carne. Descansamos todo el día después de atender a los caballos. Llamé a mi madre para decirle que habíamos llegado.

"San Donato quedaba aproximadamente a unos 35 km hacia el norte en línea recta, algo más en ferrocarril.

"Miércoles 3 de Junio

"Limpiamos armamento, etc. Llamé a Percy (P. Humberstone, otro hijo de Don Santiago) en la Argentina (a unos 4 km de San Pedro) para decir que habíamos llegado y que probablemente intentaría hacerle una visita.

"Salieron dos patrullas esa noche, una hasta las 12 y otra desde las 12 en adelante.

"Jueves 4 de Junio

"La primera patrulla que tuvo que salir nuevamente nos despertó a las 3, porque habían matado a dos guardianes en Alto San Antonio, uno a las 12 y el otro a la 1. Nos tuvimos que levantar para estar listos por si fuese necesario. Vimos que el Cabo Jara se había llevado "Tirol" para patrullar, de manera que intentamos ensillar "Genita" con la MG. Todo bien hasta que empezamos a formar montados ya, cuando decidió que no le gustaba la situación, dando patadas a diestro y siniestro. El trípode me lo aplastó contra la pierna, lo que dolió un poco, intenté alejarme, pero parecía seguirme hasta que por fin la tranquilizamos y cambiamos a "Zunco". Justo cuando estuvimos listos, entró el Cabo Jara sobre "Tirol", de manera que le pusimos todo a él y tomamos camino al pueblo. Aquí nos hicieron subir la MG al techo de la sastrería para cubrir la casa de la Federación.

"Cuando todo estuvo listo, disparamos una ronda de 19 al aire solamente para mostrar lo que podía hacer una MG en caso de necesidad. Salieron todos pacíficamente con las manos arriba, fueron cacheados y se mandaron a Alto San Antonio donde fuimos también. Descargamos y empezamos a limpiar todo. Lemus y yo desmontamos la MG, por lo menos todo lo que yo no desmonté fue la lanzadera, de repente recibimos un mensaje urgente de "lomo cargar". Tuvimos todo listo a punto de montar cuando la orden fue desensillar, etc. El Cabo Jara nos ordenó limpiar la MG otra vez, pero nada de nada. Una no más, Santo Tomás.

"Vimos llegar a los prisioneros, completos con la bandera roja.

"Dividimos la MG (cañón, trípode, etc.) cuando otra vez recibimos la orden de ensillar. Ya habíamos ensillado cuando el Capitán nos mandó a poner la MG en el camión SP e ir directamente al campamento Barrenechea (a muy poca distancia) donde parece que se habían rebelado contra las autoridades y/o empleados de la compañía salitrera. Cáudenas y Rivera se quedaron al cuidado de los caballos. Nos fuimos corriendo, pasando por Alto San Antonio y llegamos al campamento Barrenechea donde tomamos posiciones en un lugar excelente con buena vista del campamento, etc.

"Vimos a muchos hombres que venían desde Argentina y Pontevedra, de manera que hicimos algunos disparos para obligarlos a volver. La caballería llegó antes que nosotros, pasaron a través del campamento donde les tiraron dinamita, sin que ocurriera nada. También disparamos a unos pocos que se asomaron.

"Nos trajeron refrescos, pan, salmón y sardinas, lo mismo que a la llegada en San Pedro, y Jahuel (agua mineral chilena) y vino. Mientras tanto, el Sgto. Quintana había intentado señalarme un objetivo imposible que yo no veía. Ahora los Lanceros mandaron una patrulla a pie para buscar a fugitivos entre las calicheras. Al verlos aparecer en el cerro entre Argentina y Campamento Barrenechea, el Sgto. Quintana les disparó creyendo que eran el enemigo. Vimos caer a dos y al rato llegó galopando un soldado para decirnos que no le disparáramos a nuestros propios hombres. Por suerte, los hombres que vimos caerse se habían tirado al suelo para ponerse a cubierto. Se asustaron bien, porque los balazos les pasaron zumbando. Más tarde una patrulla montada nuestra salió al mismo sitio donde se habían tirado al suelo los dos hombres, mientras que otros todavía estaban buscando fugitivos. Miramos con interés, podíamos ver todo con gran claridad. Vimos una gran muchedumbre detrás del cuartel de carabineros en Argentina, también otros que jugaban al fútbol ahí. De repente salieron dos fugitivos de su escondite y la patrulla que los reconoció los persiguió en dirección de Argentina.

"El sargento en la Argentina –Sgto. Castro– que vio lo que estaba pasando, salió de la Oficina para cortarles el paso. Consiguió agarrarlos y encontró que uno tenía un revólver perfectamente bueno, que se guardó, naturalmente. Al volver con ellos a Argentina, la multitud empezó a ponerse violenta y a tirarles dinamita para que soltaran a los prisioneros. Se escaparon y los otros tiraron la dinamita dentro del cuartel, rompiendo todo el vidrio y haciéndole un gran hueco al calabozo. Las tropas ahí, siete en total, el Sgto. Castro, 3 Granaderos y 3 Carabineros se portaron muy bien, sacando sus caballos bajo fuego, disparándole a la multitud lo que la hizo callar considerablemente. Nosotros disparamos también desde la posición del campamento Barrenechea, a una distancia de 2.000 m y después el máximo, 2.200 m, cayendo los disparos en el camino entre la Oficina y la casa de Administración.

"El Sr. Duncan que, según me dijo el administrador de Vigo, estaba en la oficina en aquel momento, bajó a Iquique al día siguiente con las mujeres, Sra. Hadida y la Srta. Bolt y los dos niños John y Pat. El Sgto. Quintana estaba disparando la MG y le dije que tuviera cuidado con la casa, pero casi le dio.

"No nos podíamos mover de donde estábamos ya que en nuestra situación podíamos evitar que los huelguistas se movieran hacia o desde Argentina y hacia y desde Alto San Antonio. El único camino que tenían era hacia Pontevedra y Coruña. Esperábamos más soldados durante todo el día y justo al anochecer llegaron dos ametralladoras y una compañía del regimiento Carampangue y nos dijeron que otra compañía con dos ametralladoras más se habían mandado a Argentina, pero esto no resultó ser verdad, ya que había caído la noche.

"Tuve primera guardia en la MG, de las 8 hasta las 10,30 y como no teníamos capotes ni mantas Castilla, nos conformamos con dos parvas de paja para resguardarnos del viento y algunos sacos para tapar la MG. El Carampangue colocó una MG al lado del cobertizo de la dinamita y la otra en reserva.

"Los capotes llegaron como a medianoche y ese idiota Quintana les había dicho que no trajeran los ponchos, de manera que casi nos morimos de frío. Nos acurrucamos todos juntos para mantener un poco de calor, debajo del camión o dentro del camión y seguíamos helados. Por fin alrededor de las 4 de la madrugada trajeron las mantas Castilla cuando estábamos en medio de una camanchaca, pero aún así los pies no estaban tapados y siguió siendo difícil dormirse. El Sgto-Mayor del RI5 (Pino de apellido) llegó al mismo tiempo que los capotes y formó la de San Quintín porque parece que no había jefe de relevos.

"Alrededor de las 5 de la madrugada o antes [Viernes 5] nos sorprendió una ráfaga de una de las MG de RI5 que se había quedado en Alto San Antonio. Nos apresuramos a nuestras posiciones y por el camino escuchamos unos pocos disparos zumbar cerca encima de nuestras cabezas. Todavía había una camanchaca espesa. No pasó nada más y pensamos que tendríamos una repetición del día anterior, quedándonos todo el día al sol, pero nos alegró saber que la batería de artillería venía de camino. Algunos dijeron que subían a caballo, otros en tren, por fin llegaron en tren. De todos modos tuvimos que esperar sin hacer nada. Por suerte encontré un pedazo de franela, Dios sabe de dónde venía, y lo usé para darme sombra durante el día; resultó igualmente muy útil como bufanda durante la noche. Nos dieron café y pan para el desayuno, además lo que sobró del corderito y del asado.

"Alrededor de mediodía vimos señales de la batería en la persona del Tte. Gutiérrez y su ordenanza. El teniente había venido a ver el campo de batalla. Después a la 1 más o menos, llegó la batería en sí y se colocó. Teníamos entonces tres líneas de defensa: la primera bien adelantada con dos MGs; la segunda línea ahí también con dos MGs de la marina y la tercera línea, la nuestra con las dos MGs restantes. A continuación vimos una bandera de paz llevada por un joven a caballo, venía de la dirección de Pontevedra y Coruña, donde a una distancia de aproximadamente 3.000 m habíamos visto congregándose un buen número de hombres a la vez que disparaban Winchesters. Dejaron que se acercara el mensajero y lo escucharon –estaban esperando rendirse con alguna condición, pero los oficiales tuvieron el buen tino de mandarlo por donde había venido sin aceptar nada. Inmediatamente después, empezaron a bombardear las calicheras entre Pontevedra y Coruña. Entonces se iba a avanzar cuando la gente del campamento Barrenechea salió con una bandera blanca.

"Nosotros nos ocupamos de estos para que no se desconectaran las dos primeras líneas; les ordenamos que pusieran las manos arriba contra el corral y al avanzar los entregamos al Mayor Guiraldes de carabineros. Nos ordenaron subir al camión y seguimos a otro con una MG Com., que atravesó el campamento Barrenechea, parando al llegar al pie del cerro en dirección a Argentina. Tuvimos que dar la vuelta e ir al cobertizo de la dinamita para recibir órdenes. Desde aquí nos fuimos al otro extremo del campamento, tomando posiciones en la parte superior de la quebrada para cubrir la Artillería. El Capitán Caballero del Carampangue estaba al mando del ataque. Cubrimos la Artillería hasta que estuvimos justo encima de Pontevedra y de aquí seguimos solos, llegando al cobertizo del ferrocarril encima de Pontevedra. Había una subida bien empinada para llegar hasta allá y al acercarnos, vimos a tres personas de pie afuera. Les ordenamos poner las manos arriba y que salieran los que estuviesen dentro. Unos 30 en total salieron, los clasificamos y cacheamos, separando los carrilanos de los demás. Como habíamos cubierto Pontevedra desde este punto y habíamos visto entrar los lanceros por el otro lado, mandamos con dos de nuestros hombres al resto hacia abajo para ser entregados.

"Encontramos un estanque hasta arriba con agua potable, muy buena y bien distinta del agua de San Pedro que tenía el saborcito muy malo.

"Mientras estuvimos ahí, vimos avanzar la Artillería y también a los marinos que habían subido con una MG en un flanco y la MG restante por el otro. Las dos MGs del Carampangue en el flanco nuestro lo pasaron mal, como tuvieron que subir ese tremendo cerro y seguir a pie hasta Coruña. Después de esperar algún tiempo aquí y cuando hubo llegado nuestro camión –tardó mucho al dar una vuelta muy grande para evitar toda esa pendiente– avanzamos solos hacia Coruña. Sacamos nuestros revólveres y la MG apuntando hacia delante.

"Por el camino vimos un caballo negro de pie cerca del ferrocarril. Resultó ser el caballo montado por uno de los cabecillas que resultó muerto y el caballo estaba mal herido –por fin murió.

"Cuando divisamos Coruña, pudimos observar banderas blancas moviéndose con la brisa, pero no nos fuimos derecho al campamento, sino a tomar posiciones cercanas. Le disparamos a los que había dispersos, vimos caer algunos. Vinieron los empleados de la compañía salitrera y nos contaron lo que había pasado. La revuelta empezó en Coruña. El matón, un hombre llamado Garrido había herido a tres personas, el pulpero que murió después porque no permitieron que viniera un médico hasta que fue demasiado tarde, un sereno y un agente viajero.

"Después de un rato, vimos algunos de los nuestros desplegándose lo que nos asustó, empezamos a hacerles señales para intentar demostrarles que no éramos el enemigo, pero como seguían tomando posiciones y también los vimos preparar la batería, les mandamos dos hombres a pie. Un ratito después se estaba haciendo tan urgente (vimos una tropa preparándose en la cima del cerro colindante), que nos subimos al camión y nos retiramos hacia nuestras tropas. Llegamos con facilidad y les informamos que se suponía que el terreno del otro lado de la línea estaba minado con dinamita. Volvimos hacia Coruña, esta vez llegando hasta la casa de Administración en una posición que dominaba casi todo el campamento.

"Más adelante, cuando llegó el resto de las tropas, lo rodearon todo y obligaron a salir de sus casas a todo el mundo. Teníamos todas la MG dispersas, de tal manera que si se hubiesen disparado, solo habrían matado a nuestra gente. Llegó el Comandante Rodríguez y empezó a agitarse por ahí.

"Oímos dos disparos desde la dirección de la Máquina, así que Luza y yo fuimos hasta allá y miramos a ver lo que había y también para cortarle la retirada a cualquiera que intentase salir por ahí. No encontramos a nadie, así que volvimos a la MG donde vimos que llevaban unas 6 gallinas a una casa para hacer una cazuela que no iba a ser para nosotros, porque nos ordenaron que nos fuésemos con el camión a Alto San Antonio.

"El Capitán F. se vino con nosotros después que se hubiese ejecutado a Garrido el dirigente.

"Supimos que en Coruña los rebeldes habían formado una especie de caballería con todos los caballos y casi todas las mulas y también que iban a intentar tomar la MG desde atrás.

"Llegamos a Alto San Antonio sin novedades, con dos jóvenes de Vigo y Pontevedra, que nos siguieron a caballo hasta el campamento Barrenechea. Habiendo cenado en Alto San Antonio, continuamos hasta Argentina llegando sobre las 11. Se disparó una ráfaga al bajar la MG a tierra, para indicar que habíamos llegado. Salieron todos a nuestro encuentro, estaban Hadida el Administrador, McDowell ingeniero (desde entonces está en Piscis), Hill contable, Leery ingeniero, Petersen bodeguero, Baigent cajero, Percy Humberstone pasatiempo y Geoffrey Hobson fichero. Trajeron cerveza y cigarrillos para los soldados. Llevamos la MG al patio trasero desde donde la subimos al tejado, colocándola al lado de la claraboya. Lemus y yo tuvimos la primera guardia, de 11 a 1. Geoffrey y Percy se quedaron con nosotros hasta el final. Tenía que despertar a Brescia y Álvarez, pero no pude encontrar a este, de manera que desperté a Luza en su lugar. Me costó mucho despertar a Brescia.

"Al terminar nuestra guardia, arreglé mi cama sobre un sofá en un rincón, puse todas mis frazadas, etc., encima y dormí bastante bien hasta por la mañana (*Sábado 6*). La única pega fue que se me cayeron la mitad de las cosas durante la noche.

"Pasamos toda la mañana sobre el tejado y nos hicieron algunas fotografías. Desayuné y almorcé en la casa de Administración.

"Por la tarde nos fuimos a San Pedro en auto donde nos unimos a un grupo de Caballería, parte en un camión y los demás a caballo y con ellos, avanzamos hacia San Enrique. Nos paramos justo antes del ripio de esta Oficina, le disparamos, la tomamos y reunimos a toda la gente, dividiéndola según su categoría –mujeres, malos y los demás. Entre los malos había una mujer, la mujer de uno que se llamaba Barassa, que había causado toda la refriega. Sin embargo se nos escapó el dirigente de los Federados, un cojo y su trompetero: este joven los hacía pasar revista a cualquier hora de la noche tocando su trompeta.

"Aquí tuvimos mucha suerte Lemus y yo, porque encontramos una habitación de uno de los empleados que se largó a Iquique y no había vuelto aún. Los demás volvieron el día de los disparos. Nos dormimos hasta la hora de la guardia (la del medio). Cada uno durmió la mitad de la guardia. Me desperté al terminar la guardia y después de haber despertado el relevo y haberlos acompañado al tejado, nos dieron café, y también fruta que yo había encontrado durante la guardia y un poco de pan con mantequilla. Todo esto nos sentó muy bien, nos guardamos el pan para el día siguiente. Entonces los tres nos acostamos y dormimos hasta las 8 (*Domingo 7*), desayunamos y vuelta al tejado. ¡Qué aburrido!

"Por la tarde se mandaron a todos los malos no sé a dónde y se soltaron a los demás después de registrar las casas. De esta manera encontramos al cojo y a un compinche. Creo que se deshicieron de todos estos de alguna manera u otra".

"Nos quedamos ahí hasta después del almuerzo y nos preparamos para partir, pero tardamos bastante tiempo tomando cerveza, etc., invitados por el dueño, Sr. Marinkovic. Era bastante tarde cuando por fin nos fuimos y nos trajimos los malos que se habían encontrado.

"Al llegar a San Pedro, colocamos la MG en posición apuntando hacia el campamento y fonda; estábamos ahí con el propósito de evitar que se organizara un levantamiento para liberar a los prisioneros que se mandaban al puerto.

"Después nos mandaron a Alto San Antonio para reforzar las tropas ahí. Por el camino no se nos permitió entrar en el cuartel para recuperar nuestras cosas ni nuestros caballos. Quintana trató que lo mandaran a Argentina, pero no tuvo éxito, aunque más tarde fue por su cuenta.

"Cenamos y me entró un sueño tremendo y caí redondo en el cuartel de Policía debajo de una mesa, totalmente vestido, con una caja de municiones como almohada, esto fue a las 8 de la tarde. A las 10 el Tte. Oyarzún y el Dr. Ereudero nos despertaron a Advis y a mí y nos llevaron a la casa del médico, donde nos dieron una estupenda cama en su estudio. Aquí nos dormimos hasta las 8 de la mañana, cuando su cuñada nos sirvió el desayuno"

"Lunes 8 de Junio

"En Alto San Antonio todo el día. Esa noche no nos permitieron dormir en casa del doctor, ya que se esperaba un ataque desde Barrenechea, tampoco se nos dejó ir a la estación, ni siquiera con el Sgto. Quintana.

"Martes 9 de Junio

"Fuimos a Barrenechea a ver lo que pasaba ahí. Llamábamos en la boca de las cuevas por si había alguien abajo y si no, se levantaban las escaleras. Tomamos té para compensar la falta del desayuno y a la vuelta me encontré con Jack Murdoch que había subido desde Iquique para examinar los daños desde el punto de vista del seguro. Viéndonos juntos, el Capitán me dijo que me fuera a Argentina con Jack y que volviera al día siguiente. Nos fuimos, me di un baño, etc., y también, a propósito, mi primer afeitado desde que subimos a la Pampa. Dormí en el lado de la casa del Sr. Hadida y me prestaron unos pijamas.

"Miércoles 10 de Junio

"Visité la Oficina y desayuné y me llamaron para que volviera urgentemente a Alto San Antonio y de ahí continuamos hasta San Pedro, recuperamos nuestras cosas y montamos nuestros caballos y partimos nuevamente para Argentina, donde llegamos sobre las 6. Lemus y yo estuvimos de guardia hasta las 8. Fui a casa de la Administración para cenar.

"Jueves 11 de Junio

"Advis vino a desayunar y Lemus vino a cenar y desde entonces, han comido en la casa.

"Viernes 12 de Junio.

"Sábado 13 y Domingo 14 de Junio

"Jugué al tenis con el Capitán hasta las 11 y después jugamos unas pelotas de cricket hasta las 12.

"Lunes 15 de Junio

"Salí a dar un paseo a caballo con GCH.

"Martes 16 a Jueves 18 de Junio

"Limpié el caballo y leí todo el día. Monté Alpinista a pelo en el corral por lo que me llamaron la atención.

"Viernes 19 de Junio

"Fui a North Lagunas en tren por la tarde. Mary (su hermana) iba para allá a celebrar su cumpleaños con algunas amistades y yo a jugar al cricket. Peter Walls estaba en el tren también, apostamos sobre la hora de llegada del tren, ganó Queenie Bird con las 6.15, nunca en la vida había llegado tan temprano. Las otras amigas de Mary eran Lily e Evie (Cooper) y Pat. Basil se encontró con nosotros en Alianza y él y Percy vinieron conmigo a la estación para saludarlas a todas. Llegamos a North Lagunas, me cambié después de ver a Phyllis y Elisabeth (mi madre y hermana que tenía dos meses). Cenamos y conversamos un rato, Elisabeth es una guagua muy agradable, ni una vez la oí llorar de verdad, aunque casi tuvo un ataque de nervios con todas esas jóvenes ahí que jugaban con ella todo el tiempo.

"También saludé a todos los perros: Diana estaba muy hermosa, y Wendy. Los demás muy amistosos. Me acosté bastante temprano.

"Sábado 20 de Junio

"Cumpleaños de Mary. No hicimos nada por la mañana, salvo visitar la Máquina y tres sets de tenis que jugué muy mal. Por la tarde después del té, fuimos a South Lagunas, ellos en el autocarril y yo montando Squiffy. Ahí nos dieron helados y vimos a los dos niños. No tuve tiempo a la vuelta de hacerles una visita en Central Lagunas.

"Por la noche fui el centro de atención, sobre todo por Lily. Arreglé con Chads de ir a Central Lagunas a caballo al día siguiente.

"Domingo 21 de Junio

"Me levanté sobre las 7 y desayuné. Fui al corral a las 8 porque los caballos no estaban listos. Vi que la yegua estaba coja y que otro de los caballos que estaba ensillado tenía un enorme hoyo en el lomo, de manera que fuimos a pie. A Chads le gusta andar de manera que fuimos a buen ritmo; cuando recobré la respiración me adelanté y llegamos casi corriendo. Los vimos en las redes y al llegar vimos que el grupo de Alianza no estaba aún, pero pudimos completar un equipo completo".

Aquí sigue toda una relación de lo que hicieron en términos de cricket y, a pesar de haber vivido muchos años en Inglaterra, no entiendo nada de este misterioso juego, por lo que ni siquiera hago el intento de traducirlo –que me perdonen los aficionados.

"Después jugamos a *tip-and-run* con las niñas a pesar de que tanto G. como yo teníamos calambre. Y entonces jugamos al hockey con bates viejos y palos. Nuestro equipo eran Mary, Queenie, G y yo, y el otro lado eran Pat, Lily, Hill y Basil. Ganamos 3 a 1.

"Dick y Watt nos llevaron de vuelta en sus coches y Dick dijo que vendría por nosotros después de cenar para el baile. Nos fuimos corriendo a cambiarnos y me duché con agua fría y caliente a ver si se me quitaba el dolor de cabeza. Después de una cena muy agradable, llegó Dick, Phyllis y Biggs (mi padre, big es grande y lo llamaban así porque era más alto que mi tío Barney.)… se quedaron hasta las 11, cuando vendrían en el autocarril y nosotros nos fuimos en el Ford.

"Habíamos traído los discos de manera que pronto empezó el baile. Había un buen fuego en la chimenea del estudio del Sr. Hunt, de hecho el Almirante y yo nos pasamos la mayor parte del tiempo ahí y solo bailé una vez con cada niña, incluida Phyllis. Nos dieron una cena fría en la que tuve que hacer de anfitrión, porque el Almirante y Biggs estaban jugando al bridge. Ya no tenía dolor de cabeza.

"El Almirante y Dick tuvieron una conversación bastante interesante, durante la que yo estuve presente. Por fin nos fuimos a casa más o menos a las 2.

"Lunes 22 de Junio

"Me levanté temprano al día siguiente y desayuné. Me despedí de Phyllis, Biggs y Mary, los otros dormían todavía. Gran parte del grupo estaba en el tren.

"Dick vino a la estación de Buenaventura para mostrarme Nobby Clarke –un perro estupendo. En Alianza Basil vino a mi encuentro y me dijo que había conseguido permiso del Mayor para ese día, de manera que me bajé.

"Fui a ver a Carlos Encalado que se había pegado un tiro mientras limpiaba su revólver, iba camino del hospital. Fuimos a Alianza y ahí fui al corral a ver a nuestros soldados y estuve conversando un rato. Después fui a la casa de Administración para desayunar.

"Entonces intentamos conseguir el Hudson de Watt, pero no lo encontramos al teléfono, así que a las 12.30 emprendimos el camino hacia North Lagunas. Pasando por Bellavista hablamos con Watt, que nos dijo que se estaba usando el Hudson y nos llevó a visitar la Casa de Fuerza que es un lugar magnífico.

"Desde ahí Basil y yo continuamos hacia North Lagunas, llegando más o menos a las 2, volviendo a salir otra vez con todas las niñas a las 2.30 y llegando a las 4, tomamos el té, jugamos 3 sets de tenis y bailamos.

"Estuvieron ahí el Mayor P., Tte. Castro y el Comte. Morales. Intentamos conseguir el Hudson para que los llevara de vuelta y por fin los llevamos en el Ford y en el Hudson a las 7. El Hudson se quedó parado y tuvimos que esperar que volviera el Ford con la linterna. Los contactos del distribuidor estaban carbonizados, lo arreglamos en seguida. Llegamos a North Lagunas sobre las 8.30 y cenamos solos, ya que Phyllis, Biggs y Tommy Bell ya habían cenado. Basil y yo empezamos el viaje de vuelta a las 10 y llegamos sin novedad, nos acostamos sin más, estábamos reventados.

"Miércoles 23 de Junio

"Nos levantamos y desayunamos sobre las 8 y bajamos al tren con J. Hernández, Anty, Mayor P. y Ttes. C. y M. que también se subieron al tren e intentaron monopolizar a las niñas que iban camino de Iquique. Comí algo con ellos y compré fruta en Pintados.

"En Alto San Antonio nos esperaban Percy y GCH y desayunamos ahí. Tuvimos que esperar hasta las 2 para el autobús que nos llevara a Argentina.

"Jueves 24 a Sábado 27 de Junio

"Solo leí y monté a caballo con el Tte. Oyarzún y GCH un día y bajé a unas otras cuevas.

"Domingo 28 de Junio

"Fui a Vigo a tomar el té y jugar al tenis ahí con Bertie Humberstone, puesto que era la fiesta de cumpleaños de Percy, porque al día siguiente era...

"Lunes 29 de Junio

"el cumpleaños de Percy.

"Martes 30 de Junio

"No se hizo nada. De guardia. Nos dijeron que bajaríamos el 4 a Iquique, así es que pedí permiso a las 10.30 de la noche para ir a San Donato al día siguiente. Concedido.

"Miércoles 1 de Julio

"Un poco preocupado por la mañana porque se dio orden de no dar más permisos, pero fui a averiguar al Capitán y me dijo que estaba bien.

"El tren llegó algo tarde. Tommy Bell estaba en él. Cambiamos en Central donde vi a varios Granaderos conocidos y también vi al tío Guy de camino a Junín (Lance-su tío, mi tío abuelo). Muchos carabineros que iban a Huara. Llegué a San Donato (donde vivían sus padres: el Dr. Fowler y mi abuela) a las 4, la hora del té, me cambié y fui a la casa de la Administración donde jugué al tenis. Había gente de San José que estaba en San Donato para un trabajo.

"Jueves 2 de Julio

"Me levanté muy tarde. Tranquilo en casa. Por la tarde fui a Mapocho en el Chevrolet, donde jugamos más tenis, con Smith y Underhaye. Bridge también y gané un poco. De vuelta y una estupenda cena familiar. Preparé grabado para Phyllis y llamé a Mary para que me mandara la cámara para sacarme algunas fotografías con mi caballo.

"Viernes 3 de Julio

"Fui a Mapocho y visité toda la Máquina y entonces volvía a tiempo para desayunar y despedirme de mi madre. En el tren estaban varios conocidos. Peter Walls, Diesel Dawson, el viejo Sr. Bevan y otros que solo conocía de vista. Desde Central hasta Alto San Antonio, no conocía a nadie. Esperamos bajar mañana, pero lo dudo.

"Sabado 4 de Julio

"Saqué 6 fotografías con el caballo: una en el agua, otra fuera, una en el corral con varios otros, una del caballo que se iba al trote, una ensillado y yo en tierra y otra conmigo montado. El caballo se movía cada vez que se sacaba la fotografía.

"Domingo 5 de Julio

"Nada por la mañana. Por la tarde fui a ver la carrera entre GCH sobre Ratón contra Chacabuco montado por un chiquillo a pelo, ganaron por un cuerpo en una carrera de 300 yardas. Vi dos carreras más, una en la que le ganaron al caballo del chino por 10 cuerpos. La última carrera fue buena, muy reñida, solo se ganó por medio cuerpo. Después tres de nosotros emprendimos la vuelta a Vigo, Lemus, GCH y yo. Galopamos el largo de la pista, llegué el primero sobre Chacabuco por 3/4 de cuerpo de GCH, con Lemus muy retrasado sobre Tirol. Fuimos a Vigo donde tomamos helados y *scones* y después volvimos, desafiándonos parte del camino y entonces por la vía del tren. A la vuelta, Lemus y yo fuimos seriamente reprendidos por Quintana por no haberle pedido permiso para salir, aunque sí se lo habíamos pedido al Tte. P. A mí me puso de servicio y a Lemus de guardia. Lemus discutió un poco sobre si podía seguir comiendo en la casa de Administración –ganó Lemus. Como yo reemplacé a Quintana de servicio, él se emborrachó y formó alboroto aquella noche con el Sgto. Salvo y Cabos Jara, Sánchez y Chacama. Quintana y Jara dispararon como cuatro disparos cada uno a la fonda y al Teatro. El Tte. Q. los reprendió, pero no se lo contó al Capitán".

"Lunes 6 de Julio
    "Nada.

"Martes 7 de Julio
    "Las tropas se prepararon para bajar al puerto. Llegó un tren especial con el Ministro de Higiene, el Dr. Salas y su personal. Fui a buscarles el equipaje y me encontré con ALS y al Sr. Buttle. Cené en el cuarto de GCH y entonces patrullé con L. y A. Fuimos a la fonda donde había un viejo borracho muy divertido. El Capitán bajó con nosotros la segunda vez y tomó champaña. Advis se quedó y nosotros fuimos a Alto San Antonio con Pedro Díaz a dejar a D. José Luis Tuerto (Cortes). Llegamos de vuelta a la 1 y encontramos la fonda vacía. Yo me acosté, los demás volvieron a Alto San Antonio y se emborracharon o emborracharon más aún. Me despertaron a las 3 Advis y el Cabo Jara peleándose con el Sgto. Castro, por lo que fueron castigados con arresto en el cuartel.

"Miércoles 8 de Julio
    "Se levantaron los soldados alrededor de las 4.30 para desayunar, ensillaron y partieron a las 6. La sección de la MG se quedó y se cambió al cuartel de Carabineros –equipaje y caballo. Se fue el Ministro.

"Jueves 9 de Julio
    "Nos levantamos temprano y desayunamos. Llevamos los caballos al agua y entonces, después cuando habían vuelto fui al corral para ver al ramadero por el asunto del toro de GCH. Como los dos estaban ausentes emborrachándose, no estaba listo. A la vuelta, el caballo no estaba totalmente controlado ya que solo llevaba el filete. Al dar la vuelta en la última esquina, pasé entre dos niños con apenas un metro de espacio –uno de ellos se había caído– y el caballo no los rozó siquiera. ¡Gracias a Dios!
    "Después del desayuno, Sir Thomas Beaumont Hohler KCMG, CB, etc., etc. con su mujer, David Blair, Lucy, Duncan, tío Archie y Gudgeon llegaron en un tren especial. Los saludé a todos menos a Lady Hohler. Muy

agradables todos. Salió el tren sobre las 3.30. Durante el resto del día me dediqué a poner este diario al día.

"Viernes 10 de Julio

"Por la tarde Lemus, Vergara y Luza fueron a Barrenechea para las gestiones de unos hombres ahí que se tenían que inscribir para el plebiscito Tacna/Arica. El Sgto. Cortés fue con Álvarez a Paposo para recoger lo olvidado. Después de la cena, el Cabo Jara tuvo que ir a Barrenechea para preguntar si los tres primeros iban a volver. Llegaron como a las 10.15, los demás a las 10.30 y la pareja desensilló a las 11.

"Hoy llegan 4 carabineros para hacerse cargo, pero aún sin saber cuándo bajamos. Quintana se fue esta mañana, gran regocijo en el campamento.

"Sábado 11 de Julio

Volvimos a Iquique hoy".

Hasta aquí el texto.

Tengo muy poca información oficial, ni no oficial, sobre el "incidente" de La Coruña. De hecho está entre las matanzas que se mencionan siempre que se habla de las luchas por mejorar las condiciones de los trabajadores, junto con las de la Plaza de Antofagasta (1906), Escuela de Santa María (1907), San Gregorio (1921), y Maroussia (1924). No sé cuántos *rebeldes* murieron, o dicen que murieron. En el último capítulo "Recuerdos inútiles" del libro de Mario Bahamonde *Pampinos y Salitreros*, hay una foto que abarca las páginas 86 y 87, de los hombres con las manos arriba apoyadas contra las paredes de toda una "manzana" de casas. El pie de foto dice: "Oficina Coruña el 5 de junio de 1925 sucedió la matanza obrera en la pampa de esta Oficina". La fotografía muestra el momento previo: ¡manos arriba! La matanza tuvo una segunda etapa en las calicheras donde los obreros fueron cañoneados. ("Foto de Patricio Advis de Iquique"). Quiere decir esto que la fotografía estuvo en posesión de Patricio Advis, arquitecto, que yo conocí en Iquique en 2002, hermano de Luis, autor de la Cantata, y si esa foto fue lograda por su padre o algún tío, aquel "Advis" que era compañero en el regimiento Granaderos de George Gordon citado en su "Diario", esta conexión sería posible.

Transcribo parte del texto de Bahamondes que empieza en la misma página 86 y que dice: "Nos refería un pariente directo que el 5 de junio de 1925 le tocó estar con los brazos arriba contra la muralla de la corrida de casas del campamento, esa mañana tenebrosa. El lapso que debieron soportar esa posición fue muy largo porque desde la llegada de las tropas los tuvieron atrapados sin poder moverse. Lo peor de la espera era sospechar el baleo y soportar el suspenso en esa posición. Sabían, sin embargo, que era imposible que muchos murieran a la primera ráfaga. Por lo mismo, como en una especie de acuerdo mudo, en cuanto sonaran los primeros estampidos, todos tendrían que huir a la desbandada. Y así sucedió, pero después de soportar interminablemente la espera, cuando ya las piernas no se sostenían. Él consiguió salvarse porque era conocedor de la pampa y dominaba esos senderos que se forman entre los rajos y las quebradas. Además sospechó que si se le ocurría arrancar hacia la Oficina Resurrección o hacia San Lorenzo, que eran las más cercanas, lo cazarían igual. Mientras se escabullía por las hondonadas empezó a escuchar los estampidos de las balas de las cureñas, porque cazaban en las calicheras indefensos. Entonces acuñaron la frase "palomear a rotos". Él soportó tres días de pampa antes de atreverse a endilgar su rumbo a otra parte. Las versiones (porque no hay una sola versión) que dan los diarios de la época difieren en todo: en las causas, en la secuencia de los hechos y —en lo menos importante, por supuesto— en la cantidad de muertos, es decir de "rotos palomeados".

Tengo copia también de la primera página de una carta-informe del Ministro de la Legación británica en Santiago, Sir Thomas Hohler al Sr. Austen Chamberlain, del 27 de julio, 1925, parte del grupo del tren especial que llegó a la Pampa el 9 de julio, según cuenta mi tío. Salió de Santiago para su gira al norte el 4 de julio y viajó por mar. Visitó primero Antofagasta donde "todavía existía bastante preocupación sobre la cuestión Comunista, en vista de que siguen detenidas 15 personas a bordo del Zenteno en el puerto de Antofagasta y aún no han sido juzgados. Por todas partes se expresaba gran ansiedad por temor a que se liberase a estos individuos y volviesen a emprender su perniciosa agitación entre los obreros de las Oficinas salitreras". ¿Eran estos 15 *demonios* los de Coruña, o de dónde?

El punto 5 del informe, dice: "Visité en total cinco Oficinas y ya han vuelto al trabajo a pleno rendimiento con completa tranquilidad. Aún hay carabineros destacados en todas y me aseguraron que continúa la búsqueda de agitadores, no sin éxito".

El párrafo 6 dice: "Las condiciones de trabajo en las Oficinas que visité son visiblemente buenas; los hombres están bien pagados, bien tratados y adecuadamente alojados y daban la impresión de estar perfectamente contentos. No obstante, me llamó la atención la diferencia que noté entre Oficinas puramente inglesas, tal como Alianza o Bellavista, donde se apreciaba una relación excelente entre los trabajadores y los supervisores, y la que había entre estos dos grupos en las nuevas enormes Oficinas de la Lautaro Co. que, aunque es una compañía inglesa, está controlada por yugoslavos; aquí toda cordialidad entre empleados de la compañía salitrera y obreros parecía totalmente ausente".

Estuve un par de veces también en la Biblioteca del Guildhall (antigua alcaldía del siglo XI) de Londres, que está en una extensión moderna de este notable edificio. Aquí se guardan sobre todo los archivos de corporaciones, bancos y empresas con sede en Londres, entre ellas Messrs. Antony Gibbs & Sons. La correspondencia entre Gibbs Valparaíso y Londres era en inglés. Cuando hay una sección en la misma carta (desde Chile) que trata de *Chilian Politics* o de *Chilian Legislation*, escribían en castellano.

Por ejemplo, en una carta del 5 de junio de 1925, escriben en castellano: "En la Oficina Coruña asesinaron a uno o dos empleados de la pulpería y dejaron gravemente herido al contador de la Oficina". Informaciones posteriores dicen que por la tarde las tropas lograron dominar la situación y restablecer el orden. Cayeron muchos cabecillas y agitadores, muertos unos, otros heridos y varios prisioneros. "Nuestras Oficinas, con excepción de Oficina Argentina, a pesar de estar inmediatas a la región convulsionada han seguido trabajando tranquilamente".

En otra carta del 20 de Junio de 1925 dicen: "Durante las últimas semanas ha habido tranquilidad general en Iquique, aunque no han faltado en la Pampa hechos criminales aislados". En otra carta en inglés, del 2 de julio de 1925, viene en castellano: "Las autoridades militares han continuado la obra de limpiar las Oficinas salitreras de elementos subversivos y... (ilegible) y ha habido varias sentencias de muerte inmediatamente cumplidas". Curioso este uso del castellano en algunos temas...

CAPÍTULO V
UNA FAMILIA DESPARRAMADA

Buscando la familia

Creo que es pertinente ahora saber más cómo se establecieron las conexiones entre las familias "inglesas" y el "mundo" salitrero, y para ello acudo a mi propia familia. No sé quién llegó antes a Chile, si mi bisabuelo William Henry Lance [nacido el 20 de agosto de 1845 en Greenwich, condado de Kent en Inglaterra], mi abuelo escocés George Gordon Fowler [nacido en Culsalmond en el condado de Aberdeen en Escocia el 28 de marzo de 1869] o mi padre Joseph Forstall Comber desde Irlanda [donde nació el 18 de marzo de 1877 en Bray, condado de Wicklow, justo en el límite con el condado de Dublín]. Los Lance ya estaban en Iquique en noviembre de 1896. Gordon Fowler traspasó su consulta en Escocia en 1895. Joseph Forstall Comber llegó a Tarapacá en 1906, habiendo ya estado algunos años en la Pampa de Toco.

Nueva Zelanda: la bisabuela materna Margaret Reston

Los datos referentes a mi bisabuela Margaret Reston no están muy claros. Nunca se señaló en blanco y negro en algún registro en Nueva Zelanda como hija de James Reston, aunque sí está indicado en su certificado de nacimiento que por fin pude conseguir. Nació en Princetown, el pueblo más alto de Dartmoor, condado de Devon, en Inglaterra, el 13 de diciembre de 1852, inscrita por su madre Eliza Reston, de soltera Corrigan, un mes después del nacimiento.

Los datos en el G.R. MacDonald Dictionary of Canterbury Biographies de Nueva Zelanda incluyen la información que William Henry Lance se casó con Margaret Reston en la iglesia Holy Trinity de Lyttelton el 7 de octubre de 1874. En la misma publicación aparecía James Reston casado con Eliza Corrigan, sin dar fecha ni lugar, pero sí una lista de hijos [nacidos en Nueva Zelanda] –cuatro niños: George, Samuel James, Frederick S., Matthew Meiklejohn y una niña Mary, ninguna Margaret.

Mi bisabuela Margarete Reston, viuda de Lance.

James Reston llegó a Nueva Zelanda en 1857 cuando Margaret tendría cinco años, ¿solo o acompañado de mujer e hija? Nunca fue mencionada entre los hijos de James Reston en Nueva Zelanda, lo que me parece tan extraño. En al menos dos de los bautizos de hijos de ella Margaret y William Lance, entre los testigos y madrinas estuvo Eliza Reston. Mi abuela, primer hijo de la pareja, fue bautizada Charlotte Eliza, Charlotte por la madre de William Lance y Eliza, por la madre de Margaret Reston, supongo. La segunda hija de la pareja se llamó Margaret Wilhelmina, una de las madrinas fue su abuela Eliza Reston y la otra fue su tía Wilhelmina Lance, hermana de James, padre de la criatura.

El tatarabuelo James Reston estuvo en el ejército de joven en los Royal Engineers. A su llegada a Nueva Zelanda en 1857 fue nombrado Alcaide de la cárcel de Lyttelton, lo que no es de extrañar, pues Princetown, donde nació su hija Margaret, aparte de ser el pueblo más alto de Dartmoor, es el pueblo más cercano de la cárcel de Dartmoor, donde posiblemente trabajó algún tiempo. La cárcel se empezó a construir en 1806 para prisioneros de las Guerras napoleónicas y después para "americanos" de la guerra de 1812; ambas guerras terminaron en 1815 y la cárcel estuvo vacía hasta 1850. Ha estado en uso hasta hoy, ocupada por algunos de los presos más peligrosos en la historia penal de Inglaterra. En 1917 se desalojó a los presos y se usó para 1.100 pacifistas que se negaron a hacer el servicio militar. Parece que ahora la mayoría de los ocupantes están ahí por crímenes/delitos de guante blanco.

De vuelta en Lyttelton, un informe calificó a James Reston de bondadoso, pero firme. Una carta anónima lo acusó de retener la comida y bebida destinadas a los presos encarcelados por deuda, mientras que otro corresponsal alaba su tratamiento a los deudores. ¿Eran los deudores más cultos, que se dedicaban a escribir cartas a los periódicos?

El Alcaide vivía en una casa a poca distancia de la cárcel que fue derribada hace años. La casa del Alcaide, construida en 1875 todavía sigue en pie, ha sido restaurada y ahora pertenece a un conocido escenógrafo en Nueva Zelanda y a su mujer, amigos de la persona que tan amablemente ha averiguado todos estos datos para mí, Elric Hooper, ex actor y actual escenógrafo de ópera y teatro. Me mandó una fotografía de la casa con los actuales propietarios, aparecida en un periódico de Christchurch en mayo de 2003, encabezando un artículo sobre el proyecto para designar el centro de Lyttelton como zona histórica.

En los Archivos Fotográficos del Museo de Canterbury hay una fotografía del alcaide "James Reston y familia" [una hija y un hijo].

"El Sr. Reston era un hombre estricto, aunque siempre con fama de bondadoso y considerado entre sus cautivos errantes". ¿Habrá sido el corresponsal del *Lyttelton Times* desde 1875, William Lance, casado con la hija del "hombre estricto" en 1874, el responsable de este relativo panegírico?

El bisabuelo materno William Henry Lance

William Henry Lance se casó con Margaret Reston [él la llamaba Madsie]. A William lo tenía como nacido en Blackheath; el documento del censo en Inglaterra de 1861 dice que nació en Gravesend, Kent. En el censo anterior de 1851, copia manuscrita, dice que nació en Greenwich, también en Kent. Estos y otros pueblos cercanos ya forman parte de Londres y están todos relacionados; en otros papeles manuscritos de los Lance, muchos nacieron, vivieron, se casaron y trabajaron en esta zona, generalmente en asuntos relacionados con barcos. William Lance, padre de W. Henry e hijo de Benjamin era agente de seguros.

William Lance y Margaret Reston se casaron pues en 1874, en la iglesia de la Santa Trinidad de Lyttelton. Después de cenar en Christchurch, Elric Hooper llevó a mi hija Elisabeth a ver la iglesia en Lyttelton, pero al bajarse del coche y acercarse, se iluminó toda repentinamente, se despertó el pastor y empezaron a ladrar los perros —supongo que no se esperan turistas a esas horas de la oscuridad.

Me queda la curiosidad referente a la ocupación de William Lance. En la familia siempre oí decir que era interventor de banco. No existe prueba alguna que trabajara en un banco —ni en ninguna parte—. En distintas fuentes de Nueva Zelanda aparece como contable, periodista, siendo nombrado representante del periódico *Lyttelton Times*, cronometrador de las regatas en Lyttelton, tesorero y posteriormente presidente de Lyttelton Colonist's Society. Estas ocupaciones me parecen más bien *pasatiempos*, y no algo como para alimentar y educar a cinco hijos, de forma continua al menos.

Lyttelton, puerto de Christchurch, está en la costa oriental de la Isla del Sur de Nueva Zelanda, distante [a vuelo de pájaro] de unos 2.500 km de Sydney en Australia. A ojo de regular cubero, calculo que entre Sydney y Valparaíso habrá unos 25.000 km. ¿Cómo lo hicieron: en buque de vapor o de vela, o híbrido vapor-vela?

Durante buena parte del siglo XIX el debate era madera o hierro. La transición de vela a vapor se logró con la transición de madera a hierro. Al principio, el uso de la navegación a vapor se limitó a remolcadores y a embarcaciones fluviales y pequeños barcos de pasajeros construidos para recorridos cortos a lo largo de las costas o para cruzar el Canal de la Mancha. Para viajes transoceánicos se consideró el vapor, en el mejor de los casos, como auxiliar de la vela. No fue hasta 1837 que Lloyd's Register inscribió el primer buque de acero. La puntilla para el buque de vela —como forma habitual de locomoción comercial— fue la inauguración del Canal de Suez en 1869. La navegación a vapor representó un factor decisivo en la civilización industrial moderna. Se recortó —y aseguró— el tiempo de navegación, a la vez que se redujeron los costos. Sin embargo, el transporte del salitre se siguió haciendo a bordo de los hermosos *clippers* por lo menos hasta 1931.

Me he ido por una rama, interrumpiendo el traslado de los Lance desde Australia hasta Chile. La verdad es que encuentro lo poquito que sé de la historia de la navegación sumamente interesante. Escribo a finales del siglo XX-principios del siglo XXI; mis nietos solo saben de transporte —pasajeros y carga–, aéreo, y por carretera, apenas por ferrocarril. Creo que hasta para mis hijos sería difícil imaginar el enorme movimiento marítimo en todos los mares, hasta que la aviación le puso fin a lo que para mí es la manera más civilizada (al menos placentera y durante mucho tiempo la única) de viajar. Mis tres hijos mayores sí saben lo que es cruzar el Atlántico por mar, aunque solo tenían casi seis, cuatro y dos años. Nos vinimos de Panamá a Lisboa en barco en 1964, pudiendo haberlo hecho en avión. Pero era el comienzo de los aviones "a chorro" y además de estar en época de miedo a volar, la nueva invención no me inspiraba ninguna confianza. (Algunos años más tarde tuve serios reparos para subirme a un avión de hélice en Boston rumbo a Nantucket, por suerte mi incurable curiosidad fue más grande que mi miedo y lo hice, terminando así un tratamiento empezado en un Jumbo, que puso fin a mi temor a volar de varios años.)

Bueno, mi prima-hermana Marny la marinera, me asegura que nuestros bisabuelos cruzaron el Pacífico para ir desde Australia hasta Chile, parece algo más corto que por el Atlántico.

Familia Lance. Mis bisabuelos con 5 niñas y un niño en Santiago o Valparaíso a fines del siglo XIX.

Tengo una fotografía de ellos con todos sus hijos –cinco niñas y un solo niño–, todos nacidos en Lyttelton, salvo la última, Beatrice Mary, que nació en Balmain, Sydney, Australia, el 25 de enero de 1887. Es una típica composición familiar de la época, tomada por "F. Leblanc - Antigua Fotografía Garreaud - Santiago - Valparaíso". Calculo que Beatrice podría tener unos seis años y su hermano William Guy alrededor de 13, lo que establecería el año en 1893 aproximadamente. Beatrice Mary murió en la Pampa, cerca de la Estación Dolores el 23 de noviembre de 1896 y está enterrada en el cementerio inglés de Tiliviche. Tuvo una trágica muerte, parece que ocurrió al caerse entre dos vagones del tren.

En aquella época Iquique aún no tenía muelle, los barcos anclaban en la bahía. Para desembarcar los pasajeros debían bajar por unas escaleras por el costado del buque, donde los esperaban unos botes de remo para llevarlos al "muelle de pasajeros" en tierra firme. Se hacía todo con la mayor facilidad si no había oleaje: el marinero del bote sencillamente extendía la mano al pasajero que, dando un paso mayor o menor, entraba en la lancha y se sentaba. Pero si había oleaje la cosa se podía complicar enormemente, como casi le pasó a Pavlova en Antofagasta. Antes de emprender la bajada, el pasajero debía estudiar bien lo que hacían los pasajeros que lo precedían. Al llegar a la parte de la escalera donde los peldaños estaban mojados, el pasajero debía pararse y calcular finamente el momento óptimo para soltarse de la cuerda de la escalerilla, es decir, cuando el lanchón subía en la cresta de un oleaje a la altura del peldaño mojado; había llegado el momento de soltarse del buque que había sido su hogar hasta ese momento y agarrarse apasionadamente –dependiendo de la fuerza del oleaje– a la mano extendida del marinero que esperaba. Todo esto se lograba con la práctica. Alguna vez hubo un accidente feo. Me contaron el caso de un hombre que no calculó bien y se cayó al agua entre el buque y el bote; fue solamente la habilidad extrema del marinero que evitó que quedara aplastado entre ambos.

No terminaba ahí del todo la aventura de la llegada, pues para tomar el camino más corto hacia el Muelle de Pasajeros de Iquique había que cruzar el "Patilliguaje". La Isla tenía un saliente en dirección este, desde donde se desprende una línea de rocas medio sumergidas. En este arrecife pequeñito hay una depresión de más o menos 7 m de ancho, llamada el Patilliguaje. Los marineros eran expertos en el cálculo del momento preciso para pasar y evitar cualquier percance.

Yo pienso en mi bisabuela, encorsetada, con sombrero, falda larga y no sé cuántas enaguas y seguramente zapatos con algo de tacón, haciendo esta maniobra, ¡cielos, qué susto! Me parece recordar que en mi bien distante juventud yo subí y bajé de esta manera alguna vez, pero para entonces ya tenía falda corta, piernas al aire y libertad de movimiento; creo que cuando se trataba de niños, los conducían por la escalera los marineros de a bordo para entregarlos a los marineros del bote y viceversa.

Conocí mucho mejor a mis tías abuelas Gertie en Chile, que ya he mencionado, y Dolly [Dorothy] en Londres, que a mi abuela. Lo que me pasa ahora es que me estoy lamentando de la inconsciencia [falta de conciencia - ¿falta o sobra una 's'?] de la juventud que no sabe aprovechar oportunidades para hacer infinitas preguntas.

Solamente me acuerdo que mi tía Gertie (Gertrudis) me contó que en Sydney (donde —si ella nació en 1878 y su hermana más chica nació ahí en 1887— estuvo con nueve años y algunos más) tuvo una pesadilla recurrente en que la perseguía un chino, y que ella corría, corría, corría… con pies de plomo. Francamente, esa pesadilla se puede tener en cualquier parte del mundo y no cuenta nada muy interesante de Sydney. Ahora me pregunto ¿dónde habría visto un chino de carne y hueso? Porque Australia mantuvo estrictamente, hasta varios años después de la II Guerra Mundial, una política de inmigración exclusivamente europea. Y también me pregunto ¿por qué me contó una pesadilla y no algo quizás más "típico" de Sydney? Mi pobre tía, ¿le rondaría todavía ese terror que provocan las persecuciones interminables durante las pesadillas? O fue, sin duda, lo más importante que le pasó en Sydney. Por otra parte, mi prima hermana la marinera, con el mismo parentesco con los neozelandeses-australianos que yo, me dijo que las hermanas Lance cruzaban la bahía de Sydney en bote a remos para ir a clases de piano. Lo veo algo extraño, pero prefiero este recuerdo al del chino perseguidor.

En realidad sé muy poco más de esos bisabuelos, de él deduzco que le gustaba la música. Aparentemente Wilhelmina (Minnie) Lance visitó a su único hermano en Nueva Zelanda, viajando desde Inglaterra, para el bautizo el 8 de noviembre de 1876 de mi tía abuela Margarita (Daisy, que después se casaría con Archie Moir) que fue el 8 de noviembre de 1876. Tengo una notita de su hermano donde le dice:

*"Lyttelton, Provincia de Canterbury
en la Colonia de Nueva Zelanda
14 de Marzo a. D. 1875*

Querida Minnie:

*Estamos bien ¿cómo estás tú? Y ¿has tocado algo de la música de la que
te hablé hace algún tiempo? Creo que tenías algunas de las Canciones
sin Palabras de Mendelsohn; si es así, tócalas y piensa en nosotros. Man-
daré semillas de estos helechos cuando haya. Madsie te manda su cariño,
Willie".* Existe todavía una ramita de helecho, bien prensada y seca.

De Margaret Reston sé que debe haber sido una mujer bastante culta para su época. En los últimos años de su vida, después de la muerte de su marido William Henry en Iquique en 1903, vivió con su hija mayor Lottie (mi abuela), en la Oficina San Donato. Mi madre nació en 1901 y mi bisabuela murió en 1913, lo que quiere decir que una niña de 9, 10, 11, 12 años, que ya está aprendiendo a distinguir las personas intelectualmente, tuvo buena oportunidad para conocer a su abuela en el trato diario. Además, parece que mi bisabuela tenía cierta predilección por su nieta mayor.

El caso es que le hablaba mucho a mi madre de astronomía, enseñándole a distinguir las estrellas en el imponente cielo de la Pampa. También le legó su amor por las matemáticas. Más adelante, en el colegio en Escocia –St. Leonards (1915-1919)– mi madre siempre sacó notas excelentes en estas materias, sobre todo en álgebra, que usaba –a pesar de la prohibición expresa del profesorado– para resolver los problemas de aritmética. Desgraciadamente no heredé ese don. Parece que mi bisabuela leía extensamente, a lo que acostumbró igualmente a su nieta, que siempre tuvo una mente abierta y curiosa. Aparte de estas aptitudes, era buena artista. Tengo por ahí unos rectángulos de seda natural pintados exquisitamente por ella. Naturalmente bordaba, con algún primor. Como dije, murió en San Donato, el 30 de julio de 1913 y ahora se me ocurre que no sé dónde está enterrada; no está en el cementerio de Tiliviche donde había sido enterrada su hija menor, Beatrice, y que queda bastante más cerca de San Donato que Iquique, pero sospecho que estará pasando la eternidad más cerca de su marido que murió en Iquique y fue enterrado, supongo, en alguno de los cementerios de ahí.

De Nueva Zelanda, la familia se fue a Australia, donde nació la última hija en 1887 y de ahí a Chile, ignoro en qué año; solamente se sabe con seguridad que la pobre Beatrice murió en 1896 en la Pampa a los nueve años.

Los abuelos maternos Gordon Fowler y Lottie Lance

Tengo el Libro de Visitas de mi padre, donde la primera firma es la de A.S. Isaacson en 1905, abuelo de mi prima Deirdre Muñoz, la "mexicana". Lo que sí se deduce del Libro de Visitas es que mis abuelos conocían a mi padre en enero de 1907, porque ahí están sus firmas y alguien "firmó" por mi madre que todavía no había cumplido los seis años. Aún estaban en la Oficina Constancia. Por una firma de mi bisabuela Margaret Lance, que después de casar a todas sus hijas se fue a vivir con su hija mayor (mi abuela), se deduce que mis abuelos ya se habían trasladado a la Oficina San Donato en 1910.

Abuela Charlotte Lance (Lottie) y Phyllis (mi madre)

Lottie Lance, Phyllis y Dod.

Abuelo Gordon Fowler y Phyllis.

Abuelo Gordon Fowler, Phyllis y Dod.

Como he dicho, apenas conocí a mi abuela Lottie (Charlotte) y además no le tenía especial cariño. No era una de esas personas queribles para una niña chica. Sin embargo me encantaba mi abuelo Gordon Fowler, que supongo vi en las mismas ocasiones que a mi abuela, que no fueron muchas, que yo recuerde. Debe haber sido todavía en Keryma donde estuvo unos días con nosotros; no sé si estaría también mi abuela y me da la sensación que mi hermana ya estaba en Inglaterra en el colegio (calculo que la mandaron en 1935). Yo iba en pijamas a visitar a mi abuelo en cama por las mañanas. Lo que me acuerdo claramente es de qué manera estornudaba, entre 10 y 20 veces todas las mañanas y le encantaba. Pasados los estornudos, me encaramaba en su cama y me subía en sus rodillas dobladas, el juego era que él las bajaba repentinamente y yo me desparramaba en risas, todo esto con conversación y sonrisas.

Mis abuelos se fueron a vivir a Valparaíso cuando ya se veía que las Oficinas estaban moribundas, creo que alrededor de 1930. De todos modos para entonces, el automóvil ya era una manera de viajar totalmente corriente, por lo que no era tan indispensable un médico o tantos médicos en la Pampa —estas son conjeturas–. La abuela murió en marzo de 1936; mi abuelo se embarcó y primero fue a Lima "a despedirse" de su hijo Dod; a la vuelta pasamos juntos el tiempo que su barco estuvo en Iquique con él; me acuerdo haber ido a bordo a tiempo para desayunar todos reunidos. Los desayunos de los barcos de la PSNC me parecían maravillosos, el olor se notaba a gran distancia: *kedgeree*, hecho con arenque ahumado, arroz y huevo, esto no me atraía nada, pero sí los huevos fritos con tocino; creo que ofrecían también *porridge*, avena hervida en agua con una pizca de sal, muy escocés; mi abuelo decía que había que comerlo de pie. Me parece que mi tía Mary, que ya se había casado con James Blandford, vivía en Valparaíso o Viña, y Jean, la más chica, se había casado en diciembre anterior. Se despidió pues de sus hijos y murió a los 67 años en junio de 1936, tres meses después de la abuela. Dijo que no le gustaba vivir solo sin su mujer. La tía Jean murió el mismo año el 18 de septiembre en Santiago. No recuerdo haberla conocido.

Tengo algunos recortes de periódicos con motivo de su muerte. Traduzco el artículo cortito que salió en el *Scotsman* de Edimburgo (periódico nacido el 25 de enero de 1817, que todavía existe) el 18 de julio de 1936 (sospecho que ese día el público estaba más interesado en las terribles noticias de España):

"Murió el Médico Héroe Escocés. El trabajo de un hombre de Aberdeen en los campamentos de nitrato chileno".

"Santiago, Chile, Julio 17. Chile llora la muerte del Dr. G. Gordon Fowler, que ha muerto en Valparaíso a la edad de 66 años. Conocido como el Médico Héroe de la Pampa, el Dr. Fowler, nacido en Aberdeen, trabajó casi 40 años entre los miles de trabajadores en los dispersos campamentos del norte de Chile entre los Andes y el Pacífico. Se ganó el respeto y afecto de miles de chilenos y británicos por estar siempre dispuesto a montar su caballo a cualquier hora para ir en ayuda de los enfermos" (Reuter).

Instalados los Lance en Orella 14, en Iquique, se casó mi abuela Lottie a los 24 años, con el médico escocés Gordon Fowler de 31 años, el 10 de enero de 1900. Tampoco sé cuándo llegó él a Chile, ni por qué. Nació en Culsalmond, condado de Aberdeen en 1869, el menor de 14 hermanos (típica familia victoriana) y estudió medicina en Aberdeen. Hijo de Alexander Fowler y Maria Sim. Se hizo querer por todo el mundo, jamás he oído una opinión adversa referida a él. Sé que ya estaba en Iquique en octubre de 1898, porque también está incluido en la lista de invitados al baile de la Sra. Outram.

Gordon Fowler fue el último hijo, decimocuarto, de sus padres, nacido en Glenniston, Culsalmond, condado de Aberdeen, donde su padre Alexander era Administrador de una propiedad. Su abuelo había venido al norte desde Leeds en el siglo XVIII con o para el Duque de Richmond, ¿vendrá de ahí el supuesto derecho de nuestra familia a usar los kilts con el "tartan" [cuadrados] del clan Gordon? George Fowler, creo que el quinto de los hermanos, le pagó los estudios universitarios a su hermano Gordon.

Según unas notas manuscritas [1965] de mi tío Dod Fowler, su tío George trabajó en el Banco de Tarapacá en Chile. Este banco lo fundó el Coronel North en Londres en 1888 con el nombre de Bank of Tarapaca & London Ltd., del que fue vicepresidente. El presidente era William Fowler y, claro, me gustaría saber si esto era pura coincidencia o una pizca de nepotismo. Fowler es un apellido corriente en el Reino Unido, no es especialmente escocés y no es tan corriente como Smith por ejemplo. En diciembre de 1900 el Banco cambió de nombre a Bank of Tarapaca & Argentina, Ltd. y otra vez en enero de 1907 pasó a llamarse Anglo-South American Bank, Ltd. En 1937 el banco desapareció como tal, siendo intervenido por el Bank of London & South America, Ltd., a su vez absorbido por Lloyds Bank. William Fowler siguió como presidente hasta su muerte, cuando North ocupó el cargo, hasta la suya en 1896. He buscado en los archivos de Lloyds Bank, pero apenas hay referencias ni documentos del Banco de Tarapacá.

Mi abuelo Gordon estudió medicina en la Universidad de Aberdeen y en Gordon's College. Esta Universidad fue formada en 1860 con la unión de dos instituciones medievales: King's College fundado en 1494, como institución católica, siguiendo el modelo de la Universidad de París y la de Bolonia, con especial dedicación al derecho, medicina, teología y arte. Por fin consiguió la convalidación de su título de médico en Chile después de varios intentos (decía que para la prueba de autopsia le entregaban cuerpos de personas muertas hacía demasiado tiempo) y "abrió su consulta" en la Oficina Constancia, muy cerca de Huara.

La antigua Oficina Constancia, cerca de Huara.

Tengo copia de una carta escrita en Iquique por Guy Lance a su hermana Lottie el 16 de enero de 1897, con motivo de su compromiso. Guy tenía entonces 16 años y creo que vale la pena incluirla aquí porque, aunque no relata ningún evento de importancia mundial, tiene algunos detalles que me llaman la atención teniendo en cuenta el año:

"Mi querida Lottie,

"Me alegré mucho saber que te vas a casar con el Dr. Fowler. Mamá dice que es una persona muy agradable. Todo el mundo en Iquique está muy contento como todos nosotros. El Sr. Bennett ha vuelto y vive en la casa de al lado, creo que le gusta la vida de casado más que la de soltero. El Sr. Lockyer bajó antes de ayer y subirá el Lunes [de y a la Pampa]".

"Dolly y Gertie tienen unas ganas tremendas de ver al Dr. Fowler, han oído tantas cosas buenas sobre él ¿qué piensa todo el mundo ahí arriba? ¿Has visto a la Sra. y Sr. Simpson últimamente y cómo están? Dolly y Gertie salen en sus bicicletas casi todos los días y les encanta. El Sr. Cornwell y el Sr. Lowe (que posteriormente se casó con Gertie) las acompañan y Dolly dice que no hay nada parecido. Yo creo que Gertie estaría más contenta con un caballo –yo también. Ahora debo despedirme y creo que el Dr. Fowler debe ser sumamente agradable para que te guste porque siempre has sido una hermana buena y cariñosa conmigo y lo único que me pesa es que te voy a perder.

"Se despide tu hermano que te quiere mucho – Guy".

Lo que me llama la atención son las bicicletas, creo que las calles no estaban aún pavimentadas. Las dos hermanas Gertie y Dolly, con 19 y 18 años respectivamente, eran las más chicas, ¿dónde estaba Daisy? ¿Estaría en la Pampa acompañando a su hermana mayor?

Y me gusta la pregunta: "¿Qué piensa todo el mundo ahí arriba?" –la diferencia y la distinción entre la Pampa y el puerto.

Se casaron en enero de 1900 y fue ahí en la Oficina Constancia, al lado de Huara, que empezaron la vida de casados y que nacieron mi madre en 1901, Dod en 1904, Mary en 1906 y Jean en 1907. No sé en qué año se trasladaron a la Oficina San Donato, pero en 1910 ya estaban allí y es donde estaba el Sr. Dowd –padre de Ruby– de Administrador.

Sé muy poco acerca de esos abuelos (de los otros aún menos). Tengo cuatro óleos de aproximadamente 37 cm por 40 cm (son todos distintos) de retratos, dos mujeres y dos hombres (un fraile y un "caballero"), todos vueltos ligeramente hacia la izquierda. El que más me gusta es el del caballero con hermosa cabellera y barba blanca, mira hacia la izquierda y está muy derecho; el otro hombre es un fraile, calvo, con bigotes y labios carnosos rosados y con mirada hacia el espectador; las dos mujeres deben ser santas creo, miran al cielo con ojos entornados. Había por lo menos un cuadro más de esta serie, de un hombre que llevaba un sombrero con plumas, no sé quién lo tendrá, pero en Londres sí estaba. La historia es que mi abuelo se los vio a un cura español que había colgado los hábitos y que divagaba por la Pampa, con fama de muy jugador. A mi abuelo le gustaron los cuadros y decidió perseguir al cura y ganarle esas pinturas antes que lo hiciera otra persona y así los consiguió. Me hubiera encantado tener más detalles de esa persecución, desgraciadamente no existen. Ahora, esos óleos llegaron a la Pampa después de un largo camino, como se verá; después vivieron en Valparaíso. En el reparto final (después de haber vivido algún tiempo en el garage) le tocaron a mi madre y vivieron un par de años en Santiago y después en Londres; mi madre trajo todas sus pertenencias cuando se vino a vivir conmigo en Sevilla. Han vuelto al lugar de nacimiento, pues me han asegurado dos restauradoras que son de la escuela de Murillo. Encuentro el periplo curioso, como si fuera un destino previsto que los trajo nuevamente a la ciudad donde fueron creados.

La otra cosa que me contó mi madre sobre sus padres es la siguiente: hubo muchas ocasiones en que mis abuelos y mis padres jugaban al bridge. Mi madre dijo que los abuelos jugaban mucho mejor y que siempre lo hacían juntos (craso error), pero como se pasaban todo el tiempo discutiéndose las jugadas y mis padres se limitaban a callarse y a escuchar –¡los mejores jugadores inevitablemente perdían!

No sé quién me lo ha contado, quizás una prima: y es que estando ya casada y viviendo en la Pampa, a uno de los Empleados de North Lagunas, la Oficina de mi padre, le gustaba mi abuela y ella se dejaba; ese hombre es el que las hermanas Dowd llamaban "las tres H" –le habían puesto Hateful Horrible H..." (Odioso horrible H...– el apellido).

Ignoro en qué momento entró Mena en la vida de mi abuelo. Mena era Nicanor Mena, el practicante, compañero y amigo del Dr. Fowler. Estuvieron juntos el tiempo que vivió mi abuelo en la Pampa, que calculo fue hasta 1930. Tengo un borroso recuerdo de haber conocido a Mena en San Donato cuando era muy chica, siempre oí hablar de él como uno de la familia. Mi madre me llevaba a lo que fue San Donato, me parece, a visitarlo. La leyenda familiar cuenta que cuando mi abuelo recibía una llamada para ir a ver a un enfermo, salía corriendo con Mena, se montaban en el autocarril y volaban como dos demonios (¿como perseguidos por los demonios?) y que las curvas no las veían, sino que seguían recto y volvían a tomar la vía más adelante... Evidentemente al principio, los dos iban a todos lados a caballo.

Los cuatro hijos del Dr. Fowler adoraban a Mena también, menos en un momento especial del año. Dicen que "en casa del herrero, cucharón de palo". Pues bien, mi abuelo tenía la costumbre de dar una buena dosis de aceite de castor a cada uno de sus cuatro hijos una vez al año para lo cual le era indispensable la ayuda de Mena. Los niños, como es totalmente comprensible, odiaban este aceite y no se sabe cómo, cuando amanecía el Día D, ya lo sabían. Se vestían y salían corriendo a desperdigarse por la Pampa. Era Mena el encargado de salir tras ellos y traerlos de vuelta pataleando y protestando, uno por uno, ayudar al Doctor a envolver al paciente recalcitrante en una sábana, subirlo a la mesa de la plancha y agarrarlo fuertemente para que se quedara quieto mientras mi abuelo le introducía la dosis del repelente remedio. Mi diccionario inglés Oxford English Dictionary lo describe como "aceite vegetal nauseabundo usado como purgante"; el diccionario de la Real Academia describe la planta de ricino y termina diciendo que de los tallos se saca el aceite que se usa para purgante. Leí hace poco tiempo la biografía de un hombre extraño que fue uno de los incontables contribuyentes del primer Oxford English Dictionary, muy interesante. Es evidente que la persona a la que le tocó *castor* sabía perfectamente lo que era el *castor oil*; el académico español, en cambio, no tenía la más remota idea del aceite de ricino, eso o estaba estrictamente prohibido introducir opiniones personales. Yo creo que es el deber moral de un diccionario advertir al lector que busca información fehaciente que una cosa es nauseabunda o no ¿no?

Mi madre por suerte no heredó esa costumbre bárbara anual de purgarnos, pero sí me acuerdo de una ocasión en Peña Chica cuando me obligó a tomar una cucharada de un viscoso aceite, a pesar de todas mis protestas; esperó solícita a mi lado hasta que me lo hubiera tragado y enseguida me dio un vaso de jugo de naranjas recién exprimidas que ayudó mucho a rebajar esa sensación de viscosidad que nunca más desaparecería.

La generación siguiente

Las cuatro hermanas Lance tuvieron cada una un hijo, todos fueron al colegio en el Reino Unido y tres de ellos –Dod Fowler, Clive Moir y Bill Ross Lowe– hicieron dos años de servicio militar en Chile en los años '20: Dod en Granaderos de Iquique, Clive Moir en Caballería también, en Antofagasta, y Bill Ross Lowe en Coraceros en Viña. Los he mencionado en el orden de nacimiento de sus mamás. Bill parece haber cumplido su deber antes, por lo menos antes que mi tío Dod, porque he visto el documento donde lo licencian en 1924 con el cargo de "Teniente de 2º de Reserva"; Dod todavía hacía el servicio en junio de 1925 (ver el Capítulo IV. 2. Oficina Coruña).

Dod Fowler

Dod Fowler fue al colegio en The Edinburgh Academy, adonde fue también su hijo (mi primo hermano) Ian. A Dod lo mandaron en 1912, deduzco porque tengo una notita escrita por él que dice que Alexander Fowler "fue su tutor mientras estuvo en el colegio 1912-1922". Nació a finales de agosto de 1904 ¡lo mandaron o llevaron, lo mismo da, con ocho años! Es costumbre en Inglaterra mandar a los hijos al internado desde preparatoria; no obstante, por lo menos vuelven a sus casas para las vacaciones de Navidad, de verano y Semana Santa, donde tienen contacto con sus padres. Pero desde la Pampa en Chile, esta distancia o aparente desapego paterno-maternal involucraba un enorme sentido de sacrificio.

Y eso me pone en duda sobre cuándo fue mi madre a St. Leonards. Escribí al colegio preguntándolo; contestaron primero que no tenían registro alguno de esos años; después a los tantos meses, me dijeron que sí había estado cinco años, desde 1915 a 1919, entre los 14 y 18 años. Mi tío Dod estuvo 10 años en Escocia, desde los ocho hasta los 18 también.

Creía que habían ido el mismo año los dos. Mis tías Mary y Jean fueron al colegio en Inglaterra, al Princess Helena College, que todavía existe a poca distancia al norte de Londres. Estuvieron ahí alrededor de 1923 *cuando tenían entre 14 y 16 años*. Me dijo que su madre le había contado que las dos tiraron toda la ropa por la ventana del dormitorio, porque no les gustaba estar ahí. Además, parece que Mary fue expulsada porque fue vista "hablando con un joven"; aparentemente Jean se quedó. A la vuelta, su padre (mi abuelo) le preguntó a Mary qué "había pasado" y ella le contestó que "no había pasado nada". Mi abuelo le dijo que creía que decía la verdad y que le podría ayudar en la consulta cuando hacía falta otra persona; incluso lo acompañaba a veces en sus visitas.

A mi tío Dod lo vi varias veces a lo largo de su vida, pero nunca en Lima donde vivió varios años y donde se casó con Dorothy Herbert. Él y Dorothy y los hijos –Ian de 7 años y Helen recién cumplido un año– vivían en las afueras de Nueva York en New Rochelle cuando mi madre y yo nos quedamos con ellos camino de Inglaterra en 1945. Mi tío transmitía una sensación de calma absoluta y era afectuoso; Dorothy, americana, era alegre y muy activa. Mi encantador primito Ian me amenazaba, con voz bronca de gangster de Chicago: "Te voy a meter en el cubo de la basura"… mientras que, si le daba de comer a la guagua, mirándome derechito a los ojos, me soplaba el contenido de la boca en toda la cara –con mucho regocijo–.

Hemos evolucionado todos desde entonces, los dos viven con sus familias en Canadá, en la provincia de Quebec, y he tenido la suerte de recibirlos en distintas ocasiones, acá en Sevilla. Es Ian el que me mandó copia del diario de su padre sobre su paso por la Oficina Coruña en 1925.

Jim Blandford

A mi tía Mary la conocí (conscientemente) mucho antes de la muerte de mi padre. Fue cuando me mandaron al colegio en Santiago en 1940 y la vi intermitentemente a lo largo de toda mi vida, en algún lugar u otro ¡hasta de paso por el Canal de Panamá, con la prima Marny chica! Siempre le tuve mucho cariño a mi tía.

No he contado que mis tíos Mary y Jim Blandford tuvieron un hijo, Robin, dos años mayor que yo. Robin fue al norte a pasar el verano de 1944 (el último que yo pasé en Iquique, en Baquedano 1198), con un amigo, creo que en Tocopilla. Para el regreso al terminar las vacaciones, tenían pasaje hasta Valparaíso en un carguero que –me parece recordar– era propiedad del padre del amigo. A los dos o tres días de zarpar hubo una explosión a bordo y todo el mundo tuvo que abandonar el barco. Trágicamente, la puerta del camarote de Robin se trancó con la explosión, oyeron cómo la golpeaba y pedía ayuda (que intentaron darle, sin éxito). Una *buena amiga* le contó estos detalles a mi tía –nunca vi la necesidad–. Se salvaron la tripulación y el amigo.

Cinco años después mi tía tuvo una niña, mi querida prima Marny. Muchos años después, Marny, su marido Michael Gribbin y su hijo mayor, Richard, emprendieron un viaje que resultó ser alrededor del mundo, a bordo del *Copihue II*. Primero pasaron por el Estrecho de Magallanes y después volvieron hacia atrás por el Canal de Beagle para darle la vuelta al Cabo de Hornos. Bueno, naturalmente estuvieron algún tiempo anclados justo al norte de Viña de Mar, para tener fácil acceso a Santiago donde Marny tiene tantos amigos. Cuando por fin volvieron a emprender rumbo hacia el norte, Marny ya tenía todas las coordenadas marítimas del lugar exacto donde se había hundido el carguero, con el hermano que no conoció. También se quedaron en Iquique unos días, aprovechando para ir a la Pampa, a ver el cartel señalando dónde había estado la Oficina Constancia. Nuestros primos, los "Canadienses", Helen Tringham y Ian Fowler todavía no se han dado una vuelta por esos lados: ojalá lo hagan algún día.

Clive Moir

Siguiente por orden materno viene Clive Moir, hijo de Auntie Daisy y de Archie Moir, nacido en la Oficina San Jorge el 07.07.1907. Archibald Moir nació en Lima y su madre era escocesa. A Clive lo mandaron a Inglaterra al colegio de preparatoria Stoke House en Sussex. Ahí le fue muy bien, tanto en estudios como en deportes, guardaba recuerdos felices de esos años. Pero no lo pasó tan bien en su colegio de secundaria –Cheltenham College– Leconfield House. Pasaba muchas vacaciones con su tía Nita, hermana de su padre, casada con Charles Evans, que habían vivido en Chile igualmente. Tenían una casa grande y cómoda en Redhill, Surrey. Cuenta Clive cómo fueron sus primeras vacaciones con sus tíos y primos Owen y Beatrice: se bajó del tren en Redhill donde lo estaba esperando el chofer del tío con un automóvil estupendo, que lo llevó hasta la casa que le pareció un palacio. Vio al llegar una enorme pancarta pintada diciendo: B I E N V E N I D O; solo después se dio cuenta con asombro que era para él. Describo este episodio porque demuestra perfectamente cómo era Clive, nunca fue una persona fanfarrona o creída, para mí era sencillamente encantador. Me dijo que lo que más echaba de menos en Inglaterra era el "choclo" de la cazuela.

Su madre Daisy aprovechó una estancia en Inglaterra para ir con su hijo a Yorkshire a pasar unas vacaciones cortas y me parece que en algunas ocasiones fue a Hove en Sussex, donde vivía su hermana, la tía Dolly Isaacson. Ahí se juntaban algunos primos: Bobby y Betty, hijos de Dolly, mi madre a veces, Clive y no sé quién más. Hove está en la costa sur de Inglaterra, bien lejos de Escocia. Mi madre decía que "lo mejor" iba siempre para Bobby y Betty abiertamente, ningún disimulo; por ejemplo el trozo más grande de tarta, el beefsteak más gordo, etc. Además la igualdad de sexos aún no estaba en el firmamento, las niñas debían servir a sus hermanos y primos. Me dijo Clive que la tía Dolly había tenido una vida muy difícil, pues, como se separó joven, siempre estuvo sola para educar a sus hijos, lejos de su familia.

De los primos hermanos de mi madre, fue Clive el que conocí mejor, porque nunca dejaba de visitarlo frecuentemente a él y a Bebe, su mujer, cuando empecé a volver con cierta regularidad a Santiago. Fue un gran favorito con todos mis hijos también. Se casó con Bebe Ginesta, nacida en la Pampa también, en 1911 en San Antonio de Huara (aunque no tengo apuntada esa Oficina), pero de todos modos, una de las que quedaban cerca de Huara, como quien dice "a la vuelta de la esquina" de San Jorge. Archie

Moir trabajó también en la Pampa de Antofagasta donde estuvo alrededor de 1918.

Clive estuvo con distintas compañías salitreras toda su vida. Creo que se inició en Valparaíso con Buchanan Jones y después en Antofagasta con otras empresas; me parece que no vivió en la Pampa de mayor, aunque sí visitaba las Oficinas con regularidad por su trabajo.

Era alegre, divertido y cariñoso –y travieso desde chico. Mi madre me contó una anécdota que se contaba en la familia: Auntie Daisy era más bien seria y estricta. Al regresar del Escritorio un día, le dijo a Archie, su marido, que debía castigar a Clive por no se sabe qué fechoría, a lo que consintió –después de mucha insistencia– de muy mala gana. Clive y su hermana Joy –nacida en la Oficina Alianza dos años después de Clive– compartían todavía la misma habitación; habían estado jugando cuando oyeron los pasos del padre acercándose, por lo que se hicieron los dormidos rápidamente en camas cambiadas y debajo de las sábanas. Archie había agarrado un diario, lo enrolló y con paso firme se dirigió al dormitorio de los niños y se puso a pegar fuertemente al primer bulto que encontró, hasta que los gritos de su hija Joy lo hicieron desistir. Ya podía tronar, pero nunca más "castigó" a ninguno de sus hijos.

Otro cuento de Archie Moir: volvían de Inglaterra y ya habían embarcado, él estaba en cubierta observando el movimiento en tierra, las grúas, los porteros, los pasajeros que subían, etc. Entró en conversación con un señor que a poca distancia se dedicaba al mismo pasatiempo. Archie indiscreto, de repente dice: "¡Mire qué señora viene por ahí, qué sombrero más espantoso! ¿Será pasajera o viene a despedir a alguien?" y más por el estilo. Su interlocutor le dice como disculpándose: "Es mi mujer". Archie (sin pensarlo dos veces): "Ah ¿sí? Eso no es nada, ¡espere hasta que vea la mía"!... Le pregunté a Clive si era verdad y me contestó que nunca había oído esa historia. Los hijos de mi generación son Valerie y Ian.

Ross Lowe

Ahora es el turno de la familia de mi tía abuela Gertie, casada con Herbert Ross Lowe. Charterhouse, fundado en Londres en 1611 y trasladado a Godalming en 1872, fue el colegio del único hijo, Bill Ross Lowe. Estuvo en la II Guerra Mundial, me parece que en tanques en África del Norte. Me acuerdo cómo su madre (mi tía Gertie) esperaba ansiosamente sus cartas en Chile durante la guerra; a veces lo que recibía era como un encaje, la carta venía llena de recortes de los censores. Viviendo ya en Londres mi madre y yo y los Ross Lowe en el campo, lo vi a él y a su Eileene alguna vez cuando venían a Londres; siempre conversador y animado y muy elegante con su bombín y paraguas enrollado muy delgado. Mis hijas también tuvieron la suerte de conocerlo y se quedaban encantadas escuchándolo. Las hermanas de Bill fueron Judy Martineau, Joyce Casdagli y Hargrove, y Cynthia Stagg.

Antes de que mi madre me llevara a Inglaterra a vivir, solamente conocía a Cynthia, casada con Alfred Stagg Carvallo. Vivían en Quito y visitaban Chile de vez en cuando. La tía Gertie vivió allá con su hija Cynthia una temporada. Volví a ver a Cynthia tan dulce como la recordaba, añísimos después en 1989, cerca de Phoenix en Arizona; había enviudado recientemente. Posteriormente la vi en Long Island donde había ido a vivir para estar cerca de su hija Anne Belle. Eran encantadoras, madre e hija. Antes de ir a Phoenix yo había estado unos días con amigos en Oakland y aproveché para hacerle una visita al hijo de Cynthia, Michael Stagg, que yo conocí de meses en Viña o Santiago, cuando todavía le decían Bimbo. Él y su mujer Musia vivían en Heyward, ahora en Oakland; la afición de Musia es el cultivo de orquídeas y la pintura y la de él la música *zydeco*, que toca con unos amigos los fines de semana. La palabra –y la música– es del Estado de Louisiana en Estados Unidos, una mezcla de francés (*les haricots*) y el patois de los esclavos negros. También volví a ver a Michael en Long Island, un fin de semana que estuvimos en casa de Anne y su marido John Belle. Aproveché mi primera visita a Nueva York en muchísimos años para contactar con Anne, ¡no nos habíamos visto desde que las dos teníamos menos de diez años! Anne y John me causaron gran impresión, *gran* en este contexto significa inmejorable. El mayor interés de Anne fue el ballet, produjo una película sobre Balanchine. John es galés, ha vivido en Nueva York desde los años cincuenta; es arquitecto y fue el autor de la conversión del centro de inmigración de Ellis Island (1892-1954) en la bahía de NY en el Museo de la Inmigración, 1990 y de Grand Central Station (por mencionar solo dos de sus proyectos). Como ella, muy ameno y encantador. Tengo un claro recuerdo de ese fin de semana, de un largo paseo por una playa otoñal desierta, con el cielo cubierto de magníficas nubes y de la conversación en torno a la mesa de la cocina. Fue la última vez que vi a madre e hija: Cynthia tristemente por ley de la vida, pero Anne –por una mala pasada del destino–, murió repentinamente durante una visita a su hija Antonia en California.

La muerte de mi madre en 1973 (yo tenía 42 años) me dejó con un sentimiento inesperado de orfandad. Desde entonces he buscado a mis primos segundos por donde estén. He llegado a conocer a esas primas segundas hijas de Bill y me encantan todas: Bridget, Belinda, Jane; Guy tristemente murió en 2005. Tenemos amistad viva y activa con los hijos de Bridget: Mark y Lucy y algo más distante, ya que vive en Canadá, con Annabel (antes estuvo en Nueva Zelanda, donde la conoció mi nieto Ruy); Belinda también vive allá en Auckland. Igualmente hemos tenido la suerte de que varios hayan venido a Sevilla a visitarnos, tanto de mi generación, como de la de mis hijos. Empezó viniendo Ben, uno de los hijos de Bridget Lutyens con un par de amigos, uno de los cuales (Mark) se había teñido el pelo de negro porque iban después a Marruecos; entonces vino Lucy durante varios meses y Mark el hermano mayor, durante la estancia de Lucy y después ya casado, en distintas ocasiones. Annabel la chica, solo llegó hasta Madrid. Jane, una de las hijas de Bill Ross Lowe, fue a Chile, aprovechando que Catherine, la mayor de sus dos hijas estaba en Santiago; estuvo un año allá trabajando en distintas comunas.

Judy RL, la hermana mayor, se casó con John Martineau, apellido hugonote (no lo conocí), padres de Michael. Desgraciadamente lo veo poco, no vive en Londres. Él fue el delegado para llevarme a un partido de cricket en Lords –catedral del cricket cuando yo tenía 15 o 16 años–; no entendí nada, no me gustó, además llovió. Estuvo casado con Patricia Saunders que murió en 1986; uno de sus dos hijos, David, murió recientemente, y el otro, Simon, vive en Colorado, Estados Unidos. Se dedica al polo, está casado con Lindsey y tienen un hijo.

Ahora viene Joyce RL, que se casó con Alexis Theodore (Lec) Casdagli, una familia griega de Egipto, educada en Inglaterra. (¡Esto me gana a mí en vericuetos!). Lec fue prisionero de guerra de los alemanes unos años; tenía una afición que le ayudó a "pasar el tiempo": el bordado. Claro, mientras fue prisionero, no tenía sedas ni hilos ni nada que se le pareciera, se dedicaba a "deshilachar" cosas irremediablemente viejas que podía encontrar. Su hijo Tony, después de toda una vida en la Marina desde la Escuela Naval, heredó esta afición, crea unos cuadros increíblemente bonitos, algunos de lugares en Londres, otros de jarrones, de animales, de todo, y con unas puntaditas de cruz mínimas. Joyce era muy encantadora y alegre. Ella y Lec se divorciaron después de la guerra. Joyce se volvió a casar con Frank Hargrove, que apenas recuerdo. Conocí mejor a Wendy, la segunda mujer de Lec, encantadora, rutilante y pelirroja.

Durante los últimos días en Santiago en 1945, mi tía Gertie me encargó encarecidamente que cuando conociera a su hija Joyce no se me olvidara decirle que la quería mucho, que la tenía siempre en su corazón. Reitero que no sé por qué no lo pude hacer, me daba una vergüenza tremenda. Solo una vez me aproximé, cuando la conversación trataba de auntie Gertie, aproveché para decirle a Joyce rápidamente "le tenía mucho cariño", como si se me hubiera ocurrido a mí.

A Tony y a Sally, su segunda mujer, los veo con insistente frecuencia en Londres, por lo menos una vez y, con suerte, a Lucy, hija de ambos. Admito que soy muy interesada, Tony es chef de primera (Sally le regaló, creo, un curso de "Cordon Bleu" para un cumpleaños) y normalmente pregunto qué domingo les viene bien.

Entonces vinieron los hijos de Tony y de su primera mujer Dell, que es australiana. Llegó Martin el mayor, solo, para Semana Santa. No había manera de que mirara las procesiones, se daba la vuelta y miraba al público, ¡lo encontraba mucho más inesperado! Siguieron Simon, Jeremy y Emma. Esta familia es incansablemente viajera; claro, si todos viven en sitios desperdigados del mundo, para verse se tienen que mover. Emma vive en Hongkong, Simon en Sydney, Martin me parece que en Nuevo México y Jem se acaba de casar y vive en Estonia. Ahora que lo pienso, es posible que Emma haya estado en Chile, a la vuelta de dos años en Japón; no recuerdo bien, pero en todo caso, en Tarapacá lo dudo.

Bobby Isaacson

Bobby Isaacson, hijo de auntie Dolly (la más joven de las tías abuelas), vivió principalmente en Inglaterra y sé muy poco de él, me parece que solo lo vi tres veces en mi vida. Fue a Radley al colegio, que también existe todavía, y terminó siendo Agregado Comercial en distintas embajadas. Se casó con Margi, una señora viuda muy atractiva que conoció en Río de Janeiro, que tenía una hija Eliane creo, igualmente bonita.

Ignoro por qué el bisabuelo William Lance no mandó a su único hijo Guy al colegio en Inglaterra.

Betty, hermana mayor de Bobby, es madre de Deirdre. Fue la prima hermana de mi madre que mejor conocí. Además de la temporada que pasó en Peña Chica con nosotros, vivimos cerca de ella y de su adorable marido Carlos Muñoz Arlegui, cuando nos fuimos a Santiago después de la muerte de mi padre. Betty fue la única persona de esa generación que vino a Sevilla a verme, aparte, claro, de mi tía Mary, que estuvo más de una vez. En una ocasión mi madre se fue de viaje a dar una vuelta por España con su hermana que vivía entonces en Estoril. Por teléfono un día, de no sé dónde, dijo: "Estamos en…, hoy hemos recorrido solamente 500 km…". Lo que con las carreteras de esos años '60 en España y los automóviles menos potentes que los de ahora, era casi una hazaña digna del National Geographic. En otra ocasión fui yo su compañera de viaje, me encantaba estar con ella, era aventurera y ocurrente.

A Deirdre (la mexicana) la he visto muy poco con largas interrupciones, a lo largo de los años. Las dos primeras veces vino a Sevilla con su hija Michelle; la última vez llegaron trayendo una bolsa muy pesada. Algún tiempo después de la muerte de Carlos Muñoz, Betty fue a vivir en Ciudad de México con su hija única Deirdre. Dejó dicho que le gustaría que sus cenizas fuesen esparcidas en Inglaterra. Y así, su hija cumplía su deseo. Sin embargo, otra persona quizás hubiese organizado su viaje de otra manera, pues llegó a Sevilla con la bolsa pesada, de acá partieron a Italia, de Italia a Francia, de Francia a Holanda y de ahí, por fin a Inglaterra. En Londres fueron madre e hija muy temprano una mañana a Green Park y dejaron descansar a Betty por fin, muy cerca de donde estaba descansando también su querida prima Joyce Hargrove en St. James's Park. Después de muchos años he conocido a Miguel Salinas, su marido, y por suerte nos vemos con más frecuencia ahora, acá o en Londres.

Mi familia chilena: los descendientes de Guy Lance

Fue solamente en 1995 que conocí –por fin– a mi "familia chilena". Fue a través de Clive Moir que nunca perdió contacto con su primo hermano William (Billy) Lance y así obtuve la dirección de su hermana Lotty Lance en Los Andes, casada con Misael Alvarado. Me resulta muy difícil entender cómo hubo tanto distanciamiento y desconocimiento.

William desgraciadamente había muerto en Mendoza un año antes, él y su hermana Lotty eran hijos de Guy Lance, el único hermano de las cinco niñas Lance (la más chica Beatrice, recordarán, murió entre dos vagones de tren en el pueblo salitrero de Dolores en 1896).

Guy se casó con Wenceslaa Ortiz, nacida en San Pedro de Atacama, tuvieron cinco hijos y una única niña, Lotty, la más pequeña. Vivieron en varios lugares de la Pampa. En los papeles de Gibbs en Londres encontré una pequeña referencia a Guy: "14-08-1925 Mr. Lance se encargará de la inspección y del informe, ya que el Sr. Moir no se puede ausentar".

Por fin me pude contactar con Lotty en la dirección correcta de regreso a Sevilla y nos conocimos en persona en mi siguiente viaje a Chile. Fui recibida tan cariñosamente y desde entonces he estado muchas veces en Los Andes. Para mí fue una estancia muy emocionante y llena de satisfacción. Mis primos segundos Carmen y Patricio, viven en Santiago (aunque Patricio de repente desapareció a Washington una temporada). A Carmen, la veo con frecuencia estando en Santiago, tenemos mucho en común; hasta nos vemos repentinamente en buses en el desierto más seco del mundo... Una vez estando Lotty en Santiago y, como no conocía a su primo hermano Clive, sugerí un encuentro; fue bien, pero creo que era demasiado tarde, Clive y Bebe estaban ya muy mayores y agotados. Se me antojó también que las primas segundas Valerie –hija de Bebe y Clive– y Carmen se conocieran; fue bueno, pero creo que era también demasiado tarde, no sé por qué motivo.

Familia Lance – Ortiz-Carrizo

De la familia chilena recogí un largo relato: "María Wenceslaa, hermana de María Isabel, nació el 22 de septiembre de 1883 en San Pedro de Atacama, miembro de una familia muy reducida, hija de Juan Bautista Ortiz-Carrizo y de Zocima Magarjo".

"Juan Bautista se dedicaba al intercambio comercial entre San Pedro de Atacama y probablemente la localidad de Salta en Argentina. Ambos padres fallecieron dejando a sus hijas de escasa edad a cargo de un albacea, quien hizo uso de los bienes encargados para su beneficio propio, por lo que las niñas se vieron sin mayor respaldo económico. Fueron entonces criadas por una fiel niñera apoyada por la madrina de bautismo de Wenceslaa, quien llevaba a las niñas de vacaciones a Toconao y a las Termas de Puritama" (significa en lengua atacameña Agua caliente).

"Esta niñera tenía gran conocimiento de productos naturales con fines medicinales, ayudando a la comunidad, pues no existían médicos ni hospital en el pueblo. Wenceslaa aplicó estos conocimientos toda su vida para aliviar algunos males menores de su familia".

"Wenceslaa –Wenche para la familia en general y Celada para Guy–, asistió a la escuela ubicada junto a la Iglesia de San Pedro, que probablemente tenía una arquitectura autóctona similar. Conoció Calama de difícil acceso entonces, cuando María Isabel se casó con Zenón Funes, en cuya casa conoció a William Guy Lance, con quien se casó en esa ciudad en 1906, ella de 23 y él de 25 años. Nacieron de esta unión 6 hijos: David Ramón, Juan Guillermo/Billy, James Stanley/Jimmy, Jorge Benjamín, Robin Claudio y Carlota María".

"El matrimonio de Wenceslaa y Guy duró 20 años, se quisieron mucho, logrando conciliar la prudencia de ella y el carácter libre y audaz de él. Wenceslaa se caracterizó por su gran bondad, siendo a la vez muy exigente respecto de la educación de sus hijos. Fue una persona plena de paz, atinada en sus decisiones, apreciada por la comunidad y muy querida por sus cercanos".

"Guy de carácter libre y audaz, vivió intensamente la vida llegando a desafiarla en muchas oportunidades como cuando bajaba de Juncal o Portillo a Los Andes en *carro de mano* sin ninguna protección. Esta es una vía ferroviaria que serpentea desde la alta montaña entre cerros y la quebrada del río Aconcagua".

"Guy inició su actividad laboral en Gibbs y Cía., trabajando la mayor parte de su vida para esta empresa en diferentes Oficinas salitreras, en su primera etapa encargado de la construcción de líneas ferroviarias, y en una segunda etapa en la administración de las Oficinas. Entre otras San Gregorio, Baquedano, Pampa Unión, Santa Laura, Alianza, y Alto Junín donde trabajó por dos años como Administrador de esta Oficina hasta su muerte en 1926". Lotty recuerda haber tenido solo dos amigos en ese lugar: Cedric y Joyce Henderson hijos del Subadministrador de la oficina.

En Santa Laura conocieron a la familia Cáceres entablando una amistad que dura hasta estos días. "A comienzos de 1924 falleció Robin de tos convulsiva y, con una semana de diferencia, David de bronconeumonia fulminante. La familia se trasladó a Valparaíso viviendo por un año en el cerro Los Placeres y Guy fue a Alto Junín. A comienzos de 1925 Wenceslaa y Lotty se reunieron ahí con Guy. Billy continuó sus estudios en el colegio Mackay de Valparaíso, Jimmy y Jorge en el English School de Iquique".

"En 1926 Guy enfermó del corazón, retornando por vía marítima a Valparaíso donde fue internado en el Hospital Británico. Falleció allí el 26 de Septiembre de 1926 a la edad de 46 años, fue sepultado en el cementerio Británico de Valparaíso".

"Wenceslaa y Lotty permanecieron durante este periodo en casa de tía Gertie, gracias a la preocupación del tío Bertie Ross Lowe. Lotty de 5 años recuerda los cariños de su prima Joyce, quien le enseñaba a rezar en inglés a la hora de dormir."

"Wenceslaa y familia quedaron sin casa, muebles, ni menaje. Recuperaron tan solo una cama de bronce en la que Lotty duerme hasta el día de hoy, las camas de los niños quedaron en el internado de Iquique, y la lámpara de dibujo de Guy la conserva su nieta Carmen".

"No habían ingresos ni propiedades con qué vivir ella y su familia. Solamente quedaron dos seguros de vida a nombre de Guy, uno de los cuales por mil libras y el otro por una cantidad muy inferior, con ellos se cubrieron los gastos de hospital y sepultura".

"El dinero restante se invirtió por recomendación de los directivos de Gibbs, con lo cual la familia se mantuvo estrechamente, contando además con el apoyo económico de Billy quien abandonó los estudios formales para trasladarse a Puente del Inca, Argentina, donde trabajó en Ferrocarriles y estudiaba a la vez. Guy fue asesorado y protegido por un señor de apellido Dickinson, pariente de Guy, un ingeniero reconocido internacionalmente a quien Billy visitaba en cada viaje a Londres cuando él se jubiló" (que yo haya podido averiguar, William Henry Lance, muerto en 1903, y su mujer Margaret Reston, no tuvieron más parientes en Chile que los yernos y nietos apellidados: Fowler, Moir, Ross Lowe e Isaacson). Tengo copia de una carta de Guy a Wenceslaa, escrita en mayo de 1920 en Valparaíso, en la que menciona su "primo hermano Estanislao Henderson ...es muy bueno mi primo y me quiere mucho, pero no a los demás de la familia"...

"La familia se trasladó a Los Andes, lugar en que más tiempo habían vivido, por lo cual contaban con buenos amigos, y el padre era recordado con mucho cariño por sus amigos, y los funcionarios de ferrocarriles, por su desempeño y generosidad".

"Entre los amigos se destaca la señora Noemí Bergoin de Pirazzoli quien persistentemente invitaba a Lotty a compartir con sus nietos uno de los cuales, Hernán Pirazzoli, permanece en Los Andes y es amigo entrañable junto a su familia hasta estos días. Don Oreste su esposo, era dueño de una barraca de maderas donde los niños eran felices jugando cuando esta se cerraba por el fin de semana".

"Gracias al temple de una mujer sabia, prudente, y bondadosa estos hijos de Guy supieron de una vida llena de armonía, de enseñanzas y de felicidad, a pesar de muchas carencias debido a su precaria situación económica".

"Tras muchos años, en la década del 50, ella –Wenceslaa– después de leer el diario local vespertino, aún solía sentarse al atardecer a evocar mirando hacia el horizonte. No le gustaba hablar de su vida pasada, lo que siempre respetamos por el dolor sufrido al haber perdido a sus padres, su hermana, pero sobre todo a sus hijos y su marido. Esta es la razón por la cual sabemos tan poco de nuestra familia".

"El trabajo de Guy les obligó a cambiar de ciudad de residencia a menudo":

1906 vivían en Calama –nació David Ramón, 1909 en Pampa Unión – nació Billy (Juan Guillermo), 1909, 1912 en Vallenar – nació Jimmy (James Stanley), 1918 vivían en Los Andes, en el año 1914 nació Jorge Benjamín, Robin Claudio nació en 1921 en Vallenar, 1922 a 1924 vivían en Los Andes donde nació Lotty, 1925 a 1926 Alto Junín…

Se dice que Billy fue: "muy tenaz, con un carácter muy parecido al tuyo, Biddy, me parece que son hermanos del alma, tenía tu picardía e interés por estar siempre presente. De mirada alerta y sonrisa frecuente. Fue de esas personas de las que se puede decir que están realmente vivas".

"Su gran afición fue el andinismo, y vivió siempre pendiente de aprender especialmente acerca de otras culturas y de todo lo relativo a la ingeniería".

"Cuando niño su padre lo incitaba a pescar y como él no tenía paciencia, tomaba prestada una gran sábana de la casa e invitaba a algunos amigos a recoger peces de una manera más rápida y eficiente".

"Obtuvo el título de Ingeniero de Ferrocarriles, se casó con Nidia, de quien se separó, y luego se casó con Violeta, que falleció dos años antes que él. No tuvo descendencia".

"Trabajó para Railway Huaqui-La Paz en las ciudades de Arequipa donde ofició de Vicecónsul Británico; en Cuzco estuvo a cargo del mantenimiento de las líneas a Machu Picchu, y en Sicuani, ubicada en el Lago Titicaca. Durante un año estuvo a cargo de dicho ferrocarril en la ciudad de La Paz, pero el tener una doble nacionalidad, la británica y la chilena, lamentablemente le generó demasiados problemas por lo cual volvió a Perú".

A Jimmy lo describen como de "carácter muy alegre, afectuoso, goloso y bondadoso, era además muy buen mozo. Muy pequeño sufrió de una meningitis aguda que lo dejó con su memoria limitada, lo que no le impidió ser un buen funcionario de FFCC, destacándose por su gran interés en lo que hacía, por su responsabilidad y por su generosidad con sus compañeros."

"En su tiempo libre se dedicaba a la orfebrería, elaborando bellas piezas en metal. Permaneció soltero viviendo siempre junto a su madre a quien sobrevivió solo unos meses".

"Cuando adolescente, llegó un frío día de invierno a su casa sin su chaqueta, era su única chaqueta, su madre le preguntó por ella, él respondió: la di a otro que tenía más frío que yo".

Jorge se distinguía por su "carácter suave, muy cariñoso y reservado, siendo joven fue un gran apoyo para la familia, y especialmente para Lotty a quien exigió y apoyó en sus estudios; luego se casó con Ana Santelices, hija de un señor muy apreciado por la comunidad. Jorge y Ana compartieron una vida llena de armonía".

"Trabajó para All America Cables en la ciudad de Los Andes, Chile. Para Railway Huaqui-La Paz en Bolivia, y para la Compañía Minera Andina en Los Andes".

"Los hijos de Jorge son seis: María Isabel vive en Los Andes, Rosa vive en Estados Unidos, Patricia en Santiago, Ana María en Iquique; Jorge, después de vivir casi toda su vida en Australia, volvió a Chile recientemente, y Claudio vive aún en Australia".

"Aunque hubo mucha cercanía de Lotty, esposo e hijos con los hijos de Jorge siendo niños, después de la muerte de Jorge y Ana se generó un distanciamiento por diferencia de costumbres, y por una mala interpretación de la muerte de Billy, quien dejó su casa y valores a nombre de Lotty".

Lotty es de "carácter alegre, muy tenaz y decidida, de niña fue muy mimada por su madre y hermanos, tuvo una infancia feliz, pues no alcanzó a conocer a su padre como para añorarlo como sus hermanos mayores".

"Cuando Jorge se casó a los 20 años, ella decidió trabajar para apoyar a su madre y a Jimmy, aunque era poco frecuente, en su ciudad, que las mujeres trabajaran en oficinas. Trabajó por dos años en el diario de la ciudad. Luego fue contratada por la Compañía de Electricidad Chilectra, en ese entonces empresa norteamericana, donde comienza desempeñando un trabajo bastante sencillo y a medida que pasan los años sucesivamente aborda puestos más complejos, llegando en el año 1963 a hacerse cargo del área de contabilidad, que la convirtió en jefe de personal de la oficina de Los Andes con 50 personas a su cargo".

"No solo se preocupó del aspecto laboral, sino también se preocupó de los funcionarios en el aspecto personal y también familiar. Jubiló después de 38 años de trabajo en el año 1980".

"A la edad de 10 años Lotty jugaba en casa de su gran amiga Marita Traverso, cuando Misael, un joven muy aficionado a los deportes, visitaba a su "polola" Nena, observando a esta niña pensó: ¡Cuán insoportable esta niñita "metida a grande"! Pronto dejó la ciudad, volviendo 10 años más tarde y al encontrar a Lotty ya no la encontró insoportable sino muy atractiva y empezaron a conversar. Después de 61 años de matrimonio… siguen conversando". Son amenos y encantadores los dos. Esta ha sido la contribución de Lotty y de mi prima Carmen –o quizás solo de Carmen–. Sigue la contribución de su hermano, mi primo Patricio Alvarado.

"Fue una asoleada y tibia mañana del día miércoles 2 de noviembre de 1983 (Patricio estaba aún en la Aviación), en la que una delegación compuesta por seis uniformados de la Fuerza Aérea y yo, nos dirigimos desde la Base Aérea "Los Cóndores" ubicada en el sector de Chucumata, distante unos dieciocho kilómetros al sur de Iquique, mismo lugar en el que se emplaza el Aeropuerto Diego Aracena, con destino a la localidad de Pisagua, con motivo de la conmemoración del "Asalto y toma de Pisagua en 1879".

"Tras aproximadamente tres horas, arribamos a la tierra donde se ganó una de las importantes batallas de la Guerra del Pacífico.

"Después del acto conmemorativo, de visita al lugar y de haber despachado nuestras colaciones y, considerando que por lo avanzado del día, no tenía sentido volver a la Base, resolví que nos iríamos a turistear por la zona. Hubo algunas sugerencias triunfando finalmente la del cementerio de Tiliviche, lugar que está muy cerca de la salida a la carretera norte.

"Se trataba de un lugar muy especial, ubicado en la ladera norte de la quebrada del mismo nombre, con vegetación y una bonita vista a una zona bastante verde del valle, todo ello dentro de una propiedad perteneciente a una familia de apellido Keith que por coincidencia, uno de sus miembros Raúl Marticorena Keith trabajó con mi mamá en Chilectra" (seguramente primo de mi amigo el Sr. Adán Keith].

"Comenzamos nuestro recorrido, tratando de imaginar cómo habrían sido originalmente aquellas tumbas y deplorando el paso de quién sabe cuántos vándalos que a esa fecha tanto habían destruido. De repente alguien me dijo que había una tumba que podría ser de un pariente. Era la tumba de Beatrice y por supuesto, sin saber que efectivamente era de la familia, aunque por no ser un apellido común en Chile, suponía que debía ser. Así es como di con un eslabón de nuestra poco conocida familia".

(Ya conté en alguna parte que en el Cementerio de Tiliviche, hacia arriba a la izquierda, hay muchas humildes crucecitas que son de algunos de los soldados muertos en la batalla de Dolores, ocurrida un poco más al sur de Tiliviche, que siguió al desembarco de las fuerzas chilenas en Pisagua).

Abuelos paternos

Se trata de Patrick Comber y Mary Forstall Comber. Del padre de mi padre, Patrick Comber, se sabe que nació en Castlebar, ciudad principal del Condado de Mayo en el Oeste de Irlanda, el 30 de abril de 1831, hijo de Thomas y de Catherine Gannon, de Kilmeena, también en Co. Mayo. No había Registro Civil en Irlanda antes de 1864 y los registros parroquiales de Kilmeena no se iniciaron hasta 1858. Patrick, mi abuelo, podía remontarse hasta su bisabuelo Henry, aunque llegó hasta poner anuncios en *The Times* de Londres pidiendo información anterior sobre ese bisabuelo.

Mi abuelo paterno Patrick Comber.

Mi abuela paterna Mary Forstall.

Aparentemente se sabía que vino de Irlanda del Norte como resultado de desavenencias religiosas en una familia católica. Se suponía que Henry no quiso renegar de su fe, por lo que su vida se haría insostenible (¿peligrosa?) y se fue a Irlanda del Sur; hasta pudo haber cambiado el apellido. En Dublín aceptó el cargo de tutor del único hijo de un eminente abogado, a pesar de la ley vigente que establecía que los abogados, procuradores y toda persona relacionada con los tribunales estaban obligados a educar a sus hijos en la fe Protestante. Además, "cualquier maestro de escuela pública o tutor particular dedicado a la enseñanza de alumnos Protestantes o Católicos debía ser procesado como criminal y se ofrecía una recompensa de £ 10 a cualquier informador que diera una pista para la detención de tal papista". A pesar de todo, Henry estuvo con esta familia varios años, acompañándola al oeste de Irlanda a Quansborough en el Condado de Galway, hasta que murió su alumno. Al poco tiempo se estableció en las cercanías y se casó con la señorita Fitz-Simons, que en aquel tiempo era considerada la mujer más inteligente y mejor educada del Condado.

Henry se dedicó a la agricultura; tuvo tres hijos, Patrick, Peter y Henry; el mayor se casó con Sarah Scott y fueron los abuelos de Patrick Forstall Comber. Tuvieron un hijo, Thomas, que a su vez se casó con la joven Catherine Gannon, de Killmeena, Condado de Mayo. Mi abuelo fue el único hijo sobreviviente de esta pareja. Además de algunos nombres más de lugares y sobre el nieto de Peter, esto es todo lo que hay. En realidad, no me he dado cuenta hasta ahora lo complicada que podía resultar la existencia para un Católico Apostólico Romano en la Irlanda gobernada por Inglaterra. En épocas anteriores a la que menciono, creo, hubo hasta una ley que dictaba que un "irlandés" no podía cobrar más de £ 5 por su caballo y si un *señorito* lo quería, estaba obligado a vendérselo. Claro, es verdad que estas cosas "pintorescas" sucedían antes del democrático siglo xx, a pesar de la toma de la Bastilla y de *liberté, égalité, fraternité;* y, como me puedo ir por una rama llena de espinas y avispas, mejor lo dejo aquí.

Los Forstall

Volviendo a Patrick Comber, conoció a Mary Forstall en Edimburgo. Los Forstall habían estado en Irlanda desde la invasión anglonormanda en 1170; ¡imagínense mi consternación, risa e indignación cuando al mencionar en Dublín que la familia de mi padre era irlandesa, me aclaró firmemente mi interlocutor que era anglonormanda, irlandesa no! Ahora, varios años desde entonces, sí lo entiendo. Esto a pesar de que esos primeros invasores llegaron con el tiempo de integrarse totalmente con y a ser aceptados por los invadidos, tanto que en posteriores campañas inglesas en Irlanda, a los anglonormandos también se los miraba con desconfianza y su fidelidad a la corona inglesa puesta en duda. A lo largo de todos esos siglos naturalmente se produjeron muchos casamientos con nativos, y los Forstall hasta mi padre siempre fueron católicos. La historia de Irlanda es tremendamente compleja, tiene tantos matices y submatices [si es posible].

El padre de Mary Forstall –John– tuvo tres hijas que representaban los últimos Forstall en Europa (en Estados Unidos había más Forstall, de una rama que llegó vía Nantes en Francia, Martinica y Nueva Orleans cuando esta aún pertenecía a Francia). Mary era la hija mayor de John, así este le pidió al pretendiente Patrick Comber que uniera los apellidos para que no desapareciera del todo. Patrick solía firmar "Patrick F. Comber", algunos hijos usaban FC entero y otros no. El matrimonio tuvo seis hijos y cuatro hijas, lo que conduce a pensar que el nombre continuó. Pues no; mi hermana y yo fuimos los únicos nietos gramaticalmente, aunque nietas realmente.

Por la copia de una carta escrita por mi abuelo Patrick a un William F. Comber en Londres, en la que le daba los pocos datos de su familia con la esperanza de que entre ambos pudieran descubrir algo más (que no fue así), se sabe que fue a Escocia joven, donde vivió nueve años, principalmente en Edimburgo. Estuvo cuatro años en Inglaterra donde vivió en Kent, dos años en Corfu y nueve en Australia. Intento hacer concordar estos datos con la fecha de nacimiento de los hijos sucesivos. En algún momento en alguna parte, hizo los estudios necesarios para ser considerado ingeniero, pero no he podido descubrir cómo ni cuándo. En Inglaterra trabajó en el Royal Dockyard de Chatham (los astilleros históricos que se pueden visitar y que son muy interesantes), no sé a qué fue a Corfu, solo que esta isla estuvo administrada por Inglaterra después del Tratado de Versalles de 1815, que durante la ocupación, y entre otras muchas cosas, se llevaron a cabo las obras de ingeniería para el abastecimiento de agua y que Inglaterra estuvo ahí hasta la independencia de Grecia en 1864. El War Office lo envió a Australia en 1869 para la construcción de la Casa de la Moneda en Melbourne.

El padre

Solo me queda por descubrir cuándo emigró mi padre; no sé en qué libro sobre Irlanda –escrito por un irlandés– leí que los irlandeses fueron los primeros emigrantes de Europa: la costumbre emigratoria la iniciaron los monjes de los siglos V, VI… después vinieron las olas de emigrantes (involuntarios) por motivos religiosos y políticos y los últimos han sido los que han tenido que emigrar en busca de algo para comer; durante siglos han estado emigrando los irlandeses.

En uno de los artículos que publicó el diario *El Tarapacá* con motivo de la muerte de mi padre, dice que llegó a Chile contratado como empleado de la Oficina Santa Isabel en el Cantón del Toco de Antofagasta y que aproximadamente a los 30 años (fue a los 29) se trasladó a Tarapacá. Nunca le había echado mucha cuenta a esa información, siempre había pensado que empezó en Tarapacá. Calculo que llegó a Chile entre 1895 y 1900.

La Oficina Santa Isabel perteneció a la Anglo-Chilean Nitrate & Railway Co Ltd., fundada en Londres en 1888, y meses más tarde del mismo año empezó la elaboración de salitre en la Oficina Sta. Isabel. Esta compañía construyó también ese notable ferrocarril de 88 km con 263 curvas. Mi padre debe haber conocido bien esta línea desde Tocopilla hasta la Oficina Santa Isabel, en que el trazado de retroceso dejaba ver la cola del propio tren en la otra ladera de la quebrada Barriles: ¡avanzando en sentido contrario! Creo que en alguna parte de sus memorias Francis Watson dice que es una notable obra de ingeniería.

Otra de las cosas que he oído y en la que ahora me pesa no haber puesto más atención es que antes había ido a Chile un primo de mi padre, y por eso fue él. Tengo el Certificado de Nacimiento de mi padre, que es algo complicado –bueno, complicado en realidad no, solamente "muy suyo", como se dice en Sevilla cuando se trata de algo característico, difícil de precisar–. Para abreviar, diré que nació en Bray, pueblo costero al sur de Dublín, en el Condado de Wicklow; dije complicado porque en ninguna parte del certificado se menciona el nombre del pueblo, viene el nombre del río que atraviesa Bray, el Distrito y sub-Distrito, pero "Bray" no.

Una rama desaparecida

A todo esto, he aprendido algo sobre otra rama de los Forstall –la de Tenerife. Fueron solamente tres generaciones: (1ª generación) Peter Forstall que llegó a principios del siglo XVIII. ¿De dónde? Quién sabe, quizás de Cádiz. No estoy segura si él llegó solo y se casó en Santa Cruz, o si llegó casado; sospecho que llegó solo. Él y su mujer Mary Antonia Russell fueron padres de: (2ª generación) Peter Francis, casado con Mary Rosary Michaela White. Los dos murieron en octubre y noviembre de 1810 como consecuencia de la fiebre amarilla, "introducida desde Cádiz por descuido" en palabras de su hijo Bernard. Él era Regidor del Ayuntamiento en el momento de su muerte. Esta pareja tuvo: (3ª generación) Peter Bernard, Bernard, John, Mary y Barbara. Murieron y no hubo más Forstall en Las Canarias aunque la repetición obsesiva del nombre Peter en cada generación tiende a enredarme.

El hecho es que en *La Historia*, de Luis Cola y su co-autor Daniel García Pulido, dice que Pedro Francisco (Peter Francis) Forstall era natural de Irlanda, "hermano de Patricio que llegó a la isla en 1770… en 1791 figura censado en el Puerto de la Cruz". Estos Forstall canarios están relativamente bien documentados; primero en tres versiones manuscritas, muy parecidas del árbol genealógico, con tachaduras y más o menos detalles; después en la transcripción de una carta de Bernard a un primo Forstall en Nueva Orleans del 13 de agosto de 1861, en la que se lamenta: "es muy probable que nuestro apellido pronto desaparecerá de las Islas Canarias… Ahora estamos casi extinguidos también en Irlanda y en Gran Bretaña, y hasta donde yo sepa, solo una persona con nuestro apellido existe en Edimburgo, el Sr. John Forstall, con tres hijas y ningún hijo" (mi bisabuelo). Nos ha escrito y menciona otro Forstall que vive en Londres, muy mayor y soltero. Por último en documento genealógico entregado a Peter Forstall en 1753, al que Bernard añadió datos de los descendientes hasta él mismo el 13 de septiembre de 1869. Hasta ahora, en ninguno de estos documentos ha habido un Patricio en la familia Forstall desde el siglo XII, ni uno solo, que bien pudo haberlo, ya que es un santo muy irlandés (¡aunque parece que nació en Inglaterra!).

Yo sabía vagamente que vivieron unos Forstall en las Canarias y que había una calle Forstall, pero nada más; llegué a verla: Pedro Bernardo Forstall, que ni siquiera el taxista sabía dónde caía. Me empeñé y la encontramos, en el último barranco del distrito 008. (Y ¿por qué Pedro Bernardo?) En 2002 fui unos días a Tenerife con mi hijo Rafael y su hija Julia. Por medio de una amiga canaria –Carmen Elisa Padrón– conocí a Luis Cola Benítez y a su mujer Luz. Me indicó que visitáramos la Capilla de los Terceros de la Iglesia San Francisco en la calle Villalba Hervás, donde se pueden ver algunos donativos de Pedro Forstall (lámpara de bronce, campana en la espadaña), y donde también estaban las lápidas de los Forstall y Herederos a un lado del altar y de la familia Russell y Herederos al otro. También mencionó la participación de Pedro (Francisco) en la defensa de Santa Cruz ante el intento de invasión de Lord Nelson el 25 de julio de 1797. Encontré perfectamente lógico que este Pedro (Peter Francis), de familia católica irlandesa, defendiera el país (isla) de su nacimiento (¿residencia?) contra el invasor inglés.

Luis es integrante de la *Tertulia de Amigos del 25 de Julio de 1797*, además de gran conocedor de la historia de su Isla. *La Tertulia* publicó en 1997 y 1999 *Fuentes Documentales del 25 de Julio de 1797* y *La Historia del 25 de Julio de 1797* respectivamente, que Luis tuvo la gran amabilidad de regalarme. Los dos tomos son sumamente interesantes y me han proporcionado información detallada y comprensible de un capítulo de la historia que ignoraba completamente. Sabía que el Almirante Nelson había perdido un brazo, pero no cómo ni dónde.

En *La Historia*, los autores Luis Cola y Daniel García describen cómo se produjo una tremenda inquietud en la isla como consecuencia del robo de la fragata *Príncipe Fernando* en la noche del 17 al 18 de abril de 1797, por dos fragatas de guerra inglesas. La guerra entre España e Inglaterra se había declarado en 1796 y todo este suceso de 1797 forma parte de las Guerras Napoleónicas.

La alarma entre la población fue grande y así se decidió la creación de un Plan de Rondas por el ayuntamiento de Santa Cruz, estableciendo medidas en previsión de un intento de invasión. Pedro Forstall fue invitado a ser uno de los cinco "cabos de ronda", cada uno con un ayudante a caballo y diecinueve paisanos a su cargo, todos al mando directo del Alcalde, en los distintos sectores en los que se dividió la ciudad.

Finalmente los ingleses resolvieron invadir Santa Cruz en la madrugada del 25 de julio alrededor de las 2,15 h. Hubo mucha pérdida de vidas por el lado inglés. La capitulación inglesa se firmó (calculo yo) entre las siete y las ocho de la mañana del mismo 25. Fue al principio de este episodio, en el momento de ir a poner pie a tierra, en el Muelle de Santa Cruz, que el Contralmirante Nelson fue herido; fue llevado de vuelta a su barco y horas más tarde le fue amputado el brazo derecho. Después, en ese mismo día, firmó su primera carta con la mano izquierda, en la que le agradece al Comandante General Antonio Gutiérrez la humanidad demostrada con los heridos y prisioneros, y termina pidiéndole que aceptara un barril de cerveza inglesa y un queso. El General Gutiérrez contesta la carta del Contralmirante Nelson el mismo día: "Muy Sr. Mío, de mi maior atención: …verdadera complacencia, y espero admitirá V.S. un par de limetones de vino, que creo no sea de lo peor que produce"… (Según el Diccionario de la Real Academia "limeta" es una botella de vientre ancho y corto y cuello bastante largo).

Poco tiempo después Luis Cola se tomó la molestia de mandarme unas fotografías del anuncio de Nitrato en Chile, generalmente de azulejos, esta es la que hay en la calle O'Daly de Santa Cruz de la Palma, una de las siete islas Canarias. Es como las pocas que yo he visto en algunas partes de España. Una de las primeras fue en un pueblo de Lanzarote, cuyo nombre he olvidado.

Junto con el huaso a caballo, recibí también esta fotocopia de la página 3 del periódico *El Tiempo* del 4 de abril de 1910, con un anuncio de los *efectos rápidos y visibles* del *Nitrato de Sosa Chileno*. Eso no es todo, su amabilidad llegó hasta mandarme un poco más tarde dos reproducciones modernas de anuncios del Nitrato de Chile en forma de tarjeta postal, que me parecen un poco extrañas y que aparentemente están en la calle Real de Santa Cruz de la Palma igualmente.

Martinica - Nueva Orleans

Por medio de mi primo en 7º grado, Richard Forstall de Virginia, EE.UU., tengo información sobre los Forstall que se fueron a Estados Unidos, donde todavía hay varios descendientes. Toda esta última parte que incluyo y que no tiene nada que ver con la Pampa directamente, sirve para demostrar hasta qué punto los irlandeses han estado —no sé qué verbo usar— si *exiliándose* o *emigrando* o *expatriándose* a lo largo de los años. Creo que ya he dicho que la historia de Irlanda me parece sumamente complicada, evidentemente porque no la conozco bien. El hecho es que hubo de todo, hablo de hombres irlandeses que se alistaban en ejércitos de Europa continental: podía ser voluntariamente, como los seguidores de Jacobo II y podía ser involuntariamente, para "buscarse la vida" dependiendo del grado de intransigencia política y religiosa impuesta por Inglaterra. Muy resumidamente, se puede decir que a principios del siglo XVII, entre 1605-1640, se alistaron alrededor de 24.000 hombres en regimientos de Francia, España y Países Bajos; entre 1641-1655: 35.000 y entre 1685 y no sé cuándo terminó ¿1818? unos 25.000. Llegó a haber regimientos irlandeses —oficiales y hombres— al mando del Rey de Francia o de España (y otros). Hacia el final, eran solo los oficiales que eran irlandeses, creo que los últimos tres regimientos irlandeses fueron Hibernia, Irlanda y Ultonia.

Y esto no era todo: llegando a los siete años, se mandaba a los hijos a educarse en Francia y España principalmente (países católicos). Algunos continuaban a los seminarios, otros jóvenes se alistaban, y también volvían algunos, y otros se dedicaban a otras ocupaciones para ganarse la vida, sobre todo los hermanos menores. Ejemplo de esto último fueron los Forstall establecidos en las Canarias y los que terminaron en Nueva Orleans, vía Martinica primero, a donde llegaron desde Nantes en Francia.

Un John Forstall escribió en 1770 en una carta a un sobrino Nicholas en Nueva Orleans: "Tu tío Bievre era Capitán en el Regimiento Hibernia, volvió a Irlanda cuando tu abuelo murió, para hacerse cargo de las propiedades según la ley". Explica: "Habiendo tenido ocho hijos y cinco hijas, lo único que podía hacer (según la ley actual entonces), era darles una buena educación para que se pudiesen defender. Tu padre en Nantes era un comerciante. Yo a estudiar medicina". En otra carta al mismo sobrino, le cuenta: "Yo solo tenía ocho años cuando mandaron a tu padre a Nantes... Hizo un viaje (años después) para ver a nuestros padres, pero entonces estaba yo en un internado en París". Intercala frecuentemente en sus cartas párrafos enteros en francés. Más adelante dice: "Tuve cuatro tíos en el ejército francés, conocí a dos, los otros dos murieron muy jóvenes, puedes estar seguro que eran oficiales". Sigue: "Además, tuve tres hermanos en el ejército español, el último llamado Styvan murió hace dos años en Valencia donde se había jubilado, habiendo estado mal de salud durante varios años".

En el siglo XIX hubo una monja, Letitia Forstall vda. de Carroll, sumamente locuaz (felizmente para mí), muy conocedora de asuntos familiares. Esta Hermana de la Presentación –Mary Paul– le escribió varias voluminosas cartas a un primo en Estados Unidos, E.J. Forstall ¿Edmond? ¿Eugène? entre 1859 y 1860, principalmente sobre el tema de las propiedades de los Forstall en Irlanda a través de las generaciones y lo poco que quedaba. Le contó además que su hermano, creo que el último Edmond en Irlanda, se casó con Ann Strange, "prima de su Eminencia el Cardenal Wiseman", nacido en la calle Fabiola de Sevilla el 2 de agosto de 1802. Es muy sensible la atención municipal de Sevilla de ponerle, en 1868, Fabiola a la calle de su nacimiento, siendo el título de su romance publicado en 1854, ilustrando distintos periodos en la vida de la Iglesia, este trataba de las catacumbas. Murió en Londres el 15 de febrero de 1865.

Tengo el primer volumen (son cinco) de los diarios de una interesante mujer llamada Mary Hayden, que llegó a ser profesora de universidad –nacida en 1862 en Irlanda– nacionalista, activista feminista; fue testigo y partícipe en el resurgimiento de Irlanda y el renacimiento literario y además describió la vida diaria en Irlanda victoriana. Tenía 16 años cuando empezó el diario. Su familia era católica practicante; ya para esa época no existían tantas restricciones en cuanto a la práctica de la religión, por lo menos me lo parece a mí; se empezaba a oír el canto de algunas aves más liberales. Quizás las leyes restrictivas seguían en vigor todavía y no se aplicaban... no lo sé. Me mandó este libro el Editor –Colan Kennedy (2007) porque quería encontrar alguna información sobre los Forstall. Los Hayden vivieron en Bray, y en esa época mi bisabuelo Patrick Forstall Comber, así como su concuñado Henry Colclough (pronunciado 'coucli') vivían en la misma calle –Prince of Wales Terrace– y se mencionan de pasada algunos tíos y mi padre en alguna ocasión que otra.

Los Colclough

Los Colclough son la familia más cercana por parte de mi padre, en Estados Unidos o en cualquier parte. Catherine, segunda hija de aquel John Forstall en Edimburgo que, se acordarán, solo tuvo tres hijas, se casó con Henry Colclough, abogado, y vivieron en Bray nueve años antes de irse a Estados Unidos en 1883. Nacieron: Angela en 1868, Constance en 1870, Pauline en 1874 y John en 1876. Estos fueron los primos hermanos de mi padre.

Angela fue monja, murió joven. Constance se casó en secreto con John Eager alrededor de 1887 y su madre murió poco tiempo después. Henry Colclough viudo fue a vivir en Florida. John, el único hijo, desapareció del mapa, hay quien dice que se fue a buscar oro. Pauline fue la segunda mujer que se graduó en derecho en Norfolk, Estado de Virginia, en 1920, convirtiéndose en la primera mujer que ejerció como abogada en 1921.

Yo conocí los descendientes de esta notable mujer. Pauline se casó con el médico Walter J. Adams y tuvieron dos hijos; Walter P. en 1899 y Edward F. en 1902 (mis primos segundos). Edward se casó dos veces, pero no tuvo descendencia. Walter J. (¿P?) se casó con Charlotte Wales en 1929 y tuvieron a Charlotte en 1930 y a Walter en 1932, que aunque de mi edad, son de la generación de mis hijos.

Charlotte Adams se casó primero con Frederick G. Wilson Jr. y tuvieron a Frederick G. iii en 1955, Thomas F. en 1957 y Susan en 1961, y ahora está casada con Robert Harrell. Me recibieron muy amablemente en su casa en Norfolk, Virginia, y tuve ocasión de conocer a sus hijos. Fue un viaje muy interesante, conocer tanto a la familia como el entorno de Norfolk, sobre todo la península al otro lado de la Bahía de Chesapeake, para lo que se cruza por el Chesapeake Bay Bridge-Tunnel –puente-túnel-puente– ¡qué obra! Se inauguró en 1964: total de lado a lado 28,4 km, para lo que se tardaron 42 meses más o menos, lo mismo que se tardó para terminar una casuchita de 24 x 10 m en el Parque de María Luisa en Sevilla, en la entrada detrás de la estatua de Simón Bolívar a caballo.

Algunos años después vinieron Charlotte y su marido Bob Harrell a Sevilla en uno de estos viajes organizados, con guía; estuvieron dos noches en Sevilla. Habíamos sugerido, antes de que llegaran, que la primera noche vinieran a cenar a casa y que conocerían a mi hija mayor y que al día siguiente iríamos a casa de Luz a almorzar y conocer al resto. La cena fue agradable, pero resulta que la guía no era muy cordial y no querían ofenderla ausentándose de su tour, de modo que no los vimos más.

Antes de terminar quisiera dar un breve resumen de la vida de Pauline Colclough. Ya estaba casada, había tenido sus dos hijos en 1899 y en 1902. Participó en la Asociación de Mujeres de Jamestown y en 1910 se creó la Liga por Sufragio Igualitario de Norfolk. A partir de ahí ya participó en toda actividad que se refiriera a los derechos de la mujer y al voto femenino. En 1917 era una de las 13 mujeres detenidas por "ondear pancartas" delante de la tribuna del presidente Wilson en Washington y encarceladas por 60 días en el correccional de Occoquan, D.C. En esa ocasión (o en otra más adelante en 1919) la pancarta de Pauline decía: "La voz del pueblo es la voz de Dios y la mujer es parte del pueblo". La primera petición formal publicada en los EE.UU. a favor del derecho al voto de las mujeres se hizo en el Estado de Nueva York en 1848. Por fin la Decimonovena Enmienda otorgando el derecho al voto a las mujeres fue firmada en agosto de 1920.

Tengo fotocopia de una carta que Pauline (Colclough) Adams escribió a su hijo Edward de 15 años en septiembre de 1917 (papel del correccional, con las reglas que tenían que obedecer las prisioneras). Le cuenta que el domingo se debían poner un delantal, cuello y puños blancos para lo que les daban cinco alfileres a cada una. Añade que había venido la abogada de las detenidas y que trajo noticias y caramelos, que "solo podían comer en su presencia, también nos trajo dos bocadillos a cada una. Si nos reímos, la guardesa nos mandaba a callar. Será un alivio tener leche y azúcar sobre la mesa nuevamente".

Escribió otra carta a su hijo Walter (18 años) en octubre de 1917, más larga, pero sobre el papel higiénico de la cárcel. Le cuenta que no tiene el privilegio de escribir ni recibir cartas, porque está encerrada en una pequeña celda incomunicada; no le ha sido entregado su cepillo de dientes ni del pelo, pero que otra presa feminista recién llegada le ha prestado el lápiz. "Dos salen mañana", otras han sido condenadas a seis meses por lo mismo —es decir por obstaculizar la circulación— "no había ninguna muchedumbre cuando me arrestaron a mí".

Años después, con 74 años, un periódico publicó que la Sra. Adams había muerto. Ella se indigno y un poco dolida que la gente pensara que no estaba bien y encantada de la vida exclamó: "¿Muerta yo? ¡Me fui al centro de compras!".

...Tal como inicié este libro saldré de compras para proveerme de zapatos esta vez adecuados a la Pampa por si acaso aún me espera un balcón abandonado.

EPÍLOGO
TESTIMONIOS DE LOS HIJOS

Rafael

El desierto me susurró y se abrió a mí dándome la oportunidad de sentir todo su poder y grandeza. La vista, hasta el horizonte, está llena de un colorido muy diverso; a base de una gama de tonos ocres y bermejos; profundo, limpio, eterno.

El cielo es el espejo de las almas del desierto, que las cumbres nevadas de los Andes quieren alcanzar, parece que para, en un abrazo, fundir lo terrenal con lo sidéreo.

Paseando por Peña Chica, la magia del desierto me hizo encontrarme con mi abuelo, al que no conocí, a través de unos papeles firmados por él en los años 30, y que en un rincón de la nada se habían conservado a la intemperie, para que mi madre y yo los encontráramos en ese viaje de 1993.

Parte de la historia de mi familia está enterrada en los cementerios de Iquique y Tiliviche, donde por cierto hay un magnífico geoglifo, donde se ve un grupo de llamas perseguidas por un puma, y en el que, por la duración de la carrera, se deduce que no hay vencedores ni vencidos...

Mi tía Elisabeth, a quien tampoco conocí, además de guapísima y gran señora, tuvo un espíritu luchador e innovador en su época, también dejó su vida y su sangre en el desierto.

En medio de la Pampa del Tamarugal se encuentran los poblados de Huara, Tarapacá, La Tirana, Pica… todos con una personalidad y encantos únicos; uno de ellos es su gente, atenta, conversadora y conocedora de mil anécdotas, y con ganas de agradar.

En La Tirana está el "museo" de don José Frías, con restos de un poco de todo de la vida en la pampa salitrera. D. José, ya mayor, reconoció a mi madre. La conoció de niña en Peña Chica, cuando estuvo trabajando de joven en la Oficina; y estuvieron hablando durante un buen rato de una época que yo solo conocía de oídas[1].

En Matilla está El Lagar, allí nos encontramos con don José Contreras, que sabía perfectamente quiénes eran mi abuelo y mi bisabuelo, el Dr. Fowler. Magia, pura magia otra vez.

Rompiendo con los tonos tierra, está la verde y fresca Pica, oasis de colores y sabores, en cuya iglesia de San Andrés hay una soberbia representación de La Última Cena a tamaño natural, con personajes tan reales, que entran ganas de preguntar: "¿desean algo más los señores?".

Bajando por Quillagua, Chuquicamata, con su cicatriz cuprífera –ombligo de la Tierra–, y entrando por el Valle de la Luna cuando atardecía, con su espléndido paisaje, túnel del tiempo que une lo soñado con lo deseado, llegamos a San Pedro de Atacama.

Allí en San Pedro, después de visitar el Salar –que también me impresionó– ya por la noche, a la hora en que apagaban la luz de la Hostería, salí a respirar la vida bajo un cielo de estrellas infinito; y ante tanta grandeza, y con ese silencio que me producía un íntimo recogimiento, me sentí pequeño pero no perdido, me sentí grano de arena de este desierto, sentí que parte de mis raíces estaban aquí, y que gracias a mi madre pampina yo también formaba parte de ello; y desde entonces amo El Desierto de Atacama.

Rafael Riobóo FC, 2007.

Luz

Yo no sabía que mi madre era una gallina clueca. Ha conseguido llevarnos a los 4 hijos a "su" pampa en distintos viajes hasta que en uno de ellos reunió a toda la familia e incluso a algunos amigos. En cada viaje he tenido la oportunidad de estar en lugares nuevos y de escuchar distintas historias de mis antepasados, pero lo que más quería sobre todas las cosas era volver a experimentar la extraña compañía del desierto.

Desde la primera vez que lo cruzamos durante horas para llegar a la Oficina Iris vi cómo aunque el paisaje no cambiaba apenas, los colores sí lo hacían, desplegando una anarquía de tonalidades que no había visto nunca.

---

[1] Este museo fue afectado posteriormente por un incendio que destruyó totalmente sus valiosas colecciones y con ello la pérdida irreparable de la memoria salitrera de ese distrito y del esfuerzo de una iniciativa privada ejemplar.

Las sombras lo hacían entretenido, distinto, intrigante. Cuando pude ver la puesta de sol desde el balcón de madera me quedé impresionada.

Allí uno no contempla el cielo al otro lado, uno forma parte de ese cielo; el silencio que te envuelve indiscretamente, en realidad te arrulla como una canción de cuna y todo eso parece que sale de uno mismo. Se tiene la sensación de ser vulnerable pero fuerte, la alegría es impulsiva, desmedida, descarada, parece que el alma vibra con los colores del atardecer y, cuando ya se calma, aparecen los jirones lilas y se oscurece, entra un sosiego embriagador y (lo digo por experiencia) adictivo.

En Zapallar hay un cementerio que es un jardín. Allí está la tumba de mi tía Elisabeth. La piedra muy erosionada apenas susurra quién se fue y se levanta orgullosa sobre el borde de un acantilado por el que corre tormentosa el agua que se mezcla con el mar. Aquel sitio tan bonito (como lo fue ella) me pareció el resumen de su vida y, por qué no, el de todas las demás.

Recuerdo salir de allí en paz y hay veces que recupero esa imagen en mi memoria con toda nitidez. ¡Qué decir de Peña Chica!, donde mis hijos se rieron con los recuerdos de mi madre aprendiendo a montar en bicicleta en la pista de tenis; subieron y bajaron las mismas escaleras donde antaño había baranda y flores y hoy eran solo polvo y recuerdos. El desierto le regaló a mi madre en 1993, entre toda aquella desolación, unos documentos firmados por su padre, ¡se habían mantenido intactos a la intemperie a lo largo de los años…!

Intactos igual que la necesidad de mi madre de volver a su pampa e igual que mi fantasía de volver a vivir el desierto cuando no estoy en él.

El desierto te invita a vivir y, si te dejas… te atrapa.

Luz Riobóo FC, 2011.

Alejandra

Ese año (1995) yo estaba viviendo en Chiclana, provincia de Cádiz, y mamá y su amiga chilena Grimanesa Giménez Locket vinieron a hacerme una visita. Mientras las tres bebíamos el café después del almuerzo, mi madre comentó que durante el verano mis tres hermanos irían a Panamá (donde ellos nacieron —yo lo hice en Sevilla— por lo que siempre los chinchaba de pequeña, no sé qué creía yo, quizás que mi lugar de nacimiento me otorgaba cierta superioridad, pero así era). Y después directamente a Chile para reunirse con ella. Directamente a Chileeeeeeeeee!!!!!!!!!!!!

Primero, "se me quedó la boca abierta" e, inmediatamente, me puse nerviosa: ¿Cuándo?, ¿qué días?, etc. Y tal y cual, cogí mi teléfono y llamé a la agencia de viajes. Ja, no paraba de sonreír, por fin iría a Chile. Todos mis hermanos ya habían ido, alguno de ellos incluso en más de una ocasión y yo nunca, solo en sueños y mirando y remirando fotos de cuando mamá era pequeña y ya después de mayor cuando empezó a ir con mis hermanos o sola, cada dos años. Sí señor, se lo tomó en serio. Era como ir a misa los domingos; pues ella cada dos años, para Chile que se marchaba, y unos cuantos meses además.

A pesar de las numerosísimas fotos, a pesar de todo lo que me contaban mis hermanos, familia y madre, a pesar de todo ello, La Pampa me cogió por sorpresa. No me podía imaginar que me pudiese sentir tan abrazada por La Pampa chilena y por sus pampinos. Pero así fue.

Maravilloso, absolutamente maravilloso. Quiero volver, quiero que volvamos todos juntos a compartir recuerdos y nuevas experiencias.

Al final, ese año, no vinieron mis hermanos y yo iba como única representante de mi generación Forstall. Pero no fui totalmente consciente de ello hasta que mamá me enseñó una Iglesia, y fuimos donde guardaban la llave. Además mi madre quería saludar a la guardesa de la Iglesia. Cuando la señora la vio, sonrió, la abrazó y dijo: "pero señora, qué alegría, cuánto tiempo", solo dos años, contestó mi madre. "¿Es esta su hija pequeña?". Es la única que no conocía. Y ahí estaba yo, de nuevo con la boca abierta. Que se acordasen de mi madre era un poquito sorprendente, pero quizás no tanto, pero que llevasen la cuenta de los hijos y de la que faltaba, eso ya sí que lo era. Ahí nos sentamos a charlar con ella; más tarde fuimos a la iglesia y volvimos a tomarnos un refresco con la misma señora.

Pues esto que acabo de contar me pasó más veces. Y si no lo sabían, ya me las arreglaba yo para informarles. Si mamá es una gallina que le gusta tener a todos sus polluelos alrededor, yo me sentía un pollito muy importante y privilegiado.

De la Pampa tengo tantas, tantas impresiones: colores, sobre todo los colores. Me apasionaban. Y el horizonte. Me traje algunos recuerdos de la Pampa: un poquito de arena, unas piedrecitas de los miles y miles de paseos, semillas de tamarugo y, sobre todo, una ramita del árbol de la casa de mis abuelos en Peña Chica. Eso es de lo más preciado que tengo, de todas mis posesiones. Desde 1995 me acompaña y ha sobrevivido a aquellos hacendosos ignorantes que no sabían de su preciado valor.

Pero sobre todo, lo que me he traído de las veces que he ido y de toda la historia familiar, es un regalo, el regalo que mamá nos ha hecho a todos sus hijos y nietos. El regalo de la Pampa chilena, el regalo de haberla podido conocer y disfrutarla, el privilegio de sentirnos orgullosos de ella y de sentirnos parte de ella... Gracias Mamá

Alejandra Riobóo FC, Enero 2012.

Elisabeth

Estoy muy contenta de que este libro vea la luz y especialmente orgullosa de mi madre por toda la labor que ha realizado. Fue en noviembre del año 1981 que mi madre me propuso que fuéramos a Chile. Para ella era la primera vez que volvía a Chile después de (muchos) años, a excepción del viaje que realizó con su madre a raíz del accidente mortal de su hermana Elisabeth.

Era de imaginar lo emotivo que iba a resultar para ella. Para mí la emoción del viaje radicaba en conocer los sitios donde ella había nacido, corrido, jugado; ese sitio, el más árido del mundo, donde su familia y amigos jugaban al polo, su padre administraba oficinas de extracción del salitre y su abuelo había sido médico. Ella nos había contado cosas de su vida en la pampa, resultaba intrigante contraste; tres de sus hijos nacimos en una selva tropical...

Unos días en Santiago para contactar con amigos y familiares de su entorno y de su hermana, personas con las que había mantenido cierto contacto a través del tiempo.

En Iquique nos hospedó una familia amiga de origen inglés y también relacionada con el salitre. De ahí hacíamos excursiones diarias al desierto buscando vestigios de las oficinas pues ya llevaban años abandonadas. Buscamos cada una de las oficinas donde ella había vivido, paseábamos por los restos de raíles, de construcciones que ella iba reconociendo. Teniendo en cuenta el clima de la zona, no había corrosión por lluvia, pero sí el paso del tiempo con viento y sol. Vimos unos papeles volando, reconoció la letra de su padre, una botellita de cristal que identificó como de medicamento que tomó alguna vez. También visitamos el cementerio de Tiliviche, muy bonito por cierto, donde está parte de la familia. Francamente emotivo.

Un día fuimos a Pica donde un señor del ejército nos dio el dato de dónde cayó la avioneta en la que iba su hermana, poco después del despegue de Iquique para volver a Santiago. Mi madre volvió a recordar una frase que su hermana le decía cuando ella le pedía ir a Iquique: "no hay que volver al sitio del que guardas buenos recuerdos". ¡Vaya por Dios!

Está descansando en un acantilado maravilloso de Zapallar, era su deseo. En este viaje comprendí muchas cosas de mi madre; comprendí la sensación de placer que vivió en un viaje que hicimos a Lanzarote, disfrutaba con la aridez de la isla y el silencio de la naturaleza (pocos pajaritos). Otro aspecto que comprendí mejor fue que aun sabiendo que es británica, hay algo que no encaja del todo en el prototipo: claro, ¡se siente pampina! Después de este viaje, hemos ido otras veces, toda la familia e incluso amigos, y a todos nos ha transmitido el embrujo del desierto. Todos sus nietos conocen Chile, sobre todo el norte. Estoy muy agradecida por habernos transmitido esa parte de su vida. Puede que mi madre tenga el corazón partido geográficamente (Chile, Islas Británicas y tantos años en España), pero sé que la parte chilena es la que más le conmueve. Yo también quedé enamorada de esta parte del mundo con tanta magia.

Elisabeth Riobóo FC, 2012.

BIBLIOTECAS Y ARCHIVOS VISITADOS

Londres

British Library – St. Pancras
British Library – Colindale
Genealogical Society
Canning House
Guildhall Library
National Archives (ex Public Record Office)
- PRO: Foreign Office N° 31
  From Ernest Rennie to Sir Edward Grey
  From Lockett Bros. to W. & J. Lockett
  From Commander MH Hodges, HMS Sappho to Admiralty
- PRO A 4505/2813/9: Letter from Sir T. Hohler, Santiago, dated 27.07.25
- Railways of South America. Part III - Chile, US Government Printing Office, Washington 1930
- Gibbs Papers - Guildhall Library

Chile

Biblioteca Nacional, Santiago
Biblioteca Municipal, Iquique
Hemeroteca del Museo Regional, Iquique
Biblioteca Pública, Iquique
Biblioteca de Universidad del Norte, Iquique
Sevilla
Biblioteca de Escuela de Estudios Hispano Americanos

BIBLIOGRAFÍA

AVERY, DAVID: *Nunca en el cumpleaños de la Reina Victoria*. Ed. Labor, Barcelona, 1985.

BLAKEMORE, HAROLD: *British Nitrate and Chilean Politics 1886-1896: Balmaceda y North*. The Athlone Press, London, 1974.

BOLLAERT, WILLIAM: *Observations on the Geography of Southern Peru*. RGS, London, 1851.

BRANDON, RUTH: *Houdini. The Life and Many Deaths of Harry Houdini*. 2001.

BURRELL, DAVID: *The Nitrate Boats*. World Ship Society, Kendal, UK, 1995.

COBO, JULIÁN: *Yo vi nacer y morir los pueblos salitreros*. Quimantú, Santiago de Chile, 1971.

COLA BENÍTEZ, LUIS: *La Historia del 25 de Julio de 1797*. Ediciones del Umbral, Canarias, 1999.

COLLIER, SIMON y SLATER, WILLIAM F: *A History of Chile 1808-1994*. Cambridge University Press, 1996.

CORREA BELL, SERGIO: *Los fundamentos legales del primer nombramiento de Pedro de Valdivia*. 1986.

D'ARCY, FRANK: *Wild Geese and Travelling Scholars*. Mercier Press, Cork, 2001.

DARWIN, CHARLES: *Journal of Researches into the Geology and Natural History of the Various Countries Visited by HMS Beagle*. 1839.

DEVÉS, EDUARDO: *Los que van a morir te saludan*. Ed. Nuestra América, 1986.

DICKSON, PATRICK: *Some Facts about Nitrate*. Una carta publicada por el Permanent Nitrate Committee y escrita al periódico *The Scotsman* el 10.12.1889.

DONALD, M.B: History of the Chile Nitrate Industry. *Annals of Science*, Vol. I, 1936.

DONOSO, RICARDO: *El Marqués de Osorno, Don Ambrosio O'Higgins 1720-1801*. Universidad de Chile, 1941.

DUFFIELD, ALEXANDER J: *The Prospects of Peru: The End of the Guano Age ...* 1881.

DURAN, SENÉN y ZEPEDA, ERNESTO: *Oficina Salitrera "Santiago Humberstone"*. Folleto.

DURRUTY, ANA VICTORIA: *Salitre, harina de luna llena*. Antofagasta (s. n.], 1993.

ELLIOTT, SCOTT G.F: *Chile: Its History & Development, Natural Features ...* 1907.

FERNÁNDEZ, M: El enclave salitrero y la economía chilena 1880-1914. *Revista Historia* N° 3, p. 13. (Londres 1881).

GALDAMES, LUIS: *Historia de Chile*. 10ª edición. Zig-Zag, Santiago de Chile, 1945.

GONZÁLEZ MIRANDA, SERGIO: *Hombres y mujeres de la pampa*. 2ª edición. LOM Ediciones, Santiago de Chile, 2002.

GONZÁLEZ MIRANDA, SERGIO: *Glosario de Voces de la Pampa - Tarapacá en el Ciclo del Salitre.* Compilador Sergio González Miranda. Fondo de Apoyo a Iniciativas Culturales Regionales, Secretaría Regional Ministerial de Gobierno, Iquique, 1993.

GUBBINS, GEORGINA: *Cartas del desierto.* Andrés Bello, Santiago de Chile, 1996.

HARVEY, GRAHAM: *The Forgiveness of Nature.* Jonathan Cape, GB, 2001.

HUMBERSTONE, J.T.: *La huida de Agua Santa en 1879.* Andrés Bello, Santiago de Chile, 1980.

JAMES, A.F. BRODIE: (compiled by): *Nitrate Facts and Figures. 1928.* Preface.

JOSEPH, TONY: *The D'Oyly Carte Opera Co. 1875-1982.* 1994.

JOSLIN, DAVID: *A Century of Banking in Latin America.* Oxford University Press, London, 1963.

KELLOCK, H: *Houdini: His life story.* Brace & Company, New York, 1928.

LOOMES, THOMAS: *Romance of the Nitrate King, Or, Henry Cartwright of Leeds.* John Heywood, 1889.

LLOYD, CHRISTOPHER: *Lord Cochrane.* Longmans, UK, 1947.

LUBBOCK, BASIL: *The Nitrate Clippers.* Glasgow, 1932.

MARÍN, LEONCIO: 21 de Diciembre. *Compendio y relación exacta de la huelga de pampinos desde su principio hasta su terminación.* Iquique, 15 de febrero de 1908. Impreso fotocopiado.

MASON, LT. THEODORUS B.M: *The War on the Pacific Coast of South America between Chile and the Allied Republics of Peru and Bolivia 1879 – 1881.* Washington DC, 1883. Fue traducido por Carlos López Urrutia como *Guerra en el Pacífico Sur,* publicado en castellano por Editorial Francisco de Aguirre en 1971.

MAYO, JOHN: *British Merchants & Chilean Development 1851-1886.* Boulder Co., 1987.

MEDINA, JOSÉ TORIBIO: *Colección de documentos inéditos para la historia de Chile, desde el viaje de Magallanes hasta la batalla de Maipo 1518-1818.* Tomo 1. Imprenta Ercilla, 1888-1902.

MEEHAN, JOHN: *Con Darwin en Chile.* Editorial Francisco Aguirre, Santiago de Chile, 1971.

MONEY, KEITH: *Anna Pavlova: Her life and art.* Collins, 1982.

MONTEON, MICHAEL: *Chile in the Nitrate Era.* University of Wisconsin, 1982.

O'BRIEN, THOMAS: *The Nitrate Industry and Chile's Crucial Transition 1870-1891.* New York University Press, New York, 1982.

ONTORIA OQUILLAS, PEDRO, LUIS COLA BENÍTEZ y DANIEL GARCÍA PULIDO: *Documentales del 25 de julio de 1797.* Ayuntamiento de Santa Cruz de Tenerife y Museo Militar Regional de Canarias, 1997.

PAVON, JESÚS Y JIMÉNEZ-PLACER Y CIAURRIZ, LUIS: *Algunos documentos del Archivo de Indias sobre ciudades Chilenas.* Universidad de Sevilla, 1921.

PEREZ DE LA OSSA, HUBERTO: *Almagro y la epopeya de Los Andes.* Pax, Madrid, 1936.

PLATT, TRISTÁN: Historias unidas, memorias escindidas. Las empresas mineras de los hermanos Ortiz y la construcción de las élites nacionales. Salta y Potosí, 1800-1880. *Andes. Antropología e Historia,* N°7 (1995/96), pp. 137-220. Salta.

POCOCK, GEORGE FRGS: *On the Supply of Nitrate and Guano and their first Introduction into this Country.* 1878.

POCOCK, H.R.S: *The Conquest of Chile.* Ed. Stein and Day, New York, 1967.

QUEREJAZU CALVO, ROBERTO: *Guano, Salitre, Sangre: Historia de la Guerra del Pacífico*. Librería Editorial Juventud, La Paz, 1998.

RAMÓN DE, JOSÉ ARMANDO: *Descubrimiento de Chile y compañeros de Almagro*. Universidad Católica, Santiago de Chile, 1953.

REYES NAVARRO, ENRIQUE: El mercado mundial del salitre chileno y el problema de la especulación: 1889-1913. *Nueva Historia*, Año 4, Nºs 15-16, 1985.

RICH BEYOND THE DREAMS OF AVARICE – The Guggenheims in Chile: *Business History Review*, 1989.

RIVERA LETELIER, HERNÁN: *Santa María de las flores negras*. Seix Barral, 2002.

———— *Los trenes se van al Purgatorio*. Planeta, 2000.

ROA Y URZÚA, LUIS DE: *La Familia de Pedro de Valdivia*. Imprenta del Mercurio, Valparaíso, 1877-1878.

RÚJULA Y DE OCHOTORENA, JOSÉ (MARQUÉS DE CIADONCHA): *Pedro de Valdivia. Conquistador de Chile*. Tipografía La Minerva Extremeña, Badajoz, 1928.

RUSSEL, WILLIAM HOWARD: *A Visit to Chile and the Nitrate Fields of Tarapacá*. London, 1890.

TEITELBOIM, VOLODIA: *Hijo del salitre*, LOM Ediciones, Santiago de Chile, 1995.

TESTAMENTO DE DON DIEGO DE ALMAGRO: *Mariscal de Campo Adelantado de Chile*. Edición del Instituto de Estudios Manchegos, Patrocinado por el Excmo. Ayuntamiento de Almagro, Ciudad Real, 1982.

VERNEUIL, LOUIS: *The Fabulous Life of Sarah Bernhardt*. London & Brothers, (1942).

VILA VILAR, ENRIQUETA Y GUILLERMO LOHMANN VILLENA: *Familia, linajes y negocios entre Sevilla y las Indias. Los Almonte*. Fundación Mapfre Tavera, Madrid, 2003.

VILLALOBOS, SERGIO: *La aventura chilena de Darwin*. Andrés Bello, Santiago de Chile, 1974.

———— La economía de un desierto: *Tarapacá durante la colonia*. Talleres de Salesianos, Santiago de Chile, 1975.

WILLIAMSON, JUAN: *Descripción del Terremoto del 13.08.1869 según acometió en Iquique*. Lima, 1869.

ZEPEDA ERNESTO Y SENÉN DURÁN: *Oficina Salitrera "Santiago Humberstone"*. Folleto.

ZOLEZZI VELÁSQUEZ, MARIO: La Oficina Victoria. *Revista Camanchaca*, Nºs 12-13, pp. 97-99. Edición especial, 1980.

www.ingramcontent.com/pod-product-compliance
Lightning Source LLC
Chambersburg PA
CBHW020900160726
47993CB00005B/1747